인간행동과 사회환경 3판

| 오창순 · 신선인 · 장수미 · 김수정 공저 |

Human Behavior and
the Social Environment

학지사

‖ 3판 머리말 ‖

2판이 나온 후 어느덧 5년이 흘렀다.

이 책의 특성상 수록된 이론들이 변한 것은 거의 없다. 특히 성격이론에 해당되는 학자들은 거의 대부분 이미 이 세상 사람이 아니기 때문에 이론의 변화는 없지만, 읽어 나가면서 내용 부족으로 학생들이 이해하기 어려울 것 같은 부분이나 문맥이 매끄럽지 못한 부분들은 수정하거나 보완하여 학습을 보다 용이하게 하려고 노력했다. 이는 '인간행동과 사회환경' 교과에 대해 '재미있지만 어렵다'는 학생들의 피드백을 반영하고자 한 결과다.

총론에서 제1장에 '인간이해에 대한 다양한 관점'을 새롭게 예시함으로써 인간에 대한 어떠한 접근도 완벽할 수 없다는 것과 사회복지 이외의 영역에서 논의되고 있는 다양한 관점을 생각할 수 있도록 보완하였다. 제2장의 이상행동이론에서는 이상행동의 진단체계로서 가장 빈번히 사용하고 있는 DSM-5가 2013년 후반에 발간되었고, 내용에 변화가 있기 때문에 그 내용을 소개하면서 구 버전(DSM-IV)과 비교할 수 있는 여지를 두었다.

전체적인 틀은 바꾸지 않았지만 구석구석 손을 본 작은 흔적들이 눈에 띌 것이다. 처음부터 그랬던 것처럼 공동 저자 4명이 각자 맡은 부분은 자신들의 책임하에 저술했고, 교차수정은 하지 않았다.

제1부 총론 및 제2부 성격이론의 정신분석이론, 분석심리이론, 그리고 자아심리이론 중 아들러에 대한 부분은 오창순 교수가 맡았으며, 자아심리이론에서 에릭슨 및 인지이론, 행동주의이론, 인본주의이론은 장수미 교수가 맡았고, 제3부 인간발달은 신선인 교수가, 제4부 인간과 환경은 김수정 교수가 각각 맡아 집필하였다.

우리가 처음 저술 작업을 하던 때와 비교하면 '제3부 인간발달'이 가장 많이 바뀌었고, 앞으로도 계속 변화가 많은 부분일 것 같다. 예를 들어, 그때까지는 '은퇴'라는 용어를 노년기 진입의 시작 개념으로 가볍게 다루던 것을 '은퇴기'로 바꾸어 발달단계의 한 부분으로 넣어야 한다는 의견이 새로워 보였으나 이제는 은퇴기란 용어가 보편화되고, 급속히 길어진 노년기를 어떻게 세분화하여야 하는지, 노인의 시작연령을 70세 이후로 늦추자는 등의 논의가 있다. 또한 인간발달단계에 따른 전통적인 역할이나 욕구 등의 변화가 눈에 띄게 달라지는 현재, 전통적인 발달이론의 수정이 불가피하다는 의견도 제기되고 있다. 이러한 부분은 아직 논의 및 연구단계라 이번 3판에서도 거의 반영되지 않았지만 이론으로 자리 잡을 날도 멀지 않은 것 같다.

'인간행동과 사회환경' 교과내용에 대한 한 가지 큰 아쉬움은 저자가 대학생으로 처음 접한 1970년대나 40년이 지난 현재에도 그 내용에 별로 변화가 없다는 점이다. 인간이해의 다양성을 강조하면서 동양사상이나 동양이론 등의 내용 없이 서양이론 일변도로 구성된 교재를 배우고 가르치는 것이 정말 타당한가 하는 의문을 품어 왔다. 처음에는 사회복지가 서양에서 비롯되었고, 그 교과과정과 교재를 수입해 온 것이기 때문일 것이라고 합리화할 수 있었지만 이제는 이 과목을 가르치거나 교재를 저술해 온 우리들의 안일함과 게으름을 함께 반성해야 하지 않을까 하는 생각이 든다. 더불어 사회복지에서 강조하는 순환적 관점이 모든 인간행위에 주어지는 과도한 이해 내지는 면죄부로 인해 실천현장에서 직면하게 되는 당혹감을 해결할 수 있는 논리 개발 등의 고민과 세심한 관심을 기울인 교재가 개발되어야 한다고 본다.

이러한 아쉬움을 지각하면서도 이번은 소폭의 개정만을 한 채 내놓게 되었다. 다음에는 개정판이 아닌 새로운 저술로 이상의 모든 부분들이 반영된 보다 깊이 있는 교재 출판을 기대해 본다.

2015년 2월

오창순

‖ 1판 머리말 ‖

　인간의 존엄성에 대한 존중을 최고의 가치로 삼고 휴먼서비스를 표방하는 사회복지사의 전문적 활동에 있어서 인간에 대한 이해와 사회에 대한 이해 그리고 그 둘의 상호작용을 이해하는 것은 필수불가결한 기본요건이다. 그래서 '인간행동과 사회환경'이라는 교과목은 사회복지를 전공하는 학생들이 이수해야 하는 중요한 필수과목 중의 하나이자 사회복지와 관련된 각종 시험에서도 거의 빠지지 않는 시험과목이 되고 있다.

　'인간행동과 사회환경'이라는 이름으로 출판되어 있는 책은 다른 전공과목과 비교할 때 그 수나 종류가 결코 적지 않은 편이어서 또 한 권의 책을 낸다는 것이 조심스럽기도 하였다. 따라서 기 출판된 서적들보다 인간행동 이해에 대한 현장성과 현실성을 담아 내어 현장에서 나타나는 현상들에 대한 이해의 폭을 확대시키는 데 기여하는 것을 이 책의 특징으로 삼기로 하였다. 막상 책을 쓰고 보니 아쉬움이 많지만 출판을 미루면서 보완하기보다는 '첫술에 배부르지 않다.'는 속담을 위로 삼아 우선 부족한 대로 출판하기로 하였다.

　'인간행동과 사회환경' 교과목은 중요한 과목임에도 불구하고 교과목 편제상 한 학기만 배우도록 편성된 학교가 대부분이다. 이에 맞추어 이 책은 학부에서 한 학기에 소화할 수 있는 분량이 되도록 모두 4부 15장으로 구성하였다.

제1부는 '총론'으로 오창순 교수가 사회복지실천에서의 인간을 이해하는 관점을 과거에서 현재까지 간략히 소개하고, 인간행동을 설명하는 이론들, 즉 이 책 전체에 수록된 내용들을 요약하여 전체적인 윤곽을 잡고 각론으로 들어 갈 수 있도록 구성하였다. 한 학기에 많은 이론가들을 접하면서 그들의 이론 을 소화하기 어렵다는 학생들의 부담을 조금이라도 덜어 줄 수 있도록 한 배 려다.

제2부는 인간의 행동을 다각적으로 설명하는 데 유용한 '성격이론'으로 이 책에서는 지면의 한계와 사회복지 분야에서의 중요도 및 활용도를 고려하여 방대한 이론들 중 먼저 심층심리이론을 비롯한 다섯 가지 이론을 선택하고, 그다음에는 각 이론의 대표적인 이론가들을 두 명씩 선택해서 모두 열 가지 이론들을 고찰하였다. 그중 오창순 교수가 심층심리이론에 해당하는 정신분 석이론(제2장)과 분석심리이론(제3장)을 다루었고, 장수미 교수가 자아심리이 론(제4장), 인지이론(제5장), 행동주의이론(제6장) 그리고 인본주의이론(제7장) 을 소개하였다.

제3부 '인간발달'은 신선인 교수가 태내기에서 노년기에 이르는 인간발달 의 개념, 특성, 과제들에 대한 설명(제8장) 및 각 발달단계에 따른 신체적, 심 리적, 사회적 발달의 변화에 초점을 두고, 각 단계마다 사회복지실천에 적용 할 점을 연결해 집필하였다(제9장부터 제13장까지).

마지막 제4부는 '인간과 환경'이라는 제목하에 김수정 교수가 인간과 환경 간의 상호작용에 대한 설명 및 개인과 환경에 대한 통합적 접근에 유용한 생 태체계이론(제14장)과 사회환경체계(제15장)를 다루었다.

이 책의 특징은 매 장 끝머리에 '요약'과 '생각해 볼 문제'를 첨부하여 이해 를 용이하게 하고 지면 관계상 다루지 못한 부분들을 한 번쯤 훑어볼 수 있는 여지를 만들어 놓은 것이다. 따라서 학습자들의 수준이나 의지에 따라 심화학 습으로 유도하는 것이 가능하리라 생각된다.

이 책을 쓰면서 함께한다는 것의 즐거움도 어려움도 많이 느꼈다. 무엇보다

도 시간적, 지리적 제약에 따른 안타까움을 가장 많이 느꼈던 것 같다. 그러다
보니 이 책을 내놓게 된 지금 채워지지 않고 다듬어지지 않은 부분이 눈에 많
이 띈다. 이런 부분들은 앞으로 독자 여러분들의 예리한 비판과 조언을 기대
하며 성실히 개정해 나갈 것을 약속드린다.

2009년 2월
저자 일동

‖ 차 례 ‖

제1부 총 론

제2부 **성격이론**

제3부 인간발달

제4부　인간과 환경

제1부

총 론

제1부 '총론'은 두 개의 장으로 구성되어 있다. 제1장은 '사회복지실천에서의 인간 이해'라는 제목하에 '인간'이란 무엇인가에 대한 다양한 학문적 의문과 그에 대한 답이 어떻게 다르게 초점화되어 있는가를 일별해 보고, 사회복지에서는 '인간'에 대한 이해에 어떤 시각을 갖고 있으며, 시대 및 환경에 따라 어떻게 변화되어 왔는지를 소개하고, 학생들이 현재 인간 이해의 기본관점인 '환경 속의 인간'에 대한 개념을 총체적으로 정리할 수 있도록 하였다.

　제2장은 이 책에서 다루어 나갈 다양한 이론들을 요약해서 종합한, 말 그대로의 '총론'이라 할 수 있다. 이 과목을 가르치면서 학생들에게 받은 반응은 '재미있지만 너무 어렵다'는 것이었다. 처음 몇 가지 이론들을 접했을 때는 재미있어 관심이 고조되다가 점점 여러 이론 및 이론가들이 등장하면서 복잡하고 어려워서 공부하기가 힘들다는 것이다. 따라서 이 책에서는 이를 극복할 수 있도록 총론의 간단한 요약을 통해 예습을 하고 각론에 들어갈 수 있도록 하였다. 학생들은 총론에서 이론가들의 관련성이나 주요 개념 등을 개략적으로 이해하고 이후 각 장에서 소개되는 이론들을 다시 접하면, 보다 깊은 이해가 용이할 것이다.

제1장 사회복지실천에서의 인간 이해

1. 인간 이해의 다양성

인간은 이 지구에 살고 있는 그 어떤 생물보다 복잡하고 역동적이기 때문에 그 어떤 방향에서든 인간을 완전히 이해한다는 것은 불가능하다. 과거에서 현재까지 끊임없이 진행되고 있는 인간에 관한 수많은 이론들이 그것을 증명하고 있다. 인간에 관한 학설은 그 이론을 제창하는 학자의 성격, 관심의 방향 등 주관성에 의해 많은 영향을 받으며, 문화와 시대정신에 따라서도 변할 수 있다(이부영, 1998).

우리가 인간에 대해 이야기할 때, 우리는 각자 이미 인간에 대해서 어떤 이해를 가지고 출발한다. 이것을 해석학에서는 전이해(前理解)라고 말한다. 이 인간에 대한 '전이해'는 각 개인의 인생관, 지식배경, 세계관과 밀접한 관계가 있으며 인간에 대한 자기 이해가 항상 전제되어 있음을 부인할 수 없다.

예를 들면, 기독교에서는 하느님이 인간을 창조했다는 전이해로 출발한다. 진화론자는 처음부터 창조설을 거부하고, 인간은 다른 동물로부터 진화했고,

다른 동물은 유기체로부터 또 유기체는 무기체로부터 진화했을 것이라는 가정을 가지고 생각하기 시작한다.

오늘날의 우리는 시작과 끝이 존재하는 직선적 시간관에 아주 익숙해 있다. 기독교나 이슬람 등 유일신 종교에서는 우주 곧 시간이 창조의 시점에서 존재하기 시작하여 종말이라는 시점에서 끝나게 되며 이후 우주는 존재하지 않는다고 생각한다. 여기서 나타나는 시간관은 직선적이고 진보적이다.

반면 인도 사람들은 아주 오랫동안 우주와 인간의 삶이 무한히 되풀이 되는 것으로 파악해 왔다. 힌두사상에 의하면 우주는 세 명의 신(브라흐마, 비슈누, 쉬바)에 의해 창조, 유지, 해체의 과정을 되풀이하고, 인간 역시 태어나고 죽고 다시 태어나는 과정을 되풀이한다. 이렇게 우주와 인간이 순환되는 과정을 설명하기 위해 제시되는 이론이 바로 모든 인도 종교와 사상에서 빼놓을 수 없는 '업과 윤회' 사상이다(류경희, 2003).

우리는 인간과 관련된 이러한 '전이해'들을 무시할 수 없다. 그러나 인간은 단순한 존재가 아니다. 우리가 인간에 관한 연구를 할 때 절대적으로 타당성을 인정받은 출발점이란 없다. 학자들은 인간의 본질적 특성을 설명하면서, 그러한 특성이 인간을 이해하는 데 있어서 얼마나 중요한 의의를 가지고 있는가를 강조한다. 그러나 우연히 착안한 어떤 현상으로부터 인간의 전부를 밝힐 수 있다고 추론하는 것은 자의적이고 매우 위험한 생각이다.

인간이란 무엇이냐는 물음은 매우 다양하게 다원적으로 물을 수밖에 없기 때문에 이 물음에 대답을 이끌어 낼 확고한 출발점이 없다. 이 물음은 여러 가지 관계 속에서 제기되며, 또 이 물음은 제기되는 여러 가지 경우를 가지고 있다. 가장 간단한 경우는 다음의 세 가지다.

첫째, 인간은 동물이므로 다른 동물과 비교해 봄으로써 인간의 본질을 탐색하려고 한다. 인간이 동물임을 아무도 부인하지 못한다. 그러나 사람들은 인간은 동물이기는 하지만 짐승은 아니라고 주장한다. 인간과 짐승의 근본적인 차이를 다양한 시각을 통해 살피고, 인간적인 것 또는 사람다움의 패러다임을 도출해 낸다.

　둘째, 인간을 인간 그 자체로서 연구하는 것이다. 이것은 인간을 밖으로부터 고찰해 보는 것과 안으로부터 성찰해 보는 것으로 나누어 볼 수 있다. 인간을 밖으로부터 고찰해 보는 경우에 인간은 문화적·사회적·역사적 존재임을 통찰 할 수 있다. 인간은 문화·사회·역사의 창조자이면서, 또한 문화·사회·역사(전통)에 의해 이루어지는 피조자(被造者)이기도 하다. 미완성 상태로 태어난 인간이 어떻게 자기완성을 하며 문화를 창조해 나가는지, 문화 창조자로서의 인간을 이해함에 있어 자유와 개성이 얼마나 중요한 의미가 있는지를 설명한다. 인간을 안으로 성찰할 때는 이른바 정신적 존재·이성적 존재·정서적 존재로서의 인간을 이해할 수 있다. 여기서 인간의 정신과 이성을 개관해 보며, 의지, 감정, 영혼, 자아실현 등의 의미를 살펴보게 된다.

　셋째, 인간과 신과의 관계를 통찰하는 것이다. 여기서 이른바 신학적 인간학 및 종교적 인간학이 발생하고 기독교적 인간학, 불교적 인간학, 유교적 인간학, 이슬람교적 인간학이라는 말이 생겨났다. 영혼불멸, 영생, 은총, 구원, 희망, 죽음, 고통, 사랑의 의미가 인간 이해의 중요한 의미를 가지고 있음을 알게 된다(브리테니카 사전 참조).

　그밖에도 인간이 무엇이냐는 물음은 특정한 학문에 주안점을 두고 비판적인 시각에서 제기할 수 있다. 예컨대, 구조적 시각, 상호작용적 시각, 생리심리사회적 시각, 문화적 시각 등이나, 교육적 인간학, 의학적 인간학, 철학적 인간학, 정치적 인간학, 그리고 사회복지적 인간학이라고 하는 영역들이 있다.

　사회복지에서는 인간을 생리적·심리적·정신적 개인으로 이해하는 동시에 그 개인이 속한 사회환경과 불가분하게 영향을 주고받는 역동적인 존재로 설명한다. 예를 들면, 개인적 특성이 같은 사람들이라 하더라도 그들의 환경조건이 다르면 각각 다른 행동이 나오고, 똑같은 환경조건에서도 개인적 특성에 따라 다른 행동이 나올 수 있음으로 인간의 다양성을 인정해야 한다. 즉, 인간 그 자체나 인간의 행동을 이해함에 있어 인간과 그가 속한 다양한 체계와의 불가분성을 강조하는 '환경 속의 개인' 관점인 것이다.

2. 사회복지에서 인간 이해 관점의 변화

사회복지에서 인간 이해에 대한 관점은 다양한 상황에 대처하는 클라이언트의 행동양상 및 그가 갖고 있는 문제에 대한 이해를 달리하면서 시대에 따라 변화되어 왔다.

사회복지가 전문적 토대를 구축하기 시작한 1910년대 중반까지 클라이언트의 문제는 대개 빈곤의 문제였고, 개개인의 특징보다는 그들이 처한 환경이 클라이언트의 빈곤문제의 주된 원인이라고 보는 시각이 지배적이었다. 즉, 낮은 임금, 빚, 많은 자녀, 비위생적인 밀집주거, 영양부족 등의 환경적 조건이 개인에게 절대적인 영향을 미쳐서 빈곤의 악순환이 반복된다는 것이었다.

환경이 개인에게 영향을 미친다는 '환경결정론'의 과학적 발견은 당시에 인류학, 생리학, 사회학 그리고 경제학에서 두루 지지를 받았다. 이 시기의 사회복지사들은 사회적 약자들의 빈곤의 악순환을 개조하기 위해서 사회학자, 소설가, 정치가 등과 함께 산업사회의 악을 고발하고 제도 개선을 요구하는 등 많은 노력을 하였다(최순남, 2002: 15). 이때는 사회복지사들이 사회조건의 개선이나 사회개량을 강조하던 시기라고 하여 사회복지실천의 역사에서는 사회학적 단계로 명명하기도 한다.

1920년 경부터, 사회복지사들은 클라이언트의 문제들이 새로운 제도의 수립과 입법 등 생활환경의 변화만으로 해결될 수 없음을 깨닫고, 클라이언트를 보다 효율적으로 그리고 근본적으로 돕기 위한 과학적 방법이 필요하다고 생각하였다. 그들은 메리 리치몬드(M. Richmond)가 『사회진단』을 통해 주장한, 정확한 조사와 진단에 기초한 과학적인 문제사정방법과 실증적인 개입방법을 받아들이기 시작한다.

한편 이 시기는 제1차 세계대전이 발발했던 때로 사회복지사들은, 전쟁신경증(shell-shock)으로 인해 클라이언트로 찾아온 군인들과 그 가족들을 병원이나 지역사회에서 자주 만나게 되었다. 많은 의사들이 군의관으로 입대하고 환자의 수는 늘어나는 상황에서 의사의 부족으로 사회복지사들이 정신과 의사가 하던 일부 역할을 수행하게 되었다. 이는 정신보건사회복지가 발달하는 계기가 되었고, 사회복지사들은 전쟁신경증 환자의 문제에 개입하면서 자연스레 과학적 심리학과 정신분석에 관심을 기울이기 시작하였다. 이 시기는 정신보건 현장에서뿐 아니라 사회복지실천 영역에서도 클라이언트의 행동과 문제에 대한 이해를 외부의 환경적 조건보다는 내부의 심리적 원인으로 보는 시각이 우세했고, 정신분석은 개별사회사업(social casework)의 주요한 지식기반이 되었다. 이러한 경향은 제2차 세계대전이 끝나고 1960년대에 이르기까지 지속되는데 이때를 사회복지실천의 역사에서는 심리학적인 단계 혹은 정신분석적 단계라고도 한다.

1960년대와 1970년대는 시민권 운동, 빈곤과의 전쟁 등 사회적 상황에 급격한 변화가 일어나던 시기다. 이러한 변화와 맞물려 사회복지전문직 내에 존재하고 있던 다양한 시각들이 분출하면서 이제까지의 사회복지실천방법론에 대한 문제제기와 통합적 실천에 대한 요구가 커지게 되었다. 특히, 개별사회사업은 빈민과 억압된 계층의 욕구에 제대로 반응하지 못하고, 심리적 접근에 치우쳐서 효과성을 검증하기 어렵다는 이유로 많은 공격을 받기 시작했다.

마일즈(A. Miles)와 셔츠(F. Scherts) 같은 이론가들은 그때까지의 개별사회사업이 심리학 및 정신분석학으로 지나치게 기울어진 경향이 있음에 대해서 비판하고 사회환경에 중점을 두던 전통적 개별사회사업을 회복해야 한다고 주장했다. 홀리스(F. Hollis)는 개인의 문제를 치료하기 위해서는 개인의 심리적인 측면과 사회적인 측면을 동시에 중요하게 고려해야 한다고 강조했으며, 펄만(H. Perlman)은 진단학파를 기본으로 해서 기능학파의 장점을 도입하려 했고, 압테카(Apteka)는 기능학파의 견해를 기초로 하면서 진단학파를 통합하는 역동주의 입장을 확립하려 했다(최순남, 2002: 21).

또한 이 시기에는 개별사회사업, 집단사회사업(social group work)이라는 전통적인 사회복지방법론이 잠적하면서 통합방법론 혹은 사회복지실천(social work practice)이란 용어가 등장하는 등 방법론의 통합적 경향도 뚜렷하게 나타나기 시작했다. 바야흐로 사회복지실천은 통합적 단계로 접어든 것이다.

1960년대는 생태학과 체계이론이 사회복지의 중요한 패러다임으로 등장하게 된다. NASW의 헌(Hearn)과 그의 동료들이 체계이론을 사회복지에 적용하는 데 선구적인 노력을 하고, 사회복지사들은 심리사회적 관점을 견지해서 사회복지적 개입이 갖는 '사회학적 측면과 심리학적 측면' 모두에 주의를 기울여야 한다는 홀리스(Hollis)의 주장을 받아들이기 시작했다. 즉, 사회복지사들은 인간행동을 이해하고 개입하는 데 있어 단선적 인과관계가 아닌 생태체계의 순환적 관점에서 접근하였다. 이로써 사회복지사들은 개인에 대한 접근과 환경에 대한 접근을 구분하지 않은 채 개인과 환경에 대한 이중초점, 즉 '환경 속의 인간'이라는 통합적 관점을 견지하게 된 것이다.

하지만 '인간-상황(환경)'이라는 이중초점을 반영할 때 이론적 수준이나 활동수준에서 똑같이 균형을 잡는 일은 쉽지 않다. 인간과 환경 간의 관계를 다룬 사회복지 문헌들을 검토해 보면 이론적으로는 이중초점의 균형이 강조되지만 반드시 인간과 환경 양쪽에 동일한 관심을 기울여 온 것은 아니다 (Germain & Gitterman, 1987). 어떤 사회복지사들은 사회를 보다 반응적으로 촉진시키는 일에 많은 노력을 집중하는 반면 어떤 사회복지사들은 개인의 기능을 향상시키는 것을 강조하고 있다. 개인의 변화를 강조하는 사회복지사는 성격이론 및 정서적 어려움을 해결하는 이론에 의지하고, 사회개혁을 강조하는 사회복지사는 환경을 변화시키고 사회자원을 확보하는 방법을 이끌어 주는 이론을 추구한다(Green & Ephross, 1991: 9). 인간과 사회환경에 대한 이중초점의 균형을 완벽하게 유지하지 못하더라도 '환경 속의 인간(Person-In-Environment: PIE)' 관점은 여전히 사회복지에서 인간 이해 및 실천에 근간이 되고 있다.

3. '환경 속의 인간' 관점

인간에 대한 이해는 사회복지뿐만 아니라 철학, 심리학, 의학, 법학 등 거의 모든 학문의 기초다. 그러나 그 초점이 인간을 직접적인 대상으로 하는지 간접적인 대상으로 하는지, 그리고 연구대상이 인간 그 자체인지 인간 간의 관계인지 아니면 인간을 둘러싸고 있는 다양한 조건들인지 등에 따라 인간을 보는 관점이나 방향이 다르기 때문에 궁극적으로 인간에 대한 이해는 각기 다를 수 있다.

앞에서 설명했듯이, 사회복지에서는 인간을 생활상의 욕구와 문제를 가진 클라이언트로 보면서 그 다양성을 '환경 속의 인간'의 관점에서 이해한다. 환경 속의 인간 관점이란 인간의 행동을 이해함에 있어서는 심리내적인 측면에서의 개인 및 그를 둘러싸고 있는 환경, 그리고 그 개인과 환경 간의 상호작용을 함께 통합적으로 이해하고자 하는 것이다. 사회복지사의 개입에 있어서는 인간과 환경 어느 한쪽에 치우치지 않게 균형을 유지하는 '이중초점(dual focus)'이 요구된다.

인간과 환경에의 효과적인 개입을 위한 이중초점의 필요성은 많은 학자들이 지적한 바 있다. 그러나 그들이 강조하는 측면에는 다소 차이가 나타난다. 저메인(Germain, 1979)은 인간의 적응능력과 양육적인 환경의 질이라는 두 가지에 초점을 둔다. 바트렛(Bartlett, 1972)은 인간의 대처행동과 환경의 요구 간의 관계를 강조한다. 저메인과 기터만(Germain & Gitterman, 1980)은 인간의 잠재력과 그 잠재력의 실현을 가능하게 하거나 불가능하게 하는 환경의 특질 간의 상호작용을 강조한다. 한편 스트린(Strean, 1971)은 환경과의 지속적인 상호작용을 일으키는 생물심리학적 단위로서의 개인을 강조한다(Green & Ephross, 1991: 9).

이처럼 학자마다 강조점이 조금씩 다르긴 해도 사회복지전문직의 이론적 기반과 실천에 지배적인 영향력을 행사해 오고 있는 '환경 속의 인간' 관점은, 사회복지전문직의 기본사명이 인간과 환경에 대한 이중초점을 유지하고 원조과정에 구조화된 가치와 지식 및 기술을 포함하는 공통적인 접근방법을 갖추는 것이라는 믿음을 공유하게 하고 있다.

중요한 것은 사회복지사의 개입이 전문적 활동이 되려면 그의 행동이 신중한 사고와 내면화된 지식에 의해 인도되어야 한다는 것이다. 사회복지사의 인간에 대한 기본적인 지식은 개인의 심리내적 역동을 설명하는 성격이론과 다양한 문화 및 환경의 맥락 내에 있는 인간의 행동, 욕구 그리고 목표 등에 대한 이해에서 나온다.

〈표 1-1〉은 사회복지실천에 관한 종합적인 패러다임을 제공한다. 사회복지실천에 활용되고 있는 '환경 속의 인간' 관점은 사회복지실천의 토대를 체계적이고 총체적인 개념으로 통합시키는 수단을 제공해 준다. 사회복지사의 실천을 위한 가치, 지식, 기술의 토대는 '환경' '속의' '인간' 이라는 삼박자 하에서 집합적으로 인식될 수 있다. 사회복지사는 그 중심, 즉 '행동이 있는 곳' 에 위치한다. 변화 노력은 필요에 따라 인간 또는 환경으로부터 끌어낼 수도 있고 또는 그쪽을 지향할 수도 있다. 사회복지사는 작업환경과 역동적 상호작용을 통하여 전문직의 기본특성을 실현시킨다(McMahon, 1996: 15-17).

〈표 1-1〉의 중간에 있는 지식 부분은 인간과 환경의 접촉면에서 발생하는 상호작용에 초점을 둔 이론들을 열거한 것이다. 인간에 대한 환경의 영향은 사회화, 역할, 행동수정 및 의사소통 등과 같은 이론들의 중심에 있다. 비록 〈표 1-1〉이 사회복지에서 사용되는 모든 이론들의 목록을 제공하는 것은 아니지만 그 분류된 이론들은 이론 구축을 위한 하나의 준거가 된다.

인간행동과 사회환경에 관한 지식의 중요성은 사회복지실천의 과정과 연결시켜서도 생각할 수 있다. 사회복지실천의 기본과정은 초기문제에 대한 사정, 개입을 위한 계획, 실제적 개입 활동, 평가와 종결로 구성된다. 이 과정 중에서 문제에 대한 정확한 사정과 클라이언트의 문제해결에 대한 계획을 선택하는 데 인간행동과 사회환경에 대한 지식은 반드시 필요하다. 예를 들어, 자살의 위험성이 있는 청소년을 돕기 위해 사회복지사는 청소년기의 발달특징,

| 표 1-1 | 사회복지실천 토대의 총체적 개념 |

사회 복지		
환 경	속 의	인 간
목 적		
환경 속에 있는 개인, 가족, 집단 및 지역사회의 사회적 기능을 향상시키는 것		
인 가		
클라이언트, 민간기관/공공기관, 전문직, 정부(법률)		
가 치		
민주적이고 보호적인 사회	실천원리 윤리강령	모든 인간의 존엄성과 가치
지 식		
조직이론	사회화	발달/생활과정
정치과학	역할	생리학적
입법과정	행동수정	심리성적
사회정책	의사소통	심리사회적
문화인류학	스트레스/갈등	인지적
자연자원/지역사회자원	체계들	도덕적
공공서비스/민간서비스	집단과정	영적
사회복지	위험인구집단	자아실현
		자기인식
기 술		
정치적 기술	문제해결기술	관계기술
옹호	문제규명	경청
법적 행동화	자료수집	반응
증거제시	사정/목표 설정	감정/감각
협상	계획/과업규정	패러프레이징(paraphrasing)
조직	선택과 실행	명확화
광고	평가	정보제공
의사표시	종결	의뢰
기록, 조사, 시간관리, 팀워크 등의 전문기술		

출처: McMahon, 1996: 16.

자살행동에 관한 지식, 이 문제를 해결하기 위해 개입할 필요가 있거나 함께 활동하는 사회적 체계, 그러한 체계들로부터 활용할 수 있는 자원에 대해서 파악해야 한다(이인정, 최해경, 2007: 16).

따라서 사회복지에서 인간 이해에 초점을 두는 기초교과목인 '인간행동과 사회환경'에서는 인간발달이론, 성격이론, 이상행동 관련 이론 그리고 생태체계 관점을 습득해야 할 기초이론으로 제공한다. 이 책에서 제시한 이론들은 이런 바탕에서 최소한 우리가 알아야 할 내용들로 취사선택된 것이다. 그러나 선택된 이론들에 대한 소개는 지면관계상 너무 요약적이어서 사실상 각각의 이론들에 대한 오리엔테이션에 불과하다. 예를 들어, 정신분석이론은 몇 해 동안 시간과 노력을 투자해도 이해하기 어려울 정도이지만 우리는 불과 몇 시간분을 할애했을 뿐이다. 따라서 학생들은 학교에서 배우는 이론들은 오리엔테이션에 불과하다고 생각하고 여기서 제시한 이론들 중 스스로 수긍할 수 있고 더 관심이 가는 이론을 두어 개 정도 선택하여 좀 더 집중적으로 연구해서 자신의 지식으로 만들 필요가 있다. 선택과 집중을 통해 인간 이해에 대한 이론적 바탕을 확고히 하고, 나아가 그 이론과 관련된 개입방법이나 기술의 습득을 통해 사회복지실천 현장에서 전문가답게 일할 준비를 해야 할 것이다.

이상행동에 관한 지식도 사회복지실천을 준비하는 학생들에게 필수적인 것이지만 이 책에서는 총론에서만 간략히 다루고 각론에서는 제외시켰다. 정신건강론이나 정신보건사회복지의 교과목 내용으로 자세히 다룰 기회가 있을 것이기 때문이다.

요약

• 사회복지에서 인간 이해에 대한 관점은 시대적 상황에 따라 그 초점이 변화되어 왔다.

- 1920년대 이전까지는 빈곤이나 질병 등 개인문제의 원인을 사회적 조건에서 찾던 사회학적 단계, 1920~1960년대까지는 심리학 및 정신분석의 영향으로 개인의 심리내적 문제를 중시하던 심리학적 혹은 정신분석학적 단계로 볼 수 있다. 그리고 1960대 전후부터는 소위 통합적 단계로 개인과 환경, 양자의 균형을 강조하여 개인과 환경의 이중초점의 강조 및 그 둘 간의 상호작용에 관심을 기울이게 되었다.
- 통합적 단계에서 인간 이해의 핵심은 '환경 속의 인간' 관점이다. 사회복지의 가치, 지식, 기술은 '환경' '속의' '인간' 이라는 삼박자하에 집합적으로 표현되고 있다.
- 1980년대를 전후로 하여 사회복지에서는 생태학이론, 체계이론, 생태체계 관점 등의 적극적인 도입으로 '환경 속의 인간' 관점을 견고화해 오고 있다.
- 사회복지의 기본가치는 '모든 인간의 존엄성과 가치를 인정'하고 '민주적이며 보호적인 사회'를 추구하는 것이다. 이를 위해 사회복지사는 이에 맞는 '윤리강령과 실천원리'를 갖고 일한다.

생각해 볼 문제

- 개인들이 겪는 빈곤의 원인 혹은 책임의 소재를 개인과 환경(사회) 중 어느 쪽에서 주로 찾아야 할지를 소그룹으로 토론해 보시오.
- '개인'과 '환경(사회)'이라는 두 기본가치의 균형을 유지하는 데 직면할 수 있는 딜레마를 제시해 보시오.
- 인간과 환경의 '접촉면'이란 무엇을 의미하는지 설명해 보시오.
- 사회복지에서 인간에 대한 이해의 관점이 어떻게 변해 왔는지를 설명하고 그 타당성을 논의해 보시오.
- 인간 이해에 대한 관점이 변화해 왔나면 앞으로는 어떤 방향으로 변하게 될 것인지 예측해 보시오.

제2장 인간행동을 설명하는 이론들

지금도 인간 혹은 인간행동을 설명하는 수많은 이론들이 계속 출현하고 있다. 이 많은 이론들은 상호 관련되어 있으나 어떤 이론들은 다른 이론들의 재현이기도 하고, 또 그 이론들 간에는 모순이 나타나기도 한다. 사회복지사나 학생들은 이론들 사이의 연결성이나 모순을 찾으려고 노력하면서 도전을 받을 수도 있고 좌절할 수도 있다. 현존하는 문헌들이 너무 많아서 그 정도에 압도 당할 수 있고 또는 다루기가 불가능하게 느껴질 수도 있다.

다행히 사회복지사들은 어느 이론이든 개입이든 자유롭게 선택할 수 있다. 이론과 개입의 자유로운 선택이란 사회복지사가 특정한 이론과 접근에만 전문화되어 있지 않다는 사실을 말한다. 그들이 자신들의 활동을 이해하고(사정), 행동을 지향하기 위해(개입) 사용하는 이론들은 문제의 초점에 따라 다양하다. 좀 더 심도 있는 이론과 전문화된 개입모델을 사용하는 데 있어서 유일한 제한이라면 그들의 한정된 능력과 경험에 기인할 수도 있다는 점이다 (McMahon, 1996).

사회복지사들은 이 수많은 학설 중에서 사회복지의 가치와 철학에 맞는 인간관을 정립하면서 인간의 관계에서 비롯되는 문제해결의 최선책을 모색하는 노력을 해야 하는 것이다.

1. 성격이론

성격이론(personality theory)에 앞서 19세기 중엽 독립된 과학으로 독일에서 출발했던 심리학(psychology)의 과제는 일반 성인의 의식을 분석하는 것이었다. 그 당시 의식은 감각기관에서의 과정들과 밀접히 관련된 구조적 요소로 이루어지는 것으로 여겨졌으며, 심리학의 과업은 이 의식의 기본요소를 찾아내고 그것들이 어떻게 복합되어 나타나는지를 알아내는 데 있었다. 따라서 이때의 심리학은 정신화학(mental chemistry)으로 불리기도 했다(Hall & Lindzey, 1978).

20세기에 들어서자 심리학에서는 마음의 구조를 강조해야 한다고 주장하는 집단도 생기고, 심리학의 주요 대상은 수동적인 내용보다는 활동하는 과정이어야 한다는 주장도 등장하였다(예: thought보다는 thinking, sense보다는 sensing 등). 또 어떤 집단에서는 정신은 너무 사적이고 주관적이므로 심리학을 행동의 과학으로 정의할 것을 주장하였다.

프로이트는 정상인보다는 비정상인을, 의식보다는 무의식에 초점을 두는 전혀 다른 방향에서 성격이론을 만들어 냈다. 현대의 심리학은 프로이트를 정점으로 전혀 새로운 국면으로 접어든 셈이다.

현재 성격이론과 심리학은 종종 동일어로 혼용되기도 하지만 심리학은 철학에서 파생되어 일반인의 성격구조와 행동 및 심리작용에 초점을 두는 학문임에 비해 성격이론은 심리학에 더해 의학에서 연구되는 신경증 및 정신병 환자의 증상형성과 치료를 포함하는 보다 넓은 의미로 사용되는 것이 일반적이다.

이 책에서는 심리학보다는 성격이론이라는 용어를 사용하며 성격이론 중 심층심리이론, 자아심리이론, 인지이론, 행동주의이론 그리고 인본주의이론 등의 다섯 가지를 다룬다. 각 이론마다 두 명의 대표적인 이론가들을 선택하여 심층심리이론가로는 프로이트와 융을, 자아심리학자로서는 아들러와 에릭슨을 소개하고. 인지이론가로는 피아제와 엘리스를, 행동주의이론가로는 스키너와 반두라를, 마지막으로 인본주의이론가로는 로저스와 매슬로를 소개한다.

1) 심층심리이론

심층심리학은 무의식의 영역을 탐구하는 심리학이다. 무의식이라는 용어는 프로이트 이전에도 있었지만 그것을 인간행동의 이해에 적용시켜 처음으로 체계화된 이론으로 만든 사람은 프로이트(S. Freud)다. 어떤 학자들은 프로이트 이전의 의식심리학이 프로이트 이후 무의식의 심리학으로 바뀐 것을 코페르니쿠스의 지동설의 발견과 비유될 정도의 획기적인 사건으로 평가하기도 한다.

프로이트는 마음을 빙산에 비유하여 물 위에 떠 있는 작은 부분이 의식이라면 물속의 훨씬 더 큰 부분이 바로 무의식이라고 주장했다. 그는 이 광대한 무의식에는 인간의 의식적 사고와 행위를 전제적으로 통제하는 보이지 않는 힘, 즉 추진력, 정열, 억압된 감정, 정서 등이 있으며 인간의 행동은 의식보다는 무의식에 의해 좌우된다는 무의식의 성격학, 즉 정신분석을 이론화하였다.

프로이트는 당시에 제자들이나 동료들로부터 절대적인 지지를 받지는 못하였지만 정신분석학은 그 이후 성격이론 발전에 초석이 되었을 뿐 아니라 지금까지 심리학, 정신의학, 문학, 미술, 철학, 인류학, 사회학, 심지어는 인간의 본성에 대한 상식적인 견해에 이르기까지 광범위한 영향력을 발휘하고 있다.

프로이트 이후의 학자들은 결국 프로이트의 업적에 기대어 자신들의 학설을 개발해 나갔다. 수많은 이론가들이 나름대로의 학설을 주장했지만 프로이트의 그늘에서 완전히 벗어난 사람은 거의 없다고 해도 과언이 아닐 것이다.

융(C. G. Jung)은 프로이트의 무의식 개념을 바탕으로 하면서도, 프로이트보다 무의식의 세계를 더 깊고 넓게 확대시켜 분석심리이론을 창안했다. 그러나 융은 그 자신이 말했듯이 결코 프로이트의 적수가 아니다. 융의 이론이 프로이트 이론과 공통점이 많고 어느 면으로는 한 단계 발전시킨 것도 틀림없지만 프로이트의 업적이 심층심리의 개척자로서 더 높이 평가되고 있기 때문이다. 융은 인간 의식 너머에 무의식의 존재를 인정하고 그것을 중요시한다는 점에서 프로이트와 공통의 바탕 위에 있다. 또한 무의식적인 것을 의식에 동화해 가는 의식화과정이 인간의 성숙에 중요하다는 점을 강조하는 것도 양자가 같다. 다만 분석심리학은 무의식의 기능과 내용에서 정신분석학과 다른 견해를 가지며, 무엇보다도 융과 프로이트는 인간심리를 보는 관점에서 많은 차이를 보이고 있다(이부영, 1998: 31).

심층심리학은 사회복지사들이 인간의 행동을 이해함에 있어 드러나지 않은 무의식적 내용을 통찰하게 해 줌으로써 인간의 이해에 깊이를 더해 주고 문제를 사정하고 해결하는 데에 새로운 시각을 제공해 주었다. 하지만 사회복지사로서 심층심리학의 기법들을 실천에서 활용하기에는 한계가 많다. 심층심리학은 그 어떤 성격이론보다도 학습과 훈련에 긴 기간과 깊은 통찰을 필요로 하기 때문이다.

그러나 무의식에 대한 이해 없이 인간의 행동을 판단하는 것은 거의 불가능하고 정신분석에 대한 개념들을 이해하지 않고 다른 성격이론들을 이해하는 것도 거의 불가능하기 때문에 심층심리학의 개념에 대한 이해는 다른 이론에 앞서 먼저 알아야 할 중요한 과제다.

2) 자아심리이론

앞에서 언급했듯이, 프로이트를 따르던 많은 제자들이 각각 프로이트의 학설을 토대로 한 수정학설을 내세워 또 다른 학파를 이루어 나갔다. 그중에 프로이트의 성격구조론과 지형론을 인정하면서도, 인간을 무의식적 본능이나 원초아의 지배를 받는 수동적이고 무능력한 존재로 보기보다는 능동적으로 자아를 활용할 수 있는 능력이 있음을 부각시키고, 인간의 성격을 결정짓는 데는 성(性)과 같은 생물학적 요인 이상으로 대인관계의 측면이나 사회적 영향이 중요하다고 주장하는 집단이 있었다. 이들은 신프로이트 학파, 또는 자아심리학자라고 불리웠다. 대표적인 자아심리이론가로는 하트만(H. Hartman), 아들러(A. Adler), 에릭슨(E. Erikson), 설리반(H. S. Sullivan) 등이 있다. 이 책에서는 이들 중에 아들러와 에릭슨을 다룬다.

아들러는 처음에는 안과 의사였으나 정신과로 전과한 후 '비엔나정신의학회'의 창립회원이 되었으며 후에는 프로이트의 후계자로 지목받기도 하였다. 그러나 그는 다른 회원들과 의견이 달라 회원들로부터 맹렬한 비판을 받으며 물러난 후 프로이트의 정신분석과는 관계를 끊었다. 그 후 그는 개인심리학파로 알려진 그룹을 형성하며 많은 추종자를 만들어 냈다.

아들러는 프로이트와 달리 의식과 자아를 성격구성의 주요소로 간주함으로써 자아심리학 발달의 개척자로 인정받게 되었다. 그는 인간은 의식을 가진 존재이므로 보통 자기 행동의 이유를 알고 있을 뿐 아니라, 자기실현을 하는 데 필요한 행동의 의미를 충분히 인식한 다음에 행동을 계획하고 이끌어 나갈 정도로 자기를 의식하고 있다고 하였다.

아들러에 의하면 인간은 선천적으로 사회적 존재다. 인간은 타인들과 관계를 가지며 협동적 사회생활에 종사하고 이기적 관심보다는 사회복리를 추구하며 우선적으로 사회를 앞세우는 생활양식을 습득한다. 그는 인간이 단순히 사회적 과정에 놓임으로써 사회화되는 것이 아니라 이미 사회적 관심을 가지고 태어나는 것이라고 주장하였다.

프로이트나 융이 간과했거나 경시했던, 행동에 있어서의 사회적 결정인에 대한 강조와 인간을 근본적으로 사회적 동물로 보고 사람은 성적 관심에 의해서가 아니라 사회적 관심에 의해 지배된다는 아들러의 근본 신념은 사회복지의 인간관에 큰 시사점을 제공하고 있다.

에릭슨은 스스로를 정신분석의 주류라고 하면서도 무의식에는 거의 관심을 두지 않는다. 그는 인간의 행동과 기능의 기초로서 원초아나 초자아가 아닌 자아를 강조하고, 자아를 성격을 통합시키는 자율적 구조로 간주하였다. 자아가 형성되는 심리역사적 환경을 중요하게 여겨 자아발달이 사회제도 및 변화하는 가치체계에 밀접하게 연관되어 있음도 강조하였다. 또한 에릭슨은 성격발달에 미치는 사회환경적 요인에 주목하며 전생애에 걸친 인간발달을 심리사회적 발달단계로 개념화함으로써 심리사회이론의 대표적 학자로도 불린다.

에릭슨의 심리사회적 이론에 의해 제창된 인간의 자아기능에 관한 견해는 사회복지실천에 중요한 영향을 미쳤다고 평가되고 있다. 개인의 자아를 강화하고 클라이언트를 둘러싸고 있는 환경적 조건을 향상시킴으로써 문제해결이 가능하다는 관점은 여전히 사회복지전문직의 핵심적 시각이다. 성격발달에 대한 그의 접근방법은 사회제도가 인간발달을 어떻게 촉진시키는지에 대한 이해에 도움이 되고 있다(Newman & Newman, 1987).

3) 인지이론

인지란 한마디로 정신과정과 기억구조다. '정신과정'이란 인간이 어떤 과제를 수행할 때 그 사람의 머릿속에서 일어나고 있는 일이다. '기억구조'란 지식을 저장하고, 어떤 과제를 수행할 때 지식을 사용하는 방식을 지칭한다. 인지의 연구영역은 정보처리과정, 주의력, 지각, 감각, 기억, 사고, 지능, 도식, 의식, 언어 등이다(대한신경정신의학회, 1998: 126).

인지이론에서는 인간의 행동이 단순히 환경에 의해서 결정되는 것이 아니라 주로 개인의 태도, 기대, 신념에 의해 결정된다고 가정한다. 인지이론은 그 자체로서도 다양하고 이론가들도 많지만 인지이론의 대표적 학자는 단연 인식의 내용보다는 과정에 관심을 갖고 인지적 성숙과정을 주된 연구 영역으로 삼아 인지발달이론을 창안한 장 피아제(J. Piaget)다.

피아제는 인지발달에 대한 단계이론을 제시하면서 발달의 불변적 순서를 강조하였는데, 그 불변의 순서는 유전적으로 결정되는 것이 아니며, 아동은 환경에 적응하기 위하여 환경을 계속해서 탐색하고 조정하는 노력을 수행하며 스스로 환경을 다룰 수 있는 구조를 발달시킨다고 하였다. 즉, 인지의 구조는 주체(아동)와 객체(환경) 간의 상호작용의 결과로서 주체 안에 형성된다는 구조주의적 입장이다.

한편 피아제는 인지발달을 생물학적 관점에서도 설명하고 있다. 그 증거는 동화와 조절 및 조직화의 개념들에서 찾아볼 수 있다. 그는 자극이 반응에 미치는 영향만을 고려한 경험론자들의 학습이론의 결점을 보완하여 반응이 유입되고 자극에 미치는 영향까지도 동시에 고려하는 시도로서 이 개념을 도입하였다(대한신경정신의학회, 1998: 126-127).

피아제의 인지발달이론은 사회복지실천에서 아동대상의 프로그램 계획 및 실행 시 교육적 측면의 이론적 토대가 될 수 있다. 또한 피아제의 인지발달에 관한 이론은 성격의 한 측면으로 간주될 수 있는 인지기능의 다양한 발달수준을 개념적으로 설명하여 인간발달에 관한 사회복지사의 이해를 넓히는 데 기여한 바가 크다(이인정, 최해경, 2007: 292).

또 다른 인지이론가인 엘리스(A. Ellis)는 처음에 자신의 치료모델을 합리적 치료라고 명명하였으나 후에 인지와 정서 못지않게 행동이 중요하다는 것을 강조하며 합리적-정서적 행동치료(rational emotive behavior therapy)의 약자인 REBT로 고쳐 사용하였다. 엘리스의 REBT는 자기패배적 행동과 정서적 고통을 야기하는 비합리적 사고와 신념에 대해 강조하고 있으며, 우울증 등의 정서장애는 비합리적 사고의 산물이라고 보고 있다(박경애, 1997).

엘리스는 비합리적 사고의 목록을 예시하고, 개인이 비합리적 신념이나 사고로 인하여 부적응적인 정서와 행동에 고착하는 과정을 도식화함으로써 이 기법의 활용을 지원해 주고 있다. 이 이론은 명확한 논리와 용이한 개입기술로 인해 최근 사회복지실천가들이 비교적 많이 활용하는 이론이 되고 있다.

4) 행동주의이론

20세기에 파블로프(I. P. Pavlov)와 손다이크(E. Thorndike)의 실험에서 발달한 행동주의이론은 인간의 특정 행동은 선행요인과 후속요인, 즉 결과에 의해 일어난다고 보고 있다. 특히 환경적 선행요인과 결과에 관심을 두고 있는데 이를 선행요인(antecedents)-행동(behavior)-결과(consequences)의 약자를 따라서 ABC패러다임이라고도 한다.

행동주의에서는 행동을 형성하는 원동력이 학습과 경험이라고 보며 특히, 인간행동의 대부분은 학습되거나 학습에 의해 수정된다는 기본전제에 근거를 두고 있기 때문에 학습이론, 혹은 행동주의학습이론이라고도 한다.

스키너(B. F. Skinner)는 모든 인간행동은 일정한 법칙에 따라 결정되고 예측이 가능하며 통제될 수 있다는, 즉 인간은 기계적인 존재라는 가설을 세웠다. 그는 자유의지를 인정하지 않기 때문에 인간을 자유의지 혹은 삶의 목적을 지닌 존재로 보는 인본주의심리학의 관점에 대해 의문을 제기한다. 그는 인간이 내적-창조적 힘에 의해서 행동하는 것이 아니라 외적 자극에 의해서 동기화된다고 주장한다. 인간행동의 근원으로서 자아나 무의식을 단호히 부정하고, 인간의 성격형성과정에서 정서, 신념, 사회적 습관, 목표들은 조작적 조건형성을 통해서 학습시킬 수 있다고 본다(Skinner, 1974).

스키너의 행동주의이론은 프로이트의 정신분석이론과는 극단적인 대조를 보이고 있지만, 정신분석이론과 마찬가지로 인간행동이나 성격형성에 대해 부인하기 힘든 설명력을 가지고 있다는 점에서 흥미롭다.

반두라(A. Bandura)도 행동주의이론가에 속하지만 그의 사회학습이론은 스키너의 학습이론과 또 다르다. 스키너를 포함한 전통적 학습이론가들은 인간행동이 습득되고 유지되며 수정되는 필수적인 조건으로 강화(reinforcement)를 강조하는 데 비해 반두라는 학습과정 중에서 모방학습, 사회학습, 대리학습, 모델링 등 사회적 맥락과 관련이 있는 관찰학습에 초점을 둔다. 인간은 단순히 타인의 행동을 관찰하고 기계적으로 모방하는 것이 아니라, 서로 상이한 모델 및 사례들로부터 선택과 종합을 통해 새로운 행동을 만들어 낸다는 것이다. 반두라의 이론은 행동의 원인을 분석함에 있어 기질적 요인들과 상황적 요인들이 상호의존하여 행동으로 표출되는 것으로 간주하기 때문에 상호결정론이라고도 부른다.

5) 인본주의이론

인본주의이론은 무의식적인 결정론에 근거한 정신분석이론과 환경결정론에 근거한 행동주의이론 모두에 반대하여 '제3세력의 심리학' 이라는 별칭을 얻었다. 인본주의이론은 실존주의이론, 게슈탈트이론과 함께 실존주의철학에 그 기원을 두고 있으며, 그들 간에는 치료자와 내담자의 관계를 중시한다는 공통점이 있다. 그러나 실존주의이론이 소외, 무의미, 불안 등과 같은 인간 존재의 제한성과 비극적 측면에 초점을 두는 반면, 인본주의에서는 사랑, 선택, 창조성, 자아실현과 같은 긍정적 측면에 초점을 둔다는 점에서 차이가 있다(Corey, 2000).

인본주의이론은 각 개인에게 '현상이 나타나는 방식' 과 개인이 그 현상을 어떻게 '경험하고 느끼는지' 에 대해 관심을 두고 '지금-여기(here & now)' 를 강조하기 때문에 현상학이론이라고도 불린다(Raskin & Rogers, 1995). 현상학 이론에서는 인간이 다양한 주관적인 경험을 하면서 자기 자신을 형성해 가는 것으로 본다. 성격발달에서 광범위한 선택과 가능성을 인정하고 각 사람이 갖는 성격의 독특성, 인간의 성장가능성 및 자기실현을 강조하는 등 인간에 대해 매우 긍정적으로 접근한다.

로저스(C. Rogers)는 자신의 임상경험을 바탕으로 인간본성이 근본적으로 합목적적이고 건설적이며 현실적이고 신뢰할 수 있다는 의견을 피력한 심리학자다. 개인의 존엄성과 가치, 자기결정, 사회적 책임에 대한 소신 등 인간에 대한 긍정적인 특징을 강조하고 치료관계에서 클라이언트에 대한 무조건적인 긍정적 관심과 클라이언트의 세계관에 대한 공감 등을 강조하였다.

로저스는 인간의 궁극적 동기는 유기체를 유지하고 향상시키기 위해 인간의 모든 잠재능력을 개발하는 것, 즉 자기실현이라고 생각한다(Rogers, 1959: 196). 로저스는 그 어느 누구보다도 인간에 대한 따뜻하고도 긍정적인 시각을 제공해 준 이론가 중 하나로 평가된다.

매슬로(A. Maslow) 또한 인본주의이론가의 특징이 그렇듯이, 인간의 본성에 대한 시각이 긍정적이다. 그는 인간의 본성이 본질적으로 선하며, 인간의 악하고 파괴적인 요소는 나쁜 환경에서 비롯된 것이라고 본다(Maslow, 1970: 170). 그는 인간의 보편적 성향을 성장, 자기실현, 건강에 대한 열망, 정체성과 자율성의 추구, 향상을 향한 노력 등으로 간주하고 있다.

매슬로는 욕구단계에 대한 피라미드식 개념을 제시하고, 인간은 삶의 의미와 만족을 주는 일련의 선천적 욕구에 의해 동기화된다는 것을 강조한다.

인본주의이론은 지금까지 소개한 이론들 중에서 사회복지사들이 클라이언트를 보는 기본적 시각과 가장 일치하는 관점을 제공해 준다. 따라서 사회복지사들이 클라이언트를 대하는 데 자신감과 합리성을 제공해 줌으로써 현장에서 겪는 좌절이나 소진을 완화시키는 데 도움이 되고 있다.

2. 이상행동이론

사회복지사는 사람들이 심리사회적인 기능상의 문제를 겪을 때 제일 먼저 접촉하게 되는 전문가 중 한 사람이며, 이상행동의 여부에 대해 판단하여야 하는 상황에 직면할 경우가 있기 때문에 이상행동에 대한 증상이나 조건에 대한 지식을 갖추어야 한다. 사회복지사가 이상행동에 대해 충분히 알고 있어야 적절한 개입이 가능하고 부적절한 개입을 방지할 수 있는 것이다(Turner, 1989: 1-3).

사회복지실천 현장에서 클라이언트들이 호소하는 문제는 경제적인 것, 신체적인 것, 심리적인 것, 사회적인 것 등 다양하지만 그중 상당수는 이상행동과 관련되어 있다. 즉, 이상행동은 클라이언트들이 겪는 문제의 원인이 되거나 그 문제의 결과로 귀착될 경우가 많다. 따라서 이상행동에 대한 이해 없이는 사회복지실천이 불가능하다고 해도 과언이 아닐 것이다.

사회복지 1차 현장(primary setting)의 사회복지사들뿐 아니라 학교사회복지, 교정사회복지, 의료사회복지, 군사회복지 등 사회복지 2차 현장(secondary setting)의 사회복지사도 정신건강 분야의 전문가로서의 역할을 감당해야 한다. 특히 정신의료시설이나 지역사회정신건강센터, 정신장애인사회복귀시설 등에서 일하는 정신보건사회복지사에게는 이상행동에 대한 단순한 이해를 넘어 보다 깊은 지식이 요구되고 있다.

그러나 제1장에서 언급했듯이 이상행동에 관해서는 '정신건강론' 이나 '정신보건사회복지론' 에서 자세히 배울 기회가 있기 때문에 총론인 이 장에서만 가볍게 언급하고 각론에서는 제외시켰다.

1) 이상행동의 개념

이상행동을 정의하기란 간단한 일이 아니다. 왜냐하면 이상행동의 개념은 단순히 병리학적인 용어로 규정되는 것이 아니라 각 사회문화에 따라 그리고 역사진행과정에 따라 그 의미가 변화하는 사회역사적 개념이기 때문이다. 예를 들어, 미국에서 '동성애' 는 오랫동안 정신병으로 진단되어 왔었지만 이제는 더 이상 정신장애의 범주에 들어가지 않는다. 동성애는 성에 대한 선호에 있어서 사회의 통상적인 규범에 위배되는 행위이기는 하지만 동성애자 본인들에게는 여타의 생활기능에 있어서 장애가 되지 않는다고 보기 때문이다. 또 '정신분열병(schizophrenia)' 의 경우, 일본에서는 1937년부터 원어의 의미에 충실하게 '정신분열병' 으로 번역하여 사용해 왔다. 그러나 2002년부터는 치료나 인권의 측면에서 긍정적인 변화를 유도하기 위하여 명칭을 '통합실조증(統合失調症)' 으로 변경하여 사용하고 있으며, 홍콩에서도 비슷한 이유로 정신분열병을 최근 '사각실조증(思覺失調症)' 으로 변경하였다. 생각과 감각이 조화롭지 못하다는 의미다.

우리나라는 일본의 영향으로 '정신분열증(精神分裂症)'이라는 용어를 수십 년간 사용해 왔으나 이 용어가 사회적인 이질감과 거부감을 불러일으킨다는 이유로 2011년부터 '조현병(증)"으로 변경하여 공식명칭으로 사용하고 있다. 조현(調鉉)은 사전적 의미로 현악기의 줄을 고른다는 뜻이며, 이는 이 증상을 나타내는 환자의 모습이 마치 현악기가 정상적으로 조율되지 못했을 때의 모습처럼 혼란스런 상태를 보인다는 것을 비유적으로 표현한 것이다.

이상행동의 개념은 편의상 광의 및 협의로 나누어 설명할 수 있다. 광의의 이상행동은 일상생활에 문제를 야기하는 상태로서 정신적 건강상태라는 사회적 규범기준에서 벗어난 상태를 말하고, 협의의 이상행동은 조현증, 정서장애, 인격장애 등 정신과적으로 진단받은 정신장애를 의미한다.

이상행동을 일으키는 원인에 따라 기질성과 기능성으로 대분하는 것은 정신의학 분야의 오랜 전통이었다. 기질성 정신장애는 확인할 수 있는 뇌기능의 장애 혹은 구조적 손상에 기인하는 정신장애를 지칭하며, 기능성 정신장애는 뇌의 기질적 병변 없이 나타나는 정신병 상태를 지칭한다(대한신경정신의학회, 1998: 207).

2) 이상행동의 이론적 모델

이상행동의 원인을 설명하는 이론은 많다. 여기서는 여러 이론적 모델 중 가장 많이 언급되는 대표적인 것들, 즉 생리학적 모델, 심리역동적 모델, 사회학적 모델 그리고 통합적 모델에 대해 설명하고자 한다.

(1) 생리학적 모델

생리학적 모델은 의학모델 또는 질병모델이라고도 한다. 이상행동을 신경해부학, 신경생리학, 신경생화학 그리고 유전의 문제로 설정하고, 이상행동을 하는 사람도 신체적 병에 걸린 사람과 마찬가지로 환자로 정의한다. 생리학적 모델에서는 작게는 분자(molecular)의 단위에서 크게는 뇌구조의 변화까지 다양한 수준에서 볼 수 있으며, 구조 대 기능, 전기적 자극 대 화학적 자극 등과 같은 접근도 가능하다. 따라서 그 치료도 해부학, 생리학, 생화학의 방법으로 이루어져야 한다고 보며, 주된 치료법으로는 약물치료, 전기충격요법, 뇌수술 등을 시행한다(대한신경정신의학회, 1998: 62).

(2) 심리역동적 모델

심리역동적 모델에는 정신분석이론, 행동주의이론, 인지이론 등 다양한 성격이론들이 활용되며, 각 이론들에 근거한 이상행동의 이해 및 심리치료기법이 발달하고 있다.

정신분석에서는 정신외상(psychic trauma) 등 억압된 과거가 현재의 이상행동을 만드는 데 큰 역할을 한다고 본다. 망상은 물론 환청과 같이 생물학적인 요소가 관여할 때도 그 내용과 의미는 개인의 독특한 심리상태에 의해 결정되는 것으로 간주한다.

행동주의이론에서는 이상행동에 포함된 정신적 측면과 행동을 환경에 의해 이루어진 학습의 결과로 설명한다. 결국 이상행동이란 현재 상태를 의미할 뿐이며 과거의 내면적인 원인에 근거한 것은 아니므로 문제가 되는 행동만 치료하면 된다는 것이다. 따라서 강화, 행동조성, 체계적 둔감법, 홍수법, 혐오법 등의 행동주의 치료기법을 치료에 활용하고 있다.

인지이론은 인간을 매우 주관적 존재로 규정하고, 사고의 획득과 기능에 초점을 두는 이론이다. 세상에는 객관적인 현실이란 존재하지 않으며 각 개인이 나름대로 의미를 부여하는 주관적 현실만이 존재한다고 본다. 환경적 조건들이 주관적으로 어떻게 지각되고 인식되느냐에 따라 문제가 생기는 것이므로 인식과 지각을 바꾸는 방법이 치료에 활용된다.

(3) 사회학적 모델

사회학적 모델에서는 이상행동이 개인을 둘러싼 환경과 사회적 맥락 속에서 발생된다고 본다(Thoits, 1999). 이 모델을 뒷받침하는 대표적인 이론은 사회스트레스이론, 낙인이론, 생활문제이론 등이다.

사회스트레스이론은 정신장애와 스트레스의 관계를 논의의 초점으로 삼고, 대부분의 스트레스는 사람 간의 상호작용의 결과로서 사회적으로 발생하는 것이라고 본다.

낙인이론은 이상행동이 인간행동에 대한 사회의 반응에 의한다는 사회반응론적 접근에 근거해, 이상행동을 일탈과 연결시켜 규율 및 법 위반의 한 형태로 정의한다(Moss, 1973).

생활문제이론 역시 사회반응론적 접근에 근거하며, 이상행동은 질병이 아니라 생활상의 문제라고 정의한다. 의료전문인들이 의학적 용어들을 사용하여 정신장애를 병이라고 규정하지만, 정신장애의 본질은 '사회적, 문화적 가치관의 차이에서 비롯되는 갈등'이라는 것이다(Szasz, 1974).

(4) 통합적 모델

통합적 모델에서는 이상행동이란 생물학적이든 심리역동적이든 한 가지 맥락 내에서 생기는 것이 아니라 많은 원인들의 통합에 의해 발생한다고 주장한다. 대표적인 이론은 환경과 유전의 상호작용이론과 체질-스트레스이론 등이다.

환경과 유전의 상호작용이론에서는 대부분의 정신질환은 유전적 요인과 환경 간의 상호작용에 의한 결과라고 본다. 즉, 환경적 요인은 스트레스와 같은 심리적 기전과 감염증 같은 생물학적 기전을 통해서 유전자의 발현에 영향을 줄 수 있고 비정상적인 유전자의 발현이 이상행동의 주요 경로가 된다는 것이다. 유전자와 환경 간에 일어나는 상호작용의 기전에 대해서는 세포유전학에서의 되먹이기전, 면역유전학에서 통제기전 및 적응기전, 그리고 인구 분야의 역동학에서 다양하게 설명되고 있다(대한신경정신의학회, 1998: 88).

체질-스트레스이론은 병적 체질로 정의되는, 즉 병에 걸리기 쉬운 '소인'과 '스트레스'의 상호작용에 초점을 둔다. 이 모델은 병적 체질을 가진 사람과 스트레스의 조합이 정신장애를 만들 수 있다고 설명한다. 즉, 스트레스 자체만으로는 정신장애를 발병시킬 수 없으며, 스트레스에 취약한 체질과 스트레스가 상호작용할 때 비로소 정신장애가 발병된다는 것이다. 이 이론에 따르면 건강한 체질의 사람은 동일한 스트레스가 가해져도 병에 걸릴 가능성이 거의 없다는 것이다.

3) 이상행동의 진단

이상행동의 유무를 파악하기 위해서는 면담, 심리검사, 지능검사, 행동평가, 대인관계 평가, 신체적 평가 등의 방법이 활용되고 있다. 이 면담과 조사들은 진단에 앞서 행해지는 전문적 활동이다.

이상행동의 진단에서는 ICD-10과 DSM-5가 병행 · 사용된다.

ICD-10(『국제질병분류제 10판: International Statistical Classification of Desease and related problems 10th ed.』)은 질병 및 관련 건강문제의 국제통계분류 10차 개정판(1992년)으로 보건의료분야에서 가장 널리 활용되고 있는 의료분류체계다. 세계보건기구(WHO)에서 국제적으로 사용되는 모든 질환의 분류를 담은 것으로 이상행동과 관련해서는 이 중에 정신질환에 해당되는 분류를 활용한다. 우리나라의 건경보험체계는 이 ICD-10을 기준으로 하고 있다. 2015년에 11번째 개정판인 ICD-11이 발간될 예정에 있다.

DSM-5(『정신장애진단 및 통계편람 제5판(Diagnostic and Statistical Manuel of Mental Disorders 5th ed., 2013)』)는 미국정신의학협회(APA)에서 정신과 부분만 독자적으로 개발한 것으로 1952년 첫판을 발표한 이래, 2013년 5번째 개정으로 내놓은 것이다.

DSM은 우리나라 정신과 전공의 훈련을 비롯해 정신의학 영역에서 가장 널리 사용되는 지침서다. DSM의 특징은 ① 기술적 접근으로서, 원인에 대해서 어떤 학파의 이론을 따르지 않고, ② 각각의 정신장애에 대한 특정 진단기준을 마련하고 있으며, ③ 각 장애를 특정 연령, 문화, 유병률, 발병률 등 부수적

양상과 관련해서 체계적으로 기술하면서, ④ 정보가 불충분하거나 환자의 임상양상과 병력이 전형적 범주의 진단기준을 완전히 충족시키지 못할 때 적용하는 명백한 규칙을 마련해 놓고 있다는 데 있다(American Psychiatric Association, 1994).

DSM-5는 종전에 20여 년간 사용하던 DSM-IV에 비해 크게 세 가지 변경사항을 가지고 있다.

첫 번째, DSM-IV에서 사용했던 다축진단체계(〈표2-1〉)가 임상적 유용성과 타당성이 부족하다는 이유로 폐기되었다.

표 2-1   DSM-IV의 다축진단체계

축 I: 임상적 증후군
• 성격장애를 제외한 다양한 장애나 상태를 범주로 분류
축 II: 성격장애
• 성격장애와 지능 정도 및 현저한 부적응적 성격특징과 방어기제의 습관적 사용 등
축 III: 신체적 질병
• 정신장애의 원인 또는 결과인 현재의 신체질환이나 의학적 상태
축 IV: 심리사회적 스트레스 사건
• 진단, 치료, 예후에 영향을 미치는 심리사회적 · 환경적 문제들
축 V: 전체적인 기능평가
• 개인의 전체적인 기능수준에 대한 정보

두 번째, DSM-IV에서의 17개의 정신장애범주(〈표 2-2〉)가 21개의 정신장애범주로 변경 · 확장되었다. 적응장애, 허위성장애의 범주, 노년기에 대한 정신장애의 내용이 삭제되었고, 불안장애가 보다 세분화되었다. 성장애 및 성정체성장애가 성기능장애, 성도착장애, 성불편증으로 세분화되었고, 물질관련장애에서 물질장애 및 중독관련장애로 변경되었다. 이러한 변화는 단순히 판본의 변화뿐 아니라 노인의 삶에 대한 사회적 인식, 현대사회의 스트레스로 인한 불안의 증가, 성소수자에 대한 사회적 배려 등 다양한 사회적 변화, 심리

적 변화를 반영한 것으로 볼 수 있다.

세 번째, 정신장애를 평가하는 전통적 접근방법인 범주모델(categorical perspective)과 대체적 모델인 차원모델(dimentional perspective)을 일부 도입한 혼합모델을 적용하였다(DSM-5, 2013).

표 2-2 DSM-IV의 17개의 주요 범주

① 유아기, 아동기, 청소년기에 흔히 처음으로 진단되는 장애
② 섬망, 치매, 기억상실 및 기타 인지장애
③ 다른 곳에 분류되지 않는 일반적인 의학적 상태로 인한 정신장애
④ 물질관련장애
⑤ 정신분열병과 기타 정신증적 장애
⑥ 기분장애
⑦ 불안장애
⑧ 신체형장애
⑨ 가장성 장애
⑩ 해리성 장애
⑪ 성장애 및 성정체성장애
⑫ 섭식장애
⑬ 수면장애
⑭ 다른 곳에 분류되지 않는 충동조절장애
⑮ 적응장애
⑯ 성격장애
⑰ 임상적 관심의 초점이 될 수 있는 기타 상태

4) 이상행동의 범주

DSM-5에서는 다음과 같은 범주에서 정신장애를 진단 · 분류한다.

- 신경발달장애(Neurodevelopmental Disorders)

- 조현병 스펙트럼 및 기타 정신증적 장애(Schizoprenia Spectrum and Other Psycotic Disorders)
- 양극성 및 관련 장애(Bipolar and Related Disorders)
- 우울장애(Depressive Disorders)
- 불안장애(Anxiety Disorders)
- 강박장애 및 관련 장애(Obsessive-Compulsive and Related Disorders)
- 외상 및 스트레스 관련 장애(Trauma and Stressor Related Disorders)
- 해리장애(Dissociative Disorders)
- 신체증상 및 관련 장애(Somatic Symptom and Related Disorders)
- 급식 및 식이장애(Feeding and Eating Disorders)
- 배설장애(Elimination Disorders)
- 수면-각성장애(Sleep-Wake Disorders)
- 성 기능 부전(Sexual Disfunction)
- 성 불쾌감증(Gender Dysphoria)
- 파괴적, 충동-조절 및 품행장애(Disruptive, Impulse-Control, and Conduct Disorders)
- 물질관련 및 중독성 장애(Substans Related and Addictive Disorders)
- 신경인지장애(Neurocognitive Disorders)
- 성격장애(Personality Disorders)
- 변태성욕장애(Paraphillic Disorders)
- 기타정신장애(Other Mental Disorders)
- 약물로 유발된 운동 장애 및 기타 약물 역효과(Medical-Induced Movement Disorders and Other Adverse Effects of Medication)
- 임상적 관심의 초점이 될 수 있는 기타 상태(Other Conditions That May Be a Focus of Clinical Attention)

3. 인간발달이론

'인간발달'이란 수정에서 죽음에 이르기까지 연령의 증가와 함께 일생 동안 일어나는 일련의 변화과정을 말한다. 인간이 성장과 성숙을 거치면서 나타나는 신체적·심리적·정서적·지능적 변화가 모두 발달의 범주에 포함된다.

'인간발달단계'란 인간의 출생 전후에서 사망까지 시간의 흐름에 따라 나타나는 특징적인 변화를 근거로 그 과정을 세분화한 것을 말한다. 인간발달단계를 몇 단계로 구분하는가에 대해서는 학자들 간에 의견이 분분하다. 일반적으로는 아동기, 청소년기, 성인기, 노년기의 네 단계가 기본적으로 사용되나 하비거스트는 아동초기, 아동중기, 청년기, 성인초기, 성인중기 그리고 성인후기의 여섯 단계로 분류하고 있고(Havighurst, 1972), 뉴먼과 뉴먼은 태내기부터 성인후기까지 열 단계로 세분화하고 있다(Newman & Newman, 1987).

사회적 상황변화와 더불어 발달단계를 구분하기 위한 새로운 용어가 등장하고 있다. 미국의 칼럼니스트 데이비드 브룩(D. Brook)은 사회적 변화를 생애주기와 연결시켰다. 그는 일생을 아동기, 청소년기, 성인기, 노년기의 네 단계로 하던 과거의 기본적 구분에 오디세이기와 활동적 은퇴기를 추가해 아동기, 청소년기, 오디세이기, 성인기, 은퇴기, 노년기의 여섯 단계로 구분해야 한다는 주장을 담은 글을 발표했으며(New York Times, 2007. 10. 9), 이는 많은 사람들의 공감을 불러일으켰다.

여기서 오디세이기란 표현은 고대 그리스의 영웅 오디세우스가 트로이 전쟁을 마치고 수년간 방황한 이야기를 기록한 서사시 '오디세이'에서 따온 것으로, 20~30대에 대학 졸업 후 자립을 하기 전까지의 시기를 말한다. 오디세이기의 젊은이들은 진지한 만남보다 온라인 데이트를 즐기고 결혼 대신 동거를 선택한다. 신문을 읽기보다 인터넷 블로그를 읽고 쓰기를 즐긴다. 취업, 분가, 결혼, 출산은 모두 늦어진다. 브룩은 '오디세이기는 불확실성과 다양성, 모색과 임시변통으로 특징되는 현대세계의 달라진 조건에 대한 대응기'라고 말했다.

은퇴라는 단어 역시 이제까지는 노년기를 설명하는 하나의 특징으로 가볍게 다루던 용어였는데 최근 '은퇴기' 란 용어가 발달단계 구분에서 새롭게 등장하고 있다. 트래포트(A. Trafford)는 최근 인간의 장수가 가져다준 변화 중 가장 큰 화두는 은퇴라고 하였다. 예전에는 은퇴 후의 삶이 길지 않아 아무 일을 하지 않아도 상관없을 정도였지만 이제 은퇴 후 30~40년은 족히 살 수 있게 되면서 은퇴 전후 삶의 질에 변화가 일어나고 있다는 것이다(Trafford, 2004).

발달단계별 특징을 표현하는 명칭에도 변화가 계속되고 있다. 최근까지 중년기를 사추기라는 별칭으로 설명하는 경향이 있었다. 사추기는 청소년기를 만물이 생동하고 푸르름이 시작되는 봄에 비유한 사춘기에 상응하는 용어로서, 중년기를 계절의 후반부에 들어선 가을에 비유해 낙엽, 고독, 외로움, 쓸쓸함의 특징을 표현한 용어다. 그런데 요즈음은 중년기를 사추기가 아닌 '제2의 사춘기' 로 명명하는 추세다. 사춘기와 거의 동일한 호르몬의 변화, 질풍노도와 같은 정서적 동요, 제2의 인생에 대한 설렘과 희망이 중년기의 특징이라는 것이다. 사추기에 비해 긍정적인 힘을 느끼게 하는 표현이다.

이렇듯 발달단계에 대한 분류나 명칭은 시대적 변화나 분류자의 시각에 따라 달라질 수 있다. 또한 기대수명의 급격한 증가로 예전과 달리 90세 이상의 노인 인구층이 점점 두터워지고 있음을 감안하여 노년기에 대한 세분화와 내용분석이 필요한 시점이기도 하다. 사회복지사가 이러한 변화에 대한 민감성을 키우는 것도 인간 이해의 중요한 덕목이라고 생각한다.

사회복지에서 인간발달단계에 관심을 가지는 이유는, 첫째, 모든 인간은 전 생애의 삶을 사는 동안 연령별 또는 시기별로 다양한 욕구를 공통적으로 갖고 있기 때문이다. 이러한 연령별, 시기별 욕구를 충족시키지 못하면 사람들은 문제에 봉착하거나 위험에 빠지기 쉽다. 사회복지에서는 발달단계에 관심을 가짐으로써 사전대책이나 사후대책을 강구할 수 있다. 둘째, 사회복지에서 문제해결을 위한 서비스나 프로그램을 고안할 때 발달단계에 따라 접근하게 되면 효과와 효율을 높이기 쉽다. 예를 들어, 서비스를 이용하는 집단이 아동, 청소년, 혹은 노인과 같이 특정 단계에 속할 경우, 그 단계의 발달적 특징을 이해하는 것으로 집단의 욕구와 이용 가능한 자원을 보다 잘 파악할 수 있기 때문이다(김상균 외, 2001: 38).

　사회복지와 관련된 법, 제도, 정책 등은 대부분 인간발달단계에 맞추어 차별화되고 있다. 영유아보육법, 아동복지법, 청소년기본법, 노인복지법 등이 그 예다. 〈표 2-3〉은 인간발달단계별로 제공되는 사회보장과 사회복지서비스의 대상을 시각화한 것이다. 사회보장의 공공부조나 건강보험과 사회복지서

표 2-3 인간발달단계와 사회복지의 관련성

구분			영·유아	아동	청소년	청년	중년	노년
사회보장	공적부조	국민기초생활보장						
		의료보호						
	사회보험	국민건강보험						
		연금보험						
		산재보험						
		고용보험						
사회복지서비스		영·유아복지	■					
		아동복지		■				
		청소년복지			■			
		노인복지						■
		여성복지						
		가족복지						
		장애인복지						
		(정신)의료사회복지						
		학교사회복지		■	■			
		교정사회복지			■	■		
		군사회복지				■		

* 주: 회색 음영은 각 발달단계와 특히 밀접한 관련성이 있음을 의미함.

비스 분야에서의 장애인복지, 가족복지, 의료복지처럼 전생애가 해당되는 경우도 있지만, 영유아복지나 아동복지, 노인복지와 학교사회복지, 군사회복지처럼 발달단계별 접근이 반드시 필요한 분야도 있다. 따라서 인간발달에 대한 이해는 사회복지실천의 기본이 되는 것이다.

4. 생태체계이론

사회복지실천에서 인간과 사회환경의 관계를 조명하는 데 유용한 이론은 체계이론과 생태학이다. 체계이론과 생태학은 자주 동일한 의미로 혼용되기도 하고, 두 이론적 관점을 아예 혼합해 생태체계이론으로 일컫기도 한다. 생태체계이론을 이해하려면 생태학과 체계들의 의미를 이해하는 것부터 시작해야 한다.

> 생태학(Ecology)은 살아 있는 유기체 간의 관계들―인간과 그를 둘러싼 환경의 모든 요소들―에 관심을 갖는 과학이다. 그것은 유기체와 환경이 어떻게 최적 상태나 적응적인 균형을 획득하는가에 관심을 가지며 또한 왜, 어떻게 하여 그 일에 실패하는가에 대해서도 마찬가지의 관심을 갖는다(Germain & Gitterman, 1979: 362).

> 체계(System)란 호혜적인 상호작용을 하고 있는 부분들과 과정들의 역동적 체제(order)다(Bertalanffy, 1968: 208).

체계이론과 생태학이론은 모두 인간과 환경의 관계를 통합적으로 다루는 것을 목표로 하고, 체계의 상호작용을 강조하는 등 많은 공통점을 갖고 있다. 그러나 체계이론이 이론적, 추상적, 분석적인 데 반해 생태학이론은 대상자의 생활을 실증적이고도 구체적으로 다룬다는 점에서 차이가 있다. 체계이론이 체계 내 하부체계의 경계와 항상성의 유지에 초점을 두는 반면, 생태학이론은 인간과 환경이 만나는 접점에서 인간과 환경의 상호작용에 초점을 둔다.

전통적으로 사회복지는 오랫동안 환경 속의 인간에 관심을 가져 왔음에도 불구하고 대부분의 직접적인 실천은 개인, 집단, 가족을 중심으로 이루어져 왔고, 인간과 환경의 상호관계에 대해서는 소홀히 했다. 이는 사회복지에서 사회적 환경 및 물리적 환경, 문화 사이의 발달과 기능이 인간과 어떠한 영향을 주고받는지를 규명해 줄 유용한 개념이 부족했기 때문이기도 하다. 그리하여 저메인(Germain) 등에 의해 생태학이 소개되자마자 이는 곧 사회복지실천의 중요한 관점으로 자리매김하기 시작하였다.

생태학은 단선적인 세계관에서 나온 의료-질병모델보다 사회복지실천에 유용한 이론이다. 의료-질병모델이 인간의 문제와 요구의 초점을 인간의 내부에서 찾고 인간이 속해 있는 외부환경과의 관계를 간과한 데 반해 생태학은 인간과 환경 간의 상호관계를 규명하고 이해하고자 노력하기 때문이다.

생태체계이론에서 '체계들' 과 '생태학' 이 통합되는 것은 사람(들)을 '체계(들)' 로, 그 사람의 환경도 '체계(들)' 로, 그리고 사람과 환경 사이의 순응과 상호작용을 '생태적으로' 간주하기 때문이다.

[그림 2-1]에서 묘사한 것처럼 인간은 신체적 · 심리적 · 정치적 · 경제적 · 교육적 · 영적 · 사회적 및 성적인 여러 가지 '부분들' 을 지닌 하나의 체계로 간주된다. 환경도 '보육하고(가족, 친구, 지역사회)' '유지하고 있는(사회의 제도, 조직, 프로그램)' 두 개의 주요 '부분들' 로 구성된 하나의 체계로 간주한다. 이 생태체계 관점은 여러 가지 '부분들' 과 인간(유기체)과 환경 간의 접촉면의 경계에서 발생하는 상호작용과 교류를 강조함으로써 환경 속의 인간에 대한 관점에 주목하게 한다(오창순 외, 2001: 46).

생태체계이론에서는 유기체(하위체계)와 환경 사이의 상호작용 및 상호의존을 그 양자의 생존에 결정적인 것으로 간주한다. 그중 하나의 변화는 나머지 다른 하나에 긍정적 혹은 부정적인 영향을 미칠 수 있다(Germain & Gitterman, 1979: 302). 이 이론이 강조하는 바는 인간과 그 환경 간에 이루어지

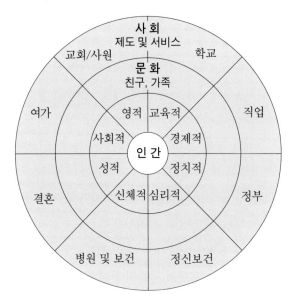

[그림 2-1] '환경 속의 인간'에 대한 생태체계 관점

출처: McMahon, 1996: 26.

는 여러 가지 체계들 사이의 복잡성과 다양성에 있다. 그 이유는 인간과 그의 환경은 생존을 위해 교환과 상호작용을 계속하기 때문이다.

　생태체계이론은 사회복지사들에게 '환경 속의 인간'이라는 관점을 강화하고 명확히 해 준다. 대부분의 스트레스나 문제가 발생하는 곳은 인간과 환경이 만나는 경계선이다. 이 경계선에서는 인간과 환경 모두에 초점을 두는 이중초점을 견지함으로써 사회복지실천의 유용성을 확대할 수 있는 강점이 있다.

- 인간은 복잡하고 대단히 역동적이기 때문에 인간을 완전히 이해하기는 불가능하다. 유일절대의 이론이 없기 때문에 우리는 인간을 이해하는 다양한 이론에 대해서 공부해야 한다.
- 이론이란 검증되지 않은 '가설이나 추측'이다. 그 가설이나 추측이 검증되면 이미 이론이 아니며 그것은 '사실'이나 '진리'라는 말로 바뀌어야 한다.
- 그렇더라도 '이론'이란 부분적으로는 검증되어 많은 사람들에게 수긍을 받고 있는 것이며 '실천'에는 필수 불가결한 요소라 할 수 있다.
- 사회복지에서 '인간' 혹은 '인간행동'을 이해하기 위해 활용하는 이론은 다양하며 크게는 성격이론, 이상행동이론, 인간발달이론, 생태체계이론으로 분류할 수 있다.
- 이상행동이론은 인간행동을 이해하는 데 빠져서는 안 될 중요한 부분이지만 사회복지교과목 중 다른 과목, 즉 정신건강론 혹은 정신보건사회복지 과목에서 자세히 다루어질 것이기 때문에 이 책에서는 총론 부분에서만 간략히 다루었다.
- 이상행동의 진단지침으로는 현재 DSM-5와 ICD-10이 주로 사용된다. ICD-10은 세계보건기구(WHO)에서 만들어 낸 국제질병분류로 정신장애를 모든 질병 중에 한 분야로 분류하고 있으며, 우리나라 건강보험에서는 ICD-10을 사용한다. DSM-5는 미국정신의학회에서 정신장애만을 가지고 만든 진단편람으로 정신장애를 21개의 주요 범주와 300개 이상의 특정 진단으로 구성하고 있다.

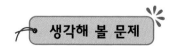

- 사회복지실천에서 이론의 중요성을 생각해 보고 성격이론과 인간발달이론이 인간을

이해하는 데 어떻게 유용한지 논의해 보시오.

• 인간행동에 관하여 이 책에서 다루는 것 이외에 최근에 어떤 이론들이 등장하고 있는
지 소개해 보시오.

• 인간행동의 이해에 있어서 의식심리학과 무의식심리학의 유용점과 한계점을 논의해
보시오.

• 이 책을 비롯하여 '인간행동과 사회환경' 교재에서 다루지 않는 '동양심리학'에 대
한 견해를 나누어 보시오.

• 이상행동(정신장애)의 종류를 어느 정도 알고 있는지 서로 이야기해 보고, 사회복지
에서 이상행동에 대해 공부해야 하는 당위성에 대해 토론해 보시오.

제2부

성격이론

성격이론에 대한 포괄적인 고찰은 히포크라테스, 플라톤, 아리스토텔레스 등의 위대한 정통적 학자에 의해서 촉진된 인간에 대한 개념에서부터 중세와 근세의 철학자들의 사상과 이론에서 그 자취를 찾아볼 수 있다. 그러나 성격이론에 영향을 준 비교적 최근의 근원은 프로이트와 융 그리고 맥도갈에 의해서 발전된 임상적 관찰들과 게슈탈트 심리학 및 윌리엄 스턴에게서 온 전통, 실험심리학과 학습심리학에서 온 새로운 자극, 그리고 개인차의 측정과 조사연구에 초점을 둔 심리측정의 영향이라고 볼 수 있다(Hall & Lindzey, 1978).

　　이러한 근원을 바탕으로 다양한 성격이론 및 수많은 이론가들이 출현했고, 사회복지실천에 기반을 제공해 주는 성격이론도 상당히 많다. 이 책에서는 사회복지 분야에서의 활용도를 고려해 방대한 이론들 중 먼저 심층심리이론, 자아심리이론, 인지이론, 행동주의이론 그리고 인본주의이론의 다섯 가지를 선택하고 각 이론의 대표적인 이론가들을 두 명씩 선택해서 모두 열 명의 이론가들을 고찰하였다. 무의식의 심리학인 심층심리에 관해서는 정신분석이론의 프로이트와 분석심리이론의 융을, 자아심리학에는 심리사회이론의 에릭슨과 개인심리학의 아들러를, 인지이론의 대표로는 인지발달이론의 피아제와 합리적 정서행동이론의 엘리스를 소개했고, 행동주의이론에서는 학습이론의 스키너와 사회학습이론의 반두라를 소개하였다. 마지막으로 인본주의이론에서는 로저스와 매슬로의 이론을 소개하였다.

제3장 정신분석이론: 프로이트

　나는 종교 · 도덕 · 사회 · 예술이 모두 오이디푸스 콤플렉스에서 비롯된 것이라고 생각한다. 이것은 오이디푸스 콤플렉스가 모든 노이로제의 핵심이라는 정신분석학의 발견과도 완벽하게 일치한다. 사회심리학의 문제들 역시 하나의 구체적 사실, 즉 남성과 그의 아버지의 관계를 토대로 하여 해결할 수 있다는 것은 대단히 놀라운 발견이다.

– 지그문트 프로이트

　지그문트 프로이트(Sigmund Freud)는 1856년 5월 6일 오스트리아의 모라비아에서 유대인 모피상인 아버지와 그의 재혼한 부인 사이에서 장남으로 태어났다. 4세 때 비엔나로 이사한 후 대부분의 생을 그곳에서 보냈으며 나치정권이 오스트리아를 점령하여 그의 모든 장서를 불사르고 재산을 몰수하자 1938년 3월 영국으로 망명해 1939년 9월 23일 런던에서 사망하였다.

프로이트(1856~1939)

프로이트가 어린 시절 추종하던 영웅은 한니발이었으며, 위대한 장군이나 정치가가 되는 상상을 곧잘 하였다고 한다. 그러나 성장하여서는 유대인으로서 경제적인 어려움을 겪지 않고 성공할 수 있는 의학의 길을 택하였다.

의학도 시절에 프로이트는 다윈(C. Darwin)의 『종의 기원』과 페히너(G. Fechner)의 『정신물리학 요론』으로부터 큰 영향을 받았다. 페히너는 정신물리학을 통해 심리학을 자연과학과 같은 과학으로 확립시키는 데 기여한 인물이다. 프로이트의 '죽음의 본능' 이론은 페히너의 항상원리(constancy principle)에서 암시를 받았다고 한다. 그의 스승인 브뤼케(E. Brücke)는 헬름홀츠(H. Helmholtz)의 에너지 보존의 법칙을 인간유기체에 적용시켰으며, 프로이트는 브뤼케의 생리학 강의를 듣고 후에 이를 '정신에너지' 개념에 적용하게 된다.

그 후 신경증을 연구하는 샤르코(J. Charcot) 및 브로이어(J. Breuer)와 일하면서 신경증환자의 '최면요법'에도 관심을 가졌다. 그러나 상당수의 환자들에게 최면이 효과적이지 않다는 것을 발견하면서 마음속에 떠오르는 생각들을 아무런 방해 없이 이야기하게 하여 무의식 속의 사고와 감정에 도달하게 하는 자유연상(free association)의 기법을 개발하였다.

프로이트는 사람들이 자유연상을 할 때 그 흐름이 차단되는 것을 보면서 이를 저항(resistance)이라 명하고 이 저항의 중심 정서가 '성(sex)'이라는 이론을 정립해 나갔다. 또한 아버지가 사망하였을 때 느꼈던 혼란에 대한 자기분석을 통해 '오이디푸스 콤플렉스'라는 중요한 개념을 발견하게 된다.

성을 억압하던 빅토리아 시대에 성을 강조하는 그의 이론은 당시로서는 대단히 충격적이어서 오랫동안 인정받지 못하였지만 서서히 젊은 학자들에게 받아들여지면서 공식적인 정신분석학파로 발전하게 된다.

1. 인간관과 기본관점

프로이트에 의해 탄생된 정신분석이론은 인간의 심리를 이해하는 가장 뛰어난 이론 중의 하나로 평가된다. 정신분석이론이 세상에 나온 후 100여 년에 걸쳐 많은 학자들에 의해 변천과 수정이 있었으나 프로이트가 만들어 놓은 기본가설은 오늘날의 정신보건 영역에서 매우 중요하게 사용되고 있다. 그 가설에는 정신결정론(psychic determinism), 역동적 무의식(dynamic unconsious), 심리성적 발달단계(psychosexual developmental stage)의 중요성 등이 있다(대한신경정신의학회, 1998: 98).

1) 인간관

프로이트의 인간본성에 대한 기본가정은 인간을 합리적 존재로 간주하던 당시의 분위기와는 확연하게 달랐다. 그는 인간을 의식의 영역 밖에 존재하며 비합리적이고 통제할 수 없는, 무의식적 본능의 지배를 받는 수동적 존재로 보았다. 인간의 모든 행동, 사고, 감정은 신체적 긴장 상태에 의해 유발되는 무의식적인 성적 본능과 공격적 본능에 의하여 결정된다는 것이다. 즉, 인간은 성장이나 자아실현을 추구하기보다는 무의식적 본능에 의해 야기된 긴장 상태를 해소하기 위하여 행동하게 된다고 보고 인간의 자유의지, 책임감, 자발성, 자기결정과 선택능력 등을 인정하지 않았다(Clark, 1965).

2) 인간과 환경

프로이트는 인간과 환경의 관계를 고찰하는 데 있어서 인간본성에 대한 그의 기본관점을 그대로 반영하였다. 인간은 무의식적인 내적 충동에 의해 야기된 성적 및 공격적 에너지를 방출하고, 개인 내부의 쾌락을 추구하는 힘과 이를 억제하는 사회적 환경 사이의 지속적인 갈등에 노출되어 있다는 것이다(Freud, 1962). 다시 말하면, 그는 인간을 자신의 행복을 극대화하기 위하여 사회에 지속적으로 대항하는 '투쟁적 존재(Home Volens)'로 보았으며, 사회를 개인 활동의 산물로 보았다(전병재, 1993). 이와 관련해 문명의 발달은 개인의 원초적 충동을 억제하고 이를 사회적으로 수용될 수 있는 방식으로 전환시킴으로써 가능하다고 보았다.

3) 정신결정론

프로이트는 인간의 기본적 성격구조를 심리성적 발달단계의 결과물로 보며, 이는 초기아동기인 만 5~6세 이전에 어떠한 경험을 하였는가에 따라 결정된다고 주장했다. 이러한 견해는 기본적 성격구조가 성인기가 되어서도 변하지 않고 지속된다고 보는 정신결정론적 관점에 근거한다.

프로이트는 개개인의 현재는 과거의 축적물에 불과하므로, 현재의 문제를 바꾸기 위해서는 과거를 변화시켜야 한다는 가정하에 정신분석을 통해 개인의 기본적 성격구조를 변화시킴으로써 성격적인 문제나 정신증 등을 다루어 나갔다. 그중에서도 초기유아기의 경험을 재구성하는 것이 필수적이라고 보았다.

4) 심리적 건강

정신분석에서는 심리적 건강은 단지 이상에 불과하다고 보고, 인간을 병리적 관점에서 이해한다. 병리는 충동이 과도하게 좌절되거나 과도하게 충족되었을 때, 그리고 구순기, 항문기, 남근기에 정신적 외상을 입었을 때 발생하게된다. 따라서 정신분석의 목적은 개인 내부의 심리적 조직을 재구조화하여 보다 융통성 있고 성숙하게 만드는 것이다. 이러한 목적을 성취하기 위하여 정신분석적 치료에서는 무의식적 정신과정에 대한 의식적 통제력을 증진시키고자 한다.

2. 주요 개념

프로이트의 초기이론의 중심개념은 지형적 모델(Topographical model)이었다. 지형적 모델은 인간의 정신생활을 의식, 전의식, 무의식이라는 세 개의 개념으로 설명한 이론이다.

그는 먼저 정신현상을 설명하는 개념으로 지형적 모델을 발표하고 20여 년 후에 이 모델을 수정·보완하여 원초아, 자아, 초자아의 개념으로 설명되는 구조적 모델(Structural Model)을 추가하였다.

1) 지형적 모델

프로이트는 눈에 보이지 않는 인간의 정신을 이해하기 위하여 인식의 수준을 가시화한 일종의 지도를 제시하였는데 이를 지형적 모델이라고 한다.

지형적 모델은 인간의 정신을 의식체계, 전의식체계, 무의식체계라는 세 영역으로 구분하는데, 각 체계는 그 나름의 독특한 특성을 갖고 상호작용한다. 이 모델은 1900년에 출판된 그의 저서 『꿈의 해석(*Interpretation of Dreams*)』에서 처음으로 제시되었다(Sadock & Sadock, 2003: 198-199).

(1) 의식

의식(consciousness)은 한 개인이 어느 순간에 인식하고 있는 감각, 지각, 경험, 기억 등의 모든 정신과정을 의미한다. 의식은 주어진 순간에 우리가 인식하는 모든 것들의 영향을 즉각적으로, 또 끊임없이 반영한다. 이때 인식의 범위는 개인의 능력에 따라 좌우되며, 인식의 원료는 두 개의 서로 분리된 중요한 근원, 즉 외부세계에서 받아들이는 감각정보와 순간순간마다 과거로부터 기억해 내는 모든 것으로부터 생산된다(Clark, 1965: 144).

일단 의식된 내용은 시간이 경과하면 전의식이나 무의식 속으로 잠재된다. 프로이트는 의식을 개인의 전체적인 정신활동 면에서 보면 아주 작고 순간적인 일부분에 지나지 않는다고 보았다.

(2) 전의식

전의식(preconsciousness)은 즉시 인식되지는 않지만 어떤 자극이나 적은 노력으로도 꺼내올 수 있는 기억의 저장소로서 무의식과 의식 영역을 연결해 주는 교량이다. 예를 들어, 정신분석을 받을 때는 무의식의 내용이 전의식으로 나오고, 그다음에 의식이 된다. 반대로 일상생활에서의 의식은 주의가 집중되지 않으면 전의식으로 사라지고, 그다음에 더 깊은 무의식의 영역으로 침잠된다.

학생들은 수업을 받으면서 수업에 집중하는 순간에는 학습내용을 의식하지만, 수업이 끝나면 학습된 내용은 대체로 전의식에 머무르게 된다. 시험문제는 전의식에 저장된 지식을 일깨워 주는 자극제 역할을 하지만 시간이 흐름에 따라 대부분의 학습내용도 무의식에 가라앉게 된다.

(3) 무의식

무의식(unconsciousness)은 현재 의식되지 않으면서도 인간행동을 결정하는 주된 원인으로 작용한다. 무의식이라는 정신과정은 한때는 의식 영역에 있었으나 소멸되지 않은 채 욕구나 본능이 깊게 자리하고 있는 영역으로 들어가 있어 직접적으로 확인하기 어렵고 접근도 거의 불가능하다.

무의식이 작용하는 가장 대표적인 증거는 '꿈'이며, 프로이트는 꿈을 '무의식에 이르는 왕도'라고 하였다. 그 밖에 알고 있는 사람의 이름이나 얼굴을 잊어버리는 것, 말실수, 글자를 잘못 읽는 것, 행동상의 실수 등도 무의식의 증거다.

프로이트는 의식과 무의식의 정도를 빙산에 비유했다. 바다 위에 떠 있는 빙산은 작은 일부에 불과하고 대부분은 물속에 잠겨 있어 잘 보이지 않는다. 수면 위는 의식에, 수면 아래는 무의식에 비유된다. 수면 아래의 빙산이 무게의 중심이며, 빙산의 움직임과 흘러가는 방향 등 빙산의 운명 전체를 결정한다. 인간의 정신세계도 빙산처럼 의식은 일부에 지나지 않고 대부분은 무의식에 잠겨 있으나 무의식이 정신생활의 방향을 결정한다. 인간이 무의식에 이끌린다는 점이 인간(행동)의 비합리성의 근거로 제시되는 것이며, 이것이 프로이트가 그 이후의 학자들로부터 인간에 대해 지나치게 부정적이라는 비난을 받게 된 이유 중 하나다(Clark, 1965).

2) 구조적 모델

프로이트는 지형적 모델 후에 1923년에 발표한『원초아와 자아(*the Id and the Ego*)』에서 정신장치는 원초아, 자아, 초자아라는 세 가지 요소로 구성되어 있다는 구조적 모델(Structural Model)을 추가하였다. 이 세 요소는 각각 자체의 기능, 특성, 작동원리, 역동 및 기제 등 독특한 속성을 가지면서 상호 간에 영향을 주고받는다([그림 3-1]).

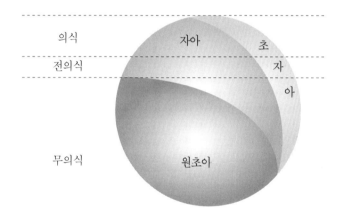

[그림 3-1] 프로이트의 구조적 모델

출처: Nye, 1975.

이 구조적 모델은 후에 자아심리학의 초석이 된다. 정신분석이 자아보다 원초아의 역할에 초점을 두는 데 비해 자아심리학은 자아를 강조하고 두둔하는 특징을 갖는다.

(1) 원초아

원초아(id)는 성격의 원형으로 출생 시부터 타고나는 생물학적 구성요소이자 정신에너지의 저장고다. 원초아는 시간이 지나면서 그 파생물인 자아와 초자아에게 에너지를 나누어 주는데 이것이 자아와 초자아가 발달할 수 있는 힘이 된다. 결국 원초아는 전체적인 성격발달의 근원이 되는 셈이다.

원초아는 외부세계와 단절되어 있으며, 법칙, 논리, 이성 또는 가치에 대해 전혀 알지 못하고 현실성이나 도덕성에 대한 고려 없이 본능적 추동에 의해 충동적으로 작동한다. 이러한 특징에 대해 프로이트는 원초아가 주관적 경험의 내적 세계를 나타내며 객관적 현실에 대한 지식을 갖고 있지 않다고 하여 '진정한 정신적 실재(true psychic reality)'라고 불렀다(Schuh, 1966).

원초아는 본능적 충동에 의해 야기된 생리적 긴장 상태를 감소시키기 위하여 쾌락원리(pleasure principle)를 작동시킨다. 쾌락원리는 고통을 최소화시키고 쾌락을 최대화하려는 속성으로 참을성 없이 즉각적인 만족을 구하고자 ① 반사작용과 ② 1차과정이라는 두 가지 과정을 통괄한다.

반사작용(reflex action)은 어떤 감각적 자극이 있을 때 운동신경을 통해 신체적 긴장을 즉각적으로 해소하는 것으로 재채기, 눈물, 하품 등이 반사작용의 예다.

1차과정(primary process)은 신체적 긴장을 경감시키는 데 필요한 대상을 즉시 구하지 못할 때 우선 그 이미지를 만들어 내서 긴장해소를 추구하는 작용이다. 목이 마를 때 물을 마시는 상상을 하거나 원하는 것을 현실에서 이루지 못할 때 꿈에서 이루는 것이 그 예다.

그러나 반사작용과 1차과정은 즉각적이고 일시적인 신체긴장을 해소시키는 기능만을 하므로 신체긴장을 확실히 해소시키는 다음 단계, 즉 자아의 2차과정을 반드시 필요로 하게 된다.

(2) 자아

자아(ego)는 외부세계의 영향에 의해 수정된 원초아의 일부다(Freud, 1923). 자아는 생후 1년경에 발달하기 시작하며 생성 초기부터 원초아와 강한 갈등 관계에 놓이게 된다. 원초아가 본능적 욕구를 즉각적으로 만족시키려고 하는 반면 자아는 본능적 충동을 충족시킬 수 있는 현실적이고 바람직한 대상과 방법을 발견할 때까지 본능의 만족을 지연시키기 때문이다. 그러나 자아는 원초아의 목적을 좌절시키는 것이 아니라 원초아의 목적을 추진시키기 위해 존재한다(Freud, 1961). 이때 목적 추진에 있어서 현실적 고려를 하는 것이 원초아와의 차이다.

원초아에 의한 충동적 행동은 사회로부터 처벌을 받게 되므로 고통이나 긴장을 증가시킬 뿐만 아니라 원초아의 반사작용과 1차과정만으로는 긴장을 효과적으로 감소시킬 수 없기 때문에 2차과정이라는 자아의 역할이 등장한다. 즉, 원초아의 1차과정은 긴장 감소와 본능적 충동의 만족에 필요한 대상의 표상을 만들어 내는 데까지만 작동하며, 실제로 그 대상을 발견하는 것은 2차과정과 현실원칙이다.

2차과정(secondary process)은 1차과정에 이어 일어나며, 자아가 만족을 가장 적절히 지연시킬 수 있는 행동계획을 수립하는 정신과정을 말한다. 예를 들면, 배가 고플 때 음식의 심상을 떠올리는 것(1차과정)으로 즉각적이고 일시적인 긴장해소를 한 후, 자신의 경제사정에 맞는 적절한 식당을 찾아 음식을 사 먹는 현실적인 선택(2차과정)을 하는 것이다.

현실원칙(reality principle)은 본능적 충동을 충족시킬 수 있는 현실적이고 바람직한 대상과 방법이 발견될 때까지 정신에너지의 방출을 지연시키는 것이다. 현실원칙은 학습된 것으로서 현실을 고려하여 사회적으로 바람직한 방출방법이 발견될 때까지 긴장을 참아 내고, 사회적으로 수용 가능한 형태로 만족을 얻는 원리다. 그러나 현실원칙의 사용 역시 궁극적으로 쾌락원칙의 포기가 아니라 유보이므로 결국에는 쾌락(pleasure)을 획득하게 된다.

이렇듯 자아는 행동을 통제하고, 반응할 환경의 상태를 조절하며, 어떤 본능을 어떤 방법으로 만족시킬 것인지를 결정하기 때문에 성격의 집행자라고도 불린다(Hall & Lindzey, 1978: 37).

(3) 초자아

초자아(superego)는 프로이트의 성격구조에서 마지막으로 발달하는 체계다. 원초아는 타고난 것이지만, 자아는 1세 이후 원초아로부터 분화되고 초자아의 분화는 3세경부터 시작된다.

초자아의 형성은 처음에 부모의 칭찬이나 꾸중 등에 담겨져 있는 사회적 가치를 내면화하면서 시작되고 이후 부모뿐 아니라 어린이집 보육교사, 학교 교사, 목사 등과 같은 부성 또는 모성인물의 영향을 받기도 한다.

초자아는 사회의 전통적 가치와 이상의 표본이자 성격의 도덕적 무기이며, 자아이상과 양심이라는 두 개의 하위체계로 구성된다.

자아이상(ego ideal)은 부모가 도덕적으로 바람직한 것이라고 간주하는 것과 관련되며, 부모의 칭찬에 의해 형성되는 부분이다. 양심(conscience)은 부모가 도덕적으로 나쁘다고 간주하는 것과 관련되며 부모의 꾸중이나 벌에 의해 형성된다. 따라서 초자아의 형성은 부모의 양육태도와 관련이 깊다.

초자아는 본능에 따라 움직이는 원초아의 요구와 충동을 사회도덕과 개인의 양심에 따라 움직이도록 하는 '성격의 사법기관'이라 할 수 있다. 초자아가 발달한 사람들은 남들이 보지 않는 곳에서조차 법을 준수하고 정직성, 배려, 이타심이 많은 사람들이다. 반면에 범죄자, 범법자, 양심불량자 등은 초자아의 형성에 문제가 있는 사람들이라 할 수 있다.

3) 심리성적 발달단계

프로이트의 성격발달단계는 성적 에너지인 리비도가 집중된 부위에 따라 나뉘었기 때문에 '심리성적 발달단계(psychosexual developmental stage)'라고 불린다. 심리성적 발달단계는 구순기, 항문기, 남근기, 잠재기 그리고 생식기의 다섯 단계로 이루어진다. 성격은 이 다섯 단계를 거치면서 형성되지만 특히 앞의 세 단계가 성격형성에 결정적인 역할을 한다고 본다.

각 단계마다 주요 과업을 성취하면서 성장해 나가는데, 성장과정 중에 각 단계에서 지나친 좌절 혹은 만족 때문에 진전하지 못하고 어떤 단계에 머물러 고착(fixation)되는 경우도 있다. 고착의 강도가 강할수록 이후 여러 가지 갈등상황에 직면했을 때 고착된 단계로 심리적 퇴행(regression)을 해서 그 단계를 재생하는 행동을 하게 된다. 고착과 퇴행은 대부분 원활한 성격발달에 부정적 영향을 미치게 된다.

프로이트의 심리성적 발달단계의 주요 과업은 〈표 3-1〉과 같다.

표 3-1   심리성적 발달단계의 과업 요약

단계	주요 과업
구순기	• 분리/개별화, 대상관계의 형성
항문기	• 책임성과 통제의 수용, 권위적 인물과의 협상
남근기	• 가족 내 자신의 위치와 관련해 성적 오리엔테이션 설정 • 사회의 가치 지향과 윤리를 다룰 수 있는 능력의 표현
잠재기	• 보다 높은 수준의 방어기제로의 이동
생식기	• 일과 사랑

출처: Greene & Ephross, 1991: 57.

(1) 구순기

구순기(oral stage)는 유아가 입에서 쾌락을 얻는 1세까지를 말한다. 치아가 생기기 전인 구순기 전반은 음식을 빨아먹고 삼키는 데서 쾌감을 느끼지만 치아가 생긴 후반에는 깨무는 것에서 쾌감을 얻게 된다.

구순기 전반에 욕구가 충족되면 성장한 후 애완동물을 즐기고, 단체에 가입하기를 좋아하고, 지식을 많이 습득하려 하며, 소유욕이 강하고, 신념을 가지고 살아가려는 구순합일성의 특징을 보인다. 한편 구순기 후반기에 급격한 이유(젖떼기)로 인해 욕구불만이 생긴 유아는 욕구불만을 깨무는 것으로 해소시키는 등 공격욕구를 표출하며 구순가학성의 특징을 보인다. 이런 유아는 어머니에 대한 불안과 적개심, 소화불량, 식사거부, 현기증, 손가락 빠는 버릇이 두드러지게 나타난다(김성태 역, 1989: 30).

구순기에 적절한 만족을 얻은 유아는 자라서 낙천적이 되고 조바심이 없고 음식을 즐기는 성격의 소유자가 되지만 이와 반대로 제한을 많이 받은 유아는 자라서 의타심이 많고, 비꼬기를 좋아하며 언쟁을 즐기는 성격이 된다.

(2) 항문기

출생 후 1세에서 3세 사이에는 리비도가 구순 영역에서 항문 영역으로 옮겨 가기 때문에 항문기(anal stage)라 한다. 이 시기의 유아는 신경계의 발달로 항문 괄약근을 본인의 의지에 따라 조절할 수 있기 때문에 배변을 스스로 조절할 수 있는 능력을 갖게 된다.

배설 자체는 아이에게 쾌락을 주지만, 배변훈련이 시작되면서 아이는 생후 처음으로 본능적 충동이 외부로부터 통제받는 경험과 함께 쾌락을 지연시키는 방법을 배우게 된다. 이 과정에서 발생하는 부모와 유아 사이의 통제권 쟁탈이 배변훈련의 성패를 좌우한다.

유아는 배변에 대해서 불결하게 느끼지 않는다. 배변훈련 시 어머니가 장한 일이라도 하는 듯이 칭찬을 하기 때문에 유아는 대변을 아주 소중한 것으로 여기고 대변을 누는 것을 어머니에게 주는 선물로 생각한다. 배변훈련 시 어머니가 지나치게 엄격하고 억압적이면 아이의 성격은 완고하고 인색하며 잔인성이 있고 파괴적이며 짜증을 잘 내는 특성을 갖게 된다. 반대로 유순함과 칭찬으로 적절히 대우하면 유아는 배변 활동이 중요한 일이라고 생각하게 되며 이러한 생각이 성장과정에 창조성과 생산성의 기초가 된다(Freud, 1965a).

배변훈련이 순조롭게 진행되어 성공적일 경우에 유아는 권위에 대한 존경심을 갖게 되고, 창조성 및 생산성, 관용, 자선, 박애행동 등이 특징적으로 나타나는 성격을 소유하게 된다. 배변훈련이 순조롭게 진행되지 않아 이 단계에 고착될 경우 자신에게 몰입하거나 사회적으로 퇴보하거나 타인에 대해 배려를 하지 못하는 성격적 특성을 지니게 된다.

(3) 남근기

남근기(phallic stage)는 심리성적 발달단계 중에서 가장 복잡하고 가장 논쟁의 여지가 많은 단계다. 3세부터 6세까지 지속되는 이 시기에는 유아의 리비도가 성기에 집중된다. 이 시기의 유아는 자신의 성기를 자세히 관찰하고 장난을 하기도 하며, 출생과 성에 대해 많은 호기심을 갖는다.

프로이트는 남근기의 가장 큰 특징으로 오이디푸스 콤플렉스(Oedipus complex)를 든다. 오이디푸스 콤플렉스는 유아가 이성의 부모에 대해 갖는 무의식적인 성적 소망을 설명하는 용어다. 남아와 여아에게 공통적으로 사용하지만 남아가 겪는 갈등을 오이디푸스 콤플렉스로, 여아가 겪는 갈등은 엘렉트라 콤플렉스로 구별하기도 한다.

오이디푸스 콤플렉스는 어머니를 사랑하고 아버지를 경쟁상대로 삼으면서 나타내는 남아의 심리특성이다. 이 시기의 남아들은 어머니의 사랑을 독차지하기 위해 아버지에게 적의를 품는 한편, 자신의 의도가 아버지에게 들켜 자신의 성기가 잘리지나 않을까 하는 거세 불안(castration anxiety)을 경험한다.

엘렉트라 콤플렉스(Electra complex)는 아버지를 사랑하고 어머니를 경쟁상대로 삼는 여아들의 심리특성이다. 이 시기의 여아들은 아버지에 대한 사랑을 독차지하려고 어머니와 경쟁하며, 아버지에 대한 사랑은 여자들이 갖고 있지 않은 성기를 부러워하는 남근 선망(pennis envy)으로 나타난다.

프로이트는 『토템과 터부』에서 오이디푸스 콤플렉스의 발견을 자신의 가장 중요한 업적 중의 하나로 제시했고, 오이디푸스 콤플렉스가 모든 신경증의 핵심이며, 종교와 도덕 그리고 예술은 모두 오이디푸스 콤플렉스에서 비롯된 것이라고 주장했다.

프로이트는 남근기의 중요한 결과 중의 하나는 동성 부모와의 동일시(identification)라고 하였다. 부모와의 동일시를 통하여 유아는 부모의 이상과 가치를 받아들일 수 있게 되고, 그 과정에서 초자아의 분화가 이루어진다는 것이다.

남근기에 고착된 성인 남자는 대부분 경솔하며, 과장이 심하고 야심적이다. 한편 남근기에 고착된 성인 여성의 경우에는 순진하고, 순결해 보이지만 난잡하고 유혹적이며 경박한 기질이 있다(이인정, 최해경, 2007: 205).

(4) 잠재기

잠재기(latent stage)는 6세부터 사춘기까지 지속되며, 유아적인 성적 에너지가 무의식 속으로 잠복하는 것이 특징이다. 이 시기에는 에너지가 신체의 발육과 성장, 학습 활동, 친구와의 우정, 취미 등에 집중되고 성격의 하위체계인 원초아, 자아, 초자아 간의 관계가 정립된다. 이 시기에는 부모에 대한 성적 관심이 애정, 존경, 헌신으로 바뀌고 동일시의 대상은 친구로 향하게 된다.

잠재기를 적절하게 보내면 적응능력이 향상되고 학업에 매진하게 되며 원만한 대인관계를 갖게 되나 잠재기에 고착되면 성인이 되어서도 이성에 대한 정상적인 관심을 발달시키지 못하고 동성 간의 우정에 집착할 수 있다.

(5) 생식기

사춘기와 더불어 시작되는 생식기(phallic stage)의 발달특징은 급격한 신체적 성장과 더불어 호르몬의 변화다. 전생식기(前生殖期)는 자애적이다. 이는 자기신체를 자극하고 어루만짐으로써 만족을 얻는다는 뜻이다. 사춘기 동안 이러한 자기애나 자기도취는 어느 정도 본질적인 대상선택으로 전환된다. 이 생식기에서는 성적으로 완전히 성숙하게 되며, 이성을 상대로 성적 충족을 얻게 된다. 생식기는 현실상황에 적응하여 생활을 즐기고 발전시키는 단계며 성인기가 시작되는 시기이기도 하다.

프로이트는 성격의 발달을 단계적으로 구분하긴 했으나 한 단계에서 다른 단계로 옮길 때 어떤 명확한 단절이나 갑작스런 변이가 있다고 생각하지는 않았다. 성격이 최종적으로 조직되는 데는 모든 단계가 공헌하는 것이라고 본 것이다.

3. 성격의 역동

성격의 역동성에 대한 이론은 개인이 충동 또는 원초적 본능에 의해 정신적 추진력을 갖게 되는 동시에 이와 상반되는 사회적 기대와 갈등을 겪게 된다는 관점에 기반을 둔 정신분석이론의 중추적 모델이다.

성격의 역동에는 정신에너지의 배분과 함께 본능이 어떻게 활용되는지가 핵심이다.

1) 정신에너지의 배분

프로이트는 인간유기체를 복잡한 에너지체계로 생각했다. 유기체는 음식에서 에너지를 얻어 여러 가지 목적을 위해 소모하고 사용하는데 그 작용이 순환, 호흡, 활동 등 신체적 활동에 사용되는 것이 신체에너지(physical energy)며, 사고, 기억, 지각, 정서와 같은 심리적 활동에 사용되는 것은 정신에너지(psychic energy)다.

정신에너지는 처음에는 원초아에 저장되어 있지만 고정된 양에서 자아와 초자아에 지속적으로 배분되며, 정신에너지가 배분되고 활용되는 방법에 따라 성격의 역동성이 달라진다(Hall & Lindzey, 1978). 다시 말해, 정신에너지의 배분은 생리적 욕구, 개인의 발달단계, 과거의 경험, 현재의 환경 등과 같은 복잡한 요인들에 의해 결정되는데, 고정된 양의 정신에너지가 정신구조에 어떠한 비율로 배분되는가에 따라 각 개인이 보이는 행동이나 성격이 달라진다는 것이다. 즉, 원초아에 에너지를 집중시키는 사람과 자아에 에너지를 많이 사용하는 사람, 초자아에 에너지의 대부분을 할애하는 사람 간에는 뚜렷한 성격의 차이가 있다.

2) 본능의 활용

정신에너지와 더불어 성격의 역동성을 결정하는 또 다른 요인은 본능의 활용이다. 본능의 종류는 상당히 많지만 가장 분명하고 대표적인 것은 삶의 본능과 죽음의 본능이다.

삶의 **본능**(eros)은 성, 배고픔, 갈증 등과 같이 생존과 번식에 목적을 둔 신체적 욕구의 정신적 표상이다. 주요 역할은 생명을 유지·발전시키고, 친밀하고 유쾌한 신체적 접촉을 갖고, 타인과 사랑을 나누며, 창조적 발전을 도모하는 것이다. 삶의 본능의 가장 대표적인 부수본능은 성본능이다.

죽음의 본능(thanatos)은 유기체를 불변의 무기질 상태로 회귀시키려는 본능적 충동으로 정의된다. 공격욕, 파괴욕이 대표적인 부수본능이며 불필요한 위험을 감수하는 모험, 반복적인 자살기도, 알코올이나 마약의 탐닉 등이 포함된다. 정신분석에서는 인간이 자신을 파괴하고 자학하며, 타인이나 환경을 파괴하는 것을 죽음의 본능에 기인한 행위들로 설명한다.

삶의 본능과 죽음의 본능은 융합되기도 하고 중화되기도 하고 대체되기도 하면서 서로 영향을 미친다. 예를 들어, 음식물을 섭취하는 것은 생명을 위협하는 배고픔을 해결하고자 하는 삶의 본능의 표현이지만 음식물을 파괴하여 섭취한다는 점에서 파괴본능, 즉 죽음의 본능을 표현한 것이기도 하다. 또 성행위는 번식을 목적으로 한 삶의 본능에 기초하지만 동시에 공격적 행동이라는 점에서 죽음의 본능이 혼합되어 있다고 볼 수 있다.

정신분석이론에서는 삶은 죽음을 위한 준비과정이며 생명체는 종말을 향한 고유의 본능적 충동을 지니고 있다는 점에서 삶의 본능과 죽음의 본능은 불가분의 관계에 있다고 본다.

4. 자아방어기제

정신분석에서 '자아방어기제(ego defense mechanism)'는 아주 중요한 개념이다. 프로이트는 일찍이 자아방어기제의 작용을 발견하고 주목했지만 실제로 그 연구를 수행하고 체계화시킨 사람은 그의 막내딸인 안나 프로이트(A. Freud)다. 안나 프로이트는 아동정신분석가로서 방어기제이론, 아동발달, 유아기 모자관계의 중요성 등을 주로 연구하였다.

　　인간은 살아가면서 성적 충동, 공격적 충동, 적개심, 원한, 좌절감 등의 여러 요인에서 오는 심리적 갈등을 경험하게 된다. 또한 심리성적 발달단계를 성공적으로 거친 성숙한 성인이라도 지속적인 원초아의 요구와 초자아의 압력 사이에서 자아의 갈등을 경험하게 되며, 이러한 갈등은 불안을 유발하는 긴장 상태를 만들어 낸다.

　　불안은 원인에 따라 현실적 불안, 신경증적 불안, 도덕적 불안으로도 구분되며, 현실적 불안(reality anxiety)은 그 원인이 외부세계에 있기 때문에 객관적 불안이라고도 한다. 전쟁, 지진, 시험, 투사 등이 그 예다. 신경증적 불안(neurotic anxiety)은 원초아의 충동이 의식화될 것이라는 두려움 때문에 생긴 정서반응이다. 과도한 성욕이나 자위행위 등이 드러날까 봐 걱정하는 것이 여기에 속한다. 도덕적 불안(moral anxiety)은 자아가 초자아에게 처벌받을 것을 두려워할 때 생기는 불안이다. 부정행위나 위법행위 등을 행했을 때 생기는 불안이 그 예다.

　　자아방어기제는 이러한 불안들을 차단하고 원초아의 충동이나 초자아의 압력으로부터 자아를 보호하기 위해 '무의식적'으로 사용하는 자아의 심리적 책략이다.

　　자아가 불안에 대응하고 대처함에 있어서 활용하는 자아방어기제는 정신내적 갈등의 원천을 무의식적으로 왜곡하거나 대체하거나 차단하는 특징이 있는데, 대부분 한 가지 이상의 방어기제가 동시에 동원된다.

　　자아방어기제는 과다하게 사용하면 심각한 문제가 야기되기도 하지만 한편으로는 사회적응을 도모하고 정신건강을 향상시키는 등 긍정적인 사회적 결과를 가져오기도 한다.

1) 억 압

　　억압(repression)은 가장 중요하고 초보적, 보편적인 일차적 방어기제로서 고통스럽거나 위협적인 충동, 감정, 사고, 욕망, 기억 등을 무의식 속으로 추방시켜 의식화되는 것을 막아 내는 자아의 활동을 말한다. 그 예로, 고통스러운 일을 잊어버리는 기억상실이나 하기 싫고 귀찮은 과제나 약속을 "깜박 잊었다."고 하는 경우를 들 수 있다.

무의식이 의식화되지 못하는 이유는 억압에 있다. 죄책감이나 수치심 또는 자존심을 상하게 하는 경험일수록 억압되기 쉽다. 억압을 통해 자아와 원초아 사이에는 영원한 대립이 존속되며, 억압에 실패한 결과 정신신경증이 발생하기도 한다.

억압과 혼동할 수 있는 유사한 용어는 억제(suppression)인데, 억제는 받아들이고 싶지 않은 욕구나 기억을 '의식적으로' 잊으려고 노력하는 것이므로 방어기제가 아니다.

2) 저 항

저항(resistance)은 억압된 재료들이 의식화되는 것을 방해하는 것을 말한다. 즉, 무의식의 내용을 의식화할 때 심층수준에서 이를 방해하는 기제가 저항이다.

프로이트가 억압에 대한 개념을 체계화할 수 있었던 것은 자유연상과정에서 억압된 내용을 상기시킬 때 흔히 부딪히게 되는 저항, 즉 연상의 단절, 당혹, 침묵, 불안 등을 이해하면서부터라고 한다. 클라이언트가 약속시간에 자주 늦는다면 저항의 기제로 생각해 볼 수 있다.

3) 퇴 행

퇴행(regression)은 좌절을 심하게 당하거나 위협적인 현실에 직면할 경우 불안을 덜 느꼈던, 그리고 편했던 예전의 수준으로 후퇴하는 현상을 말한다. 그 예로, 부모의 애정을 독차지하던 유아가 동생이 태어나 부모의 관심이 동생에게 집중되자 갑자기 대소변을 못 가리는 경우나, 중병에 걸린 남편이 아내에게 어린아이같이 구는 모습 등을 들 수 있다. 정신분열증 환자에게서는 심한 퇴행현상을 자주 볼 수 있다.

사람은 누구나 수시로 퇴행한다. 중년의 사람들이 초등학교 동창회에 가서 초등학교 시절로 퇴행하는 등의 일시적 퇴행은 생활의 활력소가 될 수도 있다. 정상적으로 생활하던 성인은 심한 스트레스를 받게 되면 퇴행하였다가 시간이 지남에 따라 이전의 적응적 유형을 되찾게 된다.

4) 반동형성

반동형성(reaction formation)은 무의식 속에 용납할 수 없는 충동을 반대의 감정으로 표현함으로써 불안을 감소시키려는 현상이다. '미운 놈에게 떡 하나 더 준다.'는 속담에 잘 반영되어 있듯이, 미워하거나 증오하는 대상에게 오히려 예의 바르게 행동하고 충성스럽게 대하는 태도를 예로 들 수 있다. 뒤에서 설명할 원상복귀(undoing)와 마찬가지로 강박증 환자에서 많이 발견된다.

5) 투 사

투사(projection)는 스트레스와 불안을 일으키는 원인인 자신의 감정이나 사고의 책임을 타인에게 전가함으로써 자신을 방어하는 방법이다. 그 예로, 어떤 사람이 자기를 미워하기 때문에 자신도 그 사람을 미워한다고 말함으로써 죄의식이나 불안에서 벗어나는 경우가 있다. '잘못되면 조상 탓'이라는 속담에서처럼 남의 탓으로 돌려 불안을 해소하려는 무의식적 작용이다. 편집증 환자들에게서 특징적으로 나타나는 방어기제다.

6) 합리화

합리화(rationalization)는 부적응행동이나 실패를 정당화함으로써 자기만족을 얻으려는 방법이다. 그 예로, 친구의 잘못을 선생님께 고자질한 것은 내가 그렇게 해야 할 의무 때문이었다고 핑계를 대지만 자기 자신도 깨닫지 못하고 있는 진정한 이유는 친구에 대한 미움이나 그에 대한 경쟁심인 경우를 들 수 있다. 합리화를 설명하는 대표적인 용어 중 하나는 이솝우화로부터 유래한 '신포도기전' 이다.

7) 동일시

동일시(identification)란 용납할 수 없는 충동 그 자체는 부정하고 그 충동을 갖고 있는 사람 또는 그 사람의 일면과 동일시하여 받아들이는 과정을 말한다. 예를 들면, 존경하는 스승의 사상이나 행동을 무의식적으로 모방하거나, 아버지를 싫어하고 무서워하는 아들이 그 아버지를 닮아 가는 적대적 동일시 등이다. 동일시는 초자아가 형성되는 발달과정에서 일어나는 것으로 방어기 제로 볼 수 있는가에 대한 논란도 있다.

8) 보 상

보상(compensation)은 심리적으로 어떤 약점이나 제한점이 있는 사람이 이를 보충하기 위해 다른 어떤 것에 몰두하여 자신의 약점을 상쇄시키는 경우를 말한다. 예를 들면, 친부모에게 효도를 하지 못한 사람이 이웃의 홀로 된 노인을 극진히 부양하는 경우나 키가 작은 나폴레옹이나 성적 무능력이 있는 히틀러 등이 더욱 남성적으로 보이기 위해 대단한 공격성과 리더십을 갖게 되는 등의 경우다. 관련된 속담으로는 '빈 수레가 요란하다.'를 예로 들 수 있다.

9) 대 치

대치(substitution)는 정서적으로 아주 중요하지만 심리적으로 수용할 수 없는 대상을 심리적으로 수용 가능하며 유사한 특성을 가진 대상으로 무의식 중에 대치하는 것을 의미한다. 오빠에게 매력을 느낀 여동생이 오빠대신 오빠와 비슷한 특성을 가진 사람과 사귀는 것을 예로 들 수 있다. '꿩 대신 닭' 이라는 말도 대치를 이해하는 데 유용한 속담이다.

대치와 비슷한 유형의 방어기제로 전치(displacement)도 있다. '종로에서 뺨 맞고 한강 가서 눈 흘긴다.' 는 속담은 전치에 해당된다.

10) 격 리

격리(isolation)는 힘든 기억이나 위협적인 충동에서 감정을 지적으로 엄격하게 배제함으로써 불안을 갖지 않도록 하는 것이다. 예를 들어, 어렸을 때 성적으로 심하게 학대받았던 경험을 정서적 동요 없이 아무렇지도 않게 이야기하는 경우가 이에 속한다.

11) 부 정

부정(denial)은 현실에서 일어났던 위협적이거나 외상적인 사건을 받아들이지 않고 부인하는 것이다. 부모가 사랑하는 자식의 주검을 보면서 계속해서 살아 있는 것처럼 행동하는 경우나, 시한부 생명을 선고받은 환자가 아무렇지도 않게 장기적인 계획을 세우는 경우가 그 예다.

12) 승 화

승화(sublimation)는 수용될 수 없는 본능적 충동이 사회적으로 바람직한 일로 대체되는 경우를 말한다. 예술행위나 운동은 성적 충동을, 외과의사가 되는 것은 피와 관련된 잔인한 충동을 승화시키는 것이라고 설명할 수 있다. 또한 권투선수는 타인에 대한 공격성을 사회적으로 용인되는 일로 대체한 승화의 예라고 볼 수 있다. 방어기제들 중에서 가장 건전하고 바람직한 기제다.

13) 원상복귀

원상복귀(undoing) 혹은 취소는 무의식에서 어떤 대상을 향해 품고 있는 자기의 성적 또는 적대적 욕구로 인해 상대방이 당할 것이라고 생각되는 피해를 원래 상태로 되돌려 놓는 것을 의미한다. 원상복귀의 기제는 굿과 같은 의식에서 주로 활용된다. 또한 누군가에게 저주나 불행한 사고가 있기를 바라는 생각을 하다가 자신도 모르게 머리를 흔들어 지우려고 하는 무의식적 행동 등도 취소에 해당한다.

14) 전 환

전환(conversion)이란 심리적 갈등이 신체감각기관과 수의근 계통의 증상으로 표출되는 것을 말한다. 그 예로, 군에 입대하기를 싫어하는 사람이 입영영장을 받고 시각장애를 일으키는 경우, 운동하기 싫은 학생의 다리에 마비가 오는 경우 등을 들 수 있다.
이 밖에도 해리, 분리, 지성화 등 다양한 방어기제가 있으며 어떤 방어기제를 주로 사용하느냐가 그 사람의 성격을 결정짓는 주요인 중의 하나가 된다.

5. 사회복지실천에의 적용

프로이트의 정신분석이론은 사회복지실천의 과학적 토대 마련에 고심하고 있던 1920년 전후의 사회복지전문직에 큰 도움이 되었다. 정신분석이론이 소개되기 전에는 사회복지실천의 진단이나 사정뿐 아니라 개입과정에서도 행동의 주요 결정요인으로 의식과 환경적 영향을 혼합하는 경험론적 입장을 견지해 왔다. 그러나 정신분석이론으로 인해 행동의 주요 결정요인인 무의식에 주목하고, 인간행동의 의미를 심층적 · 체계적으로 분석할 수 있는 과학적 기반을 추구하게 된 것이다.

사회복지실천에 미치는 정신분석이론의 긍정적인 영향을 인정한 학자들은 수없이 많다. 홀리스(Hollis, 1972)는 프로이트 이론의 주요 개념들이 사회복지 전문직들이 인간행동을 이해하는 데 큰 도움을 주었다고 인정하였고, 우즈 (Woods, 1971)는 사회복지사들이 의료적 모델에 입각한 인과론을 채택함으로써 '시행착오의 예술'로 불리던 사회복지실천이 '과학인 동시에 예술'이라고 불릴 수 있는 지적 기반을 형성할 수 있게 되었다고 하였다. 로웬스틴 (Lowenstein, 1985) 또한 성인의 정신병리가 유아기 경험에 근거하고 있다는 프로이트의 가정이 사회복지실천에 큰 영향을 미쳐 왔다고 주장했다. 스트린 (Strean, 1975)은 프로이트 이론을 통해서 사회복지사는 클라이언트 한 사람 한 사람을 개별화시켜야 하는 중요성을 확신하게 되었다고 주장한다. 그는 클라이언트의 역기능을 이해하는 데 프로이트 이론을 원용함으로써 각각의 클라이언트마다 가지고 있는 삶의 고유한 역사와 정신구조, 독특한 일련의 역동에 근거한 심리사회적 역기능을 이해할 수 있게 된 것을 긍정적인 영향으로 평가한다.

그러나 정신분석이론이 사회복지실천에 부정적 영향을 미친 것도 부정할 수 없다. 정신분석이론은 사회복지에서 전통적으로 강조해 오던 환경의 중요성을 약화시키고 정신 내적 현상에 치중하게 하여 인간과 환경을 동시에 강조하는 사회복지실천에 불균형과 혼란을 초래했다는 비판을 받고 있다(Greene & Ephross, 1991).

정신분석은 습득하는 데 오랜 시간을 요하는 고도의 복잡한 이론일 뿐 아니라 상당한 숙련기간을 필요로 하기 때문에 사회복지사가 적극적으로 활용하기에는 한계가 많다. 그러나 다른 성격이론들의 공부에 앞서 반드시 알아 두어야 할 필수적인 기본이론이기 때문에 여전히 중요하게 다루어지고 있는 것이다.

한편, 정신분석의 전성기였던 20세기 초·중반에 비해 20세기 후반 이후 새롭고 다양한 이론을 수용함으로 인해 정신분석의 영향력은 많이 퇴색되고 있다.

요약하면 정신분석의 주요 개념과 일부 기본관점들은 거의 모든 심리이론을 이해하는 데 기초가 되며, 특히 무의식에 대한 이해와 활용은 클라이언트의 복잡한 행동을 심층적으로 이해하고 사정하는 데 유용하다. 그러나 깊은 통찰과 경험 없이 무의식을 파헤쳐만 놓고 해결하지 못할 때는 오히려 부작용을 초래할 수 있다는 점에서 정신분석을 적용시키는 데는 신중함과 조심성을 전제해야 할 것이다.

요약

- 정신분석은 인간을 비합리적이고 통제할 수 없는 무의식적 본능의 지배를 받는 수동적 존재로 본다.
- 인간의 모든 행동은 신체적 긴장 상태에 의해 유발되는 무의식적 본능에 의하여 결정되며, 인간은 이러한 본능적 긴장을 해소하기 위하여 행동한다.
- 인간의 정신생활에서 우연히 일어나는 것은 아무것도 없으며, 각각의 정신적 사건은 이전의 사건에 의해 결정된다.
- 프로이트는 인간의 정신현상을 지형적 모델과 구조적 모델로 유형화했다. 지형적 모델은 인간의 정신현상을 의식, 전의식, 무의식이라는 개념으로 구분한 것이고, 구조적 모델은 인간의 정신현상을 원초아, 자아, 초자아로 구분한 것이다.
- 원초아는 타고난 것이며, 자아는 1세경에 원초아로부터 분화되어 나오고 초자아는 3세경에 형성된다.
- 성격은 에너지체계로서 원초아, 자아, 초자아라는 세 구조에 투여되는 정신에너지의 양에 따라 성격의 역동성이 결정된다.

- 성격의 기본구조는 출생 후 5~6년 사이에 대부분이 결정되며, 심리성적 발달단계의 결과물이다.
- 인간 내부에서 쾌락을 추구하는 힘과 이의 억제를 추구하는 힘 간의 끊임없는 갈등이 존재할 뿐 아니라 인간 내부와 외부환경 사이에도 지속적인 갈등이 존재한다.
- 자아가 갈등과 불안에 대응할 때 활동하는 자아방어기제는 정신 내적 갈등의 원천을 무의식적으로 왜곡, 대체, 차단하는 특징이 있다.

생각해 볼 문제

- 프로이트의 정신분석이론이 인간행동을 이해하는 데 유용한 점과 한계점을 논의해 보시오.
- 귀하의 성격을 심리성적 발달단계에 적용시켜 분석해 보시오.
- 인간의 행동이 무의식에 이끌린다는 점을 설명할 수 있는 귀하의 행동이나 주변 친지들의 행동을 제시해 보시오.
- 최근 사회문제로 조명되고 있는 자살을 정신분석적 관점에서 논의해 보시오.
- 자신이 주로 사용하는 방어기제들은 어떤 것이지 학우들과 토론해 보시오.
- 프로이트의 이론을 사회복지에서 강조하는 이유가 무엇인지 논의해 보시오.

제4장 | 분석심리이론: 융

나의 생애는 무의식의 자기실현 역사다. 무의식에 있는 모든 것은
사건이 되고 외부의 현상으로 나타난다. 그리고 인격은 무의식의 조건
에서 발전하며 스스로를 전체로서 체험하게 된다.

ㅡ 칼 구스타프 융 ㅡ

분석심리학의 창시자 칼 구스타프 융(Carl Gustav
Jung)은 1875년 스위스 호반의 작은 마을에서 태어
났다. 기독교 목사인 아버지의 영향을 받아 영성이
나 영혼, 영매, 그리고 초자연적 현상을 다루는 신비
주의나 정신주의에 관심이 많았다. 소년 시절부터
꿈에 나타난 무의식의 심리현상에 주목하였고 평생
어떤 중대한 결단을 내릴 때에는 꿈, 공상, 초심리적
현상 등에 크게 의존했다고 한다.

융(1875~1961)

바젤 의과대학 시절에 어빙(K. Erbing)의 정신
과 교과서에서 '인격의 병'에 관한 대목의 영향을 받아 정신과 의사가 되었다.

정신과 의사가 된 후 융에게 가장 큰 영향을 준 사람은 브로이어(J. Breuer)와 자네(P. Janet), 프로이트(S. Freud)다. 융은 프로이트가 『꿈의 해석』에서 인간심리와 마음의 심층을 과학적으로 탐구해 가는 것에 감명을 받았고 특히 프로이트의 억압이론에 깊은 인상을 받았다. 융은 억압이론의 타당성을 자신의 단어연상실험에서 찾아내면서 프로이트와의 교류를 시작하였고, 무의식 속의 '콤플렉스(complex)'의 존재를 발견함으로써 정신분석의 유효성을 입증하였다. 융은 프로이트 이론의 증거를 마련해 준 최초이자 유일한 사람이었다.

융은 프로이트의 두터운 신임을 얻으며 국제정신분석학회 초대회장이 되고, 그의 후계자로서 인정을 받기도 하였으나 후에 프로이트 이론에 대한 반감과 학문적 견해 차이로 정신분석학회를 탈퇴하면서 그와 결별하게 된다. 융은 프로이트와의 결별 후 '심리유형론'을 발표하였고, 외국 여행을 통해 현대문명 속에서 인간의 심층의식에 남아 있는 원시성을 직접 확인한 후, 무의식 이외에 집단무의식이 있다는 점을 인식하면서 원시 심성에 대해 관심을 갖게 되었다. 또한 인간에게는, '자아(ego)'와는 다른, 모든 것을 통합시키고 일치시키는 '자기(self)'라는 원형이 있다는 것을 발견하고 자신의 독자적인 분석심리학(analytical psychology)의 체계를 완성하였다.

우리나라에서는 최근 융에 대한 재조명 작업이 활발해지고 있다. 2008년 C. G. 융 저작번역위원회에서 9권으로 된 융의 기본저작집을 완간하면서 분석심리학에 대한 일반의 관심을 고조시키고 있다. '기본저작집'은 독일 융 학파의 원로학자들이 융 심리학의 정수를 추려낸 것을 스위스의 발터(Walter) 출판사가 1984년에 발간한 것이다.

출처: 이부영, 2005; Bennet, 1995; Hall & Lindzey, 1978.

1. 인간관과 기본관점

1) 인간관

융은 인간을 전체적인 존재로 보았다. 개인이 나타내고 있는 정신 또는 성격은 부분들의 단순한 집합이 아니라 하나의 전체성을 이루고 있다는 것이다. 그가 보는 전체적 존재로서의 인간은 역사적이면서 동시에 미래지향적인 존재다. 융은 정신의 목적성을 강조하며, 정신을 자기조절체계로 보고, 문제가 생기더라도 스스로 치유할 수 있는 능력이 있다고 보았다.

융의 분석심리는 무의식과정에 강조를 두었다는 점에서 앞서 기술한 정신분석이론과 동일시되기도 하나 프로이트의 이론과는 근본적인 차이가 있다. 예를 들면, 프로이트의 지향점이 과거인데 비해 융은 과거뿐 아니라 미래에도 초점을 두며, 프로이트의 인간에 대한 관점이 인과율에 근거한 데 비해 융의 인간에 대한 관점의 특징은 목적론과 인과율을 결합시킨 것이다. 융의 무의식 개념은 프로이트보다 그 개념이나 기능에 있어서 더 넓고 다양하다.

2) 행 동

분석심리학에서는 인간은 선조에게서 물려받은 많은 소인을 가지고 태어나는데, 이 소인이 인간의 행동을 이끌며, 선험의 세계를 의식하고 반응하는 데 부분적인 역할을 한다고 본다. 인간의 행동은 상당한 정도로 과거의 영향을 받지만, 미래의 목표와 가능성에 의해서도 결정된다는 것이다. 즉, 인간의 행동은 개인적인 속성 및 종족의 역사(인과율)와 목적 및 욕망(목적론)에 따라서 좌우된다. 실재했던 과거와 가능성을 지닌 미래가 동시에 인간의 현재 행동을 이끌어 간다는 것이다(Hall & Lindzey, 1978). 이 미래지향성은 인간이 성장지향적 존재, 가변적인 존재라는 의미와도 연결되며 프로이트와는 달리 인간에 대한 긍정적인 시각을 제시한다.

3) 성 격

융은 성격의 종족적이고 계통발생적인 근거를 강조하며 개인의 성격을 선조의 역사적 산물로 보았다. 아득하고 알 수 없는 인간의 기원에서부터 축적된 경험에 의해 현대인의 모습이 형성되고 조성되었다는 것이다. 융의 성격에 대한 관점은 과거를 고려한다는 점에서 회고적인 동시에 미래의 발달을 내다본다는 점에서 예언적이기도 하다. 융은 "인간은 인과에 의한 것처럼 목적에 의해서 산다."고 하여 인간발달에서 운명이나 목적의 작용을 동시에 주장하였다.

융은 성격의 발달이 타고난 소인 또는 잠재력을 표현해 나가는 것이지만 후천적 경험에 의해 서로 다르게 표현되기 때문에 인생 전반기와 후반기에 각기 다른 특성을 보이게 된다고 설명했다.

4) 심리적 건강

융은 정신의 건강이란 전체성을 유지하는 것이며, 정신병리는 이러한 전체성의 분리현상이라고 보았다. 그는 정신병리를 치유와 회복을 향한 본능의 노력이자 정상적인 정신작용으로 보았다(Bennet, 1995). 따라서 분석심리에서의 치료는 클라이언트가 자기 내면세계의 목소리와 요구를 귀담아듣고 정신의 전체성을 회복할 수 있도록 돕는 것이며, 자기인식의 증진과 무의식의 의식화를 도모하는 개성화에 목적을 두고 있다.

2. 주요 개념

분석심리학에서는 인간의 마음이 고정불변한 여러 개의 요소로 구성되어 그것이 마치 하나의 복잡한 기계처럼 일정한 기능을 발휘하는 것이라고는 보지 않는다. 그러나 주관적-경험적 방법에 의한 심리학설에서는 개념이 그의 학설을 대면하는 유일한 근거가 되기 때문에 개념을 만들어서 그 의미와 전제를 명확히 하는 것이다(이부영, 2005: 58).

융이 말하는 정신구조를 간단히 도식화하면 [그림 4-1]과 같다. 제일 밑바

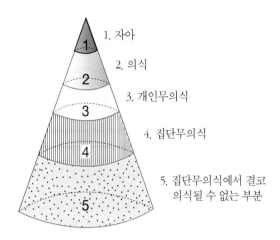

1. 자아

2. 의식

3. 개인무의식

4. 집단무의식

5. 집단무의식에서 결코
　의식될 수 없는 부분

[그림 4-1] 융의 정신구조

출처: Jacobi, 1973.

닥에 있는 원이 가장 크고, 그 다음에 오는 원은 점점 작아진다. 끝부분과 정점은 자아다. 집단무의식에서는 결코 의식세계로 나오는 일이 없으면서도 개인의 성격이나 행동에 영향을 미치는 부분이 있으며, 이 부분은 상대적으로 다른 부분에 비해 훨씬 크다([그림 4-1]의 5).

　융은 성격 전체를 정신(psyche)이라 불렀다. 정신은 분화되었으나 상호작용하는 다수의 체계들로 이루어져 있다. 융은 정신을 의식, 개인무의식, 집단무의식이라는 세 개의 기본체계로 구분하고, 그 하위체계에 속한 다양한 개념으로 자아, 그림자, 아니마, 아니무스, 자기 등을 제시하였다([그림 4-2]).

1) 의 식

　[그림 4-2]의 가장 바깥부분에 위치한 의식(consciousness)은 개인이 직접 인식할 수 있는 정신의 부분이다. 그러나 의식은 우리의 정신의 모든 것을 대변하지 않으며, 극히 자그마한 일부에 지나지 않는다. 오직 주어진 순간에 몇 가지의 내용을 동시에 붙잡아 놓을 수 있을 뿐이다.

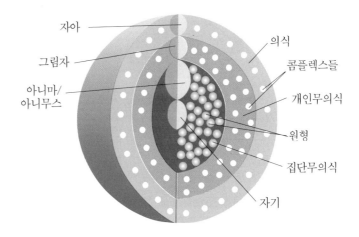

자아
그림자
아니마/
아니무스

의식
콤플렉스들
개인무의식
원형
집단무의식
자기

[그림 4-2] 정신의 구조

출처: 엄신자, 2007: 270에서 재인용.

매일 밤 우리는 무의식 속에 잠긴다. 오직 아침에 깨어 저녁에 잠자기까지
만 우리의 의식은 비교적 깨끗하다. 그것조차도 얼마만큼 깨끗한지 의문스럽
다(Jung, 1968).

마음의 구조에서는 의식보다 무의식의 영역이 훨씬 크다. 무의식을 큰 바다
에 비유한다면 의식은 바다에 떠 있는 자그마한 섬과 같다.

의식의 형성은 자기의 신체와 존재에 대한 인식을 통해서, 그리고 일련의
기억에 의해서 이루어지며, 사고·감정·감각·직관이라는 심리적 기능을
서로 다르게 사용하고, 의식을 외부 또는 내부로 향하게 하는 과정에서 점차
분화되어 간다(이부영, 2005: 63).

자아   의식의 대표적인 하위체계는 자아다. 자아(ego)는 의식적인 지각,
기억, 사고, 감정 등으로 이루어져 있으며, 의식의 주인으로서 의식을 지배한
다. 개인이 생활하는 과정에서 관념, 감정, 기억, 사고, 지각 등의 무수히 많은
심리적 현상에 직면하게 되지만 이들 중 대부분은 의식에 도달하기 전에 자아
에 의해 배제되기 때문에 의식화되는 것은 매우 적다. 자아가 의식화를 허용

하거나 허용하지 않는 것은 자아를 우세하게 지배하는 기능이 무엇인가와 관련이 있다. 또한 경험의 강도가 약한 것은 의식화되기 어렵지만 강도가 강한 경험은 쉽게 의식화될 수 있다(Hall & Nordby, 1973).

2) 개인무의식

개인무의식은 [그림 4-2]의 두 번째 층, 즉 의식과 집단무의식 사이에 존재한다. 융은 무의식(unconsciousness)을 인간이 가지고 있으면서 아직 모르고 있는 정신의 모든 것, 즉 개인이 의식하고 있는 것 너머의 미지의 정신세계로 보고 있다. 무의식에는 생명의 원천이자 무한한 가능성으로 향하는 에너지가 저장되어 있고, 자기 전체를 실현시키는 능력도 들어 있다. 무의식은 방어해야 할 위험한 충동이라기보다 체험하여 의식의 것으로 동화시켜야 할 것들이다(이부영, 2005: 66-67).

융은 무의식이 개인적 관념뿐 아니라 개인적 경험 바깥에 있는 비개인적 관념까지 포괄하고 있다는 가설을 제기한다. 즉, 무의식을 개인무의식과 집단무의식으로 나눈다.

개인무의식(personal unconsciousness)은 의식에 들어가지 못한 개인 경험의 잔재다. 자아에 의해 의식화되지 못한 개인의 경험은 정신에서 소멸되지 않고 개인무의식에 저장된다. 또한 자아에 의해 의식되었지만 그 내용이 중요하지 않거나 고통스러운 것이기 때문에 망각되거나 억제된 자료들도 개인무의식에 저장된다. 즉, 너무 약하기 때문에 의식에 도달할 수 없거나 또는 의식에 머물 수 없는 경험은 모두 개인무의식에 저장된다.

개인무의식의 내용은 프로이트의 전의식 자료와 마찬가지로 의식으로 변화될 수 있으며 개인무의식과 자아 사이에는 빈번한 교류가 있다(Hall & Lindzey, 1978).

콤플렉스   개인무의식의 대표적인 하위체계는 콤플렉스다. 융의 정의에

의하면 콤플렉스(complex)는 의식의 통제를 벗어나 격리되어 마음의 어두운 심층에 자리 잡고 있는 심리적 실체이며, 개인적 무의식 속에 존재하는 감정, 사고, 지각, 기억이 강하게 조직된 덩어리다. 그러나 콤플렉스는 의식의 영역을 종종 침입하기도 하기 때문에 의식의 표면에서 발견되기도 한다.

[그림 4-3]은 콤플렉스가 발생하는 것을 표시한 그림이다. 콤플렉스의 압박을 받은 식역(AA)은 아래로 침강한다. 이때 무의식이 의식의 영역을 침입하는 것도 가능하게 된다.

여기엔 일종의 자석의 힘과 같은 작용을 하거나 여러 가지 경험을 무리짓는 핵이 있다. 예를 들어, 모성 콤플렉스의 경우 일부는 어머니들과의 종족적 경험에서, 일부는 어린이와 어머니와의 경험에서 유래된 것이다. 어머니에 관한 생각, 감정, 기억 등이 핵심으로 모여들어 콤플렉스를 형성한다. 핵심의 발산하는 힘이 강할수록 보다 많은 경험들이 유인되어 그의 생각, 감정 및 행동은 어머니에 대한 개념에 따라서 좌우된다(이부영, 1998).

콤플렉스가 의식을 자극하여 그 질서를 심하게 교란시키면 자아는 콤플렉스에 사로잡혀 자아가 콤플렉스에 동화되는 경우가 많다. 자아가 콤플렉스에

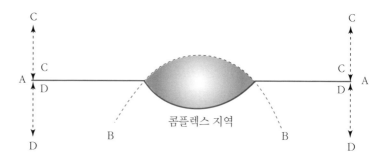

AA: 점선에서 뚫린, 즉 무의식 아래로 하강한 식역(識閾)*
BB: 상승 콤플렉스의 경로
CC: 의식의 영역
DD: 무의식의 영역

＊식역: 의식작용이 일어났다 사라졌다 하는 경계

[그림 4-3] 콤플렉스의 발생

출처: Jacobi, 1973.

동화되면 인격의 해리현상이 나타날 수 있고 그 해리의 정도에 따라 여러 형태의 병적 증상이 나타날 수 있다. 그러므로 콤플렉스를 의식화한다는 것은 인격성숙의 중요한 과제다. 융에 의하면 콤플렉스는 열등감을 의미하는 것이 아니라 우리들이 그것 없이는 무엇을 하기를 원하지 않는 초점, 혹은 중심점이다(Jacobi, 1973).

콤플렉스와 개인적 속성은 융의 사상체계에서 핵심적인 요소였다. 현재는 그의 학설을 분석심리학이라 부르지만 원래는 콤플렉스 심리학이라 불렀다. 나중에 콤플렉스라는 융의 용어는 프로이트 학파와 아들러 학파를 포함하여 이른바 심리학의 여러 '학파' 들이 두루 차용하게 된다. 이 용어는 일상적인 대화에까지 널리 사용되면서 옥스포드 사전에는 "특정한 주제와 연관된 관념덩어리를 지칭하는 융의 용어" 라는 뜻으로 등재되었다(김형섭 역, 1998: 22-23).

3) 집단무의식

[그림 4-2]의 중심부분이다. 그림은 의식과 개인무의식, 집단무의식의 크기가 별로 차이 나 보이지 않지만 이 그림은 위치적 영역을 설명하기 위해 단순화한 그림이며, 의식보다는 개인무의식의 영역이 훨씬 더 크고, 개인무의식에 비해 집단무의식의 영역은 더더욱 비교가 안될 정도의 크기를 가지고 있다. 프로이트가 의식과 무의식을 빙산에 비교했지만 융은 망망대해와 조그만 무인도에 비유하여 의식과 무의식의 크기를 비교할 필요가 없도록 설명하였다.

집단무의식(collective unconsciousness)은 융이 제안한 독창적 개념으로 분석심리학의 이론체계에서 가장 핵심적인 개념이다. 집단무의식은 개인의 지각·정서·행동에 영향을 주는, 인류 조상 대대로 과거부터 물려받은 정신적 소인이다.

신, 어머니, 물, 지구, 뱀, 어두움 등과 같은 만물에 대한 먼 옛날 원시시대 조상들의 개념이 세대를 통하여 유전되어 현재의 우리들 안에 정신적 소인으로 자리 잡고 있다. 그러므로 집단적 무의식의 내용은 모든 문화권에 있는 사람들에게 어느 정도 동일하다(Jung, 1959). 예를 들어, 인간은 어두움이나 뱀을 무서워하는 경향이 있는데, 이는 원시인들이 어두움에서 많은 위험을 겪고, 독사에 의해 희생된 경험이 유전되어 온 때문이다. 집단무의식은 오랜 인류역사를 통해 우리의 행동에 영향을 주는 수없이 많은 원형(archetypes)으로 전해져 오고 있다.

원형　원형은 인간이 갖는 보편적·집단적·선험적인 심상들로 집단무의식의 주요한 구성요소다. 원형은 모든 인간에게 존재하는 인간정신의 근원적인 핵으로 인류역사를 통해 물려받은 인간의 선험적 조건이며, 반복적 경험이 축적된 정신적 소인이다. 원형은 직접적으로 의식화되지는 않지만 인류역사의 산물인 신화, 민속, 예술 등이 지니고 있는 영원한 주제의 현시를 통해 간접적으로 관찰될 수 있다.

원형은 신, 악마, 부모, 현자, 영웅, 뱀, 지진, 번개, 태풍 등 사람들이 삶을 영위하면서 수없이 형성해 온 원초적 이미지들로서 꿈, 신화, 동화, 예술 등에서 나타나는 상징을 통해서 표현된다.

1946년부터 융은 모든 심리구조 가운데 다만 잠재적으로 나타나 있으나 지각할 수 없는 원형을 '원형 자체(archetypus an sich)'라고 하고, 지각할 수 있고 이미 의식의 영역에 들어와 있는 원형을 '재현된 원형(archetypische Vorstellung)'이라고 구별지었다. 이 재현된 원형은 원형적 심상, 표현 혹은 과정으로 나타나며, 형태는 집단사고에 따라 계속 변한다(이태동 역, 1978: 64).

4) 페르소나

페르소나(persona)는 인간이 사회의 인습 및 전통의 요청과 그 자신의 내적 원형의 요구에 부응해서 채택한 가면이다. 이는 개인이 사회적 요구들에 대한 반응으로 밖으로 내놓는 공적 얼굴(social mask)로서, 개인 자체가 아니라 '타인에게 보이는 개인' 또는 '사회가 그 개인에게 기대하는 배역'이라고 할 수 있다. 즉, 페르소나는 진정한 자신은 아니며 주위의 일반적 기대에 맞추어 만들어 낸 자신의 태도이며 외부와의 적응에서 생긴 기능적 콤플렉스이자 적응의 원형이라 할 수 있다(Hall & Nordby, 1973). '페르소나'란 우리말로는 탈, 체면, 얼굴 등에 해당한다.

페르소나에 입각한 태도는 주위의 일반적 기대에 맞추어 주는 태도이며, 외부와의 적응에서 편의상 생긴 기능이다. 그것은 환경에 대한 나의 적응과 환경이 나에게 작용하는 체험을 거치는 동안 형성된다(Jung, 1968).

자아가 페르소나와 동일시를 심하게 하면 자아는 무의식으로부터 단절을 일으켜 정신장애를 유발할 수 있다.

5) 그림자

그림자(shadow)는 자아 이면에 존재하는 자신이 모르는 분신이자 개인의 의식적인 자아와 상충되는 무의식적 측면으로, 자신도 모르게 자신이 지향하고자 하는 것과는 전혀 다른 모순된 행동을 하게 만드는 원인이다.

그림자는 인간의 양면성, 밝고 긍정적인 면과 어둡고 부정적인 면을 반영한 원형이지만 주로 원초적인 동물적 본성을 포함하여 스스로 의식하기 싫은 자신의 부정적인 측면으로 이루어져 있다. 사회에서 부정되거나 부도덕하고 악하다고 생각되는 것은 그림자 원형과 관련되어 있다. 그러나 그림자는 긍정적인 기능에 기여하기도 한다. 즉, 생명력, 자발성, 창조성의 원천이 되기도 한다(이부영, 1998).

스티븐슨의 소설 『지킬박사와 하이드』를 보면, 동일인물에게서 전혀 다른 두 인격, 지킬박사와 하이드가 등장하는데 하이드는 지킬박사의 그림자를 은유한다고 볼 수 있다.

그림자는 상당한 도덕적 노력을 기울이지 않는 한 결코 의식할 수 없다. 그림자를 의식하기 위해서는 인격의 어두운 측면들이 실제로 현존한다는 것을 인식해야 한다(Bennet, 1995). 따라서 그림자에 대한 통찰은 자기자각과 성격

통합의 첫걸음이라고 할 수 있다.

6) 아니마/아니무스

융은 모든 인간이 본질적으로 양성을 가지고 태어났다고 주장한다. 생물학적으로 보면 인간은 남성호르몬과 여성호르몬을 동시에 분비하고 있는데, 심리적인 면에서도 남녀 모두에게서 남성적인 특징과 여성적인 특징이 나타난다. 이러한 입장을 반영한 개념이 아니마와 아니무스다. 아니마(anima)와 아니무스(animus)는 인류가 조상 대대로 이성에 관해서 경험한 모든 것의 침전물이다(Jung, 1961).

정신적인 면과 신체적인 면에서 양성(아니마/아니무스) 개념은 그리스신화에도 나타나고 있다. 원래 인간은 공처럼 둥근 모양의 양성체로 네 개의 다리, 네 개의 손, 하나의 목과 두 개의 얼굴을 가지고 있다가 신의 노여움을 사 둘로 나누어졌다는 것이다.

남성의 내부에 있는 여성성을 아니마라고 하고, 여성 내부에 있는 남성성을 아니무스라고 한다. 이 두 원형은 각 성에게 이성의 특징을 나타나게 해 줄 뿐 아니라 이성에게 반응하고 이성을 이해하도록 동기화하는 집단적 심상으로 작용한다.

페르소나가 자아와 외부세계의 접촉을 중재해 주는 요소라면 아니마와 아니무스는 자아와 내면세계의 접촉을 중재해 주는 요소다. 의식 수준에서 페르소나가 강하게 작용하면 이에 대항하여 집단무의식 속의 아니마와 아니무스가 더욱 강하게 표출될 수도 있다. 이 경우에는 남성은 남자다워 보이기보다는 여성스러워지려 하고 여성은 남성스러워지려 하는 태도가 나타나게 된다.

7) 자 기

자기(self)란 글자 그대로 그 사람 전체를 나타낸다는 뜻에서 진정한 의미의 개성(individuality)과 같은 말이다(이부영, 2005: 103).

자기는 의식과 무의식을 통틀어 모든 정신현상 전체이며 집단무의식 속의 중심적인 태고원형이다. 즉, 자아가 '일상적인 나' '경험적인 나' 라면 자기는 '본래적인 나' '선험적인 나' 다.

자기는 성격의 중심이며, 그 주위에 다른 모든 체계가 무리 지어 있다. 이러한 자기는 상징을 통하여 스스로의 모습을 나타내는데 그 상징의 대표적인 것이 만다라다(그림 4-4). 만다라는 원(본질)을 뜻한다. 마음의 창 또는 본질을 나타내는 '만다' 와 소유 또는 성취를 나타내는 '라' 가 합성된 것으로 마음속에 참됨을 갖추고 있거나 '본질을 원만히 한다' 는 뜻을 가지고 있는 도안이다. 융에 의하면 만다라는 개인의 집단무의식에 잠들어 있는 원형을 깨워 활기를 주는 열쇠다(Murty, 1998). 만다라를 그리는 것은 무의식 깊은 곳에 숨어

[그림 4-4] 만다라 구성들

있는 심상을 자신의 의식으로 끌어내어 표현하는 것이며 자기정체성을 찾기 위한 무의식적 행위로 나타난다. 만다라는 여러 방위의 요소들이 결국에는 중심에서 하나로 합쳐지는 형식으로 인간심리의 분열된 여러 경험적 요소들이 결국에는 합일되어 하나를 이룸을 상징한다. 융은 만다라 상징에 기초를 둔 '전체성의 심리학(psychology of totality)'을 발전시켰다.

자기는 의식 초월적 존재이므로 의식으로 파악될 수 없고, 중년에 이르기까지 뚜렷해지지 않는다. 중년기가 되면 성격의 중심을 의식적인 자아로부터 의식과 무의식의 중간으로 옮겨 놓기 위해 심각하게 노력하기 시작한다. 자기의 개념은 융의 가장 중대한 심리학적 발견이며, 그의 집중적인 원형 연구의 절정을 이루고 있다(Hall & Lindzey, 1978).

자기원형을 자아의식이 받아들여 실천에 옮기는 능동적인 행위를 자기실현(self realization)이라고 한다. 자기실현은 통속적인 의미의 성인, 군자나 도사를 만드는 과정이 아니다. 자기실현이 되면 될수록 그는 지극히 평범한 사람의 모습을 갖출 것이다(이부영, 2005).

자기실현　개인의 자기실현은 무의식의 의식화를 통해서 이루어진다. 자아의 결단과 용기와 인내심이 필요하며 무의식의 내용을 깨달아 나가는 단계에서 마음의 구조에 속한 내용들, 즉 그림자, 아니마, 아니무스의 의식화가 이루어져야 비로소 그 개체는 전체의 실현을 가능하게 할 수 있다.

자기실현은 정신발달의 궁극적 목표다. 자기실현은 개성화(individuation)라고도 한다. 진정한 개성을 실현한다는 뜻이다. 모든 개인이 자기실현을 하면 하나의 이상적인 성숙한 사회가 실현될 것이지만 이는 단지 이상일 뿐이다.

3. 성격의 역동

앞에서 말했듯이 융은 전체적 성격을 정신이라고 불렀으며, 정신에너지인 리비도를 통해 지각하고, 생각하고, 느끼고, 소망하는 심리적 활동이 수행된다고 보았다. 이와 같이 인간의 모든 정신생활을 가능하게 해 주는 정신에너지의 배분은 개인의 특성에 따라 특정한 심리적 요소에 집중됨으로써 그 개인의 성격이 다르게 나타난다. 이러한 정신에너지는 대립, 등가, 엔트로피라는 세 가지 원리에 의해 작동한다(Hall & Lindzey, 1978).

1) 대립원리

대립원리(opposition principle)는 서로 반대되는 힘이 대립 혹은 양극성으로 존재하여 갈등을 일으키게 된다는 것을 설명하는 용어다. 이러한 갈등은 정신에너지를 생성하는 데 필요하다. 갈등이 없으면 에너지도 없으며 인생도 없다. 예를 들면, 개인의 사랑과 증오는 정신 내에 대립적으로 존재하면서 행동표현을 추구하며 긴장과 새로운 에너지를 창조한다. 이러한 대립 혹은 양극성의 갈등이 모든 행동의 1차적 동인이며 모든 에너지의 근원이다. 따라서 양극성들 간에 갈등이 커질수록 에너지는 더 많이 생성된다.

2) 등가원리

융은 물리학의 열역학 제1법칙인 에너지보존원리를 정신적 기능에 적용하여 등가원리(equivalence principle)를 가정하였다. 여기서 등가란 말은 에너지가 변환된 새로운 영역에 동등한 정신가치를 부여한다는 것을 의미한다. 즉, 어떤 특별한 영역에서 정신가치가 약해지거나 사라지면 그 에너지는 정신 내에 다른 영역으로 전환된다. 예를 들면, 우리가 어떤 활동에 관심을 상실하면, 그러한 활동에 쏟았던 정신에너지가 새로운 활동으로 전환된다. 또한 우리가 깨어 있는 동안에 의식 활동을 위해 사용하는 정신에너지는 잠자는 동안에는 꿈으로 전환된다. 등가원리는 에너지가 어떤 방향이나 방식으로 이동하든 간에 그 에너지의 양은 변하지 않고 성격 내에서 재분배된다는 것을 설명한다.

3) 엔트로피원리

물리학에서 엔트로피원리(entropy principle) 혹은 열역학 제2법칙의 작용은 에너지의 평형을 의미한다. 예를 들면, 뜨거운 대상과 차가운 대상이 접촉하면 열은 같은 온도로 평형 상태가 될 때까지 뜨거운 대상에서 차가운 대상으로 이동한다. 융은 이 열역학원리를 정신에너지에 적용하여 성격 내에 균형 혹은 평형에 대한 경향성이 있다는 것을 설명한다. 만약 두 가지 가치(에너지의 강도)가 불균형하다면 에너지는 보다 강한 가치에서 약한 가치로 흐를 것이다.

정신은 폐쇄체계가 아니므로 에너지의 항구적인 균형은 결코 수립될 수 없지만 균형은 에너지 배분이 성취하려고 노력하는 이상적 상태라고 할 수 있다.

4. 성격유형 및 성격발달

1) 성격유형

융은 자아성향과 심리적 기능이라는 두 가지 축을 조합해 여덟 가지 성격의 유형으로 분류하고 있다(〈표 4-1〉 참조).

자아성향(ego orientation)은 삶에 대한 일반적인 태도를 가리키는 말로서 자아가 갖는 정신에너지의 두 방향, 즉 외향성과 내성성을 말한다. 외향성은 정신에너지인 리비도가 외부로 향하며, 객관적 사실과 조건에 의해 좌우되는 것을 의미한다. 외향적인 사람은 사람, 사물, 사건들에 무한히 흥미를 느끼며 환경에 쉽게 적용한다. 이에 비해 내성적인 사람은 리비도가 주관적 정신구조와 자신의 성찰로 향해 있다.

융은 외향적인 사람과 내성적인 사람은 기질적으로 삶을 각각 다르게 바라볼 수밖에 없지만, 그들은 좋다거나 나쁘다거나 혹은 바람직하다거나 바람직

표 4-1   성격유형의 예

유형	내용
1. 외향적 사고형	이 유형은 이성적 사고와 논리의 지배를 받는다. 규칙과 사실을 좋아하며, 자신들의 세계관이 옳다고 보고 자신들의 세계관과 합치하지 않는 것은 쉽게 억압한다. 이들이 억누르는 감정은 난폭함이나 격정적인 애정 행각으로 돌아올 수 있다. 이들은 강한 의무감이 있는 반면 온정과 관용이 부족하다. 대다수 독재자, 과학자, 기술자들이 이 유형에 속한다.
2. 내성적 사고형	이 유형의 사람들은 외부의 사실보다는 내면세계의 관념에 더 많은 관심을 갖는다. 이들은 끊임없이 질문을 던지고 사물에 대한 이론을 체계적으로 세워 나가면서도 사실을 받아들이는 데는 인색하다. 이들은 타인에게 괴짜로 비춰질 수 있으며, 관계 자체를 중요하게 보지 않으므로 외부로부터 단절되곤 한다. 철학자와 교수들이 이 유형에 속한다.
3. 외향적 감정형	이 유형의 사람들은 그들을 둘러싼 세계에 잘 순응하며 동년배들과 잘 어울린다. 관례에 충실하며, 개인의 성공에 관심을 갖는다. 이들은 재치 있고 매력적이며, 사람을 잘 다루고 사교모임을 즐긴다. 부정적인 면으로는 다소 얄팍하며 성실치 못하다. 유능한 사회자 및 사회복지에 종사하는 사람들이 이 유형에 속한다.
4. 내성적 감정형	다른 사람들과는 다소 거리를 유지한 채 자기 안으로 파고드는 유형으로, "물은 깊을수록 평온하다."는 말을 연상시킨다. 소수의 친밀한 친구를 선호하며, 그들과 가까운 사람들을 매우 잘 이해한다. 이들은 종종 매우 종교적이며 자기희생적이다. 역할연기에 능숙하지 못하고, 진술하며, 친구들에게 충실하다. 승려와 수녀가 이 유형에 속한다.
5. 외향적 감각형	이 유형의 사람들에게는 외부세계의 대상과 감각이 매우 중요하다. 실용적이며 세상 물정에 매우 밝아, 있는 그대로의 현실을 잘 받아들이며 그 안에서 사는 것을 즐긴다. 부정적인 면으로는 중독 경향이 있고 탐닉에 빠지기쉬우며, 극단적인 경우에는 도착증세를 보이기도 한다. 이 유형의 사람들은 사업이나 부동산 업무에 종사하는 경우가 많다.
6. 내성적 감각형	이 유형의 사람들에게 중요한 것은 내적, 그리고 주관적으로 경험되는 감각이며, 사물은 그리 중요하지 않다. 자신만의 감각으로 충만하여 외부와의 접촉이 거의 없으며, 타인에게 자기 감정을 표현하는 것을 어려워한다. 이들은 유령이나 환영, 놀랄 만한 물체를 보았다고 주장하기도 한다. 예술가와 음악가가 이 집단에 속한다.

7. 외향적 직관형	이 유형은 전체 사실을 충분히 알지 못한 상태에서 어떠한 판단이나 결정을 내려야 할 경우 직관을 이용한다. 고정되고 익숙하며 안정된 것에 싫증을 내고, 새로운 것을 탐험하고 미래를 살피길 좋아한다. 관습과 전통을 가볍게 여기며, 원하는 것을 얻고자 타인을 유린하기도 한다. 자기 자신만의 도덕적 기준을 가지고 일종의 모험을 즐긴다. 사물을 끝까지 살펴보지 않으며, 개인적 관계는 약하다. 기업가나 사업가들이 이 집단에 속한다.
8. 내향적 직관형	이 유형의 사람들에게 중요한 것은 꿈이나 환상, 그리고 집단무의식의 신비한 세계다. 자기만의 백일몽이나 환상, 종교적 계시에 사로잡히는 경우가 많아 이상한 사람으로 소외당하는 경우가 흔하다. 영매, 신비주의자 및 시인들이 이 유형에 속한다.

출처: www.kpti.com

하지 않다 등의 평가대상이 아니고 모두 정상적이고 건강한 사회구성원이라고 보았다.

심리적 기능(psychological function)은 사고, 감정, 감각, 직관이라는 네 가지로 분류된다. 심리적 기능 중 어떤 기능을 우선적으로 사용하고 어떤 기능을 비교적 덜 사용하는가에 따라 개인의 기본적인 성격이 달라진다.

심리적 유형론은 편의상 개인차를 서술하기 위한 체계지 결코 모든 사람이 여덟 가지의 고정된 타입의 하나에 속해 있다고 주장하는 것은 아니다(Jung, 1968).

학생들이 쉽게 접하는 MBTI(Myers-Briggs Type Indicator) 검사는 융의 이 여덟 가지 성격유형을 기본으로 마이어즈와 브리그즈(I. Myers & C. Briggs)가 '판단-인식'의 축을 추가하여 16개의 성격유형으로 발전시킨 것이다.

2) 성격발달

융은 성격발달을 아동기, 청년 및 성인초기, 중년기, 노년기의 네 단계로 기술하였다. 본능에 의해 지배되는 유아기에는 자아가 형성되지 않으므로 성격

형성에 미치는 영향은 중요하지 않다고 생각하여 이 시기의 성격발달은 상세히 설명하지 않았다. 분석심리이론에서는 인생 후반기인 중년기와 노년기의 성격발달을 보다 중요하게 다루고 있다.

융에 있어 성격발달은 자기를 실현하는 과정이다. 타고난 인간의 잠재력인 자기를 실현하기 위해 인생 전반기에는 자기(self)의 방향이 외부로 지향되어 분화된 자아(ego)를 통해 현실 속에서 자기를 찾으려고 노력한다. 이런 점에서 인생의 전반기는 활동적이고 환경과 상호작용이 활발하게 이루어진다. 그러나 대략 40세인 중년기를 전환점으로 인생 후반기에는 자기의 방향이 내부로 지향되어 자아는 다시 자기에 통합되면서 성격발달이 이루어진다. 융은 이렇게 분화와 통합을 통해 자기가 발달하는 과정을 개성화 혹은 자기실현이라고 하였다.

융의 성격발달에 따른 대략적인 특징은 〈표 4-2〉와 같다.

표 4-2 융의 성격발달의 구분과 특징

구분		특징
아동기	인생 전반기	• 성격형성에 중요한 시기는 아님. • 본능에 의해 지배되며, 행동의 규율과 통제가 없고 무질서하며 혼란스러운 상태 • 자아가 아직 형성되지 않은 시기이므로 심리적 문제 없음.
청소년기 및 성인초기		• 정신적 탄생기: 일정한 성격 형태의 내용 발달 • 외적·신체적으로 팽창하는 시기: 성숙함에 따라 자아가 발달 • 외향적인 가치와 관계되는 문제와 갈등이 많으며 외부세계에 적응하는 시기
중년기	인생 후반기	• 정신적 변화의 시기: 외향적 목표와 야망의 의미가 퇴색되기 시작. • 외부세계의 적응과 정복에 쏟았던 에너지가 자기 내부로 지향됨. • 자기 내부의 잠재력에 깊은 관심의 시기: 정신적 가치의 실현 시기
노년기		• 자신에게 진지한 관심의 시기 • 죽음을 향한 정리의 시기: 죽음 앞에서 생의 본질을 이해하려는 시기

5. 융과 프로이트의 비교

융의 분석심리학과 프로이트의 정신분석학의 근본적인 공통점은 무의식의 세계를 강조했다는 점이다. 이 때문에 이 둘을 심층심리학이라고도 한다. 또한 무의식적인 것을 의식화시키는 과정이 인간의 성숙에 중요하다는 것을 강조하는 점도 양자가 같다.

그러나 융은 프로이트의 범성설, 생물학적 환원론, 기계론적 인간관을 비판하면서 결별하였다. 또한 성격에 대한 관점에서도 차이가 있는데, 프로이트는 인간의 성격이 주로 과거의 사건이나 과정들에 의해 결정된다(인과론)고 본 반면, 융은 인간의 성격이 과거의 사건들(인과론)뿐만 아니라 미래에 무엇을 하기를 열망하는가에 의해서도 결정된다(목적론)고 보았고, 프로이트는 인간정신의 인식수준에 초점을 맞추어 무의식의 중요성을 강조한 반면, 융은 인류의 정신문화의 발달에 초점을 두고 집단무의식이란 개념을 도입하여 무의식의 범위를 확장시켰다는 점에서도 차이가 있다.

프로이트는 인간을 끊임없는 갈등 속에서 자신을 방어하며 힘겹게 살아가는 존재로 본 반면, 융은 인간을 정신의 전체성을 실현하는 존재로 보았다. 정신의 전체성에 대한 융의 통찰은 집단무의식에 대한 체험에서 시작되었다. 분석심리학에서 진정한 의미의 무의식은 집단무의식이고 모든 원형을 포섭하고 대표하는 것은 자기원형이다. 자기원형의 기능으로 나타나는 정신의 전체성이 자기(self)다.

분석심리학의 성격이론의 핵심은 자기실현의 과정이다. 자기실현을 개성화과정으로 표현하고 자기실현의 과제에 따라 인생을 전반기와 후반기로 나누고 있다. 전반기 자기실현의 과제는 외적세계의 적응에 있고, 후반기의 그것은 내면세계의 적응에 있다.

융에게 있어 정신병리현상이란 정신의 전체성에서 벗어난 상태다. 따라서 정신치료는 원리상 개성화과정에 따른다.

6. 사회복지실천에의 적용

융의 분석심리는 프로이트의 정신분석처럼 무의식을 강조했다는 점에서 사회복지사들이 실천에 적용시키기가 어려워 보인다. 더욱이 의식과 무의식을 빙산에 비유한 프로이트에 비해 큰 바다와 조그만 섬이라는 비유를 써서 무의식의 영역을 더욱 넓혀 놓았고 그중에 원시 조상 때부터 이어져 온 집단 무의식의 존재와 그 안의 무수한 원형 등 난해한 개념들이 과학적이기보다는 철학적이고 사변적으로 느껴질 수도 있다.

그러나 분석심리의 심오하고 폭넓은 인간관은 사회복지사들에게 인간에 대한 이해의 지평을 넓혀 줌으로써 오히려 인간의 문제에 대한 접근을 용이하게 해 주는 면이 있다. 심리적 건강을 전체성의 확립과정으로, 정신병리는 치유와 회복을 향한 본능의 노력이며 정상적인 정신작용으로 보고 있다는 점은 사회복지에서 지향하는 인간관에 근접하고 있다.

융의 발달이론은 주로 성인기와 노년기를 다루고 있어 중년기와 노년기에 발생할 것으로 예상되는 문제들에 대한 이해와 자신의 태도를 확립하는 데 도움이 된다. 특히 중년기에 좌절하고 인생을 무의미하게 보내는 사람에게 삶의 의미를 다시 생각할 수 있는 기회를 주고 있다. 또한 융의 이론은 종교와 정신의학을 이어주는 교량 역할을 하고 있어 교회사회사업가에게도 유용하게 적용될 수 있다(엄신자, 2007: 287).

그 밖에 융은 실용주의자로서 이론이나 기법에 얽매이지 않고 클라이언트에게 도움이 되면 무엇이든지 활용하라고 권유하였으며, 정신병리를 보는 긍정적인 시각이나 치료에 대한 융통성, 성격유형분류, 단어연상검사, 생애사구성기법 등 인간의 행동과 문제의 개입에 적극 활용할 수 있는 다양한 도구들을 제공하여 분석심리에의 접근성을 높여 주었다.

그러나 어떤 면에서는 분석심리학이 정신분석보다 접근하기 어려운 점이 존재한다. 정신분석이나 분석심리를 제대로 하려면 자격 있는 슈퍼바이저의

감독하에 상당한 수련기간과 깊이 있는 훈련과정을 거쳐야 한다는 점을 잊지
말아야 한다.

- 정신 또는 성격은 부분들의 단순한 집합이 아니라 하나의 전체성을 이루고 있다.
- 인간행동은 의식과 무의식 수준에서 서로 상반되는 두 가지 힘에 의해 동기화
  된다.
- 인간은 역사적이면서 동시에 미래지향적인 존재다. 인간의 행동은 과거에 의
  해 상당한 정도로 결정되지만, 미래의 목표와 가능성에 의해서도 조명된다.
- 성격의 발달은 전생애에 걸쳐 일어나는 자기실현의 과정이며, 인생전반기와
  후반기의 과제가 다르다.
- 심리적 건강은 정신의 전체성을 유지하는 것이며, 정신병리는 이러한 전체성
  의 분리현상이다.
- 클라이언트에 대한 원조는 무의식의 의식화를 통한 개성화를 촉진하고 정신의
  전체성을 회복할 수 있도록 하는 것이다.

- 융의 이론을 어떻게 사회복지실천에 적용할 수 있는지 설명하시오.
- 융이 말하는 자기실현이란 무엇인지 설명하시오.
- 융의 무의식과 프로이트의 무의식을 비교해 보시오.
- 융의 성격유형론에 따라 본인의 성격을 가장 친한 친구의 성격과 비교해 보시오.
- 흔히 콤플렉스와 열등감을 혼동하는 경우가 있는데, 그 차이점을 설명하고, 자신들
  의 콤플렉스와 열등감이 무엇인지 서로 의견을 나누어 보시오.

제5장 자아심리이론: 아들러, 에릭슨

자아심리이론을 주창한 사람들을 자아심리학자(Ego Psychologist) 또는 신프로이트 학파(Neo-Freudians)라고 일컫는다. 프로이트가 성격발달에 있어서 원초아의 역할을 강조하고 자아를 정신내적 갈등해결을 위한 보조적 역할로 단정한 반면, 자아심리학자들은 자아의 개념을 확장시켜 외부세계와 상호작용하고 적응하는 자아를 강조하였다. 또한 그들은 자아가 독립적인 에너지를 갖고 인간의 정신내적 측면과 외부세계, 과거와 현재, 이성과 감정을 통합하면서 인간의 성격발달을 주도해 나간다고 보았다(Vaillant, 1993; Urdang, 2008: 14).

자아심리학자들은 성격의 발달에서 성과 같은 생물학적 요인보다는 사회적 요인이 더 중요하다고 생각하였다. 이들은 프로이트의 정신분석이론이 정신내적 측면에 초점을 두고 성격발달을 논의함으로써 대인관계적 측면이나 사회적 측면이 성격발달에 미치는 영향을 고려하지 못한 한계점을 지적하고(김동배, 권중돈, 2000), 자아의 역할을 강조한 새로운 이론을 주창하였다.

〈표 5-1〉은 프로이트 이론과 비교하여 자아심리학자들이 보다 관심을 갖는

표 5-1 자아심리학자의 관심영역

관심을 덜 기울이는 것	관심을 더 기울이는 것
원초아와 본능	자아와 자기
정신내적인 원인과 갈등	사회적, 대인관계적 원인
초기아동기 발달	전생애에 걸친 발달
심리성적 단계	심리사회적 단계, 문화와 사회의 역할

영역을 정리한 것이다.

이상과 같이 인간의 자아와 함께 환경적 요인을 강조하는 자아심리학은 사회복지학과 그 실천에 크게 기여하였으며, 그 특징은 다음과 같이 요약할 수 있다(이선혜 외 역, 2005).

- 인간의 기능과 잠재성에 대해 보다 낙관적으로 바라봄
- 인간행동의 형성에 환경적, 사회문화적 요소를 중요하게 인식함
- 클라이언트의 합리성, 문제해결 능력, 적응력, 강점에 초점을 둠
- 인간발달은 일생을 통한 과정으로 인식함
- 변화과정에서 통찰뿐 아니라 학습, 교정적 관계의 경험, 환경적 지지 등과 같은 보다 확장된 관점을 가짐

이 장에서는 자아심리이론 중 열등감을 극복하려는 동기, 사회적 관심 등을 성격발달의 결정요인으로 바라보며 사회적·대인적 상황에 초점을 둔 아들러의 이론을 소개한다. 그리고 성격발달에 영향을 미치는 사회적·문화적·역사적 요인에 주목하며, 전생애에 걸친 인간발달, 자아정체성 확립의 중요성을 제시한 에릭슨의 이론을 살펴본다.

1. 개인심리이론: 아들러

알프레드 아들러(Alfred Adler)는 1870년 오스
트리아 비엔나에서 유대인 곡물상의 육남매 중 둘
째로 출생하였다. 생후 2년간은 어머니의 따뜻한
사랑을 독차지하였으나 동생의 출생으로 응석받이
의 위치를 잃게 된다. 어린 시절 몸이 허약하여 구
루병으로 4세 전까지는 걷지 못했고, 5세 때 폐렴
으로 거의 죽을 뻔하는 등 잦은 병치레로 고생하였
다. 이로 인해 의사가 되는 것에 관심을 가졌으며,
그의 열등감에 관한 연구도 아마 자신의 신체적 열
등감에서 영향을 받았을 것으로 추측된다.

아들러(1870-1937)

아들러는 안과의로 출발하였으나 곧 일반의로 바꾸었다가 1985년 비엔나의
과대학의 학위로 정신과 의사가 되었고, 1902년부터 프로이트와 긴밀한 관계를
갖기 시작했다. 그러나 그 둘 사이의 학문, 사상의 차이는 점차 양립할 수 없게
되어, 프로이트가 비엔나정신분석협회 회장과 그 조직회보의 공동편집장으로
지명했음에도 불구하고, 아들러는 1911년 프로이트의 정신분석학파와 결별하
고 다음해 자신의 추종자들과 함께 개인심리학협회를 만든다.

아들러는 제1차 세계 대전에 군의관으로 참전한 후 그의 관심은 점차적으로
사회적 관심(social intrest)으로 바뀌어 비엔나의 많은 학교에 아동상담소를 개
소하고 교사훈련에도 힘썼다. 나치주의가 아들러의 학문 활동을 방해하고, 미국
에서의 강연활동이 활발해지자 이후 롱아일랜드 의대의 방문교수 자리를 마침
내 수락하고 1934년에는 가족과 함께 비엔나를 영원히 떠났다. 1937년 스코틀
랜드 에버딘에서 강연 도중 심장마비로 사망하였다.

출처: Allen, 2003, Ewen, Robert B., 2003 등

1) 인간관과 기본관점

아들러는 원래 비엔나 정신분석학회의 회장으로서, 프로이트의 핵심추종자였다. 처음에는 프로이트의 관점과 아주 양립되는 기관열등에 대한 연구논문들을 발표했지만 이후 공격본능이나 어린이들의 열등감과 관련된 자신의 견해를 프로이트가 받아들이지 않자 자신의 독창적인 학문 영역을 발전시켰다.

아들러의 인간관을 크게 세 가지로 요약할 수 있다.

첫째, 인간은 창조적인 능력이 있기 때문에 인생목표를 직시할 수 있고, 스스로 결정을 내리며, 그들의 목적과 일치하는 삶의 방식을 선택할 수 있는 합리적인 존재로 보고 있다. 그러나 인간은 대부분 가상적 목표를 깨닫지 못하거나 그 참된 중요성을 모른다는 점에서 반드시 합리적인 존재만은 아니라는 점도 동시에 인정하고 있다.

둘째, 인간은 본능으로서 성적 욕구나 무의식적 과정보다는 사회적 욕구와 의식에 보다 많은 관심을 갖는다(Pervin et al., 2005: 138; 김기태 외, 2006). 즉, 인간은 성적 충동보다 사회적 욕구에 의해 자극받고 동기 유발된다고 생각하였고, 인간의 행동을 형성하는 것은 개인의 생활양식이라고 하였다.

셋째, 아들러는 인간이 단순히 원초아, 자아, 초자아로 구성된 복합체의 산물이라는 관념을 거부하고, 전체적이고 통합적인 관점에서 인간을 바라보았으며, 인간이 자신의 삶을 스스로 결정하면서 '완전함'을 향해 나아간다고 보았다(Allen, 2003: 78).

딘메이어와 셔먼(Dinkmeyer & Sherman, 1989)은 인간과 인간의 심리에 대한 아들러의 기본가정을 다음 다섯 가지로 설명하였다.

첫째, 인간의 모든 행동은 사회적 의미를 갖고 있다. 따라서 심리성적 발달보다 심리사회적 발달이 강조된다.

둘째, 모든 행동은 목적지향적이다. 아들러는 인간의 모든 행동이 목적을 가지고 수행되며, 항상 의미 있는 목적을 향하여 나아간다고 보았다.

셋째, 인간행동은 '통합과 유형(unity and pattern)'의 특성을 갖는다. 아들러는 인간을 유일하며 쪼갤 수 없는 전체로 보았고, 목적에 이르기 위해 독특한 행동유형을 보인다고 하였다.

넷째, 인간의 행동은 열등감을 극복하기 위해 이루어지고 우월감을 향해 나아간다.

다섯째, 인간의 행동은 주관적 인식의 결과다.

아들러는 성격발달에 있어서 사회적 과정의 중요성을 발견하고 성격의 자발적이고 창조적인 면에 관심을 가졌다. 그는 성격이 주로 아동과 부모와의 관계에서, 본능보다는 자신이 의식적으로 선택한 목표에 의해 형성된다고 보았다(엄신자, 2007: 201).

이상의 아들러의 생각은 현대 성격이론의 발달에 많은 영향을 미쳤다. 실제로 교류분석, 실존치료, 인간중심치료, 현실치료, 합리적 정서행동치료, 해결중심단기치료 등도 아들러 개인심리이론의 영향을 받았다고 할 수 있다.

2) 주요 개념

(1) 열등감과 보상

아들러는 인간행동을 열등감(inferiority)과 보상(compensation)이라는 개념으로 이해하였다. 모든 인간은 신체, 외모, 능력, 사회경제적 조건 등에 의해 열등감을 갖게 된다. 그런데 이 열등감은 객관적으로 열성이라는 의미가 아니라 개인의 기대수준에 따른 주관적 인식에 기인한다. 개인의 열등감은 어린 시절에 형성된 부정적인 자아개념으로부터 비롯된 것일 수도 있다. 중요한 것은 이 열등감을 보상하기 위한 노력에 의해 인간발달이 향상된다는 점이다. 즉, 열등감은 인간으로 하여금 무의식적으로 이상적인 자아를 향한 목표 달성을 추구하게 함으로써 인간의 긍정적 발달을 유도한다(박아청, 2006).

초기에 아들러는 의학적 문제에 관심을 갖고 열등감에 대해 탐구하였다. 왜 어떤 사람은 심장이 좋지 않고, 어떤 사람은 호흡기가 좋지 않고, 또 어떤 사람은 위궤양의 문제를 가지고 있는가? 이 질문에 대한 아들러의 가설은 어떤 신체적 영역이 열등하면 이 부위가 질병에 취약해진다는 것이다. 그는 이러한 취약성을 기관열등(organ inferiority)이라고 불렀다. 인간은 약한 기관을 강하게 함으로써 보상하고자 하는데, 이 노력을 우월추구(striving for superiority)라고 한다(김교헌 외 역, 2005).

어렸을 때부터 몸이 약한 아이는 체력을 기르기 위해 다른 사람보다 더 노력하는 경향이 있다. 말을 더듬었던 아이가 훌륭한 웅변가가 되기도 하고, 시력에 문제를 가지고 있는 사람은 청각이 더 민감하게 발달하기도 한다. 이런 예들은 자신이 갖고 있는 열등감을 보상하기 위한 행동으로 개인의 생활양식을 형성한 경우다. 이와 같이 아들러는 처음에 신체기관의 취약성에 관심을 가졌으나 점차 심리적 열등감과 고통스러운 감정을 줄이거나 감추기 위한 보상노력에 관심을 가졌다(Pervin et al., 2005: 138).

열등감과 보상에 의한 인간발달의 구체적 예를 들어 보자. 첫 학기를 맞이하는 대학 신입생은 아는 사람이 한 사람도 없다. 주위에 있는 모든 사람이 서로 활발한 대화를 하고 있었기 때문에 약간 부끄럽고 잠시 열등감을 느낀다. 그래서 그는 낯설지만 자신을 소개하기 위해 삼삼오오 모여 있는 집단에 접근한다. 곧 새로운 우정이 싹트기 시작한다. 하지만 이제는 친구를 갖는 것 자체만으로 충분치 않다고 생각한다. 친구관계가 피상적이라고 생각하므로 또 열등감을 느끼며, 사람들을 지금보다 깊이 알아야 한다고 생각한다. 이를 극복하기 위해 교회 청년모임, 학교 동아리 등에서 친교 활동을 더 활발히 한다(김교헌 외 역, 2005). 이와 같이 열등감을 느끼고 이를 보상하기 위한 노력을 통해 점차 친구관계가 확장되고 돈독해지는 것이다.

한편, 열등감을 느끼는 사람이 보상에 실패하면, 열등감에 지배되는 '열등 콤플렉스(inferiority complex)'가 발생하여 신경증이나 비합리적인 행동이 나타날 수 있다. 아들러는 열등 콤플렉스를 '주어진 문제를 사회의 유용한 방식으로 해결하기에 충분할 만큼 강하지 않은 사람이 갖는 특성'으로 정의하였다.

열등 콤플렉스는 아동기 동안의 과잉보호, 방임 등 부모의 자녀양육방식으로 인해 발생하기도 한다. 예를 들어, 과잉보호 속에서 자라난 아동은 다른 사람들이 항상 자신을 위해 모든 것을 해결해 주기 때문에 자신감이 부족하고, 이로 인해 인생의 어려운 고비에 부딪혔을 때 스스로 해결할 능력이 없다고 생각하여 열등감에 빠지게 된다(노안영, 강영신, 2003).

〈표 5-2〉는 열등 콤플렉스로 인해 나타나는 바람직하지 못한 행동의 예다.

표 5-2　열등 콤플렉스에 의한 행동

- 사회적 미성숙: 자기중심적으로 행동
- 무력감, 타인에게 의존적, 타인의 결정에 맡기는 것이 많음
- 자신의 열등함을 공언하고, 열등함을 인정받으려고 함(열등으로의 도피)
- 질병 등을 이유로 문제해결의 어려움을 강조
- 자신보다 약한 대상과 관계를 맺으려 하고 타인을 지배하려는 경향
- 타인의 행위, 성과를 고의적으로 경시하거나 가치절하
- 자신의 우월함을 증명하는 데 필사적(우월에 대한 추구)

출처: 박아청, 2006: 158.

(2) 출생순위

아들러(1931)는 유아기 성격발달에 있어서 가족성원 간의 정서적 유대, 가족의 크기, 가족의 성적 구성, 가족역할 모델 등이 포함된, 가족분위기를 의미하는 가족형상(family costellation)이 이후의 성격발달에 지대한 영향을 미친다고 하였다. 가족형상 중에서도 형제간의 출생순위를 매우 중시하였으며, 특히 각 출생순위에 수반되는 상황에 대한 개인의 자각이 중요하다 하였다. 실제로 맏이가 남자인 경우, 여자인 경우, 독자인 경우 등에 따라 부모가 자녀에게 대하는 태도가 달라지는 경우를 흔히 볼 수 있다.

아들러는 첫째 아이, 둘째 아이, 막내 아이, 그리고 독자의 경우를 집중적으로 연구했다.

맏이는 편애를 받는 위치를 타고나지만 이 위치가 그리 오래가지 않는다. 동생이 태어남으로써 자신의 자리를 물려주어야 하기 때문이다. 따라서 맏이

는 첫째의 위치를 유지하고, 자신의 경쟁자를 제2의 자리에 두려고 하는 유형
과, 낙담하여 둘째 아이에게 정복당하도록 자신을 내버려 두는 유형으로 상반
되게 나타난다.

둘째 아이는 형제와 계속 경쟁하면서 서로 다른 성격을 발달시키기도 하는
데, 두 아이의 연령이 비슷하고 성별이 같을 때 더욱 그렇다. 셋째 아이가 출
생할 경우 둘째 아이는 양쪽에서 '짓눌린(squeezed)' 아이가 된다. 이 경우 둘
째 아이는 위아래 형제들에게 압력을 받아 힘이 약해지거나 아니면 형제들을
희생시켜서라도 자신의 지위를 올리려고 하는 유형 중 하나를 선택한다.

막내는 다른 모든 형제들을 이기려 하거나, 늘 돌봄을 받으면서 관심을 받
는 대상이기를 기대하면서 아기로 남으려 하는 두 가지 유형 중 하나를 선택
하려는 경향이 있다.

독자는 경쟁할 형제가 없는 독특한 위치에 있다. 그러므로 어머니가 응석받
이로 기르기 쉬운 약점이 있고, 아버지와 강한 라이벌 의식을 갖게 된다. 독자
는 어린 시절 계속해서 관심의 초점이 되고, 결코 중심위치를 나누어 가지거
나 그 위치를 차지하기 위해 경쟁해 볼 기회를 갖지 못한다.

출생순위에 따른 성격발달의 일반적 경향을 살펴봐도(Feist & Feist, 2006:
87), 대체로 외동자녀는 어린 시절을 주로 어른들 사이에서 보내는 경우가 많
다. 그래서 외동자녀는 응석받이가 될 수도 있고 항상 가족의 관심을 받고자
할 수도 있다. 반면 역할모델로서 성인의 역할을 해 볼 기회가 많아지므로 더
유능하고 협동적인 가족의 한 구성원으로 자랄 수 있다는 의견도 있다.

하지만 출생순위를 강조하는 아들러의 이론에 대해 인간의 행동을 출생순
위에 따라서 결정지을 수 없다는 반론도 있다. 즉, 가족의 환경은 계속 역동적
으로 변화하기 때문에 출생순위에 대한 설명은 각 상황에서 아동과 가족이 서
로 어떤 영향을 주는지 고려하여 해석되어야 한다는 것이다. 가족의 경제적
형편, 주거지의 변화, 부모의 나이, 이혼이나 죽음 등에 따라 아동의 행동은
상대적이다. 맏이가 장애아로 태어난 경우 둘째 아이가 실질적인 맏이 역할을
하기도 한다. 따라서 출생순위에 따른 행동유형은 하나의 지침으로 이해하는

것이 좋다(Dinkmeyer & Sperry, 2000).

출생순위와 이에 따른 성격특성에 대해서는 일관된 실증적 증거가 제시되고 있지 않다. 첫째 아이가 권력과 명성이 있는 위치에 더 많이 있다는 연구로 최초 23명의 미국 우주비행사 중 21명이 첫째 아이라는 보고가 있었다. 또한 첫째 아이나 독자가 다른 서열의 아이들보다 더 높은 수준의 교육적 목표와 성취를 갖고 있다는 결과도 제시된 바 있다(Paulhus, Trapnell, & Chen, 1999). 이는 첫째 아이가 부모의 관심을 가장 많이 받는 위치에 있고, 부모들이 첫째 아이에게 높은 기대를 하기 때문으로 해석된다(Sulloway, 1996).

반면 에른스트와 앵스트(Ernst & Angst, 1983)는 출생순위에 대한 방대한 연구 문헌을 검토한 결과 성격형성에 출생순위가 중요하다는 보고를 지지하는 증거는 찾지 못했다. 보다 최근의 연구에서도 출생순위에 대한 연구결과는 일관성이 없었다(Sulloway, 1996; Michalski & Shackelford, 2002; 김교헌 외 역, 2005에서 재인용).

(3) 사회적 관심

아들러는 프로이트와 달리 인간을 성적 충동보다는 사회적 충동에 의해 동기화된다고 주장하면서 사회적 관심(social interest)을 장래의 모든 적응이 달린 중요한 관건으로 보았다. 아들러가 의미하는 사회적 관심이란 외향성이 아니라 가족, 공동체, 사회, 인간, 삶을 돌보는 훨씬 넓은 의미의 관심이며, 각 개인이 이상적인 공동사회의 목표를 달성하고자 사회에 공헌하려는 성향을 의미한다. 이는 개인적 우월의 목표가 사회적 목표로 이동하는 것으로 다른 사람들의 행복에 기여하기 위해 개인적 우월의 목표를 포기하는 것을 말한다(엄신자, 2007).

사회적 관심이란 인간에 대한 공감으로서 개인의 이익보다는 사회발전을 위해 다른 사람과 협력하는 것을 의미한다. 사회적 관심은 심리적 성숙의 주요한 기준이 되며, 이기적 태도와는 상반된 것이다(노안영, 강영신, 2003).

아들러는 사회적 관심이 선천적으로 타고난 특성으로서 인간의 행동을 형성하고 타인과의 협력을 이끄는 것이지만, 의식적으로 개발되어야 할 필요성이 있는 것으로 보았다.

사회적 관심은 일체감이나 공감과도 같은 것으로 '다른 사람의 눈으로 보고, 귀로 듣고, 가슴으로 느끼는 것'이다. 사회적 관심이 발달하면 열등감, 소외감은 감소하는데, 이러한 사회적 관심은 가르치고, 배우고, 사용하면 발달하게 된다(이현림, 2008).

아이의 사회적 관심을 발달시키는 데는 어머니, 아버지 그리고 어머니와 아버지의 관계가 크게 작용한다. 아동과 가장 먼저 접촉하고 대인관계에 가장 많은 영향을 주며 사회적 관심의 발달에 커다란 영향을 주는 사람은 어머니다. 어머니가 자기 남편, 다른 자녀, 일반적인 사람들에 대해 갖는 애정이 아동에게 본보기가 된다. 아동은 어머니의 이러한 넓은 사회적 관심을 통하여 이 세상에는 다른 중요한 사람들이 있다는 것을 배운다(김동배, 권중돈, 2000).

어머니
대인관계,
사회적 관심에
가장 큰 영향

▶ 사회적 관심과 어머니의 자녀양육방식이 서로 밀접하게 관련
• 어머니의 임무는 아동이 협동성, 연대감, 동료의식을 가지도록 양육
• 자녀에게 진실되고 깊은 사랑을 보여 주어야 한다.
• 사회적 관심을 키워 주는 능력은 세 가지 중요한 인생과업 · 일, 우정, 사랑, 결혼
• 아동이 거부당하고 사랑받지 못했다고 느끼게 만드는 부모의 행동은 아동의 자율성이나 협동능력의 결핍 초래

아버지
자녀를 동등한 인격
체로 대하고 아내와
동등한 위치에서
협력

▶ 사회적 관심에 두 번째로 영향을 미치는 중요한 인물
• 정서적 격리를 경험한 아동-사회적 관심은 낮은 반면 개인적인 우월감을 위한 목적만 추구
• 아버지가 폭군인 아동은 사회적 우월감이 아닌 권력과 개인적인 것을 추구하는 법을 배움

부부관계
부모가 서로 사랑
하지 않을 때 자녀들이
피해를 입는다.

▶ 사회적 관심의 발달에 지대한 영향
• 부모의 결혼생활이 불행할 경우 자녀는 사회적 관심을 발달시킬 기회를 거의 갖지 못함
• 아내가 남편 대신 정서적 지지 제공-과잉보호
• 남편이 아내를 비난-부모에 대한 존경심을 갖지 못함
• 부부사이의 불화-부모를 서로 이간시켜 중간에서 어부지리를 얻는 법을 배움

[그림 5-1] 사회적 관심의 영향력

사회적 관심에 영향을 미치는 중요한 인물로서 아버지는 우선 아내, 일, 사회에 대해 긍정적 태도를 지녀야 한다. 또 그는 자녀들과의 관계에서 그의 성숙한 관심을 보내 주어야 한다. 아들러는 부모의 부부관계 또한 자녀의 사회적 관심의 발달에 지대한 영향을 미친다고 한다. 부모의 결혼 생활이 불행할 경우 자녀는 사회적 관심을 발달시키는 기회를 거의 갖지 못한다.

⑷ 생활양식

생활양식(life style)이란 개인의 스스로에 대한 자아개념, 타인에 대한 감정, 세상에 대한 태도 등을 포괄하는 것으로 한 사람의 독특한 특징을 나타낸다. 개인의 생활양식은 생각하고 느끼고 행동하는 모든 것의 기초가 되는 것으로, 4~5세경에 형성되어 이후에는 거의 변화가 없다. 인생에서 부딪히게 되는 다양한 문제나 과업의 해결방법은 바로 이 개인의 생활양식에 달려 있다. 아들러는 생활양식이 열등감과 이를 보상하려는 노력에 의해서 형성된다고 하였다. 즉, 모든 개인은 열등감을 경험하고 어떤 방식으로든 열등감을 보상하려는 노력을 하게 되는데, 이 노력이 개인의 생활양식을 형성하고 바꾸어 나가는 것이다(Adler, 1956; 김동배, 권중돈, 2000에서 재인용).

아들러는 말을 더듬던 아이가 위대한 연설가가 된다거나, 신체적으로 약한 아이가 운동선수가 되는 것처럼 사람들이 자신의 약점이나 열등감을 어떻게 극복하는가가 그 사람의 생활양식의 한부분이 된다고 하였다(Pervin et al., 2001: 138).

아들러는 모든 사람이 해결해야 할 중요한 인생과업, 즉 일, 우정, 사랑과 결혼의 문제는 항상 상호관련되어 있으며, 그 해결방법은 각자의 생활양식에 달려있음을 강조하고, 일, 우정, 사랑과 결혼의 네 가지 주요 인생과업에 대한 태도와 행동에 따라 분류하는 생활양식의 유형론(typology of life style)을 제안하였다. 즉, '사회적 관심'과 '활동수준'으로 교합하는 2차원적인 모형이다.

아들러의 생활양식 유형은 네 가지로 구분되는데, 이는 다음과 같은 독특한 성격의 특성을 나타낸다(이인정, 최해경, 2007; 이현림, 2008).

첫째, 지배형(the ruling type)은 독선적, 공격적, 활동적으로 활동수준은 높으나 사회적 관심은 거의 없다. 사회적 관심 이외의 분야에서 외부세계를 지배하려고 하는 경향이 있다. 대체로 이들은 타인의 안녕은 배려하지 않고 행동하는 주장적인 생활양식을 갖고 있다.

둘째, 획득형(the getting type)으로서 활동수준은 중간이고 사회적 관심은 낮다. 타인에게 의존하여 자신의 욕구를 충족하려고 한다. 이들의 주요 관심사는 타인으로부터 많은 것을 얻어 내는 것이며, 자신의 욕구충족을 위해 타인에게 의존한다.

셋째, 사회적 관심도 적고 활동수준도 낮은 회피형(the avoiding type)이다. 성공에 대한 욕구보다 실패에 대한 두려움이 크기 때문에 인생에서 부딪히는 여러 과업에서 도피하려는 행동을 보인다.

마지막으로 사회적 유용형(the socially use type)은 사회적 관심과 활동수준이 모두 높은 유형이다. 이들은 사회문제의 해결을 위해 협력하고 타인의 안녕을 위해 노력한다. 이들은 심리적으로 건강한 사람의 모델이 되는데, 자신과 타인의 욕구를 동시에 충족시키기 위해 협력한다.

(5) 우월에 대한 추구

아들러는 초기에 인간행동을 좌우하는 위대한 역동적인 힘은 공격성, 즉 방해물을 공격하기 위한 강한 동기라고 믿었다. 그러나 그는 곧 공격적인 충동을 포기하고, 권력에 대한 의지(will to power)로 생각이 바뀌었다. 이 개념 속에서 아들러는 남녀가 부족감과 열등감을 대체하려는 노력으로 갖게 되는 과잉보상의 한 형태, 즉 '남성적 항의(masculine protest)' 개념을 설명하였으나 이 개념이 정상인의 동기유발을 만족스럽게 설명하지 못한다고 보고 대신 우월에 대한 추구(striving for superiority)를 제시하였다.

사람들은 어떤 사건에 대하여 스스로 어떻게 할 능력이 없음을 알고 무력함에 압도당할 때가 있다. 이런 감정은 열등감을 만들어 내고, 그러면 이를 극복하려고 우월감을 만들어 내는 것이 자기가치를 지탱해 나가는 방법이다. 이 용어는 철학자 니체(F. Nietzsche)의 관념에 기초한 것이다(엄신자, 2008: 258).

아들러는 우월에 대한 추구가 인간생활의 기초라고 결론내리고 있다. 즉, 모든 사람은 향상의 동기(great upward motive)를 공유하고 있는 바, 이것은 마이너스(−)에서 플러스(+)로, 아래에서 위로, 미완성에서 완성으로 나아가는 동기를 지니고 있다는 것이다.

이러한 우월이나 완성 추구의 동기는 선천적으로 타고난다. 그러나 출생 시 그것은 실재가 아닌 잠재력으로 존재한다. 이 잠재력을 나름대로 현실화하는 것은 각 개인에게 달려있다(Adler, 1964).

(6) 가상적 목표

아들러는 우리의 궁극적 목적은 현실에서 결코 검증되거나 확인될 수 없는 가상적 목표(fictional finalism)라고 하였다. 예를 들면, 어떤 사람은 열심히 일하고 조금만 운이 따르면 못할 일이 없다는 신념으로 살아가는데, 이러한 신념은 실제가 아니라 허구인 것이다. 세상에는 열심히 일하지만 아무것도 성취하지 못하는 사람들이 수없이 많기 때문이다. 인생을 살아가는 데 영향을 주는 가상적인 믿음의 예는 "정직이 최상의 정책이다." "모든 사람은 평등하게 태어났다." 등이다.

아들러는 『마치 ∼인 것처럼 철학(*The Philosophy of "as if"*)』의 저자인 철학자 한스 바이힝거(Hans Vaihinger)에게 영향을 받았는데 바이힝거는 궁극적인 진리는 항상 우리가 미치지 못하는 곳에 있지만, 실용적인 목적으로 우리는 불완전한 진리를 창조할 필요가 있다고 주장했다. 그는 이 불완전한 진리를 가상(fiction)이라 하였다.

아들러는 『신경증의 본질(*The Neurotic Constitution*)』에서 사람은 자신의 최종목표에 맞는 공상을 수용함으로 스스로를 속인다고 했다. 개인의 불완전성과 열등감 때문에 마침내 자신을 우위에 놓게 될 허상을 마련한다는 것이다. 성격과 인간행동은 과거의 경험보다 가상적 목표나 미래의 기대로부터 영향을 받는다고 하였다. 목표는 미래에 있는 것이 아니라 미래에 대한 현재의 지각에 있는 것이며, 이는 객관적인 실체가 아님에도 불구하고 삶의 방향에 많은 영향을 준다.

아들러는 개인의 가상적 목표는 자기 스스로 결정하는 것이므로, 자신의 창조력에 의해 형성되고 각 개인마다 독특한 것이라고 하였다. 그러므로 한 개인의 가상적 목표를 이해하게 되면 그의 다른 행동이 지니는 의미를 알 수 있으며, 생활양식도 이해할 수 있게 된다고 하였다.

최종목표가 허구이긴 하지만, 이것은 사람들이 추구하는 이상이다. 개개인의 목표가 비현실적일수록 더 열등감에 지배되고, 건강한 사람은 현실적인 목표를 세우고 현실에 직면한다(Strean, 1975).

표 5-3 프로이트와 아들러의 이론적 비교

Freud의 정신분석이론	Adler의 개인심리이론
• 인과론 강조	• 사회목적론 강조
• 환원주의	• 총체주의
• 개인의 정신내적 측면을 중시	• 사회적 존재로서의 개인을 중시
• 치료목적: 정신내적 조화	• 치료목적: 자기실현과 사회적 관심 고찰
• 사회와 인간은 갈등적 관계	• 사회와 인간은 조화로운 관계
• 남근기 갈등해결을 중시	• 가족상황을 포함한 사회문화적 힘을 중시
• 대인관계는 정상적 속성을 지님	• 대인관계는 협력적 속성을 지님
• 여성은 남성의 성기를 선망하기 때문에 열등감을 느낌	• 여성에 대해 문화적으로 과소평가함으로 열등감을 느낌
• 정신병리라는 원인을 가짐	• 정신병리는 왜곡된 자각의 산물임

출처: 김동배, 권중돈, 2005: 364.

아들러가 프로이트를 만나 그의 이론에 동조하고 정신분석협회의 회장을 지내기도 하였지만 결국 두 사람의 이론은 공통점보다 차이점이 훨씬 많다. 〈표 5-3〉은 프로이트와 아들러의 이론적 차이를 보여 준다.

3) 사회복지실천에의 적용

아들러는 전인적인 접근을 주창하며, 과거보다는 현재와 미래에 초점을 둔 학자다. 이러한 아들러 이론의 접근방식은 사회복지실천의 원칙에 그대로 적용되는 것이며, 그의 핵심개념들은 사회복지실천에 유용한 관점을 제공하였다.

먼저 출생순위에 대한 분석은 클라이언트의 초기 개인력 및 가족력 사정에 중요한 정보가 된다. 출생순위와 관련하여 형제자매 간 관계에 대한 질문을 통해 형제간 경쟁(sibling rivalry)에 대한 정보와 이로 인해 자신에 대한 우월감과 열등감을 어떻게 처리해 왔는지 알 수 있다.

또한 아들러에 따르면 사회적 관심은 개인의 행동을 동기화하고 타인과 협력하도록 이끄는 것이다. 따라서 정신병리를 갖고 있는 사람을 단지 아픈 상태에 있다고 보기보다는 좌절한 상태로 보고, 그 사람이 사회적인 관심을 갖도록 격려하고 새로운 생활방식을 갖도록 원조하는 것을 치료과업으로 할 수 있다(Mosak, 1979: 김동배, 권중돈, 2000에서 재인용).

아들러는 인간이 열등감을 경험하는 과정에서 이를 보상하고 우월을 추구하지만 인간을 둘러싼 제반환경이 우월에 도달하려는 목표 성취를 방해한다고 보았다. 이는 개인이 환경적 장애물에 어떻게 반응하느냐에 따라 적응의 정도가 결정된다고 보는 것으로(김동배, 권중돈, 2000에서 재인용), 개인의 기능 향상을 위해 다양한 환경체계에 개입하는 사회복지실천에 중요한 시사점을 제시한다.

개인심리이론은 가족상담에도 지식기반을 제공하고 있는데, STEP (Systematic Training for Effective Parenting)과 같은 효과적인 부모 역할을 위한 프로그램 개발에 아들러 이론이 사용되기도 했다. STEP은 훈육과 사랑을 바탕으로 한 양육방식에 초점을 맞추며, 아동의 말을 경청하며 아동의 자존감을 증진시키는 것을 강조하는 부모 역할 훈련 프로그램으로 사회복지실천 현장에서도 널리 활용되고 있다(Engler, 2006: 104).

아들러와 같은 신프로이트 학파는 인간행동에 대해 새로운 사고방식을 제공했다는 점에서 중요한 의의를 갖는다. 하지만 그들의 이론은 여전히 과학적으로 입증할 수 없는 한계를 가지고 있는데, 신프로이트 학파 대부분이 객관적인 조사를 수행하는 과학자이기보다는 정신분석학자이며 주로 철학에 관심을 갖는 학자들이기 때문이다(김규수 외 역, 2002).

요약

- 프로이트의 이론에서 출발하여 자신만의 이론을 발달시킨 아들러는 생물학적 개념보다 사회적 개념을 강조하였고, 인간이 현재를 바탕으로 미래지향적인 삶의 목적을 향해 노력한다고 보았다.
- 아들러는 인간이 현재보다 나은 상태인 완전성을 실현하기 위해 노력하는 존재이므로 누구나 어떤 측면에서는 열등감을 느끼고 있다고 하였다. 인간은 열등감을 극복하기 위해 노력하며, 열등감을 어떻게 극복하느냐가 심리적 건강을 좌우한다고 보았다.
- 아들러는 출생순위가 인간의 성격발달에 많은 영향을 주며, 아동기 때 부모와의 상호작용이 대인관계의 기초가 되어, 성인이 되었을 때도 상호작용 양식이 그대로 지속된다고 하였다.
- 사회적 관심은 인간 각 개인에 대한 공감을 말하며, 개인의 이익보다는 사회 발전을 위해 다른 사람과 협력하는 것을 의미한다. 아들러는 인간을 사회적이고 목적론적인 존재로 보았고, 인간의 사회적 관심을 강조하였다.
- 아들러 이론의 핵심개념은 이후 학자들에게 영향을 미쳤으며, 사회복지실천의 기본원칙과도 부합된다. 그의 이론은 아동지도, 부모교육, 가족상담 등 다양한 분야에서 유용한 지식기반을 제공하고 있다.

생각해 볼 문제

- 본인의 출생순위가 현재 자신의 성격발달 및 행동에 미치는 영향을 생각해 보시오.
- 우리나라는 오랜 유교문화의 영향으로 아들 선호사상이 분명했으나 최근 저출산 풍조로 인해 성별의 구분 없이 외동아이, 혹은 둘만 낳는 가정이 늘어나고 있다. 문화적, 시대적 변화에 따라 아들러의 출생순위 개념이 어떻게 달라질 수 있는지 논의해 보시오.
- 아들러에 의하면 모든 사람은 열등감을 극복하고 우월을 추구하려는 속성이 있다고 하였다. 과거경험을 통해 본인이 가지고 있는(혹은 있었던) 열등감을 떠올려 보고, 이를 극복하기 위해 어떠한 노력을 하였는지 생각해 보시오.
- 신체적 열등감 혹은 정서적 열등감을 느끼는 사람이 이로 인한 보상노력으로 열등감을 극복한 예를 주변에서 찾아서 보상과정의 공통점을 논의해 보시오.
- 최근 사회복지 분야의 강점중심접근, 심리학 분야의 긍정심리학 등은 인간을 긍정적 존재로 바라보고 개입하는 관점이자 접근이다. 이러한 접근방법에 대한 아들러의 영향을 생각해 보시오.

2. 심리사회이론: 에릭슨

1) 인간관과 기본관점

에릭슨은 대표적인 자아심리이론가이지만 프로이트의 제자로서 정신역동이론을 이끌었던 학자이기도 하다. 즉, 에릭슨의 심리사회이론은 성격이 일련의 단계를 거치며 발달한다는 프로이트의 성격발달이론과 기본적으로 동일한 관점을 갖고 있다. 하지만 에릭슨은 영아기와 유아기 중심의 프로이트식 성격발달단계를 청소년기, 성인기, 노년기까지 확장함으로써 전생애 발달을 강조하였다. 그는 인간발달에 대해 전생애 접근을 처음으로 시도한 인물로서,

에릭 에릭슨(Eric Erikson)은 독일 프랑크푸르트에서 출생하였다. 어렸을 때 부모가 이혼하여, 재혼한 어머니와 유대인 소아과 의사인 새아버지와 살았다. 에릭슨은 친아버지와 새아버지 사이에서 정체성을 찾지 못하였는데, 이러한 유년기 경험은 '정체성의 위기'에 관심을 갖게 된 계기가 되었다. 그는 고교를 졸업한 후 유럽 일대를 돌아다니며 그림을 공부했다. 에릭슨의 일생에서 이 시기를 혼돈과 반항의 시기로 보고 있다. 이후 비엔나에서

에릭슨(1902-1994)

정신분석을 공부하고 미국으로 온 후 하버드 대학교, 예일 대학교 등에서 연구원으로 활동하였다. 주요 저서로는 『아동과 사회(Child and Society)』 『간디의 진실(Gandi's Truth)』 『젊은 루터(Young Man Luther)』 『정체성과 인생주기(Identity and the Life cycle)』 등이 있다. 에릭슨은 은퇴할 때까지 매우 활발한 학문 활동을 하였고, 1994년 5월 사망할 당시까지 아동과 노인의 권리를 위한 활동에도 적극 참여하였다.

출처: Allen, 2003.

무의식과 성을 강조하는 프로이트의 정신분석이론을 계승하면서도 인간발달에 영향을 미치는 사회환경의 중요성을 강조하였다. 에릭슨은 인간의 성격이 유아기부터 노년기에 이르기까지 일련의 심리사회적 단계를 통해 발달한다고 보았으므로 그의 성격이론을 심리사회이론이라 부른다.

자아심리학자인 에릭슨은 자아의 발달을 강조하였다. 그는 자아야말로 인간행동의 기초가 된다고 보며, 인간이 스스로 의사결정을 하고 문제를 해결하는 데 합리적이고 의식적인 존재라고 간주하였다. 또한 에릭슨은 자아가 지각, 사고, 주의, 기억 등을 통해 현실을 다루어 나가는 자율적인 체제라고 언급함으로써(노안영, 강영신, 2003: 221), 자아의 역할을 중요시하였다.

이와 같이 사회환경의 중요성과 자아의 기능을 강조한 에릭슨의 이론은 인간에 대해 긍정적 시각을 갖게 하였고, 사회복지의 중요한 지식기반이 되었다. 인간을 환경과 분리하여 보지 않고, 환경적 제약조건을 감소시키고 동시에 개인의 자아를 강화함으로써 클라이언트의 문제해결이 가능하다고 보는 사회복지실천의 핵심관점은 에릭슨의 이론에서 영향 받은 바가 크다(이인정, 최해경, 2007).

2) 주요 개념

(1) 자아와 자아정체성

에릭슨은 자아를 '일생 동안의 심리사회적 발달과정에서 외부환경에 대처하고 적응하면서 형성되는 역동적인 힘'으로 규정하였다(김동배, 권중돈, 2000). 자아는 신체자아, 자아이상, 자아정체성의 세 가지 측면으로 이루어진다. 신체자아는 신체에 대한 의식을 말한다. 사람들은 자신의 몸과 기능에 대해 만족할 수도 있고, 만족하지 않을 수도 있지만 대부분은 자신의 몸을 받아들이고 인정한다. 자아이상(ego ideal)은 스스로 확립해 놓은 이상과 비슷하게 자신에 대하여 갖고 있는 이미지다. 사람들이 자신의 신체적 자아와 정체성에 만족하는가의 여부는 자아이상에 달려 있다. 자아정체성(ego identity)

이란 시간이 경과하더라도 자기 자신을 이제까지의 자신과 같은 존재로 지각하고 수용하는 것이며, 타인과 본질적 특성을 공유하는 것을 의미한다(이인정, 최해경, 2007). 이상의 세 가지 요소는 청소년기에 가장 빠르게 변화하지만 생애주기 중 어떤 때라도 변화할 수 있다(Feist & Feist, 2006).

에릭슨은 자아가 자아정체성을 이루는 데 긍정적인 작용을 한다고 보았다. 성격의 핵심인 자아는 다양한 삶의 위기와 갈등에 적응하고, 사회로부터 개인의 고유성을 지켜 준다. 아동기에는 자아가 약하고 아직 견고하지 않지만 청소년기까지 그 형태를 갖추어 가면서 점차 강해진다. 또한 신생아는 성격발달을 이루어 가는 중요한 능력을 갖고 태어나지만, 자아의 많은 부분이 사회로부터 영향을 받는다. 이는 인간발달에서 사회와 문화의 영향을 강조한 것이다. 즉, 에릭슨에 따르면 인간은 자아발달의 잠재력을 타고나지만, 그 잠재력이 실현되는 것은 문화적 환경의 맥락 내에서다. 예컨대, 아동양육 방식이 상이한 사회에서 그 사회의 문화적 욕구와 가치에 맞는 성격이 형성되는 경향은 바로 성격발달에서 사회와 환경의 영향을 설명하는 것이다(Feist & Feist, 2006).

(2) 심리사회적 발달

'심리사회적 발달(psycho-social development)'이란 인간의 성격발달이 심리적 성장과 사회적 영향을 통해 이루어지는 것을 의미한다. 일련의 단계를 통해 이루어지는 심리사회적 발달은 각 단계의 발달이 잘 이루어지면 성숙과 만족이 발생하는 반면, 발달단계에서 갈등이 발생하면 정체와 부적응이 초래된다. 에릭슨은 각 발달단계에서의 갈등을 '위기'라고 보았다. 만약 각 발달단계의 위기가 성공적으로 해결된다면 개인은 정체성 확립을 위해 다음 단계로 나아가게 된다(Allen, 2003: 153).

에릭슨은 인간의 발달이 점성원리를 따른다고 하였다. 점성원리(epigenetic principle)란 본래 생물학적 원칙에서 유래된 개념으로, 인간발달에는 생물학적 계획이 이미 있어 이로부터 각 부분이 발생하고 전체가 완전히 기능하는 조직체로 발달할 때까지 각 부분이 우세해지는 특정한 시기가 있다는 것이다. 즉, 인간은 점성원리에 따라 모든 부분이 전체로서 하나의 기능을 할 때까지 성장하며, 먼저 발달된 부분을 바탕으로 다음 단계의 발달이 이루어진다(정옥분, 2007).

심리사회적 발달의 핵심개념은 발달단계, 발달과업, 심리사회적 위기로 설명될 수 있다. 발달단계(stage of development)란 어떤 기초가 되는 특성으로 이루어지는 인생의 시기들을 의미한다. 각 단계는 이전 단계와 다음 단계와 구별되는 특성을 갖는다. 또 각각의 새로운 단계는 이전 단계에서 이루어진 획득물을 통합한다. 에릭슨은 연령에 따른 심리사회적 발달단계를 제시하였다. 이때 각 단계에 해당되는 연령범위는 대략적인 것으로, 연대기적이기보다는 심리적인 이벤트를 경험하며 한 단계에서 다른 단계로 나아간다고 본다(Newman & Newman, 1987).

발달과업(developmental tasks)은 환경에 대한 지배력을 증가시키는 일련의 기술과 능력이다. 발달과업은 신체적·지적·사회적·정서적 기술의 획득을 모두 반영하는 것으로 각 발달단계에서는 달성되어야 할 발달과업이 존재한다. 예를 들어, 영아기의 발달과업은 주 양육자와 애착을 형성하는 것인데, 이 과업은 인간발달의 초기단계에 나타나며 이때 수행되어야만 한다. 왜냐하면 성인이 되었을 때 친밀한 관계를 형성하는 인간의 능력은 영아기에 이루어진 주 양육자와의 애착에 기반을 두기 때문이다(Newman & Newman, 1987: 32).

인간은 각 발달단계 동안 심리사회적 위기(psychosocial crisis), 혹은 갈등을 경험한다. 위기와 갈등이라는 용어는 서로 대체되어 사용될 수 있는데, 여기서 위기란 시간적 개념이기보다는 결정적으로 중요하다는 뜻이다. 따라서 심리사회적 위기를 경험하는 것은 발달의 결정적 시기에 있음을 의미하는 것이다. 한편, 갈등이란 개인 간의 대립, 성격 내의 갈등이 아니라 어떤 심리적 특성을 획득하는 것과 획득하지 못하는 것 사이의 몸부림이다. 갈등은 항상 존재하며 일생을 통해 다른 형태로 반복된다. 각 단계의 갈등은 서로 반대되는 두 가지 심리적 특성으로 이루어져 있는데, 사람들은 각 단계에서 두 특성 간의 균형을 발달시키면서 성장한다. 즉, 각 단계에서 좋은 특성만을 획득하는 것이 긍정적인 것을 의미하는 것은 아니다. 예를 들어, 인간이 신뢰감만 발달시켰고 불신은 전혀 가지고 있지 않다면 현실세계에 적응하기 어려울 것이다(김교헌 외 역, 2005: 429).

이상에서 설명된 에릭슨의 심리사회적 발달의 주요 특징을 요약하면 다음과 같다.

- 인간의 발달은 평생을 통해 계속된다.
- 각 단계에는 달성해야 할 발달과업이 있다.
- 각 단계에서 심리사회적 위기에 직면한다.
- 각 단계의 위기는 대립되는 성격특성에 의해 표현된다.
- 이전 단계에 달성되지 못한 과업은 다음 단계에 영향을 미친다.
- 심리사회적 발달은 보편적 현상이며 모든 문화에서 일어나지만, 개인이 각 단계의 문제를 해결하는 방안에는 문화적 차이가 있다.

에릭슨은 인간의 심리사회적 발달을 여덟 단계로 구분하였다. 그는 모든 사람이 여덟 단계를 차례로 통과하며 각 단계는 연령에 따라 순차적으로 진행되지만, 개인마다 다른 시간표를 가진다고 하였다. 각 개인에게 각 단계가 언제 시작하고 끝나는지 말하기 어려우며, 발달단계에 제시되어 있는 연령은 대략의 근사치일 뿐이다. 심리사회적 발달의 여덟 단계를 주요 발달과업과 극복해야 할 위기를 중심으로 설명하면 다음과 같다(정옥분, 2007: 43-48).

1단계 영아기: 신뢰감 대 불신감　　1단계는 출생에서부터 약 1세까지 해당하는 시기로서, 이 시기의 핵심 발달과업은 영아가 세상을 신뢰할 수 있느냐 없느냐 여부에 관한 것이다. 신뢰감은 다른 사람에 대한 믿음뿐만 아니라 자신에 대한 믿음을 포함하는 것으로서, 어머니와 같은 주 양육자의 존재가 신뢰형성의 밑바탕이 된다. 이 시기에 주 양육자가 영아의 신체적・심리적 욕구를 잘 충족시켜 주면 아기는 신뢰감을 형성하게 되고, 만약 영아의 욕구가 제대로 충족되지 못하면 불신감을 갖게 된다. 그러나 에릭슨은 완전한 신뢰감만이 바람직한 것은 아니라고 했는데, 이는 사람이 살다 보면 때로는 불신도 필요하기 때문이다. 지나친 신뢰는 인간을 너무 순진하고 어수룩하게 만들므로 건강한 자아발달과 성장을 위해서는 불신감의 경험도 필요한 것이다. 결론적으로 건강한 발달을 위해서는 신뢰와 불신 모두 필요하지만, 신뢰감이 더 큰 비중을 차지해야 한다.

2단계 초기아동기: 자율성 대 수치심 및 의심　　이 시기는 약 1~3세까지에 해당한다. 이 시기의 핵심 발달과업은 자율적이고 창의적인 사람이 되느냐, 아니면 의존적이고 자기회의로 가득 찬 사람이 되느냐다. 이 시기에 유아는 여전히 타인에게 의존적이지만 자율성도 경험하게 되는데, 자율성을 향한 고집은 완강한 거부나 떼쓰기 등으로 나타날 수 있다. 2단계에서는 아동 스스로 자신의 행동을 통제할 수 있는 정도를 경험해 보아야 한다. 아동에게 새로운 것을 탐색할 기회가 주어지고 독립적으로 행동할 수 있는 안전한 환경과 여건이 조성되면 건전한 자율감이 발달할 것이다. 하지만 과잉보호로 인해 아동 스스로 자신의 한계를 시험해 볼 기회가 주어지지 않는다면, 여러 가지 주위 환경에 효과적으로 대처하는 자신의 능력에 수치심 및 의심을 느끼게 될 것이다.

3단계 유희기: 주도성 대 죄의식　　대략 3~6세까지의 시기로 주도성 대 죄의식의 심리사회적 갈등을 겪게 되는 단계다. 이 시기의 아동은 매우 활동적이며 호기심과 활력이 넘친다. 아동은 다양한 놀이 활동을 통해 주도성을 발달시켜 나가는데, 그 과정에서 목표를 설정하고 목적에 따라 활동하는 경향이 늘어난다. 아동은 왕성한 호기심을 갖고 주변환경이나 사물에 대해 관심을 보이며 탐색하므로, 새롭게 발달하고 있는 주도성을 부모가 억제하고 반대하지 않도록 주의해야 한다. 탐색과 주도성을 시도하는 아동의 활동을 부모가

질책한다면 그 결과는 죄의식으로 나타난다.

4단계 학령기: 근면성 대 열등감　　이 시기는 6~11세까지로 아동이 근면성을 획득하는 결정적 시기다. 근면성은 사회에서 성공적으로 기능하고 경쟁하는 데 필요한 기술을 습득하는 능력이며, 이를 주로 습득하게 되는 곳은 가정과 학교다. 학령기는 학교교육이 시작되는 시기로서 읽기, 쓰기, 셈하기 등 인지적 기술과 사회적 기술을 학교에서 습득하게 된다. 만약 이러한 기술을 개발하지 못하면 아동은 열등감을 느끼게 되는데, 열등감은 아동이 속한 사회에서 자신이 무능력하다고 인식하거나 자신이 중요하지 않음을 지각할 때 발생한다. 또한 아동이 성공의 경험, 인정의 경험을 받을 수 있는 과업 수행에 실패하여 근면성을 발달시키지 못하면 무력감이 나타난다. 그런 아동은 즐거움을 느끼지 못하고 자부심을 발달시키지 못해 열등감을 경험하게 된다.

5단계 청소년기: 자아정체성 대 정체성 혼란　　12~18세에 해당하는 시기로 가장 중요한 발달과업은 자아정체성의 확립이다. 이 시기에는 가장 근본적이고 어려운 문제로 고민하게 되는데, '나는 누구인가? 무엇을 할 것인가? 미래의 나는 어떻게 될 것인가?' 등의 자문(自問)이 자아정체성을 형성하기 위한 과정에서 나타난다. 확고한 자아정체성을 가진 사람은 개별성, 총체성, 계속성을 경험한다. 개별성이란 자신이 특별하고 독특하다는 인식이고, 총체성은 자신의 욕구, 태도, 동기, 행동양식 등이 통합되어 있다는 느낌이며, 계속성은 시간이 지나도 자신이 동일한 사람이라는 인식을 의미한다. 정체성의 형성은 일생을 통해 이룩되어야 할 중요한 이슈지만, 특히 청소년기는 정체성 형성의 결정적인 시기다. 에릭슨은 청소년기에 정체성의 위기를 경험하게 된다고 하였다. 이는 청소년기가 아동기에서 성인기로 옮겨가는 과도기고, 급격한 신체적 변화와 성적 성숙이 이루어지며, 진학이나 이성관계 등에서 수많은 선택과 결정을 해야 하는 시기이기 때문이다.

6단계 초기성인기: 친밀감 대 고립감　　　6단계는 성인기가 시작되는 단계로 청년기에 해당하며, 타인과의 관계에서 친밀감을 이룩하는 일이 중요한 발달 과업이다. 친밀한 관계란 타인을 이해하고 깊이 공감을 나누는 수용에서 비롯되는데, 상호신뢰와 애정을 바탕으로 '우리'라는 상호의존성을 발달시킨다. 이전 단계에서 정체성을 확립하지 못한 사람은 대인관계에서 위축되는 경향이 있으며, 이는 고립감을 가져온다. 에릭슨은 친밀감 대 고립감의 위기가 성인기에 사랑하는 사람과 일생을 함께하기로 약속함으로써 성공적으로 해결될 수 있다고 하였다. 하지만 만약 부부가 이전 단계에서 자신의 정체성을 확립하기 전에 결혼생활을 시작한다면 행복한 결혼을 지속할 가능성이 적어진다.

7단계 중년기: 생산성 대 침체　　　성인기에는 생산성 대 침체라는 위기를 경험하게 된다. 생산성이란 성숙한 성인이 다음 세대를 구축하고 이끌어 가는 데 필요한 능력과 관련이 있다. 반면, 침체란 다음 세대를 위해서 자기가 한 일이 아무것도 없다고 인식하는 것이다. 인생이 지루하고 따분하다고 생각하는 사람, 불평불만을 일삼는 사람, 매사에 비판적인 사람들이 침체의 전형을 보여 주는 인물들이다. 자녀를 낳아 기르는 것은 생산성의 가장 직접적인 표현이지만 다른 방법으로도 가능하다. 예컨대, 다음 세대에 기술을 전수하는 것은 직업적 생산성이라 할 수 있고, 문화의 어떠한 측면을 창조하고 혁신하며 보존하는 것은 문화적 생산성이라 할 수 있다.

8단계 노년기: 자아통합 대 절망　　　마지막 단계인 8단계의 발달과업은 자아통합과 절망감의 위기를 극복하는 것이다. 노년기의 인간은 죽음에 직면하여 자신이 살아온 삶을 되돌아본다. 이때 자신의 삶을 의미 있고 만족스럽게 인식하고 별다른 후회 없이 살아온 인생을 받아들이며, 피할 수 없는 종말로 죽음을 받아들인다면 자아통합을 이루게 되는 것이다. 반면 자신의 삶을 무의미한 것으로 느끼고 후회한다면 절망에 빠지게 된다. 이 시기의 위기를 해결하기 위해서는 자아통합이 절대적으로 필요하지만 절망감도 불가피하다. 에릭슨은 인생에서 마주하는 불행이나 놓쳐 버린 기회에 대해서뿐만 아니라 인간존재의 나약함과 무상함에 대한 비탄도 피할 수 없는 것이라고 했다.

〈표 5-4〉는 에릭슨의 심리사회적 발달단계를 정리한 것이다. 심리사회적 위기와 함께 위기가 해결되었을 때의 상태, 그리고 해결되지 못했을 때의 상태를 각각 설명하고, 각 단계별로 획득될 수 있는 강점을 제시하였다.

표 5-4 에릭슨의 심리사회적 발달단계

단계	심리사회적 위기	위기가 해결되었을 때	위기가 해결되지 못했을 때	강점
영아기(infancy)	신뢰감 vs 불신감	• 욕구 만족에 대한 자신감	• 만족의 불확실성으로 인한 분노	희망
초기아동기 (early childhood)	자율성 vs 수치심 및 의심	• 자기통제에서 비롯되는 독립성	• 통제당함으로부터 비롯되는 소원감	의지
유희기(play age)	주도성 vs 죄의식	• 바람, 욕구, 잠재력을 향한 활동	• 의식이 추구하는 바를 제한함	목적
학령기(school age)	근면성 vs 열등감	• 도구화된 세상에 적응	• 부적절한 기술과 상태	능력
청소년기 (adolescence)	자아정체성 vs 정체성 혼란	• 타인과 비슷하다는 점에 대한 안도감	• 정체성 확립의 실패	성실
초기성인기/청년기 (young adulthood)	친밀감 vs 고립감	• 타인과 정체성을 융해	• 친밀한 관계를 맺기 어려움	사랑
중년기(mature adulthood)	생산성 vs 침체	• 다음 세대를 이끌어 감	• 성숙과정이 지연됨	배려
노년기(old age)	자아통합 vs 절망	• 정서적 통합	• 시간이 없다는 느낌	지혜

출처: Allen, 2003: 163.

3) 에릭슨과 프로이트 이론의 비교

에릭슨의 이론은 프로이트 이론과 여러 측면에서 공통점과 차이점을 갖는다. 〈표 5-5〉는 에릭슨과 프로이트 이론의 발달단계를 비교한 것이다. 표에서 살펴볼 수 있듯이 인간발달에 대한 에릭슨과 프로이트의 관점은 발달이 일련의 단계를 거친다는 점에서 부분적으로 일치한다. 하지만 에릭슨은 문화적 관점에 기반한 자신만의 임상적 관찰을 덧붙여 프로이트 이론과는 차별성을 나타낸다(Newman & Newman, 1987).

두 이론의 대조적인 측면을 중심으로 주요 차이점을 정리하면 다음과 같다.

첫째, 프로이트의 심리성적 발달이론에서는 성격이 인생초기에 형성된다고 보는 반면, 에릭슨은 성격발달에서 심리사회적 측면을 강조하면서 인간발달이 평생 여덟 단계를 통해서 지속된다고 했다. 인간발달의 측면에서 보면, 에릭슨은 성격이 일련의 단계를 거치며 발달한다는 프로이트의 관점을 받아들였다. 하지만 프로이트의 이론이 심리성적 발달에 국한된 반면, 에릭슨의 이론은 전생애에 걸쳐 일어나는 심리사회적 발달이라는 데 주요한 차이가 있다. 또한 프로이트는 인간발달이 초기 몇 년 안에 나타난다고 본 반면, 에릭슨은

표 5-5 프로이트와 에릭슨의 발달단계 비교

프로이트의 심리성적 발달단계	에릭슨의 심리사회적 발달단계	대략적인 시기
구순기	1단계: 신뢰감 대 불신감	출생~1세
항문기	2단계: 자율성 대 수치심 및 의심	1~3세
남근기	3단계: 주도성 대 죄의식	3~6세
잠재기	4단계: 근면성 대 열등감	6~11세
생식기	5단계: 자아정체성 대 정체성 혼란	12~18세
	6단계: 친밀감 대 고립감	초기성인기/청년기
	7단계: 생산성 대 침체	중년기
	8단계: 자아통합 대 절망	노년기

성격이란 태어나고 성숙하며 죽을 때까지 일생 동안 형성되어 가는 것이라고 보았다. 프로이트와 에릭슨의 발달단계는 5단계까지는 그 시기가 거의 일치한다. 심리사회적 발달(에릭슨)의 1단계는 심리성적 발달(프로이트)의 구순기에 해당하며, 2단계는 항문기, 3단계는 남근기, 4단계는 잠재기, 5단계는 생식기에 해당한다. 차이점으로 프로이트는 인간의 발달이 5단계인 생식기에서 멈춘다고 본 반면, 에릭슨은 노년기까지 발달이 계속된다고 보았던 점을 들 수 있다. 또한 4단계인 잠재기의 경우 프로이트는 이 단계를 비활동적인 시기로 본 반면, 에릭슨은 이 단계를 매우 역동적이고 활동적인 시기로 보았다.

둘째, 에릭슨은 원초아보다 자아를 더 강조하였다. 즉, 프로이트 이론에서처럼 자아가 원초아에 보조적인 역할을 하는 것이 아니라 성격의 독립적인 부분이라고 보았다. 또 에릭슨은 자아가 부모 및 사회적·문화적·역사적 환경의 영향을 받으며 평생을 통해 성장하고 발달한다고 믿었다.

셋째, 프로이트가 주로 본능을 강조한 반면 에릭슨은 성격형성에 대한 사회·문화·역사의 영향을 인식하였다. 그는 인간이 생물학적 힘인 본능에 전적으로 좌우되지 않으며, 이러한 힘은 아동기 이전에 중요하기는 하지만 전체적인 성격발달을 본능만으로 설명할 수 없다고 보았다(노안영, 강영신, 2003).

4) 사회복지실천에의 적용

에릭슨의 심리사회이론은 사회복지실천에서 클라이언트 개인뿐만 아니라 클라이언트를 둘러싼 환경의 중요성, 즉 환경 속의 인간(Person In Environment: PIE)에 대한 시각을 제공하였다. 전통적으로 사회복지는 환경 속의 인간을 강조하며, 이를 클라이언트 사정과 개입의 기초로 삼아 왔으므로 에릭슨의 이론은 사회복지실천에 잘 부합되는 이론이다. 또한 인간이 전생애를 통하여 성장하며 변화한다는 그의 이론은 인간발달에 대해 새로운 관점을 제시하였다. 에릭슨 이전에 인간발달은 10대 말까지 완성되는 것으로 알려졌으나 에릭슨의 전생애 발달이론으로 인해, 인간의 발달은 노년기까지 평생 지속됨을 인식하게 되었다. 따라서 에릭슨 이론은 노인에 대한 새로운 시각을 제시하였고 이에 따라 노인복지정책의 수립과 서비스 제공에도 영향을 미쳤다.

사회복지실천 현장의 많은 클라이언트들이 외상적(traumatic)인 삶의 경험과 그로 인한 자존감의 손상으로 고통받고 있기 때문에(Cooper & Lesser, 2008), 자아의 기능에 주목하는 에릭슨의 이론은 사회복지실천에서 매우 유용한 개입이론이 될 수 있다. 즉, 빈곤, 폭력, 학대, 불평등, 건강문제 등에 취약한 영유아기부터 노년기까지 사회복지현장의 다양한 클라이언트에 대한 개입에서 개인의 자아기능을 향상시키는 접근은 필수적이다.

무엇보다 심리사회이론의 유용성은 사회복지실천현장에서 만나는 클라이언트가 영유아부터 노인까지 다양하다는 데 있다. 청소년에 대한 개입을 주로 하는 사회복지사라 할지라도 청소년에 대한 이해뿐만 아니라 중년기에 해당하는 어머니, 아버지, 노부모를 모시는 경우 노년기 등 다양한 발달단계에 있는 가족성원의 심리사회적 발달과 발달과업, 발달특성에 대한 지식과 이해가 요구되므로 에릭슨 이론은 사회복지사에게 유용하다. 만약 사회복지사가 20대라면 자신이 경험한 청소년기에 대해서는 익숙하겠지만 아직 경험해 보지 않은 중년기, 노년기에 대한 이해는 높지 않으므로 인간발달단계에 대한 통찰력을 제공하는 심리사회이론에 대한 이해가 도움이 된다.

심리사회이론은 사회복지를 전공하는 학생의 자신에 대한 이해에도 도움이 될 수 있다. 학생들은 에릭슨의 심리사회적 발달단계를 자신의 인생에 적용하여 자서전 혹은 자기분석보고서를 작성해 보는 것이 유용하다. 엥글러(Engler, 2006)는 지나온 자신의 인생에 대해 써 보는 경험을 통해 자신에 대한 이해, 자기 인식(self-awareness)이 깊어진다고 하였다. 특히 인생에 있어서 가장 행복했던 경험, 가장 좋지 않았던 경험, 헌신·몰입의 경험, 목표를 세우고 달성한 경험, 미래에 대한 상상 등의 다섯 가지 항목을 중심으로 써 보는 것이 좋다고 제안하였다. 할 수 있는 한 자세하게 무슨 일이 언제 어디서 일어났는지, 누가 관련되어 있는지, 당시 감정은 어떠했는지 살펴보는 것이 자신에 대한 이해에 도움이 된다. 이러한 작업은 자신을 객관적으로 이해하게 되어 사회복지사로서 클라이언트에 대한 역전이 등의 정서에 대한 통찰력을 높이고 클라이언트에 대한 객관적이고 정확한 이해를 돕는다.

에릭슨 이론에 대한 비판으로는 첫째, 일부 학자들은 에릭슨의 생활주기, 각 발달단계의 위기, 획득된 산물 등에 관한 설명이 서구의 백인중심, 남성, 가부장적 사회의 정점을 반영한 것으로 다른 문화나 현대사회에 적용하는 데는 한계가 있다고 지적하였다. 예컨대, 길리건(Gilligan, 1977, 1982, 1990)은 여성의 심리적 발달에 대한 연구에서 자율성, 성숙, 권력과 같은 특성은 관계성, 책임감, 돌봄으로 대치되어야 한다고 제안하였다(Engler, 2006: 165에서 재인용). 이러한 논의는 심리사회적 발달이 문화와 사회에 따라, 또 남성과 여성에 따라 다르게 적용되어야 할 필요성을 제시한다. 둘째, 에릭슨의 인간발달이론은 과거의 행동을 잘 설명하고 인간을 이해하는 데 도움이 되지만, 프로이트 이론과 마찬가지로 미래의 행동은 예측하기 어려우며, 실증적으로 검증하기 어렵다는 점 등이 지적되고 있다(신명희 외, 2013).

요약

- 에릭슨은 자아의 발달을 강조한 자아심리학자다. 그는 성격발달이 성적 본능에 기초하기보다 사회, 문화, 역사의 영향을 받는 심리사회적 발달임을 강조하였다.
- 에릭슨은 인간발달이 점성원리를 원칙으로 하며 이루어진다고 하였다. 점성원리란 특정 단계의 발달은 이전 단계에서 성취한 발달과업의 영향을 받는다는 의미다.
- 심리사회적 발달은 여덟 단계로 각 단계에서 신뢰감 대 불신감, 자율성 대 수치심 및 회의감, 주도성 대 죄의식, 근면성 대 열등감, 자아정체성 대 자아정체성 혼란, 친밀감 대 고립감, 생산성 대 침체성, 자아통합 대 절망의 발달과업을 가진다.

- 인간의 각 발달단계는 심리사회적 위기라고 부르는 발달과업의 달성을 통해 균형적인 발달을 이루어 나간다. 각 단계에서 획득될 수 있는 강점은 희망, 의지, 목적, 능력, 성실, 사랑, 배려, 지혜 등이다.
- 에릭슨 이론은 성격발달이 단계적으로 일어난다는 프로이트의 관점을 따르고 있다. 하지만 성적 본능, 리비도를 중요시한 성적 발달에서 나아가 심리사회적 발달을 강조하였고, 전생애 발달, 자아의 강조 등에서 프로이트 이론과 두드러진 차이를 가지고 있다.

생각해 볼 문제

- 직업을 갖는 여성이 점차 늘어남에 따라 일과 양육을 병행하는 여성이 많지만 아직까지 사회적 지원정책과 서비스는 부족한 편이다. 전업주부인 어머니를 둔 자녀와 일하는 어머니를 눈 자녀의 영아기 신뢰감 형성에는 차이가 있는가?
- 본인의 청소년기를 회상해 보고, 청소년기에 경험할 수 있는 비행, 왕따, 외톨이, 연예인에게 몰두, 외모에 대한 지나친 관심 등의 현상을 정체성 혼란과 관련지어 논의해 보시오.
- 요즈음에는 영유아기 시절부터 사교육이 시작될 정도로 한국 사회의 교육열은 대단하다. 이러한 사교육 열풍이 아동의 자율성, 솔선성 및 근면성에 미치는 영향을 생각해 보시오.
- 중년의 위기는 서구문화에서 인생의 주요사건이 발생하는 일반적인 경로에 따라 만들어진 개념이라 할 수 있다. 남성과 여성은 신체적·심리적·환경적 변화를 다르게 지각하면서 중년의 위기도 다르게 경험한다고 하는데, 그 양상에 대해 살펴보시오.
- 인간발달에 대한 프로이트 이론과 에릭슨 이론의 한계를 시대적·문화적·성적 측면에서 토의해 보시오.
- 태아기부터 현재까지 자신의 발달과정을 에릭슨의 심리사회이론에 따라 가능한 한 구체적으로 작성해 보고 새롭게 자신에 대해 이해한 점이 무엇인지 생각해 보시오.

| 제6장 | 인지이론: 피아제, 엘리스 |

인지를 나타내는 라틴어 Cognito는 "나는 생각한다."라는 의미다. 이 뜻에서 알 수 있는 바처럼 인지적 접근은 인간이 환경에서 발생하는 일에 수동적으로 반응하지 않으며, 인간의 행동은 생각에 달려 있다고 본다(정명숙 역, 2007). 인지과학자들은 인간을 컴퓨터에 비교하였는데, 플라벨(Flavell, 1985)은 "인간의 마음은 다양한 종류의 정보를 받아들이고 코드화하며 전달하며 조작하는 복잡한 체계다."라고 설명하였다. 이러한 설명에서 인간의 인지는 관찰할 수 없는 정보의 과정이며, 환경적 자극과 인간의 행동을 중재함을 알 수 있다. 인지의 중요성에 대해서는 다른 성격이론가들도 언급한 바 있으나 그들 이론의 핵심적인 부분은 아니었다. 예컨대, 프로이트는 정신의 지적인 과정보다 정서적 과정을 강조하였고, 행동주의이론가들은 행동을 야기하는 주관적 과정보다 환경자극의 분석과 환경에 대한 개인의 반응에 관심을 가졌다. 이와 달리 인지이론은 인간이 세상에 대해 의미를 부여하고 스스로 구성해 가는 방식을 강조한다는 점에서 다른 이론과 차이가 있다(Engler, 2006: 401에서 재인용).

인지이론은 다른 전통적 성격이론에 비해 현대에 와서도 지속적으로 발달하고 있으며 정교한 체계를 이루었고 괄목할 만한 연구 성과도 제시하고 있다. 이러한 점은 인지이론의 강점이라 할 수 있지만, 주로 언어적인 자기보고에 국한된 이론이라는 한계도 지적되고 있다(Pervin et al., 2005: 500). 하지만 인지이론의 등장으로 정신의학, 심리학, 사회복지학 등에서는 생물학적 결정론과 환경적 결정론에서 벗어나 인간의 감정과 행동에 영향을 미치는 인지의 역할에 관심을 두기 시작하였다(김동배, 권중돈, 2000: 359).

다음에서는 아동의 인지발달을 집대성한 피아제의 이론과, 인간의 인지적 측면이 감정이나 행동에 영향을 미친다고 보며 합리적 정서행동이론을 제시한 엘리스의 이론체계를 살펴본다.

1. 인지발달이론: 피아제

1) 인간관과 기본관점

인지발달학자들은 아동이 백지상태에서 환경을 수동적으로 받아들이는 존재가 아니라 능동적으로 자신의 인지를 구성해 나가는 학습의 주체라고 보았다. 이들은 아동의 지적 활동을 환경과의 능동적인 상호작용과정으로 간주하기 때문에 아동이 지적 발달의 상당부분을 주체적으로 만들어 나간다고 본다.

피아제(J. Piaget)는 아동의 인지발달단계를 처음으로 제시한 학자로서, 인지발달의 연구 토대를 마련하였다. 그는 아동이 출생하는 순간부터 성인의 인지 형태를 획득할 때까지 지적 발달이 계속된다고 보았다. 즉, 인간의 인지발달은 일련의 명확한 시기와 단계를 가진다고 하였는데, 인지발달의 각 단계는 이전 단계보다 나아지고, 어느 단계도 건너뛰지 않으며, 단계의 순서도 변화하지 않는다고 하였다. 피아제는 아동의 인지발달이 유전, 생물학적 성숙, 신체경험, 사회로부터 전이된 지식, 변화하는 환경에 대한 반응으로 동화와 조스위스에서 태어난 장 피아제(Jean Piaget)는 10세 때 과학논문을 출간할 정도로 과학에 뛰어난 재능을 보였다. 스위스 뉴사텔 대학교에서 동물학으로 박사학위를 받고, 1929년 제네바 대학교 아동심리학과 교수가 되었다. 그는 자연과학 분야에서 박사학위를 받았으나 일생 동안 아동심리에 관한 연구를 계속했다. 피아제는 자신의 세 자녀가 성장하는 과정을 지켜보면서 아동의 사고는 성인의 사고와는 매우 다르다는 것을 발견하였다. 또

피아제(1896 ~ 1980)

한 아동의 인지발달은 유기체와 환경과의 상호작용으로 이루어지는 적응과정이며, 여기에는 질적으로 다른 네 개의 단계가 있음을 제시하였다. 피아제는 일생 동안 왕성한 연구 활동을 보였으며, 심리학, 교육학, 언어학, 물리학에 광범위하고 지속적인 영향을 미치고 있다. 인지발달이론에 대한 관심은 점차 높아져, 오늘날 아동의 사고에 대한 연구 중에서 피아제의 이론을 언급하지 않는 연구는 거의 없다고 할 수 있다.

출처: 엄신자, 2007; 정옥분, 2007.

절의 과정 등을 통해 이루어진다고 하였다. 이때 아동은 지식의 구성에 능동적으로 참여한다고 주장함으로써, 지식의 습득과정에서 아동의 수동적 역할을 강조하던 기존의 관점과 달리하였다(Forte, 2007).

인지발달학자들은 인지발달의 모든 메커니즘을 아동 내부에서만 찾지는 않았다. 타인을 포함한 환경 또는 다른 사람과의 활동도 아동의 인지발달에 결정적 영향을 준다고 보았다. 이는 인지발달에서 사회문화적 환경의 중요성을 강조하는 것으로, 로고프(Rogoff, 1990)는 이러한 인지발달의 제 과정을 도제과정으로 보았다. 즉, 아동은 사회제도적으로 마련된 활동에 부모, 기타 관련된 성인, 또는 다른 아이들과 함께 참여하여 지식과 기술을 배운다. 따라서 아동의 발달은 보편적 인간발달을 따르기보다 아동 개인에게 특수한 문화적 경험에 의한 발달이 이루어지는 것으로 이해된다(이민희, 정태연 역, 2005에서

재인용). 종합적으로 인간발달에 대한 피아제의 이론은 인간을 능동적인 학습자라고 가정하며, 인간의 발달은 생물학적 요인에만 좌우되지 않고 가족·학교·지역사회 등 모든 것이 최적의 인간성장과 발달에 기여한다고 본다.

2) 주요 개념

피아제의 이론에서 주요한 개념은 도식(schema), 적응(adaptation), 동화(assimilation), 조절(accommodation), 평형(equilibrium)으로, 각각의 개념을 자세히 살펴보면 다음과 같다(정옥분, 2007: 49-51; 정옥분, 2009).

(1) 도식

도식은 사건이나 자극을 인식하고 그것에 대응하여 사용하는 기본적 틀로서 인지적 구조의 주요 부분이다. 또 인간이 자신의 인지발달 수준에 따라 어떠한 아이디어와 개념을 생각하고 이를 조직화하는 방식을 도식이라고 한다. 도식은 인간이 성장하면서 점차 정교해지고 풍부해진다. 같은 발달단계에 있다 하더라도 개인은 자신의 인지발달 수준에 따라 환경을 다르게 인식하고 환경의 특정 부분을 더 강조하기도 하므로 사람마다 다른 도식을 갖는다(김규수 외 역, 2002).

영아의 경우 기본적인 도식을 갖고 태어나므로 반사와 같은 선천적 행동도 도식에 포함된다. 영아에게 나타나는 빨기나 잡기와 같은 최초의 도식들은 반사적이지만, 점차 이러한 반사적 행동은 환경의 요구에 따라 변화한다. 예를 들어, 빨기는 유아가 자라 숟가락을 사용하게 되면 형태상으로는 변화한다. 여기서 빨기 도식은 구조상으로는 변했지만, 그것을 수행하는 기능 면에서는 변한 것이 아니다. 유아는 많은 도식들을 갖고 태어나며, 적응의 과정을 통해서 새로운 도식을 개발하고 기존의 것들을 변화시켜 나간다.

(2) 적응과 평형

적응은 환경과의 직접적인 상호작용을 통해 기존의 도식을 유지하거나 새로운 도식을 형성하는 과정으로, 동화와 조절이라는 상호보완적인 두 가지 수단을 통해 진행된다.

먼저 동화는 새로운 환경자극에 반응함으로써 기존의 도식을 사용해 새로운 자극을 이해하는 것이다. 유아가 음식이든 아니든 무엇이나 입으로 가져가는 것은 동화의 한 예다. 이를 통해 유아가 환경의 요구에 관계없이 하나의 도식을 사용하고 있음을 알 수 있다. 조절은 기존의 도식으로 새로운 사물을 이해할 수 없을 때, 기존의 도식을 변경하는 것을 말한다. 아동이 조절을 할 때에는 도식의 형태에 질적인 변화가 일어난다. 아동이 사자를 보고 고양이라고 말할 때, 누군가가 "아니야, 그것은 사자란다."라고 말해 줌으로써 잘못을 바로잡을 수 있다. 이때 아동은 '사자'라고 불리는 새로운 도식을 형성하게 된다.

평형은 동화와 조절의 균형을 의미한다. 예를 들어, 5세 된 아이가 하늘에 날아다니는 물체는 새라고 배웠다고 가정하자. 하늘에 날아다니는 물체를 볼 때마다 아이는 그 사물이 자기가 가지고 있는 기존체계, 즉 '새'라는 것에 자신의 생각을 동화시킨다. 그런데 어느 날 아이는 날아가는 비행기를 보게 된다. 이 새로운 사물을 보고 아이는 자신이 갖고 있는 기존 개념인 '새'에 결부시키려고 하지만 모양이나 크기 등이 너무 다르다. 따라서 아이는 기존의 도식을 변경하지 않으면 안 되는데, 이 과정이 조절이다. 아이는 이제 불평형 상태에 놓이게 된다. 즉, 새로운 물체가 새인지 아닌지, 만약 새가 아니라면 무엇인지 알 수 없다. 그래서 어머니에게 물어본 후, 그것은 새가 아니라 비행기임을 알게 된다. 이제 아이는 새와 비행기의 차이를 알게 되는데, 이것이 평형의 상태다.

(3) 인지발달단계

피아제는 인지발달을 네 단계로 구분하였다. 각 단계는 정해진 순서대로 진행되는데, 단계가 높아질수록 보다 복잡해진다. 인지발달을 각 단계별로 설명하면 다음과 같다(정옥분, 2007: 51-52; 엄신자, 2007: 334).

첫 번째 단계는 감각운동기(sensorimotor stage)로서, 신생아의 단순 반사를 관찰할 수 있는 출생 직후부터 시작하여 초기유아적 언어와 상징적 사고가 시작되는 2세경에 끝난다. 이 단계에서 아동의 행동은 자극에 대한 반응으로, 자극은 감각을 반응은 운동을 의미한다. 그래서 이 단계를 감각운동기라고 부른다. 피아제는 감각운동기를 모두 여섯 단계로 세분화하였는데, 각 단계별 특징을 살펴보면 다음과 같다(김정민 역, 2006).

1단계(출생~생후 1개월)　신생아는 유전된 몇 가지 능력을 지니고 태어난다. 예를 들어, 선천적인 빨기 반사는 입술에 무엇인가 닿으면 전혀 학습한 적이 없는 빨기 동작을 통해서 자동적으로 반응하는 것을 통해 알 수 있다. 신생아들은 이러한 빨기 도식을 활용하고 일반화하는 과정에서 다양한 자극과 접촉하게 되며, 이러한 경험을 통해 환경에 적응해 나간다. 하지만 이 시기의 학습은 반사의 영역을 벗어나지 못하는 수준에서 이루어진다.

2단계(1~4개월)　2단계에서 영아는 새로운 습관을 습득해 가는데, 이 습관들은 매우 단순하며 주로 신체에 관련된 것으로 우연한 행동에 의해 형성된다. 이를 '1차적 순환반응'이라 한다. 영아의 우연한 행동이 자신에게 이득이 되거나 흥미를 끈다면, 영아는 그 행동을 반복하려고 하며 시행착오를 거쳐 그 행동을 형성한다. 예를 들어, 엄지손가락을 입으로 가져가 빠는 것은 반복된 학습을 통해 이루어진 행동이다. 이러한 과정을 통해 조직화된 도식이 이루어진다.

3단계(4~10개월)　영아가 기어 다니기 시작하면서 영아의 영역은 확장되며, 사물을 광범위하게 경험할 수 있게 된다. 이 단계의 순환반응은 더 이상 자신의 신체에 국한하지 않고 외부환경의 사물, 사건과 관련이 있으므로 '2차적 순환반응'이라고 부른다. 예를 들어, 요람에 누워 있는 영아가 우연히 팔을 움직여 딸랑이를 쳐서 소리나게 했다면, 영아는 흥미로운 딸랑이 소리를 듣기 위해서는 팔을 움직여야 함을 배우게 된다.

4단계(10~12개월) 이 시기에는 손과 눈의 움직임을 더욱 잘 협응할 수 있게 되며 능숙하게 대상을 탐구할 수 있게 되면서 대상영속성의 개념을 획득하기 시작한다. 즉, 앞의 1, 2단계에 있는 영아는 자신의 외부에 사물이 존재하는 것을 모르기 때문에 사라진 사물이 다시 나타나지 않으면 더 이상 찾으려 하지 않는다. 하지만 4단계의 영아는 완전히 숨겨진 대상을 찾을 수 있게 되는데, 눈앞의 인형을 담요로 가린다 하더라도 담요를 걷어 내고 인형을 찾을 수 있다.

5단계(12~18개월) 이 시기에는 외부세계에 대한 영아의 호기심이 두드러져 새로움에 대해 관심을 보이며, 시행착오의 과정을 거치면서 자신의 행동을 수정한다. 영아는 새로운 상황에 단순히 기존의 도식을 이용하는 것이 아니라 경험을 통해 더 새롭고 적합한 방식을 찾게 된다. 이를 '3차적 순환반응'이라 부른다.

6단계(18~24개월) 이상 다섯 단계의 과정을 거치면서 영아의 발달은 큰 진전을 보인다. 6단계의 영아는 언어를 구사할 수 있게 되면서 상징적 사고가 가능해진다. 이제 물리적 수준이 아닌 정신적 수준에서 사고하며 창의력을 갖고 외부세계를 다루는 새로운 수단을 생각할 수 있다. 예를 들어, 장난감이 영아의 손에 닿지 않은 곳에 있고, 가까운 곳에 막대기가 있다면 영아는 막대기를 이용하여 장난감을 끌어당길 수 있게 된다.

두 번째 단계는 전조작기(preoperational stage)로서, 2세에서 7세까지다. 이 때가 되면 아동의 언어가 급격히 발달하고 상징적으로 사고하는 능력도 증가한다. 그러나 이 단계에서는 논리적인 조작이 가능하지 않기 때문에 전조작기라 부른다. '조작' 이란 과거에 일어났던 사건들을 내면화시켜 서로 관련짓는 것, 즉 논리적인 관계를 이룰 수 있는 것을 뜻한다. 전조작기 사고의 특징은 상징적 사고와 물활론(animism)적 사고를 하는 것이다.

피아제는 전조작기의 가장 중요한 인지적 성취는 상징적 사고라고 하였다. 상징은 어떤 것을 나타내는 징표로서, 언어는 가장 보편적인 상징이다. 예를 들어, '개' 라는 단어는 털과 꼬리가 있고 네 개의 다리를 가졌으며 사람에게 친근한 동물을 상징한다. 상징을 사용하면 문제해결의 속도가 증가하고 시행착오가 줄어든다. 단어나 대상이 어떤 다른 것을 표현하게 하는 상징적 사고 능력은 유아가 '지금-여기' 의 한계에서 벗어나 정신적으로 과거와 미래를 넘나들도록 만든다. 또 상징적 사고는 가상놀이를 가능하게 한다. 가상놀이란 가상적인 사물이나 상황을 실제 사물이나 상황으로 상징화하는 놀이로서 소꿉놀이, 병원놀이, 학교놀이 등이 그 예다.

어린 아동은 모든 물체에 생명과 감정을 부여한다. 이를 물활론적 사고라고 하는데, 물활론이란 생명이 없는 대상에 생명과 감정을 부여하는 것이다. 예를 들어, 태양은 자기가 원해서 밝게 빛나는 것이고, 종이를 가위로 자르면 종이가 아플 것이라고 생각한다. 유아는 산 너머 지는 해를 보고 해가 화가 나서 뒤로 숨는다고 하며, 책꽂이에서 떨어진 책은 다른 책들과 함께 있기 싫어 떨어졌다고 여긴다. 탁자에 부딪혀 넘어진 유아가 탁자를 손바닥으로 때리면서 '때찌' 하는 것은 탁자가 일부러 자기를 넘어뜨렸다고 믿기 때문이다.

세 번째 단계는 구체적 조작기(concrete operational stage)로서 7세에서 12세까지가 여기에 해당된다. 구체적 조작기에 나타나는 사고의 특징은 보존을 획득하고 유목화 및 서열화를 할 수 있다는 점이다.

전조작기 아동이 갖고 있지 않은 보존개념이 구체적 조작기 아동에게는 분명해지며, 이는 아동의 논리적 사고를 가능하게 한다(김정민 역, 2006). 보존은 크게 수의 보존과 양의 보존으로 구분되는데, 먼저 수의 보존이란 두 세트의 수가 같을 때 물리적 배열이 변하더라도 수는 변하지 않음을 의미한다([그림 6-1]).

[그림 6-1] 수의 보존

양의 보존은 [그림 6-2]와 같이, 똑같은 크기의 A와 B 그릇에 들어 있는 액체의 총량은 모양이 다른 그릇인 C 혹은 D에 옮겨 담아도 똑같으며, E에서처럼 작은 그릇에 나누어 부을 때도 액체의 양이 증가되거나 감소되지 않음을 의미한다. 구체적 조작기의 아동은 이와 같이 수와 양의 보존개념을 이해한다. 반면, 6세 이하의 아동들은 실제로 동일한 양일지라도 큰 용기에 들어 있는 액체의 양이 더 많다고 인식한다. 이러한 예를 통해, 나이 어린 아이들은 컵의 크기(액체의 양)를 결정하는 데 눈으로 보는 지각에 의존하며, 보다 나이가 많은 아이들은 더 논리적으로 생각함으로써 동일한 양의 액체가 용기에 따라 어떻게 다르게 보일 수 있는지 생각할 수 있으며 훨씬 더 추상적인 사고수준을 갖고 있음을 알 수 있다(김규수 외 역, 2002).

구체적 조작기에 도달했다고 하여 아동이 모든 영역에서 보존개념을 획득하지는 않는다고 한다. 대체로 수에 대한 보존개념은 유아기인 6~7세에 획득하지만, 면적에 대한 보존개념은 아동기 초기인 8~9세, 무게에 대한 보존개

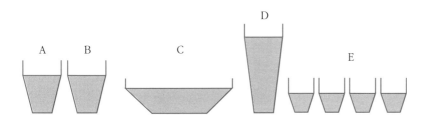

[그림 6-2] 양의 보존

넘은 9~10세, 부피에 대한 보존은 14~15세에 획득된다(신명희 외, 2013).

유목화는 대상을 일정한 특징에 따라 다양한 범주로 나누는 능력이다. 구체적 조작기에 있는 아동은 점차 형태, 색상, 무늬, 크기 등에 따라 대상의 차이점을 구별할 수 있는 능력을 발달시킨다. 하지만 전조작기의 유아는 상위유목, 하위유목, 유목포함(전체와 부분의 관계를 이해하는 능력) 등의 개념을 완전히 이해하지는 못한다.

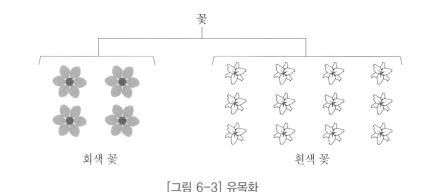

[그림 6-3] 유목화

출처: Berk, 2005.

서열화란 일정한 특성에 따라서 사물을 순서대로 늘어놓는 것이다. 3~4세의 유아는 길이의 순서대로 막대기를 나열하지 못하지만(A), 5~6세가 되면 B의 그림처럼 어느 정도 순서대로 나열할 수 있지만 완전하지는 않다. 반면 구체적 조작기의 아동은 C의 경우처럼 완전한 서열화가 가능하다.

[그림 6-4] 서열화

출처: 정옥분, 2002.

이상과 같이 보존개념을 획득하고, 분류, 서열화가 가능해지는 구체적 조작기의 아동은 전조작기의 자아중심성으로부터 탈중심화되어 자아중심성은 점차 감소하며, 학교 생활에서 자신의 생각과 다른 친구의 생각을 비교할 수 있으며 사고의 폭도 넓어진다(신명희 외, 2013).

마지막 단계는 형식적 조작기(formal operational stage)로서 청소년기가 이 단계에 해당된다. 형식적 조작기의 특징은 새로운 상황에 직면했을 때 현재의 경험뿐만 아니라 과거의 경험을 이용하고 미래를 예측할 수 있다는 점이다. 즉, 구체적 조작기의 아동이 현재의 문제만을 다루는 반면, 형식적 조작기의 청소년은 시간을 초월하여 문제를 다루며, 체계적인 과학적 사고가 가능하다. 이 단계에서는 문제해결을 위해 사전에 계획을 세우고 체계적으로 해결책을 시험하며 추상적인 사고를 할 수 있다. 구체적 조작기의 아동은 눈에 보이는 사실들에 대해서만 사고가 가능하지만, 형식적 조작기의 청소년은 추상적인 개념도 이해할 수 있다. 이 단계의 마지막 특성은 이상적 사고가 가능하다는 것이다. 청소년들은 자신과 다른 사람들에게 이상적으로 바라는 점에 대해 사고하기 시작한다. 그들은 이상적인 부모상에 대해 생각하고 자신의 부모를 비교한다. 또 자신이 생각하는 이상적인 기준에 맞추어 스스로와 다른 사람을 비교하기도 한다.

형식적 조작기에 해당하는 청소년의 인지발달은 좀 더 높은 수준의 사고가 나타나는데, 명제적 사고, 가설 연역적인 논리적 사고, 조합적 추리 능력이 가능하다. 명제적 사고(propositional thinking)는 구체적 예시 없이도 논리의 사용을 통한 추론이 가능함을 의미한다. 예를 들어, '모든 A는 B다(명제), C는 A다(명제), 그러므로 C는 B다(결론)'와 같이 추상적 진술을 통해서도 추론이 가능한 것이다. 가설연역적 사고란 다양한 현상에 대해 여러 가지 가설을 세우고 이를 검증하는 자료를 수집할 수 있음을 의미하며, 조합적 추리 능력은 문제해결에 필요한 변인만을 골라 체계적으로 조합, 구성할 수 있음을 말한다. 형식적 조작기의 사고는 그 과정이 복잡하고 난해하여 모든 청소년이 이에 도달하기 어려우며, 모든 문화에 보편적이지 않다는 비판이 있다. 즉, 생물학적 원

리보다는 특정 상황에 대한 기회, 경험, 연습이 형식적 조작기의 사고 발달에
영향을 미친다고 한다(신명희 외, 2013: 310-312).

　이상의 피아제 인지발달 단계를 정리하면 다음과 같다(〈표 6-1〉).

표 6-1　피아제의 인지발달단계

단계	특성
감각운동기 (출생~2세)	• 아기가 자기 신체의 경계를 이해하기 시작한다. '자기'와 '자기가 아닌 것'이 구분된다는 것을 알게 된다. • 점차 대상영속성의 개념을 학습한다. 즉, 컵이나 장난감 같은 물체가 눈에 보이지 않을 때에도 계속 존재한다는 것을 이해한다.
전조작기 (2~7세)	• 표상의 개념을 이해하게 되고, 사물을 소리로 표상하는 것을 학습하며, 궁극적으로 언어를 발달시킨다. • 사고는 '자아중심적'이며, 타인의 관점을 취하는 능력이 아직 발달되지 않았다.
구체적 조작기 (7~12세)	• 주변의 사물이나 사건들에 대해 논리적으로 생각할 수 있다. • 보존개념이 발달한다. • 물체들을 여러 가지 방식으로, 예컨대 색깔과 크기 등에 따라 분류할 수 있다.
형식적 조작기 (12세 이상)	• '정부'나 '정의'와 같은 추상적인 개념에 대해 생각할 수 있다. • 쟁점과 이데올로기에 대해 알게 되며, 가설에 의한 추상적 사고를 할 수 있다.

출처: 정명숙 역, 2007: 33.

　〈표 6-1〉에서 알 수 있는 것처럼 피아제는 모든 인간은 정해진 일련의 보편
적인 인지발달단계를 갖는다고 하였다. 한 단계에서 다른 단계로의 발달은 정
보의 양적 증가, 지식과 이해의 질적 변화를 동반한다(신명희 외, 2013). 한편 다
음 〈표 6-2〉는 피아제의 인지발달단계를 프로이트와 에릭슨의 발달단계와 비
교하여 제시한 것으로, 피아제와 프로이트의 발달단계가 청소년기에 완성되는

표 6-2 피아제, 프로이트, 에릭슨의 발달단계 비교

발달단계	피아제	프로이트	에릭슨
영아기	감각운동기	구강기	신뢰 대 불신
		항문기	자율성 대 수치 및 의심
유아기	전조작기	남근기	주도성 대 죄의식
아동기	구체적조작기	잠재기	근면성 대 열등감
청소년기	형식적조작기	성기기	정체감 대 역할혼미
성인기			친밀감 대 고립
			생산성 대 침체
노년기			통합성 대 절망

신명희 외, 2013: 45에서 재구성

반면, 에릭슨은 인간발달이 노년기까지 평생 지속된다고 보았음을 알 수 있다.

(4) 콜버그의 도덕성 발달

콜버그(Kohlberg)는 인지발달과 실제생활에서의 행동이 어떤 관련이 있는 지를 보여주었으며, 아동의 도덕성 발달은 인지발달과 병행한다고 보았다. 콜버그는 도덕성 발달에 대한 3수준 6단계 이론을 제시하였다(〈표 6-3〉).

표 6-3 콜버그의 도덕성 발달이론

수준	단계	특징
수준 I 전인습적 수준	단계 1	복종지향
	단계 2	보상지향
수준 II 인습적 수준	단계 3	착한소년/소녀지향
	단계 4	권위지향
수준 III 후인습적 수준	단계 5	사회적계약지향
	단계 6	윤리적원리지향

전인습적 수준에 있는 아동은 권위에 대한 복종, 보상과 처벌에 의해서만 통제되는데, 단계 1에 해당하는 아동은 복종지향적으로 처벌을 피하기 위해 어른들이 옳다고 말하는 대로 행동한다. 단계 2는 보상 지향적 아동으로 미래에 돌아올 호의를 기대하기 때문에 타인에게 잘한다. 인습적 수준에 있는 아동은 도덕적 의사결정을 타인이 기대하는 사회적 규범에 근거하여 내린다. 단계 3은 착한 소년/소녀를 지향하여 타인의 기대에 따라 행동하여 칭찬을 받고자 한다. 단계 4는 권위지향적 단계로 사회의 규칙, 기대, 법이 사회의 질서 유지에 필수적이고 모든 사람에게 이롭다고 여긴다. 후인습적 수준에 있는 경우는 개인적, 도덕적 원리에 의해 도덕적 추론을 하는데, 단계 5는 법이 모든 사람에게 이롭기 때문에 이러한 사회적 계약을 잘 지킨다. 마지막 단계 6은 윤리적 원리 지향 단계로 정의, 평등같은 보편적 도덕원리에 근거하여 도덕 추론을 한다. 도덕성 발달 수준은 나이가 들수록 높아지나 모든 사람이 마지막 단계에 도달하는 것은 아니며 문화에 따라 보편적이지 않을 수도 있으며 도덕적 추론과 실제 행동은 상이할 수 있다는 비판도 있다(오세진 외, 2010: 213-214).

3) 사회복지실천에의 적용

피아제 이론은 아동발달에 대한 전반적 이해의 틀을 제시하였다. 피아제는 일상생활에서 실제로 아동의 행동을 관찰하고 이에 근거하여 이론을 개발하였기 때문에, 아동의 인지발달을 위한 여러 가지 사회복지실천 프로그램의 개발에도 적용이 용이하다. 또한 인지발달을 설명하는 그의 이론은 일반 아동의 인지발달에 대한 이해뿐만 아니라 인지발달이 늦거나 학습장애 등을 가진 아동에 대한 개입에서도 중요하다(김규수 외 역, 2002: 142).

아동의 인지발달단계를 파악하고 이에 따라 개입하는 것은 효과적인 사회복지실천의 토대가 된다. 예를 들어, 아직 자신의 관점 이외에 다른 관점이 있다는 것을 이해하기 어려운 전조작기의 아동은 부모의 이혼이 자신 때문이라고 믿을 수 있다. 이런 아동들에게는 이혼 후 '격주 주말마다 엄마와 함께 지내기'와 같은 방식의 제안은 아무 의미가 없을 것이다. 그런 복잡한 방식으로 시간의 흐름을 예상하는 능력이 없기 때문에 이 시기 아동의 발달수준에 맞는 언어를 사용하여 안심시켜 주는 것이 필요하다(정명숙 역, 2007: 34).

인지발달이론에 따르면, 아동은 인지수준에 따라 가상놀이를 즐겨하는 것으로 알려졌다. 최근 놀이치료는 성학대, 부모의 이혼이나 죽음과 같은 심한 외상(trauma) 경험을 한 아동에게 유용하게 사용되고 있다. 놀이치료는 아동이 치료자에 대한 거부나 저항 없이 놀이에 몰두하고 신나게 놀면서 문제를 표출하게 되므로 놀이치료는 아동의 특성에 맞는 개입방법이 된다(정옥분, 2007: 302). 따라서 아동을 대상으로 하는 사회복지실천 현장에서도 아동의 성장과 발달을 돕는 데 놀이치료의 활용을 기대할 수 있을 것이다.

인지발달이론을 사회복지실천 현장에 적용시킬 때는 몇 가지 고려할 점이 있다(김규수 외 역, 2002). 첫째, 개인의 인지발달에 사회환경이 미치는 영향의 중요성이다. 열악한 환경에서 자란 사람은 그렇지 않은 사람보다 높은 수준의 인지발달을 성취하는 데 필요한 자극과 지원을 충분히 받지 못할 수 있다. 이러한 점은 충분한 자극과 지원이 결핍된 환경에서 양육되는 아동들에게 사회복지사의 사회적 지지와 자원연결이 더욱 중요함을 시사한다. 둘째, 인지발달에서 개인의 차이를 충분히 고려해야 한다. 발달이 빨리 진행되는 경우도 있지만, 같은 연령이라도 어떤 아동은 형식적 조작기 수준의 사고를 하는 데 필요한 능력이 없을 수도 있다. 이러한 사례에서는 사회복지실천의 개별화된 접근이 요구된다.

피아제의 인지이론에 대한 비판으로, 첫째, 실험실에서 과학적으로 이루어진 연구가 아니고 자녀를 관찰한 내용을 토대로 하여 연구방법의 객관성과 신뢰성이 부족하다는 점, 둘째, 유럽지역의 일부 아동을 대상으로 한 연구에 국한된 것으로서 아동의 인지발달에서 문화적·사회경제적·인종적 차이를 충분히 고려하지 않은 점, 셋째, 인지발달에서 가까운 사람 및 사회 환경과의 관계에는 관심을 두지 않았고, 정서장애나 성격장애에 대한 설명이 없다는 점, 넷째, 인지발달이 청소년기에 멈춘다고 주장하여 이후의 발달단계에 있는 성인의 인지발달에 대해서는 언급이 없다는 점 등이 있다(김규수 외 역, 2002).

한편, 피아제의 인지이론이 아동발달을 이해하는 데 유용한 반면, 인지이론에 기반한 벡(Beck)의 인지치료는 다양한 사회복지실천 현장에서 활용된다. 정신보건, 위기개입, 아동복지, 공적 부조, 가족서비스, 물질남용 등에서 인지치료를 활용한 사회복지실천의 유용성이 보고되고 있다(김기태 외, 2006). 특히, 인지이론은 우울증 등으로 고통을 당하는 클라이언트에게 효과적인 개입수단이 된다는 실증적 증거가 제시되고 있다. 실제로 인지이론을 사용한 개입은 구조화된 접근이므로 사회복지사와 클라이언트가 함께 목표를 정하고, 개입의 단계를 밟아 나가는 데 유용하다. 인지치료에 대한 내용은 다음 장에 제시되는 엘리스의 합리적 정서행동이론을 통해 부분적으로 접할 수 있을 것이다.

요약

- 피아제는 아동을 대상으로 직접 관찰한 연구를 통하여 인간발달이론의 정립에 큰 영향을 미쳤다. 특히 아동의 인지발달단계를 처음으로 제시한 학자로서, 인지발달을 연구하는 토대를 제시하였다.
- 피아제 이론의 핵심개념은 도식, 적응, 평형이며, 적응은 다시 동화와 조절로 구분된다. 도식이란 사고와 행동의 조직화된 형태, 즉 인지구조이며 적응은 환경에 맞게 조정하려는 경향성이다. 평형이란 현재의 인지구조와 새로운 정보 간에 균형을 회복하려는 경향성이다. 동화란 새로운 정보를 기존의 도식으로 이해하려는 과정이며 조절이란 새로운 정보를 수용하기 위해 기존의 도식을 수정하는 과정을 의미한다(정옥분, 2009: 42)
- 피아제는 감각운동기, 전조작기, 구체적 조작기, 형식적 조작기 등 네 단계의 인지발달을 제시하였다. 각 단계는 이미 정해진 순서대로 진행되고, 단계가 높아질수록 복잡성이 증가한다.

- 피아제의 인지발달이론에서 확장된 콜버그의 도덕발달 이론은 3수준 6단계로 이루어져 있다.
- 피아제가 제시한 상징적 사고, 물활론의 개념 등은 아동발달의 이해와 개입에 유용한 실천적 지식을 제공한다. 일반아동을 위한 개입은 물론 인지발달이 지체된 아동, 다양한 심리적·가족적 문제를 갖고 있는 아동을 위한 프로그램의 구체적 내용으로 활용될 수 있다.

생각해 볼 문제

- 최근 한국에서는 결혼이민자가족, 외국인노동자가족, 탈북자가족 등 다문화가족이 증가하고 있다. 이와 같이, 사회문화적으로 상이한 환경에서 자라나는 아동의 인지발달이 그렇지 않은 아동의 인지발달과 어떠한 차이가 있는지 주변의 사례를 찾아 논의해 보시오.
- 영어 조기교육 열풍이 여전한 우리 사회에서 영유아의 인지발달과정에서 영어조기교육의 효과 및 폐해에 대해 생각해 보시오.
- 피아제의 인지발달이론은 청소년기까지의 인지발달만 설명하고 있다. 신체적 성숙이 이루어진 이후에도 인지발달이 이루어지는지, 혹은 그렇지 않은지 개인의 경험과 주변의 사례를 통해 논의해 보시오.
- 인지적 접근방법은 사회복지실천현장에서 많이 사용되고 있다. 특히 아동분야에서 사용되는 인지적 접근의 구체적인 프로그램을 찾아보시오.
- 개인이 인지하는 방식에 따라 환경에 대한 이해는 달라진다. 동일한 경험, 사회현상, 신문기사 등을 놓고 팀별로 토의한 후, 개인마다 어떻게 다른 생각을 가질 수 있는지 생각해 보시오.
- 사회복지실천에서 인지적 접근을 적용했을 때의 효과성이 많이 보고되고 있다. 인지적 접근 시 유용성과 제한점에 대해 설명하시오.

2. 합리적 정서행동이론: 엘리스

1) 인간관과 기본관점

스토아 학파의 철학자인 에픽테투스(Epictetus)는 "우리를 당황하게 하는 것은 우리에게 일어난 사건이 아니라 사건을 보는 우리의 관점이다."라고 주장하였다. 이는 인지, 개인의 생각이나 신념체계가 이미 발생한 사건을 어떻게 해석하느냐에 따라 세상이 다르게 보임을 의미한다. 불교에서 일체유심조(一切唯心造), "세상사가 마음먹기에 달려 있다."라고 강조하는 것과 같은 맥락이다(노안영, 강영신, 2003).

실제로 갑작스러운 질병이나 사건, 사고 등이 발생할 경우, 같은 상황에 대해 사람마다 다르게 반응하는 것을 흔히 볼 수 있다. 이와 같이 사건 자체보다는 사건을 어떻게 생각하는가에 대한 신념체계가 인간의 감정이나 행동에 영향을 미친다는 가정하에 엘리스(A. Ellis)는 합리적 정서행동이론(Rational-Emotive Behavior Therapy: REBT)을 발달시켰다.

합리적 정서행동이론에서는 인지, 정서, 행동이 서로 구분되는 것이 아니라 본질적으로 통합되고 전체적인 것으로 본다. 즉, 합리적 정서행동이론의 핵심은 인지, 정서, 행동이 인간을 이루는 핵심영역이지만, 이 세 가지가 서로 상호작용하는 과정에서 인지가 핵심이 되어 정서와 행동에 영향을 주는 인지결정론적 관점을 가진다는 것이다(박경애, 1997). 사람이 무언가를 느낀다고 말할 때에는 생각도 같이 떠오르며 동시에 어떤 행동도 취한다. 심리적 문제를 겪는 사람은 역기능적이고 자기파괴적 방식으로 생각하고 느끼고 행동한다. 반면에 심리적인 문제를 잘 극복한 사람의 경우는 생각과 기분, 행동도 긍정적인 방향으로 변화함을 관찰할 수 있다.

합리적 정서행동이론은 두 가지 기본가정을 갖고 있다. 첫째, 사람들은 합리적 신념과 비합리적 신념을 모두를 가지고 있으며, 비합리적 신념이 깊이 미국의 피츠버그에서 태어난 알버트 엘리스(Albert Ellis)는 아버지가 늘 여행을 다녔고 자녀들을 돌보지 않았기 때문에, 자신을 '반고아(semiorphan)'로 여겼다. 어머니 역시 아이를 기를 준비가 전혀 되지 않은 상태였다고 하여, 엘리스는 부모로부터 방임된 유아기를 보냈다고 한다. 그는 어린 시절 자주 병치레를 했고, 부끄러움이 많은 내성적인 성격을 지녔다. 뉴욕에서 고등학교를 졸업하고 시립대학교에서 영어를 전공하였으

엘리스(1913~2007)

며 컬럼비아 대학교에서 임상심리학을 공부하였다. 1955년 비합리적 신념보다 합리적 신념에 초점을 두는 새로운 이론을 소개하였으나, 정서적인 측면을 간과했다는 비판을 받았다. 엘리스는 합리적 · 정서적 치료로 이름을 바꾸었고, 곧 행동의 중요성을 인식하여 합리적 정서행동이론으로 다시 수정하였다. 그의 이론은 1960년대부터 책과 치료기법의 대중화로 잘 알려졌고, 전 세계에서 적용되고 있다. 그는 난청, 시력장애, 당뇨병 등 신체적 핸디캡을 가지고 있었지만 일생 동안 매우 왕성한 연구와 임상 활동을 전개하였다.

출처: Enlger, 2006.

뿌리내리고 그 수가 많을 때 더 많은 고통을 겪는다. 둘째, 치료 또는 자조(self-help)를 통해 개인이 가진 비합리적 신념을 합리적인 신념으로 대체함으로써 심리적 고통이 유의미하게 감소될 것이다. 이런 가정은 많은 경험적 연구를 통해 검증된 바 있다(Ellis & MacLaren, 2005).

2) 주요 개념

(1) REBT의 주요 원리

합리적 정서행동이론은 인지적 요인의 중요성을 강조한 치료이론이다. 인간을 단순히 외부자극에 반응하는 기계적인 존재로 간주하는 행동이론가들

과 달리 엘리스는 외부자극에 대한 개인의 반응을 매개하는 신념체계, 즉 해석방식을 중요하게 생각하였다. 합리적 정서행동이론은 현재 가장 널리 적용되고 있는 대표적인 인지행동치료 중의 하나로서, 인지요인의 중요성을 강조하고 임상장면에 적용할 수 있는 구체적인 개입방법을 제시하였다(권석만, 2014).

합리적 정서행동이론의 주요 원리는 다음의 4가지로 정리할 수 있다(Ellis, 1962; 1976; 1984; 박경애, 1997에서 재인용). 첫째, 인간정서의 가장 핵심적 요소는 인지다. 어떤 사건이나 다른 사람의 행동과 말이 우리의 기분을 좋게 혹은 나쁘게 만드는 것이 아니다. 실제로는 우리 스스로의 생각이 그렇게 만드는 것이다. 따라서 과거나 현재의 객관적 사건보다 사건에 대한 평가가 인간의 정서반응에 더 직접적이고 강력한 영향을 미친다. 둘째, 역기능적 사고는 정서장애의 주요 결정요인이다. 과장, 과잉일반화, 과잉단순화, 잘못된 추론, 절대적인 신념과 같은 역기능적 사고는 정신병리의 원인이 된다. 셋째, 합리적 정서행동이론은 사고의 분석부터 시작한다. 인간이 지닌 고통이 비합리적 신념, 사고의 산물이라면, 그 고통을 해결하기 위해서는 사고를 분석하고 변화시키는 것이다. 넷째, 합리적 정서행동이론에서는 과거보다 행동에 영향을 미치는 '현재'의 인지에 초점을 맞춘다.

합리적 정서행동이론에서는 인지, 정서, 행동의 상호작용에 의해 역기능이 발생한다고 본다. 이 세 가지 측면 중에서 인지의 중요성을 특히 강조하였는데, 그 이유는 다음과 같다(권석만, 2014).

첫째, 문제를 유발하는 인지, 즉 비합리적 신념은 대체로 쉽게 의식적인 접근이 가능한 영역이다. 둘째, 비합리적 신념은 정서적, 행동적 문제에 영향을 미치는 핵심 역할을 한다. 셋째, 비합리적 신념을 변화시키면 역기능적 감정과 행동을 효과적으로 변화시킬 수 있다. 즉 인지적 변화는 다른 영역으로 쉽게 확산이 가능한 반면, 정서나 행동만의 변화는 제한적 영향을 미친다. 넷째, 신념체계의 변화는 특정 심리적 문제를 완화시킬뿐만 아니라 미래의 고난과 역경에도 건강한 대처를 가져온다. 다섯째, 인지적 변화는 비교적 단기간에

발생하는 반면, 정서나 행동의 변화는 인지보다 더 많은 시간과 노력을 요구
한다.

(2) 비합리적 신념

엘리스의 이론에 따르면 심리적 고통의 원인은 '반드시 어떻게 해야 하고,
어떻게 느껴야 하고, 특정한 유형의 사람이 되어야 하는 등' 우리 스스로가
만드는 비합리적인 신념과 진술에 있다고 본다. 즉, 정서적 문제가 발생하는
것은 생활에서 일어나는 다양한 사건 자체가 아니라 사건에 대한 왜곡된 지각
때문이라는 것이다. 사람들이 일반적으로 갖고 있는 비합리적 신념체계는
〈표 6-4〉와 같다.

표 6-4   비합리적 신념체계

비합리적 신념
- 좋은 일이 생기면, 반드시 나쁜 일도 생길 것이다.
- 내가 하고 싶은 대로 솔직하게 말하면 다른 사람들은 나를 싫어할 것이다.
- 나는 내가 알고 있는 모든 사람으로부터 사랑받고, 인정받고, 이해받을 만한 가치 있
  는 사람이다.

잘못된 추론
- 이번 일에 실패한다면 나는 무능력한 사람이 될 것이다.
- 사람들은 내가 원하는 방식대로 하지 않을 것이다.

역기능적 기대
- 뭔가 안 좋은 방향으로 일이 흘러가고 있다.
- 아마도 끔찍한 일이 발생할 것이다.

자신에 대한 부정적 관점
- 다른 사람은 항상 나보다 잘난 것 같다.
- 나는 한 번도 제대로 한 적이 없다.

부적응적 속성
- 너무 긴장하여 시험을 잘 볼 수 없었다.

- 만약 이기면 운이 좋은 것이고, 지면 내 잘못 때문이다.

기억왜곡
- 내 인생은 끔찍하고 앞으로도 계속 이럴 것이다.
- 나는 결코 성공할 수 없을 것이다.

자기패배적 전략
- 다른 사람이 나를 거부하기 전에 내가 먼저 거부해야지.

출처: Pervin et al., 2005.

엘리스는 자기패배적 행동을 초래하는 비합리적 신념을 찾아내고, 이를 합리적 신념으로 바꾸는 데 유용한 '자조양식(self-help form)'을 제시하였다(〈표 6-5〉). 자조양식을 활용하는 절차는 다음과 같다. 첫째, 클라이언트에게

표 6-5   자조양식

비합리적 신념 찾아내기
- 나는 반드시 완벽해야 한다.
- 나는 다른 사람들에게 반드시 인정받아야 한다.
- 모든 일이 내 방식대로 되지 않으면 매우 끔찍할 것이다.

비합리적 신념에 대해 논박하기
- 나는 왜 반드시 완벽해야 하는가?
- 왜 사람들에게 내가 하는 모든 일을 인정받아야 하는가?
- 모든 일이 내 방식대로 되지 않는 것이 정말 끔찍한 일인가? 단지 좀 혼란스럽고 불편한 것 아닌가?

비합리적 신념을 대체할 효과적인 합리적 신념 찾아보기
- 나는 완벽한 것을 좋아하지만 항상 그래야만 하는 것은 아니다(그럴 수는 없다).
- 모든 사람에게 인정받는 것이 기분 좋은 일이기는 하지만 절대적으로 필요한 것은 아니다. 거절당한다고 해서 이 세상이 끝나는 것은 아니다.
- 모든 일이 내 방식대로 되지 않으면 꽤 불편할 것이고 기분이 좋지는 않겠지만 참을 수 있다.

출처: Engler, 2006: 428.

먼저 부정적 결과나 상황을 일으키는 사건을 떠올려, 이에 대한 자기패배적 느낌이나 행동을 일으키는 비합리적 신념을 찾아보도록 한다. 둘째, 비합리적 신념에 대해 구체적으로 논박한다. 셋째, 이를 합리적 신념으로 대체한 후 자신의 느낌이나 행동이 어떻게 달라졌는지 주목하도록 한다. 마지막으로 합리적 신념을 자주 소리 내어 읽고 실천하도록 한다(Engler, 2006).

(3) ABCDE 모델

합리적 정서행동이론의 핵심은 A-B-C로 불리는 틀이다. A(antecedent)는 사건, 상황, 환경, 또는 개인의 태도이며, C(consequences)는 선행사건에 대한 각 개인의 반응이나 정서적 결과다. 이 반응은 적절할 수도 부적절할 수도 있다. 합리적 정서행동이론에서는 A(선행사건)가 C(결과)를 초래한다고 보는 것이 아니라 각 개인의 A에 대한 믿음, 즉 신념 B(belief)가 C인 정서적 · 행동적 반응을 초래한다고 본다. 예를 들어, 김 씨라는 사람이 이혼(A) 후 심한 우울(C)을 경험한다고 하면, 이혼이라는 사건 자체가 김 씨로 하여금 우울을 경험하게 하는 원인이 아니라 배우자를 잃은 상황에 대한 김 씨의 생각이나 믿음(B)이 우울을 초래한다고 본다. 또 다른 예를 들어 보면, 공무원 시험에서 낙방(A)한 갓 대학을 졸업한 학생이 "나는 무능하다. 이제 내 인생은 끝이다."라고 생각하여 심한 우울(C)을 경험하고 있다. 이 학생은 평소에 "나는 반드시 성공해야 한다." "공무원이 못되면 나는 실패자다."라는 당위적 신념(B)으로 낙방의 심리적 충격을 강화하게 된다.

정서반응이나 장애를 일으키는 비합리적인 신념을 어떻게 바꾸는지 그 방법을 알아가는 것이 합리적 정서행동이론의 핵심이다. 이 과정은 ABC모델에서 확장된 ABCDE모델로 이해할 수 있다. D(dispute)는 논박이다. 엘리스는 비합리적 신념을 계속 논박하여 생각을 바꾸도록 하는 것이 성공적 상담이라고 했다. 일단 논박이 성공하면 클라이언트의 적절한 정서와 적응적 행동을 일으키는 효과인 E(effect)가 나타난다([그림 6-5]).

ABCDE 모델의 적용에서 주의할 점은, 클라이언트를 논박하는 것이 아니

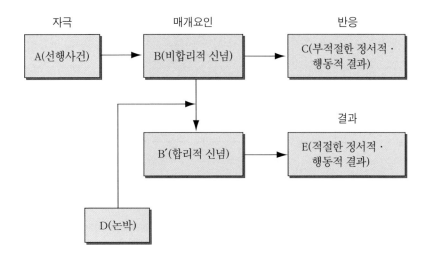

[그림 6-5] ABCDE 모델

라 그의 비합리적 신념을 논박한다는 것이다. 비합리적 신념을 합리적 신념으로 바꾸는 과정에서는 지적, 설득, 논박뿐만 아니라 문제 장면에 대한 역할연습, 자기대화를 과제로 내주는 것 등의 여러 기법이 사용된다(이장호, 1997). 특히 비합리적 신념을 합리적 신념과 구분하도록 하고, 합리적 신념으로 바꾸는 논박에서는 다양한 질문을 던짐으로써 스스로 자기신념의 비합리성을 깨닫도록 하는 소크라테스 문답법을 사용한다. 즉, 클라이언트의 비합리적 신념에 대해 질문하고 이에 대해 클라이언트의 답변에 대해 반복적으로 질문함으로써 결국 클라이언트가 자신의 논리를 비판적으로 검토하도록 하는 것이다 (김혜란 외, 2008).

소크라테스식 문답법은 다음의 다섯 가지 유형의 질문을 던진다(권석만, 2014: 218).

첫째, 논리적 논박으로 "그러한 신념이 타당하다는 논리적 근거는 무엇인가?" "그렇게 생각하는 것은 논리적 비약이 아닌가?"

둘째, 경험적 논박이다. "그렇게 생각할 만한 (현실적인) 근거가 있는가?"

셋째, 실용적/기능적 논박으로 "그러한 신념이 당신의 기분을 좋게 만드는 데 도움이 되는가?" "당신이 추구하는 목적을 달성하는 데 도움이 되는가?"다.

넷째, 철학적 논박으로 "그 신념은 당신의 인생에서 어떤 의미를 갖는가?"를 묻는다.

다섯째, 대안적 논박으로 "이 상황에서 좀 더 타당한 대안적인 생각은 무엇인가?"다.

이 모델은 언뜻 단순하고 직선적인 듯이 보이지만 비합리적 신념을 합리적 신념으로 바꾸는 과정은 상당히 어렵고 복합적인 요소를 갖는다. 변화를 초래하기 위해서는 숙련된 치료자가 신중하게 선택된 치료기법을 적용해야 하며, 클라이언트의 적극적인 노력과 참여가 필요하다. 많은 경우 클라이언트는 자신의 비합리적 신념에 집착하며, 변화에 저항한다. 사람들은 변화라는 새로운 상황의 불편함을 감수하기보다 익숙한 불쾌감의 편안함에 머물려는 경향이 있기 때문이다(Ellis & Dryden, 1997; 권석만, 2014 재인용).

(4) 자기대화

엘리스는 인간이 끊임없이 자기대화(self-talk)와 자기평가를 하면서 살아간다고 보았다. 합리적 신념에 의한 자기대화와 평가는 인생의 목표를 달성하게 하지만 비합리적 신념에 의한 자기대화와 평가는 부적절한 정서를 느끼게 하고 역기능적 행동을 수행하게 한다. 따라서 합리적 정서행동치료자들은 클라이언트에게 그들이 현재와 미래의 문제해결을 위한 자가치료자(self-therapist)가 될 수 있도록 가르친다(김춘경 외 역, 2004).

자기대화는 합리적으로 상황을 대처하는 진술문을 작성하게 하여 상담회기내에서 또는 다음 상담에 오기전까지 스스로 연습하도록 한다. 이러한 자기대화 진술문은 비합리적 신념에 반대되는 내용으로 작성하여 큰 소리로 외치게 하고, 당시에 어떤 느낌이 들었는지 체험하도록 한다. 예를 들어, 시험에 낙방하여 자신이 실패자라고 생각하는 학생에게 "시험에 떨어지더라도 인생에 실패한건 아니야!" 라는 진술문을 반복하여 읽도록 한다(권석만, 2014).

[그림 6-6]은 비합리적 신념에 의한 자기대화와 합리적 신념에 의한 자기대화의 예시다.

사건

○○는 지난 학기 전공시험을 잘 보기 위해서 열심히 공부했으나 C학점을 받았다.

○○의 자기대화

'너무해. 이 시험 때문에 그렇게 열심히 공부했는데, 망했어. 아마 이 과목은 낙제할 거야. 난 다른 학생들보다 머리가 나쁜 게 분명해. 이 과목은 전공필수인데, 난 결국 사회복지사가 못 될 거야. 난 실패자야. 어차피 졸업도 못할 텐데, 돈 낭비하지 말고 당장 학교를 그만두어야겠어.'

○○의 감정

우울, 실패감, 자신에 대한 혐오감

사건

○○는 지난 학기 전공시험을 잘 보기 위해서 열심히 공부했으나 C학점을 받았다.

○○의 자기대화

'야, 어려운 시험을 해냈구나. 과 학생 중 거의 절반이 C학점 이하의 점수를 받았으니 나도 남들만큼은 하는 거야. 이 과목을 낙제하지 않으려면 최소한 C학점은 받아야 돼. 이번에 어떤 실수를 했는지 알았으니 다음 시험에는 더 잘 할 수 있을 거야. 그리고 이 과목을 어떻게 공부해야 할지 교수님과 의논해 봐야지. 낙제할까 봐 걱정했는데, 생각보다 잘했어. 앞으로 더 잘 할 수 있을 거야.'

○○의 감정

C학점에 대해 약간 불안하지만 시험에서 낙제하지 않은 것에 대한 안도감, 다음 시험을 잘 볼 것이라는 낙관, 앞으로 사회복지를 더 열심히 공부할 것이라는 긍정적 전망

[그림 6-6] 자기대화의 예

출처: 김규수 외 역, 2002.

3) 사회복지실천에의 적용

합리적 정서행동이론은 인지이론에 기반한 행동주의적 인지치료로서 사회복지실천 현장의 다양한 클라이언트에게 적용될 수 있다. 경미한 불안, 우울과 같은 비교적 간단한 정서적 문제를 가진 상담에서부터 변화를 완고하게 거부하는 심각한 장애에 대한 상담, 자살경향을 가진 우울한 사람, 만성 약물남

용자, 위축되거나 심각한 행동문제를 나타내는 청소년, 친구를 사귀기 어려운 아동에 대한 상담 등에 실시될 수 있다. 최근에는 가족치료와 통합되어 적용되고 있으며, 심리교육(psychoeducation) 형태의 예방적 개입 도구로도 사용되고 있다(Engler, 2006: 422-430).

사회복지사는 사정과 개입에서 ABCDE 모델을 유용하게 사용할 수 있다. 엘리스는 논박을 통해서 클라이언트의 비합리적 신념을 분석하는 질문을 던진다. 신념에 대한 증거는 무엇인가? 그 신념은 합리적인가? 그러한 신념을 가진 결과는 무엇인가? 이러한 과정은 먼저 클라이언트의 사고를 분석하게 하므로 사회복지실천과정에서 무엇보다 중요한 사정(assessment)이 자연스럽게 이루어지며, 사정된 결과를 통해 목표설정, 개입이 이루어지게 된다.

임상 현장에서 합리적 정서행동이론의 적용이 실패하는 이유는 대개 클라이언트들이 정서적 책임을 수용하지 못하고, 문제의 원인이라고 생각하는 외적 요인을 비난하며, 스스로 변화하기 전에 외적 요인의 변화를 먼저 요구하는 경향 때문이다. 엘리스의 이론에서 사회복지사와 클라이언트의 관계는 기본적으로 공감, 온정, 존중, 진실성, 무조건적인 수용과 같은 로저스의 치료적 핵심조건에 기반을 둔다. 다만 합리적 정서행동이론에서는 지나치게 온정적인 태도를 경계하는데, 어떤 클라이언트에게는 지나친 온정적 태도가 사랑과 승인에 대한 욕구를 강화하는 작용을 하기 때문이다(김춘경 외 역, 2004). 실제로 엘리스는 치료 장면에서 매우 지시적인 태도를 취하며, 클라이언트의 비합리적 신념에 대해 강하게 맞선다. 이는 치료자가 매우 적극적이며 지시적이고 과제지향적으로 개입하게 되면, 클라이언트가 자신의 비합리적 사고와 부적절한 정서, 행동에 직면하게 되어 증상을 야기하는 비합리적 신념을 변화시킬 수 있다고 보기 때문이다(Engler, 2006: 427).

합리적 정서행동이론에 대한 비판점으로 제기되는 것은 인지이론가들이 인간의 기능에서 정신적 능력, 과정에 지나친 강조점을 둔다는 점이다. 인간은 생심리사회적(biopsychosocial) 특성을 지닌 전체로서 통합적으로 이해되어야 한다. 어떤 클라이언트가 가진 문제는 인지적 요소보다는 생화학적, 신경계적 요소에서 기인한 것일 수도 있다. 예컨대, 중독문제를 가진 클라이언트를 돕는 사회복지사는 신체적 갈망, 금단의 고통 등에 대해서도 약물남용을 지속시키게 하는 신념만큼 잘 알고 있어야 하는 것이다. 다음으로는 제기되는 비판점으로는 인지이론가들이 간과하고 있는 사회적 맥락과 다양성의 이슈에 대한 관심의 부재다. 피아제, 엘리스 등 인지과학자의 이론은 인간의 실패와 성취를 설명하는 사회적 변수보다 개인적 수준의 변수를 강조하는 경향이 있다. 인지적 접근을 하는 사회복지사는 개인의 내적 요인과 함께 클라이언트의 가족, 또래집단, 학교, 사회적 맥락에도 항상 관심을 가져야 한다(Forte, 2007).

요약

- 엘리스는 사고가 감정에 미치는 영향을 강조하는 합리적 정서행동이론을 창안하였다. 이는 인지이론에 기반하고 있으며, 적극적·지시적인 치료자의 개입을 통해 클라이언트의 행동 변화를 증진시키는 모델이다.
- 합리적 정서행동이론의 핵심은 사건 자체보다 사건에 대한 개인의 신념체계가 감정이나 행동에 영향을 미친다는 것으로, 논박을 통해 비합리적 신념체계가 변화할 수 있다고 본다.
- 일반적으로 사람들이 가지는 비합리적 신념체계로 잘못된 추론, 역기능적 기대, 자신에 대한 부정적인 관점, 부적응적 속성, 기억왜곡, 자기패배적 전략 등이 있다.
- 합리적 정서행동이론의 개입과정인 ABCDE모델의 A는 선행사건, B는 신념체계, C는 정서적·행동적 결과, D는 치료자에 의한 논박, E는 바뀐 결과를 의미한다.
- 합리적 신념에 의한 자기대화는 인생의 목표를 달성하는 기술이 되므로, 합리적 정서행동이론을 적용하는 치료자들은 클라이언트들이 현재와 미래의 문제해결을 위한 자가치료자가 될 수 있도록 한다.

생각해 볼 문제

- 본인이 주로 사용하는 비합리적 신념에는 어떤 것이 있는지 찾아보고, 이러한 생각이 자신의 감정과 행동에 어떤 영향을 미치는지 생각해 보시오. 또한 비합리적 신념에 대한 대안적 신념을 찾아보고 이를 위해 어떠한 노력이 필요한지도 생각해 보시오.
- 우울증을 앓는 사람들이 전형적으로 갖고 있는 비합리적 신념의 예를 들어 보고, ABCDE 모델의 각 단계에 적용하여 합리적 신념으로 바꾸어 보시오.
- 합리적 정서행동이론은 문제의 원인보다 문제가 어떻게 지속되고 있는가에 더 초점을 둠에 따라 과거의 경험이나 사건은 상대적으로 축소시키는 것처럼 보일 수 있다. 클라이언트 문제에 대한 사정에서 과거경험에 대한 탐색은 어느 정도 필요한가?
- 합리적 정서행동이론에서는 치료자가 매우 지시적이고 적극적인 자세를 가진다. 자기결정권을 강조하는 사회복지실천 현장에서 합리적 정서행동이론을 적용할 때, 이 개입방법의 한계점에 대해 의견을 나누어 보시오.

제7장 행동주의이론: 스키너, 반두라

역사적으로 성격이론은 크게 두 가지 갈래로 발전하였다. 하나는 프로이트
와 그의 제자에 의해 집대성된 이론이며, 다른 하나는 경험주의에 근간을 둔
이론이다. 경험주의이론가들은 학습과정의 과학적 이해에 일차적 관심을 갖
고, 인간행동의 대부분이 후천적으로 획득되는 것으로 가정하였다(Ryckman,
2004). 경험주의에 근간을 둔 행동주의이론에서는 내적인 동기, 욕구, 지각에
초점을 두기보다는 구체적으로 관찰할 수 있는 행동에 초점을 둔다(Kazdin,
1989; 김규수 외 역, 2002에서 재인용).

프로이트 이론과 같은 전통적 성격이론이 개인 내부의 성격구조를 살펴봄
으로써 성격의 일반적 특성을 찾아내는 것에 관심을 둔 반면, 경험주의 이론
에서는 실험과 관찰을 통해 인간행동을 결정짓는 환경적 요인을 찾는 것에 관
심을 가졌다. 따라서 경험주의에 바탕을 둔 행동주의이론에서는 인간의 행동
이 배우고 습득되는 것이며, 행동을 학습하는 과정은 일정한 원리를 따른다고
보았다(김규수 외 역, 2002: 112). 스키너(B. Skinner)를 비롯한 이전의 행동주의
자들은 통찰 지향적(insighted-oriented)인 정신분석학 이론이 비과학적이라고

표 7-1	전통적 성격이론과 행동주의 성격이론 비교
전통적 성격이론의 관점	행동주의 성격이론의 관점
성격구조	학습과정
성격 특성	특정 행동
개인적 차이	일반적 법칙
임상자료, 질문	실험실 자료
내적 요인	환경적 요인

출처: Pervin et al., 2005: 375.

배척하면서, 인간 내부에서 추론적으로 진행되는 사고과정, 태도, 가치 등과 같은 '마음'은 인간행동을 이해하는 근거로서는 부적절하다는 입장을 고수했다(Skinner, 1972). 〈표 7-1〉은 전통적 성격이론과 행동주의 성격이론의 관점을 비교한 것으로 이론 간의 차이점을 살펴볼 수 있다.

행동주의이론은 기존의 자극과 반응유형이 새로운 반응을 만들기 위해 자극과 연합되는 과정을 설명하는 파블로프(I. Pavlov)의 고전적 조건화, 행동을 만들고 수정하기 위해 보상과 처벌을 사용하는 스키너의 조작적 조건화 실험을 모태로 한다. 행동주의이론가로는 파블로프, 스키너 이외에도 울프(Wolpe), 라자루스(Lazarus) 등이 있다(이선혜 외 역, 2005). 다음에서는 과학적 실험을 통해 학습이론의 지평을 확대한 스키너의 이론과 인간의 인지와 행동, 환경 간의 상호결정주의, 관찰학습을 설명한 반두라의 이론을 살펴보았다.

1. 학습이론: 스키너

1) 인간관과 기본관점

프로이트를 비롯한 정신역동이론가들은 인간의 감정과 행동을 설명하는 심리적 구조의 실체를 추론하였다. 이와는 반대로 스키너와 같은 행동주의이론가들은 심리적 측면을 강조하지 않았다. 그들은 관찰할 수 있는 인간의 행동에 절대적 관심을 두었고, 마음, 정신 상태, 내적 경험, 의식과 같은 개념은 사적이고 관찰할 수 없는 것으로 간주하였다. 행동주의이론가들이 인간의 행동을 이와 같이 보는 이유는 다음과 같다.

첫째, 행동주의자들은 행동을 상황적 힘에 대한 적응으로 보았다. 만약 상황적 힘이 변화하면 그에 따라 행동도 달라진다고 하였다. 이와 같이, 행동이 상황에 따라 달라진다면 성격을 설명할 구조적 개념은 필요하지 않다는 것이다. 둘째, 행동주의자들은 관찰할 수 있는 변인에 근거하여 이론을 구축하기를 원했다. 그들은 관찰할 수 있는 변인만이 연구에 의해 증명될 수 있다고 하

브루스 스키너(Bruce Skinner)는 미국 펜실베이니아에서 출생, 따뜻한 가정환경에서 자라났다. 어려서부터 만들기를 좋아하였는데, 이러한 기계적 대상에 대한 선호가 실험장치의 발명과 다양한 활용을 가져온 것으로 보인다. 그 실험장치는 스키너 상자로 불린 것으로 동물행동에 대한 다양한 강화 스케줄의 효과를 연구하기 위해 고안되었다. 스키너는 뉴욕 주의 해밀턴 대학교에서 영어를 전공하였으나 적응하지 못하였고, 졸업 후 작가생활을 하

스키너(1904~1990)

였으나 성공하지 못했다. 이후 하버드 대학교 심리학과에 입학하여 인간행동에 관심을 갖고 공부하기 시작했다. 당시 스키너는 행동이론가인 왓슨(J. Watson)에 열중하면서 관찰되고 증명할 수 있는 행동에 관심을 갖게 되었다. 스키너는 하버드 대학교에서 박사학위를 받았고, 미네소타 대학교에서 교수로 근무하였다. 2년 후에는 행동의 조작적 조건화에 대한 초기 작업이라고 할 수 있는, 『유기체의 행동(The Behavior of Organisms)』을 썼다. 또한 1948년 하버드 대학교로 돌아온 후 수많은 역작을 저술하였다. 1990년 미국심리협회로부터 공로상을 수상했으며, 같은 해 백혈병 합병증으로 사망하였다.

출처: Ryckman, 2004.

였다. 따라서 스키너는 눈에 보이지 않은 성격의 구조를 추론하는 것은 과학적이지 않다고 생각하였다(Pervin et al., 2005: 365).

스키너는 인간에 대해 기계론적 입장을 취하여, 인간의 행동도 자연적으로 발생하는 여러 현상처럼 일정한 법칙을 가지고 있다고 보았다. 스키너는 행동을 유발하는 원인이 내부에 있는 것이 아니라 외부에 있다고 판단하였으므로 관찰할 수 없는 무의식, 자유의지, 인지 등을 강조하는 정신분석, 인본주의, 인지심리학에 반대하였다. 그는 인간의 행동이 행동의 결과에 의해서 조성·유지된다고 보고 환경의 역할을 강조하였다. 대부분의 인간행동은 학습되고, 학습을 통해 수정될 수 있다고 보았기 때문에 스키너 이론을 학습이론이라고 부른다.

스키너는 행동의 보편적 법칙을 발견하기 위해서는 통제하기 쉽고 행동의 기제가 단순한 동물을 연구하여 인간행동을 설명하는 것이 유용하다고 하였다. 이와 같은 스키너의 주장은 이후 많은 이론가들의 논란을 불러일으켜, 단순히 실험실에서 동물을 연구하기보다 인간을 대상으로 연구하여 행동의 원리를 밝혀야 한다는 비판이 제기되었다. 그럼에도 불구하고 스키너의 학습이론은 특정한 행동이 어떻게 형성되었는지를 구체적으로 보여 줌으로써 문제행동을 변화시키기 위한 상담 관련 분야의 이론적 체계 구축에 공헌하였다(노안영, 강영신, 2003).

2) 주요 개념

(1) 고전적 조건화와 조작적 조건화

조작이란 임의의 행동에 변별자극을 가하는 것으로, 그렇게 해서 행동을 습관화시키는 것을 조작적 조건화(operant conditioning)라고 한다(한국행동요법학회, 2003). 이는 고전적 조건화와 대비되는 개념으로서, 조작적 조건화를 이해하기 위해 먼저 고전적 조건화의 개념을 이해하여야 한다. 고전적 조건화(classical conditioning)란 인간이 환경적 자극에 수동적으로 반응하여 형성되는 행동을 의미하며, 파블로프의 고전적 조건반사 연구에서 비롯되었다. 생리학자인 파블로프는 소화생리 연구를 통해 반응행동이 조건화되는 것을 발견하였다. 즉, 개에게 타액분비를 이끌어 내는 자극을 반복함으로써 이전에 중립적이던 자극이 반사적 반응을 유도한다는 사실을 알았다.[1) 고전적 조건화는 타액분비, 눈꺼풀반사, 슬개건(knee jerk)반사 등 인간과 동물의 단순한 반응을 이해하도록 할 뿐 아니라 공포와 불안같은 정서반응에도 적용이 가능하다. 공포증(phobia)은 객관적으로 위험하지 않는 대상이나 상황에 대해서 강한 공포를 느끼는 것을 말하는데, 많은 공포는 고전적 조건화의 결과를 통해 형성된다. 예를 들어, 덩치가 크고 사납게 생긴 개를 보고 놀란 경험이 있는 아동은 아주 강력하고 일반화된 개 공포증을 학습할 것이고, 어떤 개에도 접근하기를 두려워할 것이다. 반면 불쾌한 정서뿐만 아니라 유쾌한 정서반응도 고전적 조건화를 통해 형성된다. 예컨대, 상품을 매력적인 인물(연예인, 운동선수)이나 아름다운 경치, 음악과 연합시키는 광고전략은 긍정적 정서를 불러일으키는 무조건적 자극과 함께 상품을 제시하는 것이다(현성용 외, 2009: 146-147).

타액 분비, 부끄러울 때 얼굴이 붉어지는 것과 같은 고전적으로 조건화된 반응은 불수의적인 것으로 인간 스스로 조절할 수 없다. 하지만 대부분의 인간행동은 수의적인 것으로 대체로 좋은 결과를 가져다주는 것을 추구하고, 나쁜 결과를 가져다주는 것은 피한다. 결과를 바탕으로 행동을 변화시키는 능력은 조작적 조건화로 설명할 수 있다(현성용 외, 2009). 즉, 조작적 조건화는 유기체가 원하는 결과를 얻기 위해 실행하는 자발적 반응을 의미하며, 인간은 수동적 존재가 아니라 능동적 존재로서, 스스로 행동의 결과를 만들어 나간다(Pavlov, 1927; 이인정, 최혜경, 2007에서 재인용).

조작적 조건화에서 행동형성은 '강화'에 의해 이루어지는데, 강화란 행동

---

1) 파블로프는 배고픈 개에게 음식을 종소리와 함께 여러 번 제시하자 개는 음식 없이 종소리만 들어도 타액을 분비한다는 사실을 발견하였다. 이 실험에서 중성자극인 종소리는 무조건적 자극인 음식과 연합하여 특정한 반사적 반응을 일으키는 행동을 학습시키는데, 이를 고전적 조건화라고 한다(엄신자, 2007: 368).

의 결과에 따라 행동이 변한다는 학습의 한 유형이다. 선행사건(Antecedents)
이 있는 상황에서 행동(Behavior)이 발생하고, 행동은 결과(Consequences)에
영향을 미친다. 이러한 선행사건–행동–결과를 강화의 조건부라고 한다(김혜
란 외, 2008).

이와 같이 조작적 조건화의 원리에 따라 새로운 행동을 만들고 유지하며 바
람직한 행동을 강화할 수 있으며, 바람직하지 않은 행동은 약화시키거나 제거
할 수 있다. 스키너는 대부분의 인간의 행동은 행동이 야기하는 결과에 의해
서 통제되는 조작적 행동으로 보았다. 일반적으로 긍정적 결과는 그 행동이
다시 발생할 가능성을 높이고, 부정적인 결과는 반대 상황을 초래한다(정옥분,
2007). 스키너는 고전적 조건화에서 필요한 선재적 자극 없이도 임의의 반응
이 일어날 수 있으며, 그 반응을 후속적으로 강화함으로써 반응을 습관화시키
거나 반대로 처벌을 가함으로써 억제시키는 데 관심을 두었다. 즉, 조작적 조
건화는 긍정적 반응이나 보상을 제공함으로써 바람직한 행동을 유도하는 정
적 강화(positive reinforcement)기제를 활용하는 것이다. 심부름을 했더니 칭찬
을 받았고 그래서 심부름을 더 자주 하게 되었다든지, 열심히 공부하니 사회
적·경제적 보상이 뒤따르게 되는 것이 그 예다. 아동의 경우 학교나 가정에
서 조작적 학습경험(예: 칭찬, 부드러운 보살핌, 보호자로부터 다른 강화물을 받음)
을 통해 장난감을 서로 나누고 함께 놀이를 하며 새로운 단어를 사용하게 되
며 교실에서 조용히 앉아 있는 것을 배운다(정옥분, 2007).

(2) 강화와 벌, 소거

강화(reinforcement)란 행동의 빈도를 증가시키는 것을 의미하며, 강화물
(reinforcer)이란 행동의 빈도를 증가시키게 하는 후속자극으로 강화제 또는 보
상이라고도 한다. 예를 들어, 철수가 우연히 동생을 업어 주는 것을 보고 어머

니가 철수에게 아이스크림을 사 주었고, 그 후 철수가 동생을 업어 주는 행동을 전보다 자주 하였다면 어머니가 철수에게 아이스크림을 사 준 것은 강화이고, 아이스크림은 강화물이 된다.

강화에는 정적 강화(positive reinforcement)와 부적 강화(negative reinforcement)가 있는데, 이 둘은 모두 행동의 빈도를 증가시키는 기능을 한다[2]. 정적 강화는 어떤 행동에 대하여 행동의 빈도나 강도를 증가시키는 자극을 제공하는 것으로 행동수정의 가장 기본적인 방법이다. 숙제를 잘해 온 학생에게 교사가 칭찬해 주면 그 학생은 다음번에도 잘해 올 것이다. 반면 부적 강화는 어떤 행동에 대해 주어진 자극을 제거함으로써 그 행동의 빈도를 증가시키는 것을 말한다. 예를 들어, 자동차 안전벨트 신호음은 안전벨트를 매자마자 그친다. 벨트를 매는 행동이 시끄러운 신호음(자극)을 사라지게 만들었기 때문에, 앞으로도 이런 행동을 반복하기 쉽다. 이 경우 신호음은 안전벨트를 매는 빈도를 증가시키기 때문에 부적 강화물이다. 정적 강화와 부적 강화는 표적행동의 빈도를 증가시킨다는 점에서는 같다. 하지만 정적 강화가 어떤 행동이 발생하는 상황에서 특정 보상을 주는 것이라면 부적 강화는 싫어하는 혐오자극을 제거해 준다는 측면에서 차이가 있다.

벌(punishment)은 혐오적인 사건을 표현하거나 긍정적 강화물을 제거하는 것으로 특정 행동의 빈도를 감소시키는 결과를 초래한다. 벌은 특정 행동의 빈도를 감소시킨다는 점에서 행동의 빈도를 증가시키는 목적의 부적 강화와는 정반대의 개념이다. 벌은 두 가지 방식으로 제공된다. 첫째, 특정 행동 뒤 즉각적으로 부정적이거나 혐오적 사건을 표현하는 것이다. 엉덩이를 때리는 것, 야단을 치는 것, 공개적으로 창피를 주는 것 등이 있다. 벌은 반드시 신체적 체벌의 형태로만 제공되지는 않는다. 둘째, 긍정적 강화물을 철회하는 것

---

2) 정적강화, 부적강화 이외에 우연적 강화가 있다. 우연적 강화란 미신적 행동을 일으키게 하는 강화로서 야구선수가 면도하지 않은 날 대승을 했다면 다음부터 시합이 있는 날은 면도를 하지 않는 경우다. 이러한 미신적 행동은 잘 소거되지 않는 특징을 갖는다(오세진 외, 2010: 137).

이다. 좋아하는 음식을 주지 않는 것, 함께 가족 나들이나 영화를 보러 가지 않는 것, 게임이나 인터넷을 할 수 있는 시간을 줄이는 것 등이다(김규수 외 역, 2002; 한국행동요법학회, 2003).

소거(extinction)는 어떤 반응에 대한 강화를 중지하는 것으로서, 소거를 통해 특정 행동의 발생빈도를 줄이거나 없애기도 한다. 소거와 벌은 다른 개념으로, 소거는 일상생활에서 관심을 받아 강화되어 온 특정 행동을 무시하는 형태로 나타난다. 떼를 쓰는 아이에게 부모가 아이스크림을 주어 달래곤 했다고 가정하자. 이때 떼를 쓰는 아이에게 긍정적 강화물인 아이스크림을 주지 않고 무시하면 처음 몇 번은 더 오랫동안 떼를 쓰겠지만 곧이어 떼를 쓰는 행동은 빈도가 줄거나 사라지게 된다. 이와 같이 무시하는 것은 소거의 효과적인 수단이다. 강화물을 철회할 때 행동의 빈도가 잠시 증가하는 경우(예: 아이의 떼가 더 심해지는 경우), 부모는 더 심각한 고민에 빠질 수 있다. 그러나 결국 아이는 떼를 쓰는 행동이 더 이상 관심을 받을 수 없음을 알고 부정적인 행동은 소거된다(김규수 외 역, 2002).

이상에서 설명된 조작적 조건화의 구체적인 원리들을 〈표 7-2〉와 같이 정리할 수 있다.

표 7-2 조작적 조건화의 원리

	긍정적 자극	부정적 자극
제시	정적 강화(칭찬, 상, 안아 주기 등)	정적 처벌(야단치기, 체벌 등)
철회	부적 처벌(기쁨이나 만족을 주는 것을 제거시킴)	부적 강화(고통스러운 결과를 줄 수 있는 것을 없애 줌)

출처: Ryckman, 2004: 51.

(3) 강화계획

강화계획은 강화물을 제시하는 조건을 의미하며, 크게 연속강화계획 (continuous reinforcement schedule)과 간헐강화계획(intermittent reinforcement schedule)으로 구분한다. 연속강화는 개인이 특정 행동을 할 때마다 지속적으로 강화하는 것으로 행동을 증진시키거나 새로운 행동의 학습에 효과적이다. 간헐강화는 어떤 때에는 강화하지만 어떤 때에는 강화하지 않는 것이다. 수학 문제를 하나씩 풀 때마다 칭찬을 받은 학생은 칭찬이 끊기자 얼마 안 가서 의기소침해진다. 그러나 가끔 칭찬받은 학생은 칭찬이 끊겨도 공부에 열중하는 경향이 오래 계속된다. 일반적으로 행동수정의 초기단계에서는 연속강화가 효과적이나 목표점에 어느 정도 도달한 후에는 간헐강화로의 전환이 효과적이다(한국행동요법학회, 2003).

간헐강화계획에는 시간간격에 따라 강화가 달라지는 고정간격계획, 변동간격계획이 있고, 빈도에 따라 강화시키는 고정비율계획, 변동비율계획이 있다(현성용 외, 2009: 156-158).

고정간격계획(fixed-interval schedule)　　이는 반응 수에 관계없이 일정 기간이 경과한 후 처음 나타나는 반응을 강화시키는 절차이다. 이 계획하에서는 강화물을 받은 후에 휴식을 취하고 정해진 시간 간격이 끝날 무렵에 다시 반응하는 특성이 나타난다. 한 번의 강화물을 받은 직후에는 거의 반응이 나타나지 않다가 정해진 간격이 종료되면 반응율이 증가하는 특성이 나타난다. 예를 들어, 주급이나 월급을 받는 근로자는 급여일에 통장을 확인하는 행동 (반응율)이 증가할 것이고 급여를 확인한 후에는 통장확인 행동이 거의 나타나지 않을 것이다.

변동간격계획(variable-interval schedule)　　가변간격계획이라고도 한다. 이는 한번의 강화와 그 다음 강화간의 시간간격이 불규칙하여 얼마나 시간이 지난 후에 강화가 이루어질지 예측할수 없다. 회사의 사장이 순회하는 순간에 일하고 있는 사원에게 보너스를 준다고 했을 때 사장이 언제 방문할지 예측할 수 없다면 장시간에 걸쳐 꾸준히 일을 할 것이지만 그렇다고 열심히 일을 하리라고 볼 수는 없다. 따라서, 변동간격계획은 안정적인 반응을 유도하지만 반응의 속도는 느리게 나타난다.

고정비율계획(fixed-ratio schedule)   고정비율계획이란 일정한 수의 반응이 나타난 후에 강화시키는 절차로서, 빠르고 안정적으로 반응이 나타난다. 특정한 반응비율에 따라 강화물이 주어지는 것으로 예를 들어, 근로자가 만든 생산품의 개수에 따라 보수가 지불되거나, 판매상품의 개수에 따라 보수가 높아지는 즉, 일한 실적에 따라 임금을 받는 영업사원의 경우가 해당된다. 강화물을 얻기 위해 많은 수의 반응을 해야 하는 경우 강화물을 받은 직후 휴식기간이 관찰되는데, 이는 반응수가 많을수록 길어진다. 10문항의 수학문제를 풀고 국어공부를 해야 하는 경우 10분의 휴식이 필요하지만 100문항의 수학문제를 풀고 난 후라면 휴식시간은 더 필요할 것이다.

변동비율계획(interval-ratio schedule)   고정비율계획처럼 반응이 나타날 때마다 강화하지만, 반응의 빈도를 고정하지 않고 빈도를 다양하게 정하여 강화를 한다. 즉, 강화물은 1회 반응 후에 받을 수도 있고, 10회 반응 후에 받을 수도 있으므로 강화물을 제공받는 비율은 반응 수의 합을 강화의 수로 나눈 평균값이 된다. 변동비율계획에서는 반응율이 안정적이고 휴식기간이 없어진다. 도박 시스템은 변동비율계획에 의해 보상이 주어지므로, 도박꾼이 언젠가는 대박이 터지겠지 하면서 그만두지 못하고(반응을 계속하며) 도박을 하는 경우다.

(4) 행동조성과 토큰경제

행동조성과 토큰경제는 새로운 행동을 학습하거나 기존의 행동을 바꾸는데 사용된다.

행동조성(shaping)이란 목표행동에 도달하기까지의 행동을 단계적으로 세분화하여 강화를 사용함으로써 행동을 점진적으로 만들어 가는 것이다. 모든 행동은 그 행동이 수행되는 과정을 살펴보면, 여러 단계로 구성되어 있으므로 복잡한 행동이나 기술은 행동조성을 통해 학습될 수 있다. 즉, 목표한 행동에 가까이 가는 반응을 강화함으로써 단계적으로 새로운 행동을 가르칠 수 있다. 예를 들어, 물을 무서워하는 아이에게 수영을 가르치는 것은 어려운 일이다. 아예 수영장 입구에서 들어가기를 거부하는 아이에게 수영이라는 행동을 증가시키기 위해 수영을 좀 더 세분화된 부분, 즉 수영장 입구에서 놀기, 얕은 물에서 물장구만 치기, 허리 정도의 물에서 공놀이하기, 키판을 들고 발장구 연습하기, 머리를 잠깐 물에 넣어 보기 등으로 나누어 본다. 이 과정에서 칭찬, 관심, 장난감, 아이스크림 등의 보상이 제공되어 수영이라는 행동이 새롭게 조성된다(김규수 외 역, 2002). 사회복지실천 현장에서 행동조성은 장애아동의 옷 입기, 식사하기 등의 기본적인 생활습관 형성, 언어지도나 대인관계에 필요한 행동학습에 많이 활용되고 있다.

행동조성은 조작적 조건화의 원리를 이용하여 부적절한 행동을 없애고 바람직한 행동을 형성하는 데 사용되는 기법이기도 하다. 예를 들어, 산만한 수업태도를 지닌 학생을 집중하도록 행동조성기법을 적용할 수 있다. 학생이 산만한 행동을 할 때는 교사가 관심을 주지 않다가 학생이 교사의 설명에 주의를 기울일 때는 칭찬을 하고 상을 주는 방식으로 강화해 준다. 행동조성은 이와같이 나쁜 습관이나 문제행동을 교정하고 바람직한 행동을 습득시키는 데 효과적이다(권석만, 2014).

토큰경제(token economy)는 조작적 조건화의 원리를 행동조절에 적용한 행동수정의 한 기법이다. 토큰경제에서는 보상으로 바람직한 행동을 할 때마다 토큰이 주어진다. 표적행동을 선정하고 바람직한 반응을 이행하면 그에 따라 강화가 제공되는 것이다. 토큰은 사탕이나 담배와 같은 물건으로 교환될 수도 있다. 병원에 입원한 정신과 환자는 식사 서빙을 돕거나 방 정리, 청소를 하는 행동이 강화될 수 있다. 토큰경제의 효과성을 보고한 실증적 연구

결과들은 많이 제시되고 있다. 심하게 혼란스러운 환자나 지적장애인의 사회적 상호작용 촉진과 자기관리와 같은 행동증진에 효과적이었으며, 아동의 공격적 행동 저하, 부부간 불일치의 감소에도 사용될 수 있음이 보고되었다(Kazdin, 1977).

이 기법을 적용할때는 우선 강화하고자 하는 표적행동을 구체적으로 정의한 후에 보상이 주어지는 분명한 행동규칙을 정해서 이해하고 실행해야 한다. 보상은 공정하고 일관성 있는 방식으로 제공되어야 하며, 강화물 역시 분명하고 의미있는 것이어야 한다. 예를 들어, 정신요양시설에서 세수 등의 위생관리를 하지 않는 만성 정신장애인에게 세수를 할 때마다 토큰을 지급하고 토큰이 10개가 모이면 강화물(예: 담배, 외출 등)을 준다. 이때 표적행동, 강화물, 난이도 등은 세밀하게 계획되어야 효과가 있다(권석만, 2014).

3) 사회복지실천에의 적용

행동주의이론은 행동에 영향을 미치는 상황적, 환경적 요인의 역할을 인식한 이론으로 환경의 중요성에 주목하는 사회복지실천에서도 보편적으로 적용되고 있다. 이 이론을 통해 사회복지는 원조의 초점을 정신내적 갈등에서 외현적 행동으로 이동하게 되었고, 행동주의이론은 인간의 발달에 환경이 얼마나 중요한지에 대한 지식기반을 사회복지학에 제공하였다(이인정, 최해경, 2007). 특히 스키너의 학습이론에서는 실험과 관찰을 통해 체계적인 연구가 가능하기 때문에 사회복지실천의 효과성을 가시적으로 측정하고 제시하는데 유용한 이론이라 하겠다.

행동주의이론가들은 각각의 클라이언트들이 유사하다고 본다. 또한 인간은 기본적으로 유사한 학습과정—고전적 조건화와 조작적 조건화—을 통해서 환경에 적응해 간다고 본다. 따라서 행동주의이론을 적용한 사회복지실천에서는 인간의 내적 측면을 탐색하고 문제의 원인을 찾기보다 표적행동을 명확히 하고, 어떻게 목표를 달성할 것인가에 대하여 사회복지사와 클라이언트가 구체적으로 계획을 세우게 된다. 즉, '현재 문제행동으로 간주되고 있는 부적응을 어떻게 개선시켜 나갈 것인가, 바람직한 행동형성을 위해서는 어떤 방법을 써야 할 것인가?'에 대해 클라이언트와 충분히 이야기하면서 개입을 진행한다(현정환, 2007). 이러한 일련의 절차들은 행동의 변화에 클라이언트를 최대한 관여시키고, 클라이언트 스스로 변화의 주체로 서게 하는 사회복지실천의 원칙과도 잘 부합한다.

다시 말해, 행동주의모델에서는 구체적이고 정확한 문제의 규정, 변화목표 및 개입과정이 강조되므로, 개입과정에 대한 사회복지사와 클라이언트 간의 이해를 도울 뿐 아니라 개입에 대한 연구와 평가, 책무성을 증진하는 데도 기여한다(김혜란 외, 2008). 행동주의 접근을 하는 사회복지사는 권위적 역할을 거부하고 클라이언트와 파트너가 되고 자신의 지식을 나누며 원조과정에 클라이언트를 최대한 관여시키는 행동적 변화전략을 개발한다(Forte, 2007; Cooper & Lesser, 2008). 이와 같이 행동주의이론을 적용한 사회복지실천은 개입절차와 기법이 명확하기 때문에 초보 사회복지사들이 학습하고 훈련하여 실시하기에도 비교적 용이한 점이 있다. 폭력행동, 중독행동 등 행동변화가 요구되는 다양한 클라이언트의 문제에 대한 행동주의 이론에 기반한 매뉴얼이 점차 보급되고 있다. 또한 공포증, 강박장애, 아동 및 청소년의 문제행동 등 다양한 행동장애에 대해 정신건강기관, 교육기관, 교정기관 등 사회복지실천 현장에서 효과적인 개입기법으로 인정받고 있다.

행동주의이론에 대한 비판으로, 첫째, 스키너는 인간이 사고하며 감정을 갖고 있지만 인간을 이해하는 데 있어서 이와 같은 내적인 부분을 고려할 필요는 없다고 하였다는 지적이 있다. 즉, 스키너는 인간의 정서가 행동의 부산물이지 결정요소는 아니라고 보았다(Skinner, 1971). 이러한 관점은 사고, 감정, 의식 등 직접적으로 관찰될 수 없는 현상을 간과했다는 점에서 스키너 이론에 대한 주요 비판점으로 제기되고 있다. 둘째, 임상 현장에서 실시된 행동수정으로 인한 행동의 변화가 클라이언트의 일상생활에까지 확대, 유지되는 데는 한계가 있다는 지적이 있다.

요약

- 인간의 행동은 단순한 반사에 의한 것이 아닌 조작적 조건화에 의한 것이 많다. 조작적 조건화는 어떤 행동의 결과가 만족스런 결과를 가져오면 그 행동이 쉽게 재현되지만 불쾌하고 부정적인 결과를 가져오면 소거된다는 것이다.
- 강화계획은 연속강화와 간헐강화가 있다. 연속강화는 발생한 모든 반응에 강화제를 제공하는 것이고, 간헐강화는 행동을 통제하기 위해 정해진 계획에 따라 강화제가 제공되는 것이다. 강화계획에는 고정간격계획, 변동간격계획, 고정비율계획, 변동비율계획 등이 있다.
- 행동수정을 위해서는 표적행동의 설정 등 행동에 대한 사정이 필요하며, 행동수정의 대표적인 기법에는 행동조성, 토큰경제 등이 있다. 이는 모두 조작적 조건화의 원리에 기반한 행동수정방법이다.
- 행동조성이란 목표로 설정한 행동이 너무 복잡하기 때문에 한 번에 행동을 수행할 수 없는 경우, 목표행동에 접근하는 반응을 강화함으로써 새로운 행동을 가르치는 데 사용된다.

생각해 볼 문제

- 스키너의 학습이론은 인간의 행동이 환경에 의해 발생한다고 본다. 그렇다면 인간은 자유의지를 전혀 가지고 있지 않은 것인가? 만약 환경이 인간행동의 원인이라면 인간 스스로는 행동을 일으킬 수 없는가? 이 질문들에 대해 논의해 보시오.
- 조작적 조건화의 방법 중 부적 강화와 처벌의 차이를 설명하고, 예를 들어 보시오.
- 살빼기, 지각하지 않기, 운동하기 등 행동수정이 필요한 자신의 표적행동 한 가지를 선정하여 적절한 강화물을 찾아보고 강화계획을 세워 보시오.
- 사회복지 실천현장에서 행동조성을 적용할 수 있는 클라이언트를 생각해 보고, 행동

조성 기법의 유용성과 한계점을 논의해 보시오.
• 학습이론에 기반한 사회복지 프로그램은 실증적 증거를 제시한다는 측면에서 사회복지 실천의 효과성 측정에도 유용하다. 학습이론을 적용한 사회복지 개입의 효과성 측정 시 주의해야 할 점에 대해 생각해 보시오.

2. 사회학습이론: 반두라

1) 인간관과 기본관점

반두라(A. Bandura)는 인간의 인지적 능력에 초점을 둔 사회학습이론가다. 정신분석학자는 인간이 무의식적 정서에 의해 지배된다고 하고, 행동주의자들은 인간이 환경에 의해 지배된다고 하였다. 사회학습이론가들의 관점은 이와 다르다. 이들은 인간이 무의식적 정서의 영향을 받지만 이를 극복할 인지적 능력도 갖고 있다고 본다. 또 환경이 인간에게 영향을 미치지만 인간은 특정한 상황을 피해 갈 수 있고, 스스로 물리적·사회적 환경을 조정하면서 자기통제를 할 수 있다고 보았다(Pervin et al., 2005).

행동이론의 제 요소에 인지요인을 포함시킨 반두라의 사회학습이론은 다음의 몇 가지 기본관점을 갖는다(Feist & Feist, 2006: 268-269).

첫째, 인간의 두드러진 특성은 유연성으로, 모든 인간은 여러 상황에서 다양한 행동을 학습할 수 있는 유연성을 갖고 있다. 반두라는 경험을 통해 배운다는 스키너의 이론에 동의했지만 대리적 학습, 타인에 대한 관찰을 통한 학습을 더 많이 강조하였다. 즉, 반두라는 인간의 행동을 촉진시키는 강화가 대리적으로도 발생할 수 있다고 보았다.

둘째, 인간은 개인, 행동, 환경요인의 '세 가지 상호원인모델(triadic reciprocal causation model)'을 통해 자신의 삶을 조절해 나갈 능력을 갖고 있다. 이러한 능력이 없으면 인간은 단순히 감각적 경험에만 반응할 것이며, 사건을 예측할

알버트 반두라(Albert Bandura)는 캐나다의 북알버타에서 성장하였으며, 밴쿠버의 브리티쉬컬럼비아 대학교를 졸업했다. 이후 학습과정에 대한 연구로 유명한 미국의 아이오와 대학교에서 석사와 박사과정을 계속하였으며, 당시 학습이론을 임상현장에 적용시키는 데 관심을 갖고 있었다. 박사학위 취득 후 스탠포드 대학교의 교수가 되었고, 인간행동을 이해하기 위한 사회인지적 접근의 개발에 열정을 쏟았다. 그는 매우 영향력 있는 저서와

반두라(1925~현재)

수많은 연구 논문을 발표했다. 초기 저서로는 『청소년기 공격성(Adolescent Aggression)』(1952), 『사회학습과 성격발달(Social Learning and Personality Development)』(1963) 등이 있다. 그의 저서 중 『행동수정의 원리(Principles of Behavior Modification)』(1969)는 행동을 지배하는 사회심리학적 원칙에 대한 방대한 고찰이다. 가장 최근 저서인 『자기효능감: 통제의 연습(Self-efficacy: The exercise of control)』은 1997년에 출판되었다. 전공분야에 대한 수많은 공헌으로 인해 여러 학술단체로부터의 수상 경력을 갖고 있다.

출처: Ryckman, 2004.

능력이나 새로운 생각을 창조할 능력, 당면한 경험을 분석하기 위해 내적 기준을 활용하는 능력이 결여될 것이다.

셋째, 사회학습이론은 인간에 대해 적극적 관점을 갖는다. 이는 인간이 자신의 삶의 질을 통제할 수 있는 능력을 가진다는 의미로서, 인간을 단지 사회체계의 산물이 아니라 생산자로서 본다.

넷째, 인간은 자신의 행동을 내적·외적 요인을 통하여 조절한다. 내적 요인은 자기관찰, 판단 등이며, 외적 요인은 인간의 물리적·사회적 환경을 포함한다.

다섯째, 도덕적으로 불명확한 상황에 처할 때, 일반적으로 인간은 도덕기

제(moral agency)를 통하여 자신의 행동을 조절하려고 한다. 이는 자신의 행동을 재정의하거나 행동의 결과를 무시 · 왜곡하거나 자신의 행동으로 인해 희생된 자를 비난하거나 행동에 대한 책임을 흐리려는 등의 다양한 양상으로 나타난다.

반두라 등의 행동주의자들은 피아제나 에릭슨이 제시한 인간행동의 단계적 발달을 거부한다. 행동주의자들은 발달이 점진적으로 일어나며, 매일매일 발생하는 일상생활에서의 학습기회에 달려 있고, 일생을 통해 계속되는 것이지 명확히 구분되는 단계로 나누어지지 않는다고 본다. 또 행동주의자들은 행동주의적 접근이 인지적 · 심리사회적 접근보다 더 많은 과학적 증거에 의해 지지받고 있다고 주장한다.

2) 주요 개념

(1) 상호적 결정주의

반두라는 '상호적 결정주의(reciprocal determinism)' 원리를 소개하였다. 일반적으로 인간의 행동을 분석할 때는 개인과 그의 행동, 개인이 행동하는 환경을 생각한다. 이 세 가지 측면에서 행동의 원인과 결과를 어떻게 바라볼 것인가? 무엇이 무엇을 야기하는가? 반두라는 개인적 · 행동적 · 환경적 특성 중어느 한 가지만 따로 얘기할 수 없으며, 이 세 가지 요인이 서로의 원인이 되며 상호결정을 한다고 본다. 즉, 반두라의 상호적 결정주의 원리란 개인적 · 행동적 · 환경적 특성이 서로에게 영향을 주는 힘의 체계를 이루고 있음을 의미한다.

[그림 7-1]의 원리를 이해하기 위해 한 가지 예를 들어 보자. 잠시 매우 매력적으로 느껴지는 누군가와 대화 중인 자신을 상상해 보라. 당신은 아마 미소지으며 주의를 집중하고 좋은 인상을 주기 위해 노력할 것이다. 반두라의 상호적 결정주의 원리에 따라 이 대화의 인과관계를 이해해 보자.

어떤 사람들은 대화를 하고 있는 장소, 혹은 분위기와 같은 물리적인 환경

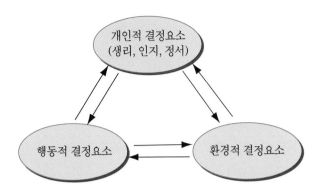

[그림 7-1] 개인적 특성, 행동적 특성, 환경적 특성의 상호성

이 당신이 그렇게 행동하게 했다고 할 것이다. 또 다른 사람은 상대방의 신체적·사회적 매력이 그와 같이 행동하도록 했을 것이라고 한다. 둘 다 맞는 말이지만 충분한 답은 아니다. 평소 갖고 있던 믿음이나 감정, 즉 개인의 성격특성에 의해 환경에 대한 지각이 달라지므로 개인, 행동, 환경은 포괄적으로 상호 관련되어 있는 것이다(Pervin et al., 2005).

(2) 관찰학습

사회학습이론가들은 인간의 학습이 여러 사람들과 함께 있을 때 발생하고, 다른 사람들의 경험을 통해 학습이 가능하다고 강조하면서, 관찰학습의 개념을 제시하였다. 앞에서 설명한 스키너의 학습이론이 유기체의 직접적인 경험을 강조하는 반면, 관찰학습을 연구한 반두라는 고전적 조건화와 조작적 조건화 모두 관찰학습을 통해 일어날 수 있다고 보며, 관찰학습의 주요 기제는 모델링, 모방, 대리강화, 대리처벌 등으로 설명하였다(현성용 외, 2009: 165).

관찰학습이란 타인의 행동을 관찰하는 것만으로 학습이 가능하다는 전제에서 출발한다. 인간은 관찰을 통해서 새로운 행동패턴을 습득할 수 있다. 인간은 타인의 행동을 보고 자신도 동일한 행동을 취하게 된다(현정환, 2007). 관찰학습은 주목과정, 기억과정, 운동재생과정, 동기화과정으로 구성되며, 이

중 한 과정이라도 빠지면 성공적 모방이 이루어지지 않는다. 관찰학습의 구체적 단계는 다음과 같다(Bandura, 1977; 정옥분, 2007).

첫째, 주목과정(attentional process)이다. 주목과정은 관찰학습의 첫 단계로 이 단계에서 개인은 타인의 행동에 주목한다. 주의산만한 아동은 자극에 주목해야 하는 시간에 가만히 앉아 있지 못하므로 학습의 기회를 얻지 못한다. 주목과정에 영향을 미치는 요인은 모델이 지니는 특성, 관찰자가 지니는 속성, 과거행동의 결과에 대한 보상이다. 보상을 받은 경험이 많은 사람일수록 모델에 대해 주목할 것이다.

둘째, 기억과정(retention process)이다. 모델이 되는 타인에게서 배운 행동을 재생하려면 반드시 그것을 기억해야 한다. 따라서 관찰을 통해 모델의 행동에 대한 정보를 기억하고 보유하는 능력이 중요하다. 기억은 하나의 사건을 내면화하고, 후에 사건의 순서를 재생하도록 해 준다.

셋째, 운동재생과정(motor production process)이다. 기억된 정보를 구체적 행동으로 전환시키는 단계로서 실천을 통해 학습하는 과정이다. 즉, 행동을 재생하는 과정에서 자기관찰과 타인의 피드백을 통해 행동을 수정하고 조정한다. 이때 학습자는 행동을 신체적으로 수행하는 능력이 필요하다.

넷째, 동기화과정(motivational process)이다. 동기는 새로운 행동이 학습되기 위한 주요 요인으로 주로 강화에 의해 이루어진다. 강화를 받으면 동기부여가 촉진되고 이로 인해 학습이 더욱 촉진된다. 동기부여를 위한 강화에는 외적 강화, 내적 강화, 대리강화, 자기강화 등이 있다. 외적(extrinsic) 강화는 행동의 자연적 결과이기보다는 인공적·사회적으로 조정된 것이다. 좋은 기록을 낸 스포츠선수에게 메달이 수여되거나 시험에서 A를 받는 것이 외적 강화로서, 외적 강화는 행동변화를 일으키는 데 매우 효과적이다. 반면 내적(intrinsic) 강화는 행동 자체에 자연적으로 수반된다. 어떤 행동은 자연적으로 생리적 효과를 가져온다. 이완훈련은 근육의 피로감을 없애 주고, 어려운 음악을 연주하면 성취감을 느끼게 되는데, 이러한 자기만족은 행동을 유지하게 한다. 대리(vicarious)강화는 타인의 성공이나 실패에서 적절한 행동을 배우는

| 표 7-3 | 관찰학습 |

관찰학습의 과정	관찰학습에서 강화의 유형	관찰학습에 영향을 주는 요인
주목과정 기억과정 운동재생과정 동기유발과정	외적 강화 내적 강화 대리강화 자기강화	모델의 특성 관찰자의 속성 행동의 결과에 대한 보상경험

출처: Engler, 2006: 241.

것이다. 형이 잘못된 행동으로 맞는 것을 본 동생은 똑같은 행동을 따라하지 않는다. 자기(self)강화는 인간이 자신의 생각, 감정, 행동을 통제할 수 있는 자기주도적 능력을 가진다는 사실에 근거한다. 즉, 인간은 자기보상, 자기처벌과 같은 방식으로 행동하며 기준을 세워 자신의 행동을 조절한다는 것이다. 반두라(1993)는 성인의 경우 대부분의 행동이 자기강화의 계속적인 과정에 의해 조절된다고 하였다.

이상 관찰학습의 주요 내용을 요약하면 〈표 7-3〉과 같다.

(3) 자기효능감

반두라(2001)는 자기효능감(self-efficacy)을 '자신의 기능과 환경적 사건에 대해 어느 정도 통제를 행사할 수 있는 자신의 능력에 대한 믿음'이라고 정의했다. 스스로 어떤 것을 할 수 있다고 믿는 사람들은 상황을 바꿀 잠재력을 가지고 있으며, 낮은 자기효능감을 가진 사람보다 더 성공적으로 행동한다.

일반적으로 자기효능감은 이전의 경험을 통해 형성된다. 과거의 성공적인 수행경험은 자기효능감을 높이고, 반대로 실패한 경험은 자기효능감을 낮춘다. 자기효능감은 이와같이 자신의 과거 경험뿐만 아니라 타인의 성공이나 실패를 통한 대리 경험, 타인으로부터 듣는 언어적 설득, 수행상황에서 느끼는 불안이나 스트레스 등으로부터 획득될 수 있다(오세진 외, 2010). 즉, 자기효능감은 사회적 모델링을 통해 획득되기도 한다. 인간의 자기효능감은 비슷한 능력을 가진 타인이 성공하거나 성취를 이룬 경험을 관찰할 때 증진된다. 반면 타인이 실패하는 경험을 관찰할 때 자기효능감은 낮아진다. 개인의 신체적·정서적 상태에 따라서도 자기효능감은 달라진다. 즉, 신체적·정서적으로 불안한 상태는 두려움, 불안, 높은 수준의 스트레스 등의 강한 정서적 감정을 불러일으키고 이는 수행능력을 저하시킨다(Bandura, 1997).

자기효능감은 주어진 상황을 효과적으로 대처하는 인간의 능력이기도 하다. 높은 자기효능감을 가진 사람은 자신이 극복할 수 있는 어떤 것을 도전으로 여기며, 도전으로 인한 성공은 이후의 자신감을 가져온다. 반면 낮은 자기효능감을 가진 사람은 자신의 능력에 대해 의심을 갖게 되고, 스스로 환경을 다루는 자신의 능력을 인식하지 못한다.

자기효능감은 자기개념(self-concept)이나 자존감(self-esteem)과는 구별된다. 자기개념은 자신에 대한 전반적인 지각이며, 자존감이 자기 가치에 대한 판단결과라면 자기효능감이란 특정 과제에서의 자신의 능력에 대한 판단으로 자기개념이나 자존감보다는 구체적 상황이나 과제와 관련된 신념이다. 일반적인 자기효능감 이외에도 직무효능감, 사회적 자기효능감 등 특정영역에서의 효능감이 제시되고 있다. 자기효능감이 주목받는 이유는 같은 능력을 갖고 있어도 자신의 능력에 대한 효능기대가 높은 사람이 낮은 사람보다 실제 수행수준이 높다는 점, 자기효능감이란 훈련을 통해 증진시킬 수 있다는 점 때문에 학문 및 임상장면에서 주요한 개념이 되었다(현성용 외, 2009).

3) 사회복지실천에의 적용

반두라 이론의 주요 개념들은 사회복지실천에 중요한 영향을 미쳤다. 먼저 상호적 결정주의는 사회복지실천에서 개인, 행동, 환경의 상호성에 대한 시각을 제공하였다. 즉, 인간의 행동을, 첫째, 인지적 능력, 신체적 특성, 성격, 신념, 태도 등을 포함한 개인요인, 둘째, 이전의 경험, 사회적 상호작용과 같은 행동요인, 셋째, 가족, 친구, 사회경제적 조건과 같은 환경요인의 상호작용으로 보는 개념은 환경 속의 인간의 관점을 견지하는 사회복지실천에도 중요한 지식을 제공한다.

　자기효능감의 개념은 사회복지실천 현장 및 연구 영역에서 많이 활용되고 있다. 반두라와 셩크(Bandura & Schunk, 1981)의 연구에서 아동에게 자기효능감이 증가하면 인지적 발달도 촉진되고 학교교과목에 대한 흥미도 증가한다는 결과가 제시되었다. 이는 아동의 자아효능감이 인지행동의 변화에 어떤 역할을 하는지를 설명하는 데 매우 유용하다(이민희, 정태연 역, 2005: 580-581에서 재인용). 자기효능감은 사회복지실천 현장에서 새로운 기술의 학습이 필요한 클라이언트에게 개입하는 프로그램의 요소로 적용될 수 있다. 예를 들어, 재발이 잦은 알코올남용 클라이언트의 단주(abstinence)를 목표로 할 때, 단주 자기효능감의 증진은 개입의 핵심목표가 된다. 사춘기자녀를 양육하는 부모의 양육효능감을 증진시키는 개입프로그램도 가능하며, 만성질환인 당뇨병환자가 식이, 운동, 약물 등의 영역에서 당뇨병자기관리에 대한 효능감을 증진시킬 수 있다. 자기효능감 증진을 위한 임상프로그램과 관련 척도도 다양하게 개발되어 있다.

　이 외에 관찰학습에서 이루어지는 모델링, 모방과 같은 사회학습이론의 기법은 부적응적 행동의 어려움을 갖고 있는 아동이나 청소년, 사회기술이 부족한 정신장애인에 대한 개입기법으로 활용되고 있다. 또한 공포와 두려움을 가진 사람들을 치료하는 데도 성공적인데, 치료자는 위협적인 상황에 대한 대처모델을 보여 주고 클라이언트가 어려움 없이 상황을 수행할 수 있을 때까지 모델링된 행동을 연습하도록 한다(Forte, 2007).

　행동주의이론은 실천사례에 대한 적응성이 높아 현장의 사회복지사에게 더욱 유용하다. 특히 아동에 대한 개입에서 정적 강화와 같은 행동주의기법은 매우 효과적이다. 사회복지사는 가정이나 학교에서 사용할 수 있도록 부모와 교사에게 행동전략을 가르쳐 줄 수 있다. 행동에 대한 사정은 사회복지사와 클라이언트가 문제를 밝혀내고 목표를 정하도록 하는 데 필요하다. 개입은 체

계적으로 이루어지는데, 이와 같은 구조화된 절차는 클라이언트와 사회복지
사 모두에게 편안함을 가져다준다. 마지막으로 행동주의이론에 기반한 실천
은 평가가능성, 측정가능성이 높다.

　반두라의 사회학습이론은 이론적 정교성과 함께 이론을 적용한 사례의 실
증적 연구결과도 축적되고 있다. 하지만 연구결과가 주로 언어적 자기보고에
의존하였다는 점과 인간행동의 동기나 정서적인 측면, 성격구조의 속성 등에
대한 보다 많은 탐색과 발달이 요구된다는 지적이 있다(Pervin et al., 2005:
500). 또 다른 비판점은 행동주의이론이 인간행동에 대해 결정론적 입장을 취
하며, 클라이언트의 학습내용과 과정에서 문화적 차이가 고려되지 않았다는
점이다.

- 반두라의 상호결정주의는 개인, 행동, 환경적 특성 중 어느 한 가지만 따로 떼어 놓고 얘기할 수 없으며, 이 세 가지 요인이 서로의 원인이 되며 상호영향을 미친다고 본다.
- 관찰학습이란 인간은 모델이 하는 행동을 모방함으로써 새로운 행동을 학습한다는 개념이다. 관찰학습의 모델링에 영향을 주는 세 가지 요인은 모델의 특성, 관찰자의 속성, 행동과 관련된 보상결과 등이다.
- 관찰학습은 주목과정, 기억과정, 운동재생과정, 동기화과정을 거쳐 이루어지며, 강화의 방법에는 외적 강화, 내적 강화, 대리강화, 자기강화 등이 있다.
- 자기효능감이란 자신의 기능과 환경적 사건에 대해 어느 정도 통제력을 행사할 수 있는 자신의 능력에 대한 믿음이다. 자기효능감은 사회학습이론의 중요한 개념 중의 하나로 사회복지실천에서도 자기효능감 증진을 위한 다양한 프로그램이 진행되고 있다.

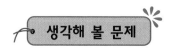

- 아동이나 청소년 중 좋지 못한 모델에 노출되어 부적응적 행동이 학습되는 예를 찾아보시오.
- 아동은 부모나 주변 사람들에 대한 관찰학습을 통해 성역할을 획득한다. 구체적 사례를 찾아 아동의 성역할 획득과정에 영향을 미치는 관찰학습의 단계를 확인해 보시오.
- 아동 및 청소년의 공격적인 행동은 텔레비전과 같은 대중매체 속의 특정 행동에 대한 관찰로 습득될 수 있다. 미디어 폭력의 영향으로 공격성의 문제를 보이는 예를 주변에서 찾아보고, 관찰학습의 과정을 논의해 보시오.
- 사회복지실천 현장에서 자기효능감의 증진이 필요한 클라이언트의 예를 제시하고,

실제로 자기효능감 증진에 관한 사회복지 프로그램을 조사해 보시오.

- 정신장애인에게 실시되는 사회기술훈련의 과정을 살펴보고, 모델링을 통한 학습의 유용성과 한계점에 대해 논의해 보시오.

제8장 인본주의이론: 로저스, 매슬로

대표적인 인본주의이론가는 로저스와 매슬로다. 매슬로는 원래 행동주의 이론가였으나 후에는 관찰가능한 행동과 환경의 영향에 대해서만 초점을 두는 행동주의의 관점에 반대하였다. 인본주의이론에서는 개인의 주관적 경험을 강조하는데, 인간이 자신과 세계를 어떻게 지각하는가를 보면 인간의 본질에 대해 더 잘 알 수 있다고 본다. 따라서, 인본주의 이론을 현상학적 이론이라고도 부르는데, 이는 인본주의이론이 개인에게 '현상이 나타나는 방식'과 개인이 그 현상을 어떻게 '경험하고 느끼는지'에 관심을 두기 때문이다 (Raskin & Rogers, 1995: 140; 오세진 외, 2010). 이는 현상학적 장(場)이라는 개념으로, 현상학적 장이란 유기체가 경험하는 모든 것으로 개인은 변화하는 세계 속에서 자신이 경험하고 지각하는 장에 반응한다. 따라서 현상학적 장이란 개인의 사적이며 주관적인 경험의 세계를 말한다(이현림, 2008: 55).

인간은 본래 다양한 주관적 경험을 통해 자신을 형성하고, 특정한 성격유형을 형성해 가는 것으로 본다. 그렇기 때문에 미리 정해진, 고정된 성격발달 패턴은 없으며, 그보다는 삶의 경험에 따라 각 개인의 성격이 달라질 수 있다고 본다. 따라서 인본주의이론에서는 성격발달에서 광범위한 선택과 가능성을 인정하고 각 사람이 갖는 성격의 독특성을 강조한다(김규수 외 역, 2002). 이와 같이 인본주의이론은 인간발달에 대해 매우 긍정적인 접근을 하는데, 인간은 자신의 잠재능력을 실현해 나가는 긍정적인 존재이며 자신의 행동을 자유롭게 선택하는 의지를 가졌다고 간주한다(최옥채 외, 2005). 인본주의이론의 강점과 한계점을 정리하면 〈표 8-1〉과 같다.

표 8-1 인본주의이론의 강점과 한계점

강점	한계점
• 인간존재의 본질에 초점을 맞춤 • 성격의 전인적이고 통합적인 측면을 밝혀내고자 시도함 • 인본주의와 경험주의의 통합을 시도함 • 치료적 변화의 필요충분조건을 체계적으로 조사함	• 무의식적 과정, 방어기제 등은 배제함 • 행동에 대한 객관적 측정방법의 결여 • 완전한 현상학적 태도는 불가능함을 간과함. 즉, 선입견이나 편견에서 완전히 자유로운 관찰은 어려움

출처: Pervin et al., 2005: 218.

본 장에서는 인본주의이론 중 인간을 긍정적 존재로 보며 자아실현의 경향성을 강조한 인간중심이론의 선구자인 로저스와 인간의 욕구위계를 설명한 매슬로의 이론을 살펴보았다.

1. 인본주의이론: 로저스

1) 인간관과 기본관점

로저스는 개인의 주관적 경험을 강조하는 대표적인 임상가이자 학자다. 임상가로서 로저스의 목표는 클라이언트의 성장을 돕기 위해 자아와 세상에 대

칼 로저스(Carl Rogers)는 미국 시카고 근교에 서 5남 1녀 중 넷째로 태어났고, 가족 간의 유대가 강하고 종교적·윤리적으로 엄격한 분위기에서 성 장하였다. 로저스는 어린 시절 건강이 좋지 않아 가 족을 벗어나 친구를 사귈 기회가 거의 없었으며 책 을 통하여 위안을 얻었다. 위스콘신 대학교 재학 당 시 세계기독학생연맹대회에 미국 대표로 참여한 로저스는 여행을 통해 집단생활을 경험하면서 개 인차를 이해하고 존중하게 되었다. 후에 공감, 수

로저스(1902~1987)

용, 진실성을 이론의 핵심조건으로 제시하게 된 동기가 이 시기에 비롯되었다. 위스콘신 대학교 역사학과를 졸업한 이후 유니온 신학교에서 공부를 시작한 당 시만 해도 목사가 되기를 열망하였으나, 심리학자의 길로 진로를 바꾸었다. 아동 학대 분야에서 많은 상담을 하면서, 문제를 어떻게 해결해야 하는지 아는 사람은 클라이언트 자신이지, 치료자가 아니라는 것과 치료의 진행방향을 클라이언트에 게 맡기는 것이 바로 치료자의 과제임을 인식하였다. 또한 '인간중심치료'는 문 제해결이 아니라 개인이 발전해서 삶 전반에 걸쳐 좀 너 완전한 반응을 하도록 하 는 것임을 강조하였다. 이후 시카고 대학교에서 근무한 기간은 로저스의 일생 중 가장 창의적인 시기로 알려져 있고, 1956년 미국 심리학회로부터 '학술공로상' 을 받았다. 모교인 위스콘신 대학교를 마지막으로 대학교수의 생활을 접고, 미국 서부의 행동과학연구소 등에서 참만남집단 등에 대한 연구를 계속하였다.

출처: Allen, 2003.

한 클라이언트의 경험을 이해하는 것이었다. 또한 이론가로서의 목표는 성격 의 핵심요소로서 자아의 본질과 발달을 설명하기 위한 틀을 개발하는 것이었 다. 로저스의 이론을 인본주의적(humanistic) 이론이라고 부르는데, 이는 그의 이론이 성장을 위해 인간의 내재된 잠재력을 강조하기 때문이다(Pervin et al., 2005).

이러한 인본주의이론은 정신분석과 행동주의 전통과는 확연하게 구분되는 새로운 관점을 제시한 것이었다. 즉, 인간적이고 실존적인 철학 전통을 기반

으로 한 인본주의이론에서는 프로이트와 같이 인간을 결정론적 입장에서 바라보지 않는다. 즉, 인본주의이론에서는 인간이 사회적이고 미래지향적인 존재이고, 자아실현의 의지를 갖고 있으며, 선한 마음을 갖고 태어난다고 보았다(이현림, 2008). 이는 인간에 대해 긍정적이며 낙관적인 관점을 갖는 것으로, 로저스는 치료자가 제안을 하거나 해석을 해서는 안 된다고 믿었다. 왜냐하면 클라이언트의 자아실현적 동기가 클라이언트를 잘 인도할 것으로 생각했기 때문이다(Sheafer et al., 1998). 이러한 시각은 핵심적인 조건만 갖추어지면 스스로 해답을 발견하려는 클라이언트의 능력을 존중하는 것이다. 따라서 로저스는 클라이언트의 무의식을 깊이 조사할 필요가 없다고 생각하였으며, 아무리 통찰력이 있더라도 해석을 해 준다거나 꿈을 분석하려 하는 것은 위험하다고 믿었다. 또한 로저스는 행동주의의 조작을 혐오하였다. 그의 관심은 클라이언트와 진솔한 관계를 형성하는 것으로서 주관적 경험의 중요성을 강조한다.

인본주의이론의 인간관과 기본관점은 로저스의 인간중심치료(person-centered therapy), 내담자중심치료(client-centered therapy)에 고스란히 내재되어 있다. 인간중심치료에서 치료자의 기능은 클라이언트가 자신의 자원을 탐색하고 발견하도록 도와주는 것이고, 클라이언트를 수동적 존재가 아닌 스스로 책임을 지는 능동적 존재로 바라보는 것이다.

2) 주요 개념

(1) 자아실현 경향성

로저스는 인간을 '조직화된 전체(organized whole)'로서 기능하는 유기체로 보고, 유기체가 스스로를 실현하고 유지하며 향상시키려는 기본적인 경향성을 지니며 이를 위해 노력한다고 하였다(Rogers, 1951). 이를 자아실현 경향성(actualizing tendency)이라고 하는데, 자아실현의 경향은 단순함에서 복잡한 상태로 성장하는 것이고, 의존에서 독립으로 나아가는 것이며, 고정과 경직에서 변화와 표현의 자유로 나아가는 것을 의미한다(Pervin et al., 2005). 이는 인간을 매우 긍정적으로 보는 것으로 로저스는 인간이 자신과 다른 사람과 조화를 이루며 살아갈 수 있는 합리적이고 긍정적인 존재라고 믿었다. 즉, 강한 외적 압력이나 반대하는 힘이 없다면 인간의 자아실현 경향성은 자연스럽게 표출될 것이다. 로저스는 성격발달에 대한 이론을 제시하지 않았는데, 이는 성격이라고 하는 것이 어떤 상태가 아닌 과정으로서 자아실현이 평생 죽을 때까지 계속 되는 것이지 정체된 상태가 아니라고 보기 때문이다(오세진 외, 2010). 로저스는 모든 인간이 자아실현의 경향성을 갖고 있다고 보았다(Rogers, 1959).

(2) 완전히 기능하는 사람

로저스는 '완전히 기능하는 사람(fully functioning person)' 이란 최적의 심리적 적응과 최적의 심리적 성숙을 이루며, 경험에 완전히 개방되어 있는 사람이라고 했다. 또 현재 자신의 자아를 완전히 지각하는 사람으로서, 이러한 사람들의 특성은 정적이지 않고 계속적으로 변화하는 것이라고 하였다. 로저스의 완전히 기능하는 사람이 갖는 구체적 특징은 다음의 다섯 가지로 설명된다(박아청, 2006: 504).

- 경험에의 개방성(openness): 살아가면서 겪는 다양한 경험을 수용하고, 경험을 통해 배운 점을 활용하는 데도 융통성이 있다.
- 실존적 삶(existential life): 순간순간 일어나는 모든 일에 대해 개방되어 있고 적응력이 있다.
- 자신(one's own organism)에 대한 신뢰: 상황에 대해 자신이 느끼는 감각을 신뢰할 수 있다.
- 자유감(a sense of freedom): 어떤 선택이나 행동을 하는 데 자유롭다.
- 창조성(creativity): 모든 영역에서 독창적 사고력을 가지며 창조적 삶을 살아간다.

실제로 로저스는 자신의 이론과 생활이 별개가 아닌 연결된 삶을 살았다. 로저스는 『이것이 나다(*This Is Me*)』라는 제목의 저서에서 연구와 임상을 통해 얻은 다음의 원칙을 소개한 바 있는데(Rogers, 1961), 이를 통해 완전히 기능하는 사람의 삶을 찾아볼 수 있다.

- 나는 다른 사람과의 관계에서 내가 아닌 다른 사람으로 행동하는 것은 도움이 되지 않음을 알았다.
- 나는 다른 사람을 이해하려고 자신을 개방했을 때, 그것이 매우 큰 가치가 있는 일임을 알았다.
- 나는 경험을 통해, 인간은 기본적으로 긍정적인 경향성을 가짐을 알았다.
- 삶은 흘러가는 과정이며, 변화과정에서 고정된 것은 아무것도 없다.
- 나에게서 경험은 가장 강력한 것이다.

완전히 기능하는 사람은 일치감을 경험하고, 그로 인해 심리적 성숙을 이룬다. 이러한 사람은 정체된 상태에 머물러 있지 않고, 항상 변화하는 과정에 있다. 인간중심치료에서는 클라이언트로 하여금 치료적 경험을 통해 새로운 형태의 적응을 하도록 돕는다(Rogers, 1959). 하지만 완전히 기능하는 사람은 이상적인 개념일 뿐 많은 사람이 그렇게 되지 못한다고 알려져 있다(김기태 외, 2006).

(3) 무조건적인 긍정적 관심에 대한 욕구

로저스는 성격발달에 영향을 미치는 '무조건적인 긍정적 관심(unconditional positive regard)'에 대한 욕구 개념을 제시하였다. 무조건적인 긍정적 관심에 대한 욕구란 따뜻함, 사랑, 존중, 동정, 수용을 추구하는 것으로 영아기에서 나타나는 사랑과 애정에 대한 욕구이기도 하다. 만약 부모가 아동에게 무조건적인 긍정적 관심을 주면 아동은 부모가 자신을 소중히 여긴다고 느낄 것이다. 하지만 부모가 조건적으로 긍정적 관심을 준다면 아동은 무시당한다고 느낄 것이고 자아개념과의 갈등이 일어날 것이다(Pervin et al., 2005).

상담 장면에서 무조건적인 긍정적 관심이란 클라이언트를 독립적인 인간으로 보는 것이며, 스스로 자신의 감정을 인식하고 체험하도록 허용하는 것이다. 즉, 클라이언트가 무엇을 말하고 어떻게 행동하든지 조건 없이 존경하고, 따뜻함을 보여 주며, 배려하고, 수용함으로써 클라이언트에 대한 관심을 전달하는 것이다(김기태 외, 2006). 또한 무조건적인 긍정적 관심은 비심판적 태도를 의미한다. 상담자는 클라이언트에 대해 찬성이나 반대의 입장을 표명하지 않고 해석을 하지 않으며 불필요하게 캐묻지 않는다. 단지 상담자는 클라이언트에 대한 믿음을 충분히 전달한다(Meador & Rogers, 1984). 로저스는 실제로 무조건적인 긍정적 관심을 완전히 실천하기는 어렵지만 상담자가 이러한 태도를 가능한 한 많이 나타낼 수 있으면 상담이 효과적으로 진행될 것으로 보았다(현정환, 2007).

(4) if-then 가설: 만약 ~하다면 ~일 것이다

인간중심치료의 기본개념은 '만약 ~하다면 ~일 것이다'의 형태로 설명할 수 있다. 만약 사회복지사와 클라이언트의 관계에서 사회복지사의 태도가 일치성이 있고, 긍정적인 관심과 감정이입을 한다면 클라이언트에게 큰 변화가 일어날 것으로 가정하는 것이다(엄신자, 2007). 〈표 8-2〉는 로저스의 인간중심치료를 'if-then' 가설로 요약한 것이다.

인본주의이론은 도와주는 사람이 진실성을 경험하고 진실되게 의사소통하며 보호적인 관계를 유지할 때, 그 관계 속에서 클라이언트의 성장잠재력이 발현된다고 본다. 이러한 인본주의이론의 핵심개념이 'if-then' 가설로서, 만일 진실성, 긍정적 존중, 공감적 이해와 같은 조건들이 상담자의 태도에 나타난다면 클라이언트에게 변화와 성장이 일어나게 됨을 의미한다(Meador & Rogers, 1984; 엄신자, 2007에서 재인용).

이상에서 살펴본 로저스 인본주의이론의 핵심개념을 통해 심리적 부적응을 설명하면 다음 그림과 같다([그림 8-1]). 즉, 기본적으로 자아실현 경향성을

표 8-2 if-then 가설

만약 ~하다면	그러면 치료적 변화가 일어나고, 클라이언트는 다음과 같이 될 것이다.
1. 침착한 상담자를 만난다면	보다 덜 방어적이 될 것이다.
2. 관계의 일치를 경험한다면	경험에 대해 더 개방적이 될 것이다.
3. 클라이언트에 대해 무조건적으로 긍정적 존중을 한다면	세상에 대해 보다 현실적인 관점을 가지게 될 것이다.
4. 클라이언트에 대해 공감적 이해를 한다면	긍정적인 자기존중을 보일 것이다.
5. 클라이언트가 치료적 성장의 필요충분조건인 2, 3, 4번의 상황을 인식한다면	이상적인 자아와 실제 자아 간의 차이가 좁혀질 것이다.
	위협에 대해 덜 절망적일 것이다.
	덜 불안할 것이다.
	경험을 자기 것으로 만들 수 있게 될 것이다.
	타인을 보다 잘 수용하게 될 것이다.
	타인과의 관계를 보다 조화롭게 맺을 것이다.

출처: Feist & Feist, 2006: 325에서 재구성.

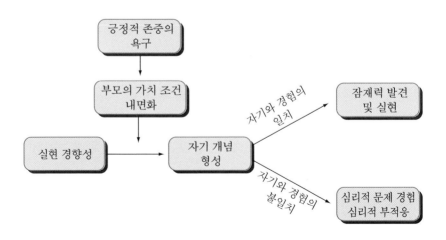

[그림 8-1] 심리적 부적응에 대한 로저스의 설명

출처: 권석만, 2014: 286.

가진 개인은 긍정적 존중의 욕구를 가지며, 부모의 가치조건을 내면화함에 따라 자기개념을 형성한다. 이때 심리적 부적응은 개인의 경험과 자기개념의 불일치에 의해 발생하며, 일치여부에 따라 건강한 삶과 부적응적인 삶으로 나누어진다.

3) 사회복지실천에의 적용

인본주의이론은 심리치료 분야의 변화를 야기한 주요 원동력이다. 로저스는 인간본성에 대해 낙관적인 관점을 가지고, 실천가가 감정이입적·무조건적인 긍정적 관심으로 클라이언트를 수용하면 변화가 일어난다고 보았다. 이러한 클라이언트중심모델은 실천가–클라이언트의 관계를 위계적·지시적 접근에서 수평적·인간적 관계로 전환시켰고, 이는 사회복지영역에서 사회복지사와 클라이언트의 관계를 설명하는 데 중요한 기반이 되었다(양옥경 외, 2009). 또한 인본주의이론의 중요한 원칙들이 사회복지실천에 영향을 주었다. 최근에는 사회복지실천의 기초적인 면접기술과 인본주의이론의 원칙을 구분하기 어려울 정도로 인본주의이론의 지식, 기술, 가치가 사회복지실천의 기초를 형성하고 있다(Turner, 1996). 예를 들어, 인본주의이론의 관점과 관계의 중요성에 대한 강조는 사회복지실천의 주요 원리인 개별화, 의도적인 감정의 표현, 통제된 정서적 관여, 수용, 자기결정, 비심판적 태도와 연결되어 있다. 이와 같이 인본주의모델이 사회복지실천 현장에서 중요하게 취급되는 이유는 클라이언트에 대한 신뢰와 존중의 가치를 구체적으로 실천하고 있기 때문에 사회복지사의 기본적 속성에 잘 부합하기 때문이다. 또한 개인과 집단에 대한 개입 모두에 활용할 수 있으며 클라이언트를 분석·해석·진단하지 않고 함께 지지적인 분위기를 갖도록 노력하므로 클라이언트에게 심리적 위협을 가중시킬 우려가 적어 다른 모델보다 안전하다고 취급되기 때문이다(김기태 외, 2006 재인용).

로저스의 이론은 사회복지학 이외에도 다양한 학문적 배경을 가진 상담전문직의 발전을 가져왔다. 특히 인간중심치료는 교육, 건강, 산업, 군대 등 다양한 분야에서 상담기술을 훈련하는 사람들의 개입모델이 되었다(이영희 외역, 2007). 그는 치료적 변화를 촉진시키는 구성요소가 무엇인지에 대해서 다음과 같이 제시하였다(Rogers, 1959).

첫째 요소는 일치성(congruence) 혹은 진실성(genuineness)으로서, 치료적 성장을 높이는 상담자의 태도 중 가장 기본이 되는 조건이다. 일치성이란 치료자가 전문가의 역할을 가장하여 그 역할 뒤로 자신을 숨기려 하지 않고, 치료관계에서 꾸밈없이 자신의 모습 있는 그대로 존재하는 것이다. 진실성의 의미는 치료자가 자신의 내면 경험과 항상 접촉하고 때로는 불편하고 혼란스러운 경험에 대한 자각도 부정하지 않는 것이다. 둘째 요소는 수용이다. '무조건적 긍정적 관심'을 의미하는 로저스의 수용은 클라이언트의 생각, 느낌, 행동에 대해 어떤 판단이나 평가도 내리지 않는 순수한 치료자의 돌봄을 의미한다. 수용은 내담자와 신뢰를 구축하고 더 깊이 있는 탐색을 도와주고 잘못된 생각을 클라이언트 스스로 바로잡도록 도와주는 태도다. 실제로 수용은 실천하기가 결코 쉽지 않다. 셋째 요소는 공감이다. 로저스는 이를 공포, 분노, 아픔, 혼란 등 타인의 내면에서 일어나고 있는 느낌의 변화에 대해 순간순간 민감해지는 것이라고 정의하였다. 그는 세 가지 구성요소 중 가장 훈련이 용이한 것이 공감이라고 하였다.

치료자가 일치성, 수용, 공감이 모두 포함된 촉진적 분위기를 제공할 수 있다면 변화가 일어나리라는 것이 로저스가 평생 지켜 온 태도다. 그는 이 세 가지 조건이 효과적 상담을 위한 필요조건일 뿐 아니라 충분조건이기도 하다고 하였다. 그러나 이러한 핵심조건들은 말하기는 간단하지만, 설명하자면 복잡하고 실제 사회복지실천에 적용하자면 훨씬 어려워진다. 즉, 로저스의 이론은 다른 이론에 비해 개념이 상대적으로 적고 단순하여 초심자가 배우기 쉽다고 여겨질지 몰라도 사실 가장 배우기 어려운 접근일 수 있다. 이는 초심자들이 지침으로 할 만한 구체적이고 체계적인 지침이 거의 없으며, 치료자의 성숙한 인격적 조건을 요구하므로 초심자가 적용하기는 어려움이 있다(권석만, 2014).

　　로저스 이론에 대한 비판으로는 인본주의 이론이 개인의 성장을 분명히 가져오지만 이 과정을 실증적으로 설명하기에는 기반이 약하다고 보는 등 과학적 정확성의 부족하다는 지적이 있다(오세진 외, 2010). 이외에 로저스는 자아실현을 측정하는 데 관심을 갖고 있었지만 구체적인 척도는 만들지 못해 인본주의 이론에 기반한 개입의 효과를 측정하는 데 제한이 있었다. 하지만 이후 학자들에 의해서 독립적으로 행동할 수 있는 능력, 자아수용/자존감, 정서적 삶에 대한 수용, 대인관계 신뢰 등을 측정하는 자아실현척도가 개발되어 (Jones & Crandall, 1986; Pervin et al., 2005에서 재인용), 사회복지실천의 효과성 측정도구로도 널리 활용되고 있다.

요약

- 현상학적 접근에 기반하고 있는 인본주의이론은 인간이 어떻게 자신과 자신을 둘러싼 세계를 이해하고 있는지에 관심을 둔다.
- 로저스는 인간의 긍정적이며, 자아실현적 특성을 강조하였다. 자아실현이란 경험에 대해 지속적으로 개방적이고 자아에 대한 경험을 통합하는 것이다.
- 인간은 긍정적 관심에 대한 욕구를 가지고 있다. 무조건적인 긍정적 관심하에서 아동과 성인은 자아실현적 상태로 성장할 수 있다. 하지만 긍정적 관심이 조건적으로 이루어진다면 자아실현에 대한 잠재력은 제한받을 것이다.
- 로저스가 제시한 완전히 기능하는 사람이란 경험에 대해 개방적인 사람, 실존적 삶을 살아가는 사람, 자신에 대한 신뢰를 가진 사람, 자유감, 창조성을 가진 사람이다.
- 인간중심치료는 상담관계의 중요성을 강조하였다. 일치성, 무조건적 긍정적 관심, 공감적 이해 등의 원칙은 사회복지실천 현장에서 사회복지사-클라이언트 관계형성의 기초가 되었다.

생각해 볼 문제

- 자신의 경험에 비추어 볼 때, 이상적 자아와 현실적 자아 사이에 괴리감을 느낀 적이 있는지 찾아보고, 자아실현을 제약하는 제반 환경적 조건과 개선방법을 생각해 보시오.
- 로저스는 상담자의 일치성, 수용, 공감의 태도가 인간의 변화를 초래하는 핵심이라고 하였다. 파트너와 일대일로 짝을 지어 사회복지사-클라이언트의 역할로 30분 정도 면담을 통해 일치성, 수용, 공감을 연습해 보고, 이러한 조건을 방해하는 어려움이 무엇인지도 함께 논의해 보시오.
- 각자 주변에서 로저스가 언급한 '완전히 기능하는 사람'에 근접한 특성을 갖고 있는 사례들을 찾아보고 공통점과 차이점을 나누어 보시오.
- 무조건적인 긍정적 관심을 받았던 경험을 떠올려 보고, 어떤 요인이 인간의 변화를 초래할 수 있는지 서로 논의해 보시오.
- 자아실현의 정도 등을 측정하는 구조화된 도구가 많이 개발되었다. 이러한 도구들을 사용할 때의 유용성과 주의점에 대해 생각해 보시오.

2. 욕구위계이론: 매슬로

1) 인간관과 기본관점

매슬로는 인본주의 운동의 주요 이론가다. 인본주의이론은 정신분석이론과 행동주의이론에 대비하여 제3의 세력이라고 불린다. 그 이유는 정신분석에서는 신경증적 행동을 병리적으로 강조함으로써 성격의 건강한 발달을 다루지 못했다고 비판받으며, 행동주의에서는 인간을 관찰 가능한 단순한 행동 체계로만 취급할 뿐 가치관, 감정, 희망, 행동의 선택, 창조성 등과 같은 인간적 측면을 간과하고 있다고 보기 때문이다(Maslow, 1968, 1970; 이인정, 최해경,

아브라함 매슬로(Abraham Maslow)는 뉴욕의 가난한 유태인 가정의 방임적인 부모 밑에서 칠남매 중 장남으로 태어났다. 아동기 시절 매슬로는 주로 도서관에서 책읽기로 시간을 보내었고, 뉴욕의 시립대학교, 코넬 대학교를 거쳐 위스콘신 대학교에서 심리학을 전공하고 석사 그리고 박사학위를 받았다. 매슬로는 손다이크(E. Thorndike) 밑에서 연구를 했었는데, 이는 아들러, 실존주의, 게슈탈트 심리학의 영향을 받았음을 의미한다. 매슬

매슬로(1908~1970)

로는 목표를 향해 추진해 나가는 과정인 동기에 관심을 두었다. 이 목표는 '욕구' 라는 것으로 문화, 환경, 세대와 상관없이 모든 인간이 추구하는 것이다. 그는 아들러(A. Adler), 프롬(E. Fromm), 호나이(K. Horney) 등과 교류하였으며, 브룩클린 대학교를 거쳐 브랜다이즈 대학교에서 교수로 재직하였고, 1970년 심장병으로 사망하였다.

출처: Allen, 2003.

2007에서 재인용).

인본주의에서는 인간본질에 대해 보다 낙관적인 관점을 갖는다. 실존주의 철학에서 많은 영향을 받은 매슬로는 인간을 통합된 전체이자 기본적으로 선량하고 창조적인 존재로 지각하면서, 환경조건이 적당하다면 인간은 자신의 잠재능력을 실현해 나가는 존재라고 보았다. 또한 매슬로는 오직 인간경험의 긍정적 측면에만 초점을 맞추었다. 그는 사람들이 어떻게 해서 자신의 삶에서 탁월한 성취를 이루고, 다른 사람들이 실패한 분야에서 성공을 거둘 수 있었는지에 관심을 가졌다(김교헌 외 역, 2005).

매슬로의 이론은 크게 두 가지 기본관점을 가진다(Pervin et al., 2005).

첫째, 매슬로는 인간이 일련의 욕구단계를 가지고 있다고 보았다. 그는 인간의 욕구가 배고픔, 수면, 목마름과 같은 생리적 욕구와 자존감, 애정, 소속감과 같은 심리적 욕구로 구분된다고 하였다. 물과 음식 없이 살 수 없듯이 다

른 욕구의 충족 없이도 살아갈 수 없다. 하지만 이 욕구들은 기본적으로 신체적 욕구에서 심리적 욕구에 이르는 단계를 형성한다고 보았다.

둘째, 매슬로는 건강하고 자아실현한 사람들에 대한 연구를 통해 삶의 긍정적인 측면과 인간의 잠재력을 강조하였다. 매슬로에 의하면 자아실현적인 사람은 자신과 다른 사람을 수용하고, 자신을 돌보면서도 다른 사람의 욕구와 바람을 인지하는 사람들이다. 또 타인에 대해 기계적이거나 일반적으로 대하기보다는 사람과 상황의 독특성에 반응할 수 있는 사람이다. 그들은 몇 명의 특정인과 지속적인 친밀한 관계를 형성할 수 있는 사람으로 자발적이며 창의적이고 현실의 여러 요구에 대하여 자기주장을 펼칠 수 있는 사람들이다. 매슬로는 이 같은 사람들이 많지 않지만 모든 사람들이 이러한 특성으로 나아가는 잠재력을 가지고 있다고 보았다.

2) 주요 개념

(1) 욕구

매슬로는 인간의 욕구를 기본적 욕구와 성장욕구로 구분하였다. 기본적 욕구란 음식, 물, 쾌적한 온도, 신체의 안전, 애정, 존경과 같은 욕구이며, 자기실현 욕구라고도 하는 성장욕구는 잠재능력, 기능, 재능을 발휘하려는 욕구다. 그는 이러한 인간의 두 가지 유형의 욕구는 선천적인 것으로 보았다(이인정, 최해경, 2007). 또 인간의 욕구에는 원초적인 생리적 욕구가 있고, 그 다음으로 안전의 욕구, 애정과 소속감의 욕구, 자존의 욕구인 네 가지 결핍욕구(deficiency needs)가 있으며, 이러한 욕구들이 충족되고 나면 지적인 성취, 심미적인 이해와 자아실현의 세 가지 존재욕구(being needs)가 있다고 분류되기도 한다(현성용 외, 2009: 291-292).

(2) 욕구위계

매슬로(1970)는 "사람이 빵으로만 살 수 있는가?"라는 질문에 대해 두 가지로 대답하였다. 만약 사람들이 빵을 하나도 가지고 있지 않다면 답은 "예."
이다. 하지만 빵이 충분하다면 답은 "아니요."가 된다.

먹을 것에 대해서만 생각하는 매우 배고픈 사람의 예를 들어 보자. 이들은
빵 이외에 다른 것은 전혀 관심이 없다. 이들에게 삶은 먹는 것으로만 정의된
다. 하지만 먹을 것이 충분하고 배부른 상태라면 전혀 다른 이야기가 된다. 배
고픔에 대한 충족은 인간으로 하여금 보다 상위의 욕구를 추구하도록 한다.
또 이 두 번째 단계의 욕구가 충족되면 여전히 보다 상위의 욕구가 나타난다.
매슬로는 기본적인 생물학적 욕구에서부터 추상적이며 독특한 인간의 욕구
를 다섯 가지 단계적 형태로 제시하였다(Allen, 2003; 정옥분, 2007: 79-80)([그림
8-2] 참조).

[그림 8-2] 인간의 욕구단계

생리적 욕구(physiological needs)   생리적 욕구는 음식, 물, 공기, 수면에
대한 욕구와 성욕으로서, 이들 욕구의 충족은 생존을 위해서 필수불가결한 것
이다. 생리적 욕구는 모든 욕구 중에서 가장 강렬하며, 이 욕구가 충족되지 않
으면 안전, 사랑, 자아존중감, 자아실현 등은 모두 하찮은 것이 되어 버린다.
물론 우리가 잠시 동안 배고픔이나 갈증을 참고 견딜 때도 있지만, 생리적 욕
구들이 충족되지 못하면 보다 높은 단계로 나아가지 못할 것이다.

안전의 욕구(safety needs)　　안전, 안정, 질서에 대한 욕구, 모호, 불안, 공포로부터의 해방에 관한 욕구 등이다. 은행에 돈을 저축하고 보험에 가입하며 안정된 직장을 얻는 것 등이 좋은 예다. 매슬로는 부모의 갈등, 별거, 이혼, 죽음 등은 가정환경을 불안정하게 만들기 때문에 아동의 심리적 안녕감에 해가 된다고 하였다.

애정과 소속의 욕구(love and belongingness needs)　　특정한 사람들과 친밀한 관계를 맺고 어떤 집단에 소속되고자 하는 욕망으로 표현된다. 인간은 단체나 클럽에 가입하여 소속감을 느끼기도 하고, 특정한 사람과 친밀한 관계를 가짐으로써 애정의 욕구를 만족시키려고 한다. 그러나 안타깝게도 현대사회의 특징(도시화, 관료주의, 가족 간 유대관계의 쇠퇴 등)으로 인해 인간은 이 욕구의 만족이 저해되고 소외감과 외로움을 느끼게 된다.

자아존중의 욕구(self-esteem needs)　　자아존중의 욕구는 기술을 습득하고 맡은 일을 훌륭하게 해내고 작은 성취나 칭찬 및 성공을 통해서, 다른 사람들로부터 긍정적인 평가를 들음으로써 충족된다. 자아존중에는 다른 사람이 자기를 존중해 주기 때문에 갖게 되는 자아존중감과 스스로 자기를 높게 생각하는 자아존중감의 두 가지 유형이 있다. 전자는 명성, 존중, 지위, 평판, 위신, 사회적인 성과 등에 기초를 두는데, 이것은 쉽게 사라질 수 있다. 반면 후자는 내적으로 자신이 가치 있는 사람이라고 생각하므로 자신에 대해 안정감과 자신감이 생긴다. 이 욕구가 충족되지 않으면 열등감, 좌절감, 무력감, 자기비하 등의 부정적인 자기인식을 초래하게 된다.

자아실현의 욕구(self-actualization needs)　　인간의 욕구단계 중에서 가장 높은 수준의 것이다. 앞에서 언급한 모든 욕구를 충족시킨 사람이 이 범주의 욕구를 갖게 되는데, 그들은 자신의 능력과 재능을 최대한 활용하는 성숙하고 건강한 사람들이다. 매슬로에 의하면 인간은 누구나 다 자아실현의 욕구를 갖고 있지만 대부분의 사람들은 이 욕구를 실현시키지 못한다고 본다.

욕구위계이론의 기본적 가정은 생리적 욕구나 안전의 욕구와 같은 하위단
계의 욕구가 충족되어야 더 상위의 욕구를 의식하거나 동기가 부여된다는 것
이다. 하지만 이러한 욕구위계의 순서가 반드시 절대적인 것은 아니다. 예를
들어, 종교적 신념을 지키거나 사회정의를 실현하기 위해 단식하는 사람, 목
숨을 걸고 나라를 지키기 위해 전쟁에 나가는 사람 등은 욕구 간의 서열을 따
르지 않은 것이다(이인정, 최해경, 2007).

인간욕구에 대해 인본주의 학자인 로저스와 매슬로의 이론을 비교해 보자.
로저스는 자아실현의 경향성과 긍정적 존중에 대한 욕구를 강조하였는데, 이
는 매슬로의 욕구위계 피라미드에서 세 번째 수준에 해당하는 사회적 욕구에
초점을 맞춘 것이다. 한편 매슬로는 로저스가 언급하지 않은 생리적 욕구, 안
전의 욕구를 제시하였다는 점에서 차이가 있다.

(3) 자아실현

자아실현을 이루는 사람은 한 사람의 인간으로서 통합되고 완전하게 되는
과정에 있는 사람이다. 매슬로는 모든 사람이 자아실현의 잠재력을 가지고 있
으며, 스스로 장차 그렇게 될 만한 역량 있는 인간이 되고 싶은 욕구를 가지고
있다고 보았다(김교헌 외 역, 2005).

자아실현한 사람들의 특성을 찾아내기 위하여 매슬로는 친구, 지인, 다양
한 역사적 인물(예: 링컨, 루즈벨트 대통령 등) 중 가장 적합한 사람들을 집중 연
구하였다. 연구 방법은 살아 있는 사람에게는 면접, 자유연상, 투사적 기법을
사용하였고, 이미 세상을 떠난 사람들의 경우에는 전기와 자서전 등의 자료를
가지고 분석하였다(정옥분, 2007). 그는 자신의 연구가 과학적 신뢰도와 타당
도, 표집의 문제가 있음을 인정했지만, 심리적 건강의 문제가 매우 중요하다
고 느껴 연구를 계속하였다. 다양한 사람들을 대상으로 그들의 삶에 대한 광
범위한 연구를 실행한 후에 매슬로는 자아실현하는 사람들이 일련의 공통적

특성을 나타냄을 발견하였다.

자아실현을 한 사람들은 현실을 보다 정확히 지각하며, 자신과 타인 그리고 자연을 더 잘 수용하고, 자신과 타인의 단점을 인식하지만 지나치게 죄책감을 갖거나 불안해하지 않는 특성을 가진다. 반면 자아실현을 이루지 못한 사람들은 스스로에게 집착하고 열등감을 가지며 사회의 규칙에 대해 지나치게 거부하거나 무비판적으로 수용하는 등의 특성을 지닌다(Ryckman, 2004: 432). 〈표 8-3〉은 자아실현한 사람들의 두드러진 특징을 요약한 것이다.

표 8-3	자아실현한 사람들의 특성

- 현실을 명확히 지각하며 타인과 편안한 관계를 맺는다.
- 자신과 타인, 자연을 수용한다.
- 자발성, 단순성, 자연스러움을 유지한다.
- 문제를 적극적으로 해결한다.
- 독립적인 생활을 할 수 있다.
- 강력한 의지를 갖고 있으며 환경으로부터 상대적인 독립성을 갖는다.
- 지속적으로 감사의 마음을 갖는다.
- 신비한 경험, 절정의 경험을 한다.
- 인류에 대해 동일시하며 친밀감을 갖는다.
- 타인과 사적으로 깊이 있는 관계를 맺는다.
- 민주적인 성격구조를 가진다.
- 목적과 수단, 선과 악 간에 윤리적 차별성을 갖는다.
- 철학적이며 유머감각을 가진다.
- 창의성이 있다.
- 모든 문화를 포용한다.

출처: Allen, 2003: 237.

3) 사회복지실천에의 적용

욕구위계이론은 심리학, 교육학, 경제학 등 다양한 학문 영역에서 인간행

동을 설명하는 데 도입되어 지지를 받았다. 국가의 경제발전을 설명할 때, 저
개발국 국민은 의식주의 기본적인 생존을 위한 욕구충족이 우선이라면, 기본
적인 결핍욕구가 충족된 개발도상국의 국민은 개인과 국가의 자존감, 국제사
회에서의 위상확보를 위해 주력한다. 한편 선진국의 국민은 지적 성취와 심미
적 욕구충족을 위해 문화생활, 웰빙이 관심사이며 이러한 욕구가 충족되면 최
상의 단계인 자아실현 욕구가 발생한다. 하지만 욕구위계이론에 대한 비판으
로 하위욕구가 충족되지 않은 상태에서도 상위수준의 욕구 충족을 위해 노력
하는 많은 사람이 있다는 지적이 있다(현성용 외, 200: 291-292).

매슬로의 욕구단계에 대한 설명은 서비스를 제공하는 사회복지기관이나
사회복지사에게 유용한 실천함의를 제공한다. 사회복지사는 클라이언트의
욕구가 무엇인지 알고, 그 욕구에 적합한 서비스를 제공할 수 있어야 한다. 또
한 가지 욕구가 충족되면 욕구의 수준도 더 높은 단계로 이동하고, 높은 단계
로 올라간 욕구는 낮은 단계의 욕구가 채워지지 않을 때 후퇴할 수 있다는 것
을 고려함으로써, 사회복지실천에 매슬로의 이론을 적용할 수 있다(엄신자,
2007: 413). 또한 문제사정에서 어떤 욕구가 충족되었고 어떤 욕구가 충족되지
않았는지 살펴볼 때, 즉 클라이언트의 욕구 파악 및 평가 시에도 욕구위계 개
념이 유용할 것이다. 예를 들어, 빈곤가정에서 가정폭력 피해를 당하고 있는
아동이 학교에서 잘 적응하고 공부를 잘하도록 하는 목표보다 생리적 욕구와
안전의 욕구 충족을 사회복지사의 개입목표로 우선순위를 두어야 할 것이다.

1990년 중반부터 실증적 입장을 견지하는 학자들은 '긍정심리학(Positive
Psychology)'이라 불리는 새로운 접근방법의 영향을 받으며 희망, 낙관주의,
복지를 강조하고 있다. 긍정심리학자들의 관심은 매슬로 그리고 로저스와 같
은 인본주의이론가로부터 비롯된 것이었다(Feist & Feist, 2006: 298). 이러한 경
향은 사회복지실천에서도 예외가 아니다. 문제보다는 강점을 중요시하는 최
근의 강점중심의 사회복지실천에도 매슬로 이론이 영향을 미쳤다.

인본주의 학자인 로저스와 매슬로의 이론은 많은 공통점을 갖고 있다. 둘
다 과거보다는 현재에 관심을 두었고, 프로이트보다 아들러 사상의 영향을 받

아 성격발달에서 자아실현의 중요성을 강조하였다. 차이점으로는 로저스가 자아실현을 몇 가지 핵심개념 중 하나로 본 반면, 매슬로는 자아실현을 가장 중요한 개념으로 간주하였다는 것을 들 수 있다. 또한 로저스는 많은 사람들이 자아실현에 도달할 수 있다고 한 반면, 매슬로는 매우 특별한 소수만이 자아실현을 이룩한다고 보았다(Allen, 2003: 225).

매슬로 이론에 대한 비판으로는 인본주의 관점에서 제시하는 자아실현의 개념이 검증하기 어렵고, 정밀성이 부족하며, 인간본성에 대한 낙관적·긍정적 관점이 자의적이며 감상적이라는 지적이 있다. 또한 자아실현에 대한 매슬로의 관점이 개인의 성취를 중요시하는 미국사회의 가치에 기반한 것이라는 비판도 일고 있다(김교헌 외 역, 2005).

요약

- 매슬로는 자아실현과 개인의 잠재적 능력의 충족을 강조한 인본주의 운동의 대표이론가로서, 그의 이론은 정신역동이론, 행동주의이론에 대비하여 제3의 세력이라 불린다.
- 매슬로는 인간행동을 유발하는 다섯 가지 욕구로 생리적 욕구, 안전의 욕구, 애정과 소속의 욕구, 자아존중의 욕구, 자아실현의 욕구를 제시하였다. 그는 욕구위계에서 하위욕구가 더 강하며 우선적이고, 상위의 욕구는 인생의 후반부에 나타나는 경향이 있다고 하였다.
- 로저스는 매슬로의 사회적 욕구에 해당하는 자아실현 경향성과 긍정적 존중에 대한 욕구를 강조한 반면, 매슬로는 로저스가 언급하지 않은 생리적 욕구, 안전의 욕구를 제시하고 있다.
- 매슬로는 자아실현한 자의 특성으로 자신과 타인에 대한 수용, 자발성, 철학적, 유머감각, 창의성, 문화 포용력 등을 언급하였다.
- 매슬로의 이론은 자율성, 성취, 자기가치감과 같은 서구사회의 가치에 기반한

것으로, 개인보다 집단을 중요시하는 동양 문화권에서는 비판을 받는 부분이 있다.

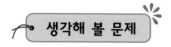

- 자아실현의 개념은 매우 추상적으로 들릴 수도 있다. 주변에서 매슬로가 말한 자아실현을 이룬 사람들의 특성을 가진 자를 찾아보고, 이 사람들의 공통점을 추출해 보시오.
- 당신은 매슬로의 욕구단계 중 어느 단계의 욕구가 충족되었으며, 아직 충족되지 않은 욕구는 무엇인가? 또 현재 가장 필요로 하고 관심을 갖고 있는 욕구는 무엇인가?
- 최근 웃음치료 등 사회복지실천 현장에서도 유머를 활용한 개입에 대한 관심이 높아지고 있다. 매슬로가 자아실현한 사람의 특성으로 언급한 유머감각을 갖기 위해 사회복지실천 현장에서 활용할 수 있는 방법은 무엇일까?
- 이 책에 소개된 다양한 접근법을 이론적 기반으로 하여 사회복지실천을 수행한 연구 간행물을 찾아보고, 이론과 실천의 연계가 어떻게 이루어졌는지 살펴보시오.

제3부

인간발달

인간은 출생 후 죽을 때까지 성장과 노화를 거치면서 매일 조금씩 변화해 간다. 이러한 현상을 인간발달이라고 하며 신체적, 인지적, 심리사회적 면을 포함하는 제반 변화과정을 의미한다. 모든 인간은 대체로 일정하고 공통적인 기본 발달과정을 거치지만 각자를 둘러싼 여러 요인이 복합적으로 작용함에 따라서 개별적인 차이를 갖게 된다. 유전적 특성, 임신과 출산과정, 영양과 보건상태 등의 생물학적 요인뿐만 아니라, 가족이나 주위 사람들과의 대인관계를 통해 형성되는 심리적 특성과 시대나 지역과 같은 보다 간접적인 사회문화적 환경 등을 포함하는 다양한 요인들이 개인의 발달에 영향을 미치는 것이다.

사회복지사들은 이러한 요인들의 상호작용을 잘 알고 있어야 한다. 이를 통하여 클라이언트가 매순간 드러내는 행동을 이해할 수 있기 때문이다. 그러나 전 생애에 걸친 인간발달의 포괄적인 내용을 모두 이해하는 것은 결코 쉬운 일이 아니다. '인간', '발달' 또는 '변화'는 그 자체로서도 각기 복잡한 역동성을 내포할 뿐 아니라, 최근의 급격한 사회적 변화로 인해서 관련 특성들이 한층 더 다양하고 복잡해지고 있기 때문이다. 예를 들어, 의학의 발달로 평균수명이 획기적으로 길어지면서 성인기, 특히 중년기 후반부와 노년기의 특성에 변화가 일어나고 있다. 이에 따라 기존의 인생주기를 수정해야 한다는 주장이 대두되고 있다.[1]

이 책에서는 현재 통용되는 보편적인 구분법에 준하여 인간발달의 단계를 구분하였으나 발달내용에 있어서는 최신의 추세를 반영하고자 하였다. 제9장에서는 인간발달의 개념 등 이론적 기초를 소개하고, 제10장부터 제14장까지는 태내기, 신생아기, 아동기, 청소년기, 성인기로 발달단계를 나누어 각 단계별로 신체적 · 심리적 · 사회적 발달의 측면에서 그 자세한 특성을 살펴보았다. 특히 가장 긴 생애주기에 해당하는 성인기는 초기의 청년기, 중기의 중년기, 그리고 후기에 해당하는 노년기로 보다 세분하였다.

---

1) 맥아더재단은 인간발달단계를 1~25세까지의 교육시기, 20~50세까지의 청춘기, 50~75세까지의 중년기, 75세 이후의 노년기로 나누는 '새로운 인생주기'를 제시한 바 있다(Brim et al., 2004). 최근 우리나라에서도 연령상으로는 60~70세 이상의 노년기에 해당하지만 심리사회적으로는 여전히 젊고 활동적인 인구가 증가하고 있으며, 매스컴에서는 이들을 신(新)중년, 액티브시니어(Active Senior) 또는 청년노인 등으로 칭하고 있다.

제9장 인간발달의 기초

이 장에서는 인간발달의 개념과 특성을 유사 용어들과 구별하여 설명하였고, 제10장부터 제14장까지 구체적으로 설명할 인간발달의 단계별 특성에 관한 개요를 정리하였다.

1. 인간발달의 개념

인간발달이란 한 생명이 잉태되어 출생한 후 사망에 이르기까지 나이가 들면서 발생하는 신체적 · 심리적 · 사회적 측면의 모든 변화를 의미한다. 모든 인간은 출생 직후부터 태생적인 유전적 특성을 기초로 하여 주위 환경에 지속적으로 반응하면서 변화되어 간다. 이러한 과정에서 약물이나 질병, 피로 등에 의해 나타나는 일시적인 변화는 제외되며, 발달의 양상과 과정은 대부분 특정한 방식과 단계를 따른다(최경숙, 2000: 4-5).

하나의 세포에서 시작한 생명체는 태내에서 사람의 모습을 갖추어 출생한 후 차츰 성장하면서 걷고, 말하고, 생각을 하게 된다. 영아기에는 일어나 앉고, 서고 걷는 등 스스로 몸을 가눌 수 있게 되며, 유아기 이후 아동기를 거치면서 숫자를 세고 글을 읽고 쓰고 차츰 복잡한 문제도 이해할 수 있게 되고 친구 및 주변 사람들과 어울려 지내는 법을 익히기 시작한다. 신체적 성징이 뚜렷해지는 사춘기가 되면 자아정체성을 형성하게 되고 자신의 진로와 미래에 대한 고민과 탐색을 시작하게 되며 이성에 대해서도 본격적인 관심을 갖게 된다. 대학을 졸업할 무렵이 되면 부모로부터 독립하여 경제적 · 사회적 활동을 시작하는 성인기 초기에 접어들게 된다.

또한 결혼을 하여 자녀를 낳고 키우면서 새로운 세대를 형성하고 사회구성원으로서 정치 · 경제 · 사회 등 모든 분야에서 핵심적 역할을 담당하는 중년기를 지나게 된다. 각자의 위치와 역할이 정착되는 중년 후기가 되면 많은 사람들이 자신의 나이와 능력을 의식하게 되어 초조와 불안, 허무감을 느끼는 등 심리적 위기를 겪는다.[1] 이어서 직장과 사회생활에서 은퇴하고 조부모가 되기도 하는 노년기에 이르면 자신의 삶을 되돌아보며 인생의 의미와 여생이 얼마 남지 않았음을 깨닫고 삶을 정리하고자 애쓴다. 그러나 이와 동시에 노화로 인한 질병에 시달리다가 결국 죽음을 맞이하게 되는 것이다.

누구나 거치게 되는 이러한 과정을 통해서 인간에게는 지적 · 심리적 · 신체적 능력과 영적 · 도덕적인 가치 및 경제적 · 사회적 관계 등 모든 면에서 지속적인 변화가 일어나게 된다. 이렇듯 우리가 인생을 살아가면서 겪는 모든 변화를 발달(development)이라고 한다. 따라서 인간의 발달은 일차적으로는 신체적 · 정신적으로 성장하고 기능의 수준이 높아지며 원숙해지는 정적인 변화에 초점을 두고 있지만, 노화로 인해서 신체적 · 지적 구조가 쇠퇴하고 기능이 약화되는 부적인 변화도 포함된다.

---

1) 최근 의학 및 보건환경의 발달로 인해서 인간의 수명이 획기적으로 길어지고 있는 서구사회에서는 중년기와 본격적인 노년기 사이의 기간을 인생발달주기에서 새롭게 나타난 단계로 규정하고 있다. 은퇴와 더불어 새로운 삶을 살 수 있는 시기로 보는 것이다. 이에 따라서 중년기 후반의 갱년기에 겪게 되는 신체적 · 심리적 변화를 제2의 사춘기라고 부르기 시작하고 있다 (Trafford, 2004).

발달은 성장(growth)이나 성숙(maturation)의 개념과 혼용하여 사용되기도 하는데 엄격한 의미에서는 다소 차이가 있다. 성장은 시간의 흐름에 따라 신체나 지적 능력이 양적으로 증가하는 것을 의미하며, 주로 신체적인 변화에 초점을 두지만, 정신적 성장 등 긍정적인 심리적 변화를 표현하는 데 사용되기도 하므로 발달과 거의 같은 개념으로 간주되기도 한다. 그러나 성장은 퇴행적 변화까지 아우르지는 않으므로 발달보다는 협의의 개념이다. 한편 성숙은 유전적으로 미리 정해진 정도까지 도달하는 생물학적인 변화를 주로 의미한다. 예를 들면, 사춘기를 지나는 동안 아동의 신체적 발달은 성인과 거의 같은 수준까지 진행되어 청소년기가 끝나면 키나 성징이 더 이상 발달하지 않는 '성숙' 단계에 도달하게 된다. 성숙 또한 유전과 환경의 영향에 의한 변화과정을 모두 포함하는 '발달' 보다는 협의의 개념이라고 볼 수 있다(권중돈, 김동배, 2005: 30-31).

2. 인간발달의 특성

지구상에 존재하는 모든 생명체는 특유의 발달원칙을 갖고 있다. 인간도 예외가 아니어서 일련의 원칙에 따라 일생 동안 변화해 간다. 즉, 인간발달은 일생 동안 체계적으로 일어나는 예측 가능한 과정이다. 인간발달의 원칙에 관해서는 학자들 간에 다양한 논의가 이루어졌으며 과학의 발달에 따라 수정과 보완이 거듭되었다. 여러 이론에서 공통적으로 제기된 인간발달의 기본 원칙을 정리하면 다음과 같다. 인간발달 이론들이 초점을 두었던 핵심적 주제들도 이어서 소개하였다.

1) 인간발달의 기본원칙

여러 학설에서 공통적으로 제기되고 있는 인간발달의 기본적 원칙은 다음

네 가지로 정리할 수 있다(Zastrow & Kirst-Ashman, 2001: 66-68).

(1) 순서와 방향성

인간발달은 일정한 순서와 방향성을 갖는다. 첫째, 간단한 것에서부터 복잡한 것의 순으로 발달한다. 둘째, 상부에서 하부로, 즉 머리에서 발끝 방향으로 발달한다. 셋째, 몸통과 같은 신체의 중심에서 시작하여 손가락의 움직임과 같은 말초 방향으로 발달한다. 넷째, 보다 일반적이고 전체적인 과정에서부터 구체적이고 특수한 과정으로 발달한다. 예를 들면, 아기들은 고개를 먼저 가누기 시작하며, 뒤집고, 일어나 앉고 길 수 있게 된 다음에 비로소 설 수 있게 되고, 걸을 수 있게 된다. 물건을 잡으려 할 때도 처음에는 무작정 손을 움직이다가 차차 손목과 손가락을 세밀하게 사용하게 된다. 걸음걸이도 처음에는 부자연스럽게 몸통 전체를 움직이며 넘어지곤 하다가, 점차 보행에 필요한 근육이나 팔과 다리만을 사용하게 된다.

(2) 발달속도의 다양성

발달의 속도가 항상 일정하지는 않다. 신체부위에 따라서 발달속도가 다르며, 타고난 특성이나 나이에 따라서도 특정한 기능의 발달속도가 서로 다르게 나타난다. 예를 들면, 신체적 발달은 유아기와 사춘기에 급속하게 이루어지지만 다른 시기에는 그 속도가 느리며, 언어의 발달속도는 유아기에 가장 빠르고, 성인이 되면 발달이 거의 멈추게 된다. 이렇게 어떤 신체기관이나 기능의 발달이 급속하게 진행되는 특정 시기를 '결정적 시기'라 하는데, 이때 정상적인 발달이 이루어지지 않으면 영구적인 발달장애를 갖게 되는 경우도 있다.

(3) 개인차이

인간의 발달에는 개인적 차이가 있다. 즉, 신체적 구조나 운동능력의 발달이 일정한 순서를 따르기는 하지만 특정 기술을 습득하고 완성하는 시기는 개인에 따라서 많은 차이가 난다. 예를 들어, 아기가 걷기 시작하는 평균 연령은

15개월이지만 운동신경이 발달한 경우에는 8개월에 걷기도 하고 늦으면 22개월이 되어서야 걷기 시작하기도 한다. 인지적 발달도 마찬가지여서 매우 일찍부터 말을 하거나 글을 이해하기 시작하는 아이도 있고, 어릴 때는 다른 아이들보다 늦되다가 나중에 소위 '셈이 트이면' 급속도로 인지 능력이 발달하는 경우도 많다.

⑷ 유전과 환경

인간발달은 모든 유전적 · 환경적 요인들의 복합적인 상호작용에 의해 이루어진다. 각 요인들이 어느 정도 관여하는지에 대해서는 정확하게 알려지지 않았으나, 일반적으로 생물학적 발달에는 유전적 특성, 심리적 발달에는 환경적 영향이 더 큰 것으로 간주되고 있다. 생리와 심리는 물론 서로 밀접한 관계가 있어서 생물학적 특성이 심리적 발달에 영향을 미치는 등 서로 영향을 주고 받는다. 또한 일부 유전생물학적인 특성들은 환경의 변화에 따라 빠른 속도로 진화하기도 하며 환경의 영향을 크게 받기도 한다. 예를 들어, 최근 우리나라 젊은 세대들의 체형과 얼굴형이 서구화되고 있는 것은 식습관의 변화와 좌식문화의 발달로 인한 것이다. 이는 불과 한 세대만에 빠르게 일어나고 있는 현상인데 환경이 생물학적 특성에 미치는 영향이 얼마나 큰지 알 수 있다. 문명이 발달하고 사회가 복잡해질수록 환경에 적응하기 위한 유전적 진화의 속도도 빨라지게 된다.

2) 인간발달의 주제

인간발달의 특성에 대한 논의가 시작된 19세기 후반 이래 지속적으로 제기되어 온 인간발달에 관한 다양한 이론들의 주요 쟁점을 정리하면 다음 세 가지로 요약할 수 있다(최경숙, 2000: 7-9). 이는 앞에서 제시한 인간발달 원칙의 배경이 되는 주제들이다.

(1) 능동성과 수동성

인간은 개인의 유전적 특성과 주어진 환경의 영향을 받는 수동적인 발달과정을 거치게 될 뿐만 아니라, 그러한 과정에서 가족을 포함한 주위 사람들, 즉 주변 환경에 영향을 끼쳐서 환경 자체의 변화를 일으키는 능동성도 지니고 있다. 어릴 때는 주로 외모나 운동능력, 지적능력 등 부모로부터 물려받은 천성대로 환경에 반응을 하며 자라지만, 점차 경험이 쌓이면서 자발적으로 새로운 경험을 추구하는 능동성을 발휘하게 된다. 이 과정에서 주위에 영향을 끼치게 되고 자라면서 그 힘이 커진다. 자신의 타고난 특성을 극복하고 주어진 환경을 변화시켜서 새로운 삶을 살고자 하는 능동적 욕구는 극히 보편적인 인간 특성인 것이다. 즉 인간은 다면적인 환경체계들과 지속적으로 영향을 주고받으면서 전 생애에 걸쳐서 변화해 간다. 이러한 상호작용성은 인간발달 원칙들의 저변에 공통적으로 적용되는 특성으로 많은 발달이론에서 논의되는 주요 주제다.

(2) 연속성과 불연속성

인간발달이 점진적으로 이루어지는 연속적인 과정인지 새로운 변화가 급격하게 발생하는 불연속적인 과정인지에 대해서는 논란이 있어 왔지만 일반적으로는 그 두 특성이 모두 인정되고 있다. 연속성에 의해 설명되는 부분과 불연속성에 의해 설명되는 부분이 공존하는 것이다(Rutter, 1987). 연속적인 관점에서는 새로운 능력이 전 단계까지 쌓인 능력을 기초로 하여 점진적으로 발달되는 것으로 보는 반면, 불연속적으로 보는 경우는 어떤 변화가 급격하게 일어나는 시기가 있으며 이때는 특정한 발달이 전 단계의 발달과는 별도로 이루어진다고 본다. 연속성모델은 학습과 경험을 통해서 행동이나 기능이 습득되어 가는 과정에 중점을 두며, 여러 가지 기능들이 늘어나고 합쳐지는 등 전체적인 기능이 양적으로 증가한다고 본다. 반면 불연속성모델은 과거의 기능이나 행동들의 단순 결합이라고 할 수 없는 질적인 변화가 일정 단계에서 일어난다고 보는 것인데 단계이론에서 흔히 볼 수 있다.

⑶ 성숙과 학습

인간발달은 생물학적인 성숙과정과 경험을 통한 학습과정의 상호작용으로 이루어진다. 제1절에서 언급한 바와 같이 성숙이란 개인이 부모로부터 물려받은 유전적 특성에 의해 출생 전부터 미리 결정된 방향으로 발달해 가는 것을 의미하며, 개인의 환경적 경험과는 비교적 관계가 적다. 반면에 학습은 주어진 환경에서 직·간접적인 경험을 통해서 일어나는 개인 심리나 행동의 후천적인 변화과정이다. 그러나 인간발달과정이 성숙에 의한 것인지 학습을 통한 것인지를 분리하기가 쉽지 않으며 발달 영역에 따라 그 영향력이 다르다. 예를 들어, 태내발달이나 신경계의 발달은 성숙과정을 주로 따르지만 운동능력이나 인지능력의 발달에는 성숙과 더불어 학습도 중요한 영향을 미친다. 쉬운 예로, 유전정보에 따라 정해진 시기에 걸음마를 시작하지만 부모가 연습을 많이 시키는 경우에 더 빨리 잘 걷게 된다. 말하기나 인지능력도 특정 시기가 되면 일정한 수준에 이르게 되지만, 가족과의 상호작용이 많을수록 더욱 발달하게 된다.

3. 인간발달의 단계

출생부터 사망까지 시간의 흐름에 따라 나타나는 발달적 변화과정을 어떤 특징적인 변화를 근거로 세분화한 것을 인간발달의 단계라고 한다. 인간발달 단계는 학자에 따라서 다양하게 구분되고 있으며, 우리나라에서도 저자에 따라서 조금씩 다르게 소개되고 있다. 일반적으로는 아동기, 청소년기, 성인기, 노년기로 크게 나누지만, 하비거스트(Havighurst, 1972)는 아동초기, 아동중기, 청년기, 성인기, 성인중기, 그리고 성인후기의 여섯 단계로 분류하였다. 뉴먼과 뉴먼(Newman & Newman, 1987)은 태내기부터 성인후기까지 열 단계로 분류한 바 있다. 이 책에서는 이러한 구분 방법들을 기준으로 하고, 정보화와 노령화가 빠르게 진행되고 있는 최근의 사회환경적 변화, 그리고 영유아보육법,

표 9-1 인간발달의 단계[2]	
• 태내기	수정~출생 전
• 신생아기	출생~2, 3주
• 영 · 유아기	영아기: 생후 2, 3주~2세 유아기: 3~5, 6세
• 아동기	6, 7~11, 12세(초등학교 시기)
• 청소년기	전기: 13~15세(중학교 시기) 중기: 16~18세(고등학교 시기) 후기: 19~24세(대학교 시기)
• 성인기	초기: 25~35세(청년기) 중기: 36~64세(중 · 장년기) 후기: 65세~사망(노년기)

아동복지법과 같은 법적 기준에 근거하여 인간발달단계를 〈표 9-1〉과 같이 분류하였다.

즉, 수정 후 출생 전까지를 태내기로, 출생 직후 2~3주간을 신생아기로 구분하였다. 초등학교 입학 전까지는 영 · 유아기로 분류하였으며, 그 중 영아기(嬰兒期)는 만 1~2세까지, 유아기(幼兒期)는 3세부터 5, 6세까지 두 단계로 재분류하였다. 또한 초등학교 재학 시기를 아동기로 분류하였으며, 중학교, 고등학교, 그리고 대학 재학 시기를 청소년기로 분류하고, 각각 청소년 전기, 중기, 후기로 나누어 설명하였다. 성인기도 초기, 중기, 후기로 구분하여 각각을 청년기, 중 · 장년기, 노년기로 분류하였다.

이렇게 발달단계를 나누는 것은 각 단계마다 삶의 주요 특성이 바뀌기 때문이다. 모든 생물체가 태어나서 성장하고 노화하여 죽어 가는 과정에서 각각의 고유한 과정을 거치듯이, 수명이 길고 복잡한 요인이 작용하는 인간의 삶도

---

2) 각 발달단계의 연령구분은 평균연령을 제시한 것일 뿐, 개인의 특성이나 사회문화적 배경에 따라서 조금씩 차이가 있을 수 있다.

여러 단계를 거치게 되며 각 단계별로 고유한 특성을 갖는다. 이러한 특성을 발달과제 또는 발달과업(developmental task)이라고 하며, 개인이 일생동안 각 단계마다 필수적으로 성취해야 할 일이나 발달해야 하는 기능 또는 능력을 의미한다. 한 발달단계에서 주어진 과업을 성공적으로 완수하면 다음 발달단계로 이행하기가 쉬우나, 실패를 하게 되면 다음 단계의 과업 수행도 어려워진다. 발달이 지체되거나 정체되는 것이다.

사회복지사는 인간발달단계에 따른 발달과제를 잘 이해하고 있어야 한다. 클라이언트의 행동이 발달단계에서 나타나는 정상적인 범위 내의 행동인지 아닌지를 파악할 수 있어야 클라이언트의 문제를 제대로 사정할 수 있기 때문이다. 클라이언트의 나이에 따른 적절한 발달과제는 문제해결의 목표와 방법을 설정하기 위한 지침이 될 수 있다. 예를 들어, 사춘기 청소년이 부모와 갈등을 겪는 것은 자연스러운 신체호르몬의 변화 때문일 수 있으므로, 특수한 문제행동으로 판단하기 전에 우선 보편적인 발달과업적 특성으로 바라볼 필요가 있다. 즉 사회복지사는 갈등의 정도가 일반적인 범위를 벗어나는 것인지를 파악할 수 있어야 하며, 그럴 경우에는 그 원인을 파악하고 개입 계획을 세워야 한다.

일반적으로 발달과제는 인간의 생물학적 발달과정에 근거하는 보편적인 특성을 의미하지만, 개인의 사회경제적 수준이나 사회적 · 문화적 · 환경적 특성 등에 따라서 차이가 있다. 따라서 발달과제는 가장 기본적인 생물학적 또는 신체적 발달과제, 인지 및 정서체계의 변화인 심리적 발달과제, 그리고 주위 환경과 영향을 주고받으면서 진행되는 사회적 발달과제 등 세 가지 영역으로 대별해 볼 수 있다. 다음 장부터는 이러한 세 영역에서의 주요 발달과제와 관련 특성들을 각 발달단계별로 살펴보고자 한다.

요약

- 인간발달이란 수정에서부터 죽음에 이르기까지 전 생애에 걸쳐서 신체적, 심리적, 그리고 사회적 측면에서 나타나는 질서정연하고 연속적이며, 상승적 또는 퇴행적 변화과정을 의미한다.
- 인간발달은 일정한 순서에 의해서 진행되며 방향성을 갖지만, 그 속도는 신체 부위나 연령 등에 따라 다르며 개인차가 있다. 또한 발달은 유전적인 특성에 의한 생물학적인 성숙과 환경에 따른 경험적 학습의 상호작용에 의해서 이루어진다. 그 외에도 인간발달에 관한 다양한 이론들의 주요 주제에는 발달주체의 능동성과 수동성, 발달과정의 연속성과 불연속성 등이 포함된다.
- 개인은 발달과정을 통해 환경의 영향을 받지만 직간접적으로 환경에 영향을 미치기도 한다. 발달은 점진적이면서도 연속적인 과정이지만 특정한 발달이 특정 시기에 나타나는 불연속적인 특성도 있다.
- 발달단계란 어떤 특정한 측면의 발달, 즉 발달과제의 성취가 강조되는 삶의 특정 기간을 말한다. 인간발달단계는 대략 연령을 기준으로 구분되는데 일정한 연령대가 되면 발달적 전환이 나타난다.
- 각 발달단계에는 그 단계에서 성취해야 하는 고유한 특성인 발달과제가 있으며 그 이전 단계나 이후 단계로부터 구분된다.
- 인간발달단계는 태내기를 포함하여, 신생아기와 영·유아기, 아동기, 청소년기, 그리고 성인기에 해당하는 청년기, 중장년기, 노년기로 나눌 수 있다.

생각해 볼 문제

- 인간발달의 개념과 원칙, 이론적 쟁점이 되는 주제들을 정리해 보시오.
- 인간발달의 단계와 발달과제의 개념을 확인하고, 각 단계별 주요 발달과제를 정리해 보시오.

• 인간발달에 대한 이해의 필요성을 사회복지적 관점에서 설명해 보시오.

• 인간발달에 있어서 유전적 또는 생물학적 특성과 환경적 특성이 상호작용적으로 영향을 미칠 수 있다는 논리의 과학적 근거에 대해서 토론해 보시오.

제10장 태내기와 신생아기

인간은 모체 내에서 정자와 난자의 수정이 이루어지는 순간부터 생명체로서 의미를 지니고 발달을 시작한다. 수정된 세포는 약 38주, 평균 265일 동안 모체 내에서 자라게 되며, 이 임신기간[1]을 태내기라 한다. 이 기간을 태아의 모습이 어느 정도 완성되는 임신 9주째 이후에 중점을 두어 태아기로 일반화하여 부르기도 한다. 임신기간 중에 태아의 상태는 출생 후 성장과 발달의 기초가 된다. 유전적인 특성뿐 아니라 모체의 건강 상태 등 태내환경에 의해서도 크게 영향을 받는다. 또한 생후 약 2주 내지 1개월간의 신생아기는 아기가 안전하고 익숙하였던 모체 밖으로 나와서 세상에 적응하기 시작하는 초기단계로 여러 가지 위험이 따르는 민감한 시기다. 이 장에서는 태내기와 신생아기의 발달과제를 살펴보고자 한다. 심리적, 사회적 발달과제가 뚜렷하게 드러나지 않는 태내기에는 신체적 발달에 초점을 두고 수정부터 분만까지 세 단계의 임신과정으로 나누어 알아보았다. 또한 출생 후인 신생아기에는 신체적,

---

1) 일반적으로는 임신 전달의 마지막 월경일로부터 계산하여 전체 임신기간을 40주로 보기도 한다. 그러나 배란 후 수정이 이루어지는 시점에서 시작되는 실질적인 임신기간은 38주가 된다.

감각적, 사회적 발달 영역에서의 발달과제를 정리하였다.

1. 태내기

태내기를 생물학적으로는 수정 후 2주까지를 배종기(germinal period), 8주까지를 배아기(embryonic period), 9주째부터 출생할 때까지를 태아기(fetal period)로 나누어 구분한다. 또한 일반적으로는 약 9개월 정도인 전체 임신기간을 약 3개월씩 나누어 세 단계로 구분하기도 한다(김경중 외, 1998: 22). 이 책에서는 이 두 가지 분류법을 모두 감안하여, 배종기와 배아기에 해당하는 수정부터 8주까지의 대략 두 달간을 임신 1단계로 보았고, 태아기는 둘로 나누어, 이 시기가 시작되는 9주째, 즉 3개월째부터 6개월까지의 네 달가량을 임신 2단계, 7개월부터 출생까지의 나머지 세 달 정도를 임신 3단계로 분류하였다.

1) 임신단계별 발달과제

태내기 또는 태아기의 발달은 주로 유전생물학적 특성에 의한 신체적 발달에 준하며, 심리적 또는 사회적 발달은 뚜렷하게 드러나지 않는다. 임신 단계별로 살펴본 주요 발달과제는 다음과 같다([그림 10-1] 참조).

(1) 임신 1단계: 수정과 착상, 배아기

임신의 첫 단계는 수정 및 수정란의 세포분열과 자궁벽에의 착상이 이루어지는 2주간의 배종기와 그 후 6주 동안 주요 기관과 생리계통이 분화되어 사람의 기본 형태를 갖추게 되는 배아기가 포함된다.

여성의 난소에서는 보통 월경 후 2주경에 한 개의 난자가 배란되며, 이때 정자와 결합하면 수정이 이루어진다. 수정란은 급속하게 세포분열을 진행하

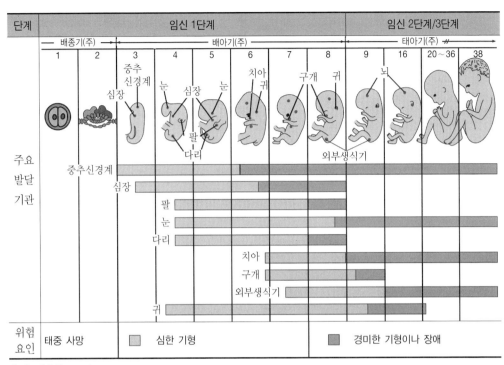

단계	임신 1단계							임신 2단계/3단계			
	배종기(주)		배아기(주)					태아기(주)			
	1	2	3	4	5	6	7	8	9	16	20~36	38

주요 발달 기관

위험 요인: 태중 사망 | 심한 기형 | 경미한 기형이나 장애

출처: 정옥분, 2004.

[그림 10-1] 태내기 발달단계

면서 1~2주경에는 배반포의 상태로 자궁벽에 착상을 하게 된다. 일반적으로
수정란의 25% 정도는 유전적 결함 등으로 손실이 되거나 착상에 실패하는데
여성은 그 사실을 감지하지 못한다. 또 다른 25% 정도는 착상을 하더라도 자
궁 외 임신 등 비정상인 임신으로 인해 임신 후반기에 유산이 되므로 결국 수
정란의 절반 정도는 생존하지 못하게 된다. 남아가 여아보다 생존율이 더 낮
은 경향이 있다(Cohen & Slade, 2000).

배반포의 착상이 성공적으로 이루어지면 배종기가 끝나고 이어서 약 6주 동
안의 배아기가 시작된다. 즉, 배아기는 착상이 이루어진 임신 2주 후부터 8주
까지를 의미하며, 이때부터 비로소 신체 기관이 형성되기 시작한다. 배반포의
세포분열이 왕성하게 이루어지면서 양막이나 태반과 탯줄과 같은 지지구조

들이 완성되고 중요한 신체기관들의 초보적인 형태가 형성된다. 양막은 양수로 채워져서 적정 온도를 유지하고 태아를 보호하는 역할을 하며, 태반은 탯줄로 모체와 연결되어 태아에게 전달되는 물질들을 태아에 맞게 걸러 주는 간이나 폐, 또는 신장과 같은 기능을 한다. 이 기간에 배아세포는 피부의 표피, 손톱, 발톱, 머리카락, 신경계, 감각기관, 근골격, 순환계통, 소화기관, 호흡기관 등 내부기관을 형성하는 여러 종류의 세포들로 분화된다.

임신 4주가 지나면 뇌, 사지, 눈, 귀의 전구체가 발달하게 되며, 임신 2개월 말경에는 배아는 약 4cm 정도로 자라고 심장과 초보적인 순환계통, 눈과 귀의 초보적인 형태, 입과 팔, 다리, 초보적인 척수 등이 형성된다(김경중 외, 1998). 임신부는 호르몬 체계의 변화에 의해서 입덧이 생기고 기분의 변화도 겪게 되며, 임신 3개월이 되면 태아의 움직임이 감지되기 시작한다. 이때는 모든 기관들이 기본적인 형태를 갖추는 시기이므로 모체가 섭취하는 위험 물질들에 의해서 영구적 손상이 일어날 수 있는 위험이 가장 크다(Cohen & Slade, 2000).

(2) 임신 2단계: 태아기

배아기가 끝난 후인 임신 9주째, 즉 임신 3개월경부터 출생 전까지는 태내기의 마지막 단계인 태아기로 구분하며 이 시기의 아기를 태아(fetus)라 한다. 이 기간에는 신체기관의 분화는 더 이상 일어나지 않으나 근육의 발달이 빨라지는 등 이미 형성된 초보적인 신체기관이 정교해지면서 출생 후의 모습과 거의 같아지게 된다. 즉, 이 단계에서는 처음 두 달 동안 빠르게 발달된 조직의 구조와 기능이 서서히 완성된다(Ashford et al., 2001: 157-158). 태아기는 임신 3개월부터 6개월경까지의 임신 2단계와 그 이후부터 출생까지의 임신 3단계로 나눌 수 있다.

임신 2단계에서는 발가락과 손가락이 나누어지며, 눈과 피부, 손금, 솜털과 머리카락도 발달하고, 심장박동이 규칙적으로 이루어지게 된다. 입천장이 완전히 갖추어지며 외부 성기의 분화가 계속된다. 임신 4개월경이 되면 태아는 탯줄과 입을 통해 필요한 영양분과 수분을 흡수하게 되고, 임신 5개월경부터는 태아가 급성장을 하면서 운동이 활발해져서 산모는 태동을 느끼기 시작한다. 또한 엄지손가락 빨기, 삼키기, 딸꾹질, 휴식 등이 가능해지며, 손톱과 발톱이 생긴다. 6개월경에는 눈이 발달하여 뜨고 감을 수 있게 된다(최경숙, 2000: 82). 이때가 되면 임신부의 입덧이 대부분 사라지고, 호르몬의 균형이 조절되어 정서적으로도 안정이 된다. 초음파를 통해 보는 아기의 뚜렷한 모습에 임신 사실을 보다 확실하게 느끼게 되어, 임신부가 태아에게 주의를 더 기울이게 되고 태아와의 유대감이 강해진다(Cohen & Slade, 2000).

(3) 임신 3단계: 태아의 성숙과 분만

임신 7개월경부터 출생까지의 마지막 단계는 태아의 발달이 완성되는 시기로 피부의 지방조직이 형성되고 내부기관을 비롯하여 두뇌와 신경계 등 신체조직이 완전히 발달하게 된다. 이 시기에 태아는 키 50cm, 몸무게 3.2 kg 정도로 자라게 된다. 신경계와 호흡기 및 기타 조절기능이 충분히 생기게 되어 조산을 하더라도 생존이 가능해지므로 임신 28주를 생존 가능 연령이라고 한다. 그러나 요즈음은 의학기술의 발달로 20주의 미숙아도 살려 내는 경우도 많다(권중돈, 김동배, 2005: 83-84).

분만은 대개 임산부의 진통이 3~5분 간격으로 짧아지면 병원으로 옮기게 되는데 초산일 경우 평균 약 12시간, 출산경험이 있는 경우에는 약 6시간 정도가 소요된다. 주기적인 진통이 시작되고 자궁경부가 완전히 열릴 때까지가 분만과정의 첫 단계가 되고, 두 번째 단계에서는 태아의 머리가 산도를 따라서 내려오기 시작하여 태아가 자궁 밖으로 완전히 나오게 된다. 마지막으로 약 20~30분 동안 태반과 탯줄의 방출이 이루어짐으로써 분만과정이 모두 끝나게 된다. 대개의 경우 분만은 정상적으로 이루어지지만, 때로는 심한 출혈이나 태반의 조기박리, 태반의 전치, 탯줄의 위치가 잘못되는 등의 문제가 발생하여 태아의 지적 또는 신체적 결함이 생기기도 한다. 장기적인 진통이나 난산으로 인한 산소 부족도 태아의 뇌와 신경계에 손상을 입힐 위험이 있다(최경숙, 2000: 72-79).

2) 태아발달에 영향을 미치는 요인

태아의 발달과정에는 유전인자와 환경을 포함하는 다양한 요인들이 영향을 미친다. 우선 수정이 이루어지는 순간부터 부모로부터 물려받은 염색체 게 놈의 배열에 따라서 세포분열이 일어나면서 신체조직이 형성된다. 유전인자 는 외모나 건강과 같은 신체적 특성뿐만 아니라 성격 등의 심리적 특성에도 영향을 미치는데 일차적으로는 부모로부터 유전정보를 물려받지만, 일부는 우연히 또는 알 수 없는 원인에 의해서 염색체 조합이 임의로 형성되기도 한 다. 태아의 기형 또한 다양한 원인에 의한 염색체 이상으로 발생하며 치명적 인 경우에는 유산이 되기도 한다. 특히 임산부의 연령, 영양섭취, 질병, 약물 복용, 심리적 상태 등과 같은 태내환경적 조건이 태아의 유전인자의 정상적인 발현에 중요한 영향을 미치게 된다(Urdang, 2008: 339).

태아의 정상적인 발달을 위해서는 무엇보다 적정 연령에 임신을 해야 하는 데, 모체의 연령이 높아질수록 세포분열과정에 이상이 생길 수 있다. 이상적 인 임신 연령은 16~35세이며, 16세 이하와 35세 이상은 기형아 출산의 위험 이 커지게 된다. 염색체 이상의 대표적인 예가 발달지체를 보이는 다운증후군 이다. 35세 미만일 때에는 1,500명 중 한 명 정도인데 비해서, 35세가 되면 300명 중 한 명으로 증가하며, 45세 이상에서는 25명 중 한 명꼴로 발생률이 높아지는 것으로 보고된 바 있다(이인정, 최해경, 2007: 48).

임산부의 불충분한 영양섭취는 태아의 전체적 발달을 저조하게 하는데, 특 히 신경계의 발달에 해가 된다. 심한 경우에는 미숙아가 출생하거나 아기의 면역력이 약해져서 출생 후 질병에 걸리거나 사망할 가능성이 높아진다. 따라 서 임산부는 평상시보다 300kcal 정도의 영양을 더 섭취하는 것이 바람직하 며, 영양가가 높은 음식을 골고루 섭취해야 한다. 또한 술, 담배, 신경안정제, 항생제, 마약 등의 약품이나 물질을 모체가 섭취하면 태아에게 바로 그 영향 이 미치게 되어 조산을 하거나 저체중아 또는 기형아를 낳을 위험이 커진다. 항생제, 카페인, 아스피린 등의 일반의약품도 주의해서 사용해야 한다(송명자, 1995: 61-64).

　임산부의 심리 상태도 태아에게 직접적인 영향을 미친다. 불안, 우울 등 부정적인 정서는 세로토닌과 같은 신경전달물질의 불균형과 상관이 있는데 이는 태아에게도 영향을 끼치게 된다. 예를 들어, 산모가 스트레스를 심하게 받거나 원치 않은 임신으로 인해 불안이 높은 경우에는 유산 또는 조산과 난산의 가능성이 높아지고, 태아의 두뇌발달에도 해로운 것으로 나타났다(송명자, 1995: 63-64). 미국의 경우에는 전체 임신의 절반 정도가 의도하지 않은 임신으로 보고되었는데(Urdang, 2008: 332) 우리나라에서도 이와 크게 다르지 않을 것이다.

　이러한 요인들이 태아에 영향을 미치는 과정에는 몇 가지 원칙이 있다. 첫째, 태아의 발달단계에 따라서 그 영향이 다르게 나타난다. 예를 들어, 뇌는 수정 후 15~20일에, 눈은 24~40일, 심장은 20~40일, 다리는 24~36일에 가장 많은 영향을 받는 것으로 알려져 있다. 따라서 중요한 기관이 형성되는 시기의 모체 상태는 태아에게 치명적인 기형을 초래할 수 있다. 둘째, 각 요인에 따라서 영향을 받는 기관이 다르다. 예를 들어, 풍진은 주로 심장과 눈, 뇌에 영향을 미치며, 수면제 탈리도마이드는 팔, 다리의 기형을 초래한다. 셋째, 같은 약물을 복용하거나 질환이 있더라도 태아나 모체의 유전적 민감성이 클 때 태아의 발달에 결함이 생기게 된다. 넷째, 모체의 영양상태와 자궁 조건이나 호르몬 등 생리적인 조건이 태아발달에 영향을 준다. 예를 들어, 임산부가 코티손과 같은 호르몬치료를 받고 있는 경우나 만성소화질환, 비만, 고혈압, 간질환과 같은 병리적 요인이 있는 경우에는 태아의 발달이 지연되거나 유산될 수가 있다. 다섯째, X선이나 커피와 알코올 등 모체에는 과히 해롭지 않은 것들도 태아에게는 심각한 해가 될 수가 있다. 여섯째, 한 가지 요인이 여러 유형의 결함을 초래할 수도 있고, 서로 다른 요인이 같은 유형의 결함을 가져올 수도 있다. 예를 들어, 풍진을 앓은 시기에 따라서 청각장애나 정신지체 또는 녹내장이나 심장질환 등이 복합적으로 발생할 수도 있고, 이러한 문제들은 약물 등 다른 요인에 의해서도 각각 발생할 수 있다(최경숙,

2000: 73-75).

선천성 기형아의 출생 비율은 약 3~4%를 차지하는데 기형아 출산을 예방하기 위해서는 정기적인 병원검진을 비롯한 철저한 산전관리가 중요하다. 태아 이상의 유무를 검사하기 위한 방법은 크게 양수검사나 융모막 융모검사를 통해 태아의 염색체를 확인하는 분자유전학적 검사, 임산부의 혈청을 활용한 바이러스 항원항체검사, 그리고 정밀초음파검사 등이 있으며, 이러한 검사방법들은 기형의 유형에 따라서 복합적으로 사용된다(Ashford et al., 2001: 169).

3) 사회복지실천에의 적용

이상과 같이 태아에게 영향을 미치는 요인들은 임산부가 처한 사회환경적 특성에 따라서 민감하게 작용한다. 실업과 빈곤, 낮은 교육수준, 가족갈등을 포함한 정서심리적 문제 또는 미혼임신 등 다양한 사회적 위험요소들이 정상적인 태내기의 발달을 저해하게 된다(Ashford et al., 2001: 187-192). 이를 정리하면 다음과 같다.

(1) 불임과 유산
결혼한 부부가 임신을 하지 못하는 경우에는 가족갈등이 발생하고 이로 인해 이혼으로까지 진행되는 경우가 있다. 특히 자식을 가계의 혈통을 잇는 존재로 보는 시각이 강한 우리나라에서 불임이나 유산으로 인한 무자녀 문제는 시댁가족을 포함한 가족 전체에 심한 스트레스를 일으킨다. 사회복지사는 불임의 원인과 문제점, 대책 등에 대한 기본적인 정보를 제공하고, 가족갈등 해소를 위한 부부 및 가족 치료도 제공하도록 한다.

(2) 의도하지 않은 임신
또한 계획되지 않은 임신은 임산부의 정서적 혼란을 야기하며 태아의 발달에도 위해가 될 수 있다. 특히 성폭력에 의한 임신이거나 임산부가 미성년 또는 미혼모인 경우에는 사회복지적 개입이 필요할 때가 많다. 사회복지사는 인공유산이나 출산 후 입양 등 클라이언트가 선택할 수 있는 다양한 대안을 제시하여 현명한 판단을 할 수 있도록 돕고, 관련기관에 연계해 준다. 아기를 본인이 직접 기르기로 결정하는 경우에도 친척과 친지를 비롯한 주위 사람들로부터 육아와 경제적인 도움을 받을 수 있도록 지원체계를 구축해 주도록 한다.

(3) 산전 · 산후의 관리 문제

클라이언트가 임신 중인 경우에 사회복지사는 정기적인 의료진단을 받을 것을 권유하고, 임산부의 건강 상태와 섭생이 태아의 발달에 중요한 영향을 미친다는 사실을 깨닫게 해 준다. 약물, 흡연, 대기오염 등 태아에게 악영향을 줄 수 있는 요인을 짚어 주고 태아의 발달 및 분만과정에 대한 기본지식을 제공하여 건강한 아기를 낳을 수 있도록 도와준다. 또한 다수의 산모들은 출산 후에 우울증을 경험하므로 가족의 이해와 협조를 얻도록 가족상담을 제공하고, 필요한 경우에는 정신과 치료를 받도록 의뢰해 준다.

(4) 경제적 문제

경제적으로 궁핍하거나 혼전 임신으로 임신 사실을 숨기는 경우에는 산모가 충분한 영양공급과 의료적 보호를 받지 못하는 경우가 많다. 우리나라에서도 미국이나 스웨덴 등에서와 같이 건강한 아기의 출생을 위한 산전보호서비스를 보다 체계적으로 제공할 수 있는 정책 마련이 필요하다. 예를 들어, 미국의 WIC(Women, Infants and Children) 프로그램과 같이 저소득층 임산부와 신생아, 5세 이하 아동의 건강유지에 필수적인 식품을 지원할 수 있는 방안 (Ashford et al., 2001: 164)을 마련할 필요가 있다. 또한 직장여성의 경우, 임신 중의 과도한 업무 부담으로 인한 스트레스는 정상적인 태아의 발달을 저해할 수도 있으므로 출산휴가와 가사지원서비스 등의 안정된 육아환경을 위한 지원체계를 활성화하여야 한다.

2. 신생아기

신생아기는 일반적으로 출생 후 2주까지를 의미하며, 길게는 한 달까지 포함하기도 한다. 이 시기에 아기는 배꼽이 아물고, 출생 후의 환경에 적응하게 된다. 호흡과 맥박, 소화와 배설이 안정되고, 젖을 빠는 습관을 익히며, 수면시간이 조절되는 등, 모체로부터 분리되어 독립적 개체로 살아가기 위해 필요한 제반 생리적 기능이 어느 정도 안정되는 시기다. 신체적, 감각적, 사회적인 면에서의 신생아기 발달과제와 사회복지실천에서의 적용을 다음과 같이 살펴보았다.

1) 신체적 발달

우리나라 신생아의 평균 신장은 약 50~52cm, 체중은 약 3.2~3.4kg 정도이며, 남아의 발달이 여아보다 우세하다. 출생 후 며칠 동안은 체중이 줄어들기도 하다가 신생아기 후반에는 회복된다. 머리의 신체비율이 커서 키의 약 1/4 정도를 차지하고, 머리둘레가 가슴둘레보다 조금 더 크며, 하지는 비교적 짧고 팔이 다리보다 길다. 뼈는 연골이 많은데 특히 두개골이 완전히 형성되지 않아서 정수리에는 말랑말랑한 6개의 숫구멍이 있다. 출생 후 뼈조직이 급속히 발달하면서 생후 2년 무렵에는 숫구멍이 완전히 굳어지게 된다.

출생 시 신생아의 피부는 기름기가 많은 흰색의 태지로 덮혀 있고 붉은 색이 돌며 주름과 솜털이 많다. 엉덩이 근처에 몽고반점이라고 불리는 푸른 반점이 있는데 성장하면서 옅어지다가 10세 정도가 되면 없어진다. 코 주변이나 볼의 피부에 좁쌀 같은 패립종이 돋기도 하는데 일주일 정도 지나면 자연히 사라진다. 생후 일주일 전후로 아기의 피부와 눈의 흰자위가 황갈색으로 변하는 신생아 황달이 생기기도 한다. 이는 간기능의 미숙으로 빌리루빈이라는 물질이 피부에 침착되기 때문인데 만삭아의 60%, 미숙아의 80%에서 나타나는 것으로 알려졌다. 대개는 신생아기 후반부에는 사라지지만 신경에 손상을 끼칠 위험이 있기 때문에 매우 주의하여야 한다(최경숙, 2000: 84-85).

신생아의 호흡은 얕고 불규칙하며, 1분에 평균 30~60회 정도로 성인의 약 2배 정도로 빠르다. 맥박도 약 120~140회 정도로 성인의 80회 전후에 비해 매우 빠르나 혈압은 높지 않다. 체온도 성인보다 다소 높은 37~37.5도이며, 성인보다 지방층이 부족하여 체온조절 능력이 미흡하다. 신생아는 일반적으로 2~3시간 간격으로 하루에 7~8회 수유를 한다. 분만 직전부터 분만 후 3일내지 7일까지 나오는 초유는 신생아의 면역력과 성장발육을 돕는 물질을 다량 함유하고 있고 태변의 배설을 촉진하므로 반드시 먹이는 것이 좋다. 신생아는 생후 10시간 이내에 흑록색의 끈적끈적한 태변을 배설하며, 2~3일이 지나면 대변 색이 점차 노란색을 띠게 된다. 약 8주까지는 하루에 4~7회 정도 배변을 하지만 그 후에는 2회 정도로 감소한다. 소변의 양과 횟수는 출생 직후에는 매우 적지만 2~3일 후 모유 수유를 잘할 수 있게 되면 하루 10~20회 전후로 증가하게 된다(최경숙, 2000: 84-92; 강문희 외, 2007: 100-101). 신생아는 거의 하루 종일 18~20시간 정도 잠을 자는데 생후 3개월이 되면 15시간 정도로 줄어든다. 신생아의 수면은 50~70%가 얕은 잠, 즉 렘수면(rapid eye movement: REM)이다. 몸은 자고 있지만 뇌는 깨어 있는 상태이기 때문에 가벼운 외부자극에도 자주 깨어 운다(권중돈, 김동배, 2005: 93).

2) 감각적 발달

신생아는 감각적 탐색을 통하여 주위 환경과 접촉하기 시작하며 이러한 경험을 통하여 점차 환경에 대한 적응능력을 기르게 된다. 시각은 출생 후 2일이 되면 불빛에 따라 동공의 크기가 변하는 동공반사를 할 수 있게 되고, 한 점에 초점을 맞출 수 있으며, 15일이 지나면 색깔의 구별이 가능하게 된다. 청각반응은 출생 직후에는 잘 나타나지 않지만 며칠 이내에 청력이 예민해지기 시작하여 출생 후 4주가 되면 어머니의 음성에 대한 분별력을 갖게 된다. 생후 2주가 지나면 맛의 차이를 식별할 수 있는데 단맛을 선호하며, 신맛과 쓴맛도 구분하여 내뱉거나 얼굴을 찡그린다. 후각은 출생 직후에는 완전하지 못하다가 첫 주가 지나면 어머니의 젖 냄새에 민감하게 반응하고 다른 사람 또는 냄새를 구별할 수 있게 된다. 촉각은 신체 전 부위에 발달되어 있고 특히 손과 입의 감각이 예민하다(권중돈, 김동배, 2005: 93-94; 김경중 외, 1998: 57).

신생아의 신체적 움직임은 출생 직후부터 나타나는 일련의 무의식적인 반사운동들로 이루어진다. 반사운동은 신생아가 환경에 적응하고 생존하기 위해 필요한 생존반사와 환경적 적응과는 관계가 없고 진화의 흔적일 뿐인 원시반사로 나누어진다. 원시적 반사운동들은 생후 약 1년 이내에 사라지며 영아들의 중추신경계의 정상적 발달 여부를 평가하기 위해서 쓰이기도 한다. 중추신경계에 결함이 있으면 특정 반사가 사라져야 할 시기에 사라지지 않는다(최경숙, 2000: 86-87). 대표적인 신생아기 반사운동들은 다음과 같다. 젖찾기반사, 빨기반사, 눈깜빡반사, 삼키기반사는 생존반사에 해당하며 나머지는 원시반사에 해당한다.

- 젖찾기반사: 입 근처에 무엇이 닿으면 그 쪽으로 입술을 내밀며 고개를 돌린다.
- 빨기반사: 무의식적으로 젖이나 입 주위의 것을 입으로 빨려고 한다.
- 눈깜빡반사: 불빛을 비추면 양쪽 눈을 감는다.
- 삼키기반사: 입 속에 음식물이 들어오면 삼킨다. 연하반사라고도 한다.
- 바빈스키반사: 발바닥을 간질이면 발을 발등 쪽으로 부채처럼 편다. 생후 1년쯤에 사라진다.
- 모로반사: 경악반사라고도 하며 큰 소리가 나면 팔과 다리를 쫙 펴면서

고개를 뒤로 젖힌 후 껴안는 행동을 한다. 생후 3~4개월에 사라진다.

- 쥐기반사: 파악반사 또는 손바닥 반사라고 하며 손에 잡힌 것을 쥐고 놓지 않는다. 생후 1개월 동안은 증가하고, 생후 3~4개월경에 사라진다. 그 이후에는 의도적인 잡기로 바뀐다.
- 걸음마반사: 바닥에 발을 닿게 하면 걸어가듯이 한 쪽씩 다리를 들어 올리는 행동을 한다. 3~4개월경에 사라진다.

3) 사회적 발달

신생아의 건강한 심리사회적 발달은 출생 직후에 처하게 되는 환경의 안정성에 달려 있다. 주로 처음에 품에 안고 젖을 물리는 어머니로부터 따뜻하고 안정된 보호를 받게 되면 주위 환경에 대한 기본적인 신뢰감을 형성하게 된다. 에릭슨에 따르면 이 시기부터 만 2세까지가 생애 최초의 심리사회적 위기에 해당한다. 부모의 양육태도에 따라서 신뢰감 또는 불신감이 형성되며, 이는 인생 전반에 걸쳐 형성되는 심리사회적 특성의 기초가 된다.

신생아의 사회적 관계는 울음과 미소반응을 통하여 표현된다. 신생아의 울음은 생리적인 불편함을 부모에게 알리는 신호이므로 이에 대한 부모의 적절한 대처가 신뢰감 형성에 중요하다. 신생아의 울음은 폐의 용량을 증가시키고 심장과 호흡계의 활동을 강화시켜 주므로 신체발달을 위해서도 매우 중요하다. 울음소리에 따라서 건강 상태를 파악할 수도 있는데 문제가 있는 경우에는 찌르는 듯한 불쾌한 울음소리를 낸다(김경중, 1998: 61). 신생아는 또한 출생 후 아무 의미 없이 미소를 짓는 반사적 미소반응을 보이지만, 한 달이 지나면 눈앞에 보이는 어른의 얼굴 표정에 반응하여 따라 웃는 사회적 미소를 보이기 시작한다. 4개월경이 되면 미소반응이 더 분화가 되어서 상황에 따라서 웃음의 정도가 달라진다(권중돈, 김동배, 2005: 94).

4) 사회복지실천에의 적용

신생아의 발달은 출생 후의 주위 환경에 의해서 절대적인 영향을 받지만, 부모에게도 매우 크게 영향을 미친다. 새로운 생명의 출생은 가족 전체의 역동을 바꾸어 놓게 된다. 부부가 아기의 양육에 몰두하느라 서로 간의 관계를 소홀히 하게 되어 시간이 흐르면서 결혼만족도가 낮아지게 되기도 한다. 특히 신생아의 건강 상태와 타고난 기질은 부모의 양육방법 및 태도에 영향을 미치게 되고, 부부 및 가족관계의 변화를 가져오게 한다. 기질적으로 까다로운 아기들은 부모들을 힘들게 하므로 양육 스트레스를 증가시켜서 부부갈등이나 가족관계의 긴장을 초래하기도 하는 것이다. 미숙아나 선천성 장애아 등 신체적으로 문제가 있는 경우에도 부모는 양육 스트레스가 커진다. 대다수의 부모는 매우 실망하고 당황하게 되며, 자신들의 인생 전체에 대한 위기감을 크게 느끼게 된다. 또한 분만 후 며칠 또는 길게는 수개월 동안 산모가 우울증을 겪는 경우가 많은데 이는 호르몬의 변화와 정신적 부담감의 복합적인 작용으로 발생한다.

클라이언트에게 이러한 문제가 있는 경우에 사회복지사는 신생아의 특성, 부모 역할의 중요성, 인간발달과정 등에 대한 교육을 제공하고, 부부상담 및 가족상담을 통해 가족 전체가 신생아의 등장에 적응하여 새로운 가족구조를 만들어 가도록 지원하여야 하겠다. 산후 우울증이 있는 경우에는 본인과 가족들이 이러한 상태를 잘 이해하고 받아들이도록 도와주고, 심한 경우에는 적절한 정신과치료를 받도록 연계해 주도록 한다(Urdang, 2008: 344).

- 인간의 생명은 수정과 함께 시작되며 수정 후 대략 38주가 되면 출생하게 된다.
- 첫 1~2개월 동안인 임신 제1단계는 배종기와 배아기로 구성되며 수정란이 자궁에 착상하여 모체와 의존관계를 확립한다. 세포분열이 왕성하게 일어나면서 양막이나 태반과 같은 태아를 위한 지지구조가 만들어지고 기본적인 신체기관이 형태를 갖추게 된다. 매우 민감한 시기이므로 산모는 영양섭취와 약물복용 등에 주의해야 한다.
- 배아기가 끝나는 수정 후 3개월부터 출생까지의 7개월 간을 태아기라고 하며 임신 2단계와 임신 3단계로 나뉜다. 임신 2단계에 태아는 발가락, 손가락 등 신체조직이 세분화되고 급성장을 하면서 움직임이 활발해진다. 임신 3단계에는 피부조직과 뇌신경계를 포함한 신체기관이 모두 완성되면서 출생하게 된다.
- 출생 후 생존을 위한 본능적인 반사능력으로 외부환경에 적응하기 시작하는 2주 내지 1개월까지를 신생아기로 구분하며, 이 시기에는 외적 자극에 취약한 신체적 또는 감각적 특성을 지닌다. 모성보호의 질에 따른 관계경험을 통해서 심리사회적 특성의 기초를 형성하기 시작한다.
- 이 시기의 주요 문제인 불임부부, 임산부의 건강문제, 선천성 장애 발생의 예방, 원치 않는 임신으로 인한 부정적 심리반응, 산후 우울증 등에 대한 사회복지적 개입이 필요하다. 저소득 여성들을 위한 의료적 보호와 직업여성들을 위한 대책이 활성화되어야 한다.

생각해 볼 문제

- 불임으로 부부갈등을 빚고 있는 부부를 위한 개입방법을 생각해 보시오.
- 임산부의 약물복용, 흡연 그리고 음주가 태아에 어떤 영향을 미치는가를 살펴보고 이

에 대한 자신의 관점을 제시해 보시오.

· 원치 않은 임신으로 출생한 아기와 가족이 겪을 문제점 및 해결방안을 사회복지적 관
　점에서 논해 보시오.

· 임신한 여성 근로자들을 위한 프로그램에 대해서 생각해 보시오.

제11장　영·유아기

우리나라 영·유아보육법상에서는 출생 후 만 6세 미만을 영·유아기로 간주하고, 2세 이하의 아동을 영아(嬰兒), 3~5세까지를 유아(幼兒)로 구분하고 있다. 학자에 따라서는 영·유아기를 합쳐서 유아기로 구분하기도 하고, 영아기(출생 후~2세까지), 걸음마기(3~4세), 학령전기(5~6세)로 세분하기도 한다. 이 책에서는 보다 일반적으로 사용되는 법적 구분을 따르기로 하였으며, 영아기와 유아기로 나누어서 살펴보았다. 이 시기는 신체적 발달이 급격하게 이루어짐과 동시에 성격적 기초가 형성되는 기간으로 심리사회적 발달 측면에서도 매우 중요하다.

1. 영아기

영아기는 일반적으로 신생아기를 포함하여 출생 직후부터 만 2세까지를 의미한다. 여기서는 이미 앞 장에서 다룬 신생아기 이후의 발달특징을 주로 다

루기로 한다. 영아기는 출생 후 가장 급속하게 신체적·심리적 발달이 이루어지는 시기다. 출생 직후에 눈도 겨우 뜨던 상태에서 일어나서 앉고, 기고, 걸을 수 있게 되며, 말귀도 알아듣고 의사표현도 가능해지며, 자기주장이 생겨나고, 기쁨, 슬픔, 분노 등의 다양한 감정의 표현과 함께 사회성도 뚜렷하게 발달한다.

1) 신체적 발달

(1) 신체적 성장

영아기에는 신체적 성장이 매우 급속하게 이루어진다. 만 2세가 되면 출생 시보다 신장은 약 1.5배가 되어 성인기 키의 약 반 정도까지 자라게 된다. 또한 체중은 4배 정도로 증가하고, 몸통과 다리가 크게 성장하게 되어 이 시기를 '제1성장급증기(the first growth spurt)'라고 한다. 영아기 이후에는 성장속도가 느려져서 '제2성장급증기(the second growth spurt)'인 사춘기까지는 점진적인 성장을 나타낸다(Ashford et al., 2001: 199-200; 장휘숙, 2000: 86).

(2) 운동능력의 발달

영아의 운동발달은 개인차가 크지만 대다수의 영아는 생후 1개월이 지나면 엎어 놓았을 때 머리를 들기 시작하고, 3~4개월이면 뒤집기를 하며, 엎드렸을 때 가슴을 완전히 들어 올릴 수 있게 된다. 5~6개월이 되면 잠시 앉아 있을 수 있고, 8~9개월경에는 기어 다니며 가구를 붙잡고 일어서며, 11개월 정도면 어른의 손을 잡고 걸음마를 시작한다. 이어서 14~15개월경에는 혼자 서고, 걸으며, 만 2세가 되면 발로 공을 찰 수 있게 된다. 이러한 과정은 대근육의 발달로 이루어지는데, 소근육의 발달에 따라서 손으로 물체를 잡고 조작하는 정교한 작업도 가능해진다. 생후 3~4개월에는 두손으로 물체를 쥘 수

표 11-1 영아기의 발달특성

연령	대근육 운동 발달	소근육 운동 발달	언어발달	사회적 행동
4주 이전	• 엎어 놓으면 머리를 든다.	• 종소리나 움직이는 물체에 순간적으로 반응한다.	• 말이 아닌 짧은 외마디 소리를 낸다.	• 안아 주면 조용해진다.
4주	• 목 경직반사가 있다. 손은 주먹을 쥔 상태다.	• 움직이는 물체를 중앙선까지 따라가며 본다.	• 정식으로 발성을 시작한다.	• 얼굴을 빤히 쳐다본다. • 말소리에 반응한다.
3~4 개월	• 모든 방향으로 몸을 굴린다. • 머리를 가눈다. 엎어 두면 팔을 짚고 가슴을 든다.	• 천천히 움직이는 물체를 따라 주시한다. • 매달려 있는 장난감을 보면 손을 옴작거린다.	• 큰 소리로 웃는다.	• 자의에 따라 미소짓는다. • 낯선 환경을 알아차린다.
5~6 개월	• 앞으로 기울이고 앉는다. • 세우면 다리로 어설프게 뛴다.	• 한 손으로 장난감을 잡는다. • 다른 손으로 장난감을 옮겨 쥔다. • 장난감을 흔든다.	• 울 때 '…마 … 마…' 소리를 낸다.	• 발을 입에 가져간다. • 장난감을 꼭 잡고 놓지 않는다.
8~9 개월	• 혼자 잘 앉는다. • 기어 다닌다. • 붙잡고 일어선다.	• 2개의 장난감을 쥐고 맞부딪쳐 소리를 낸다. • 삭은 물체를 엄지와 쉽게 손가락으로 집는다.	• '엄마' 비슷한 소리를 의미 있게 사용한다. • 이름이나 별명을 부르면 반응한다. • 말소리를 흉내 낸다.	• '짝짜궁' '까꿍'에 반응한다. • 우유병을 쥐고 혼자 먹고 과자도 쥐고 먹는다.
11~12 개월	• 잠깐 동안 혼자 선다. • 한 손 잡고 걷는다.	• 엄지와 집게손가락으로 정확히 물체를 집는다.	• '엄마'라는 단어를 확실히 발음한다. • 달라고 하면 장난감을 준다.	• 옷을 입힐 때 협조적인 몸자세를 취한다.
15개월	• 혼자 걷는다. • 계단을 기어 오른다.	• 크레용으로 선을 그리는 시늉을 한다.	• 3~5개의 단어를 적절히 사용한다.	• 원하는 것을 가리키거나 소리를 낸다. 공을 던진다.
18개월	• 혼자 잘 걷는다. • 한 손 잡고 층계를 걸어 올라간다. • 서랍을 연다.	• 2개의 입방체를 쌓는다. • 자의로 종이 위에 마구 그린다.	• 자기 이름과 그 외에 몇 가지 단어를 말한다. • 그림을 보고 이야기하는 흉내를 낸다.	• 흘리면서 혼자 먹는다. • 오줌 싸고 알려 준다. • 컵으로 물을 마신다.
2년	• 넘어지지 않고 뛴다. • 발로 큰 공을 찬다. • 계단을 혼자 오르내린다.	• 6~7개의 입방체를 쌓는다. • 원을 그리는 흉내를 낸다.	• 3단어로 된 문장을 말한다. • 간단한 심부름을 한다. • 그림을 보고 3~5개의 이름을 댄다.	• 숟가락질을 잘한다. • 옷 벗는 데 협조한다.

출처: 강봉규, 2000: 104.

있으며, 5~6개월 정도가 되면 팔을 뻗어 장난감을 잡을 수 있고, 9~11개월 정도가 되면 엄지와 집게손가락으로 물체를 잡을 수 있고, 첫돌이 지나면 자기에게 던져지는 물건을 제대로 잡을 수 있게 되고, 15개월이 되면 집게로 작은 물건을 집을 수 있으며, 18개월이 되면 펜을 잡고 끄적거릴 수가 있게 된다 (〈표 11-1〉 참조).

(3) 치아의 발달

영아기 신체발달의 중요한 특징 중의 하나는 치아의 발달이다. 인간의 치아는 20개의 유치와 32개의 영구치로 형성되는데, 유치는 영아기에 거의 완성이 되며, 만 6세경이 되면 유치가 빠지고 영구치가 나기 시작한다. 유치는 태내기부터 잇몸 속에서 형성되기 시작하여 생후 6개월이 되면 아래 앞니부터 솟아나기 시작한다. 1년 정도가 되면 6개의 앞니가 나고, 약 2세 반이 지나면 20개의 유치가 모두 나서 성인이 먹는 음식을 대부분 잘 먹을 수 있게 된다(김경중 외, 1998: 79-80).

(4) 두뇌의 발달

영아기는 또한 두뇌발달이 가장 급속하게 이루어지는 시기다. 생후 1년이 지나면 성인의 절반 크기가 되며, 특히 7개월에서 12개월 동안은 하루에 1.7 g씩 뇌의 무게가 증가한다. 만 2세가 되면 성인 뇌 무게의 75%에 도달하게 된다. 따라서 이 시기를 포함한 영아기에 단백질을 비롯한 충분한 영양분을 공급하는 것은 두뇌 발달을 위하여 필수적이다(Ashford et al., 2001: 200).

2) 심리적 발달

인간의 인지적·심리적 발달은 뇌조직의 발달에 따르게 되는데, 감각적 경험은 뇌세포의 조직, 즉 뉴런의 연결망을 형성하게 되고, 이렇게 구성된 뇌세포는 다시 신체조직의 감각조직을 발달시키는 순환적 과정에 의해서 인지와 정서체계가 발달하게 된다(Shapiro & Applegate, 2000: 9-11). 영아기는 이러한 역동적 과정이 매우 급속하게 일어나는 시기다.

(1) 감각과 지각의 발달

감각은 감각세포가 외부의 자극을 뇌로 전달하는 과정을 의미한다. 즉, 빛이나 소리에 반응하고, 맛과 냄새를 느끼며, 아픔을 느끼는 것 등은 감각능력이 있음을 의미한다. 지각은 이러한 감각정보를 해석하는 과정이며 경험한 것이 무엇인지를 이해하는 것이다(최경숙, 2000: 112).

영아의 청각은 생후 2~3개월이 되면 유사한 음을 구별할 수 있는 수준이 되어 어머니의 목소리 리듬을 지각할 수 있다. 생후 4~6개월이 되면 소리 나는 방향을 정확하게 파악하게 된다. 그리고 생후 1년경에는 작은 소리에도 예민하게 반응하고 소리의 높낮이도 구분할 수 있게 된다. 후각과 미각은 출생 초기부터 다른 감각에 비해서 많이 발달되어 있어서 출생 후 일주일만에도 나쁜 냄새가 나면 머리를 돌리고 어머니의 젖 냄새를 구별할 수 있다. 출생 직후부터 맛을 구별할 수 있으며 생후 2~3개월경이 되면 맛에 대한 기호가 발달하고, 2년이 지나면 미각이 더욱 예민해지게 된다. 촉각은 신생아기부터 빠르게 발달하여 생후 6개월이 지나면 촉감으로 주위의 물체를 탐색할 수 있게 된다(김경중 외, 1998: 106-107).

시각은 인간의 감각 중에서 가장 늦게 발달하는데, 출생 직후에는 초점을 맞추지 못하고 가시거리도 제한적이나 1개월이 지나면 사물에 초점을 맞추고 응시할 수 있게 된다. 2개월 이후에는 움직이는 물체를 눈으로 따라가며, 사람의 얼굴을 인식하기 시작한다. 낯선 사람보다 어머니의 얼굴을 선호하게 된다. 이 무렵이면 삼원색을 구별할 수 있으며, 4~5개월 정도가 되면 붉은색 계통 또는 푸른색 계통 등 색깔을 분류할 수 있게 되고 시각조절 능력이 성인에 가까워진다. 생후 1년경이 되면 사람의 얼굴표정을 지각할 수 있게 된다. 시력은 출생 직후에는 미미하지만 점차 증가하여 생후 1년이 지나면 1.0에 가까운 정상시력을 갖게 된다(김경중 외, 1998: 102-104).

(2) 인지발달

인지란 '감각된 자료를 해석하고 이것을 기억해 두었다가 필요할 때 재생시켜서 사고나 추리 및 문제해결에 이용하고, 이를 기초로 하여 환경에 대한 지식과 태도를 획득해가는 과정'(강문희 외, 2007: 132)을 의미한다. 즉, 인지발달은 생래적인 반사운동에 의해 얻어지는 초기의 감각적 경험으로 시작하여 반복적으로 보고, 듣고, 느끼는 자극과 반응의 순환적 과정을 통해 세상을 탐색하고 이해하고 적응하면서 이루어진다. 특히 영아기에는 이러한 면이 가장 뚜렷하게 드러난다. 즉 영아는 감각기관과 운동기능을 통해 세상을 인식한다. 피아제는 영아기의 인지발달과정을 감각운동기로 정의하고 6단계로 구분한 바 있다(제6장 참조).

영아기의 중요한 인지적 발달과제 중의 하나는 대상영속성(object permanence)을 습득하는 것이다. 이는 어떤 대상이 눈앞에서 사라지더라도 계속 존재하는 것으로 믿는 것인데 4개월 이전에는 사물의 영속성을 인식하지 못한다. 즉, 자신의 눈앞에 있는 장난감을 치우거나, 어머니가 사라지면 더 이상 존재하지 않는다고 여기게 되어 찾지 않는다. 4~8개월이 되면 차츰 대상영속성을 인지하게 되면서 눈앞에서 없어지면 찾으며 떼를 쓰거나 울며, 12개월 경에는 눈앞에서 물건을 감추면 찾아내지만 몰래 다른 곳으로 옮기면 없는 것으로 생각하고 더 이상 찾지 않는 정도가 된다. 만 2세 무렵이 되면 물건이 다른 곳으로 이동했음을 이해하고 계속 다른 곳을 찾아보게 되어 대상영속성이 확립된다(이인정, 최해경, 2007: 56-57).

(3) 정서발달

인간의 정서는 출생 직후부터 발달하기 시작하여 영·유아기 동안 대부분의 정서가 분화된다. 혐오, 분노 등의 부정적 정서가 애정, 즐거움 등의 긍정적 정서보다 빨리 발달한다. 영아기 초에 젖은 지저귀 등에 대한 반응으로 불쾌감이 분화되기 시작하여 나쁜 냄새나 맛에 대한 혐오감도 나타나고, 이어서 새로운 소리나 촉감에 대한 흥미 등의 감정이 나타난다. 3~4개월경에는 놀람, 분노, 슬픔 등의 감정이 분화되며, 5~6개월이 되면 감정의 표현 강도도 증가하게 된다. 12개월이 되면 부모 등 보호자에 대한 애정이 강해지고, 18개월 무렵에는 질투를 할 줄 알게 되며, 19개월경에는 환희의 감정을 나타낼 수 있게 되고, 만 2세가 되면 성인에게 나타나는 거의 모든 감정을 보여 주게 된다(최옥채 외, 2007: 195).

(4) 언어발달

언어발달에 관한 이론은 복잡하며, 특히 유전생물학적인 요인을 중시하는 연구자들과 학습이론을 강조하는 연구자들의 주장이 양립되고 있다. 생물학적인 관점에서는 언어발달이 뇌조직의 발달을 따르므로 언어능력은 개인의 선천적인 유전정보에 달려 있다고 본다. 반면 인지발달론자들은 언어발달을 학습을 통한 인지발달과정과 연계하여 해석한다(송명자, 1995: 175-184).

생물학적 관점에서 볼 때 아동기의 언어발달은 울음이나 표정, 몸짓이나 음절로 의사전달을 하게 되는 만 1세까지의 언어전기, 말을 배우기 시작하여 한 단어를 사용하는 10~18개월 정도까지의 과도기, 그 이후에는 두 단어 이상으로 의사표현을 할 수 있는 언어습득기로 나누어 설명하기도 한다. 즉, 생후 3개월부터 옹알이를 시작하고, 5~6개월이 되면 단어의 한 음절의 소리를 낼 수 있게 된다. 8개월 정도면 모음과 자음이 반복되고 억양이 명확해진다. 10~18개월에는 '엄마' '아빠' 등 한 단어를 사용하며, '네' '아니오'로 답할 수가 있다. 16~18개월 정도가 되면 '엄마 맴매' '아빠 까까' 등의 두 단어를 사용하기 시작하며 50개 정도의 단어를 사용할 수 있다. 생후 2년 정도가 되면 두세 단어 이상의 언어를 사용하고, 수식어와 접속어의 사용이 늘게 된다(김경중 외, 1998: 173-205).

3) 사회적 발달

영아기 사회적 발달의 중요한 특성은 주 양육자에 대한 애착이 발달하며 이를 통해 자아개념 및 성격발달의 기초를 형성하게 되는 것이다.

(1) 애착발달과 분리불안

애착(attachment)은 한 개인이 어떤 특정한 사람에 대해서 느끼는 강한 정서적 유대를 의미한다. 애착은 극히 소수의 선택적 대상들에게 집중적으로 형성되며 그 애착인물과 항상 가까이 있고 싶은 욕구를 갖는 것이다. 아동기의 애착은 주로 어머니를 비롯한 주 양육자와의 지속적인 관계에서 형성된다. 볼비(Bowlby, 1977)가 최초로 제기한 애착이론에 따르면 영아기의 애착은 세 단계를 거쳐서 발달한다.

비사회적 단계　생후 첫 2~3개월 동안 영아는 웃기, 쳐다보기, 옹알이 등을 통해 사람과의 관계를 익혀 간다. 그러나 아직 주 양육자인 어머니에 대한 친밀감을 드러내지는 않는다.

무분별 애착단계　3~6개월 동안에는 어느 정도 애착이 형성되기 시작하여 어머니를 알아보고 어머니가 떠나면 싫어하지만 다른 사람이 대신 안아 주면 울음을 그치고 낯을 많이 가리지는 않는다. 그러나 낯선 사람보다는 친밀한 사람에게 더 반응을 보인다. 6개월 전후가 되면 본격적으로 낯가림이 시작된다. 애착형성의 결정적 시기라고 할 수 있다.

특정 대상 애착단계　6개월 이후부터 만 2세 반 정도까지는 어머니와의 강한 애착이 형성되어 항상 어머니 가까이 있으려 하고 떠나면 강한 저항을 한다. 애착인물인 어머니보다 아기를 잘 달랠 수 있는 사람은 없어서 어머니가 정서적 안정을 제공하는 원천이 된다.

아기가 부모와 애착관계를 형성하게 되면 그 반작용으로 낯선 사람에게는 불안감을 보이는데 이러한 낯가림은 6~7개월경에 나타나서 12개월경에는 최고조에 달하게 되며, 그 이후에는 부모로부터 분리되는 것에 대해 불안을 갖게 되는 분리불안이 나타나게 된다. 분리불안은 1세가 되기 전에 나타나기 시작하여 14~20개월경에 가장 높아졌다가 점차 감소한다. 아동의 생후 첫 1년 동안 주 양육자와의 관계에서 형성되는 애착은 아동의 성격발달에 결정적인 영향을 미친다(최경숙, 2000: 259).

볼비(Bowlby, 1977)와 에인스워스(Ainsworth, 1979)는 영아들을 관찰하여, 안정된 애착, 불안정 회피애착, 불안정 저항애착으로 애착형성의 유형을 분류하였다. 이 시기에 일관성이 있고 애정 어린 보호를 통해 안전감을 형성하게 되면 불안은 서서히 감소하게 되고 점차 부모 외의 타인들과도 적절한 애착관계를 형성할 수 있게 된다. 즉, 안정된 애착이 형성되면 아이의 불안이 감소되어 아이가 어머니에게서 떨어져서 주위를 탐색할 수 있게 된다. 어머니가 떠나면 잠시 불안해하지만 곧 안정을 찾고 주위 환경에 집중할 수 있다. 그러나 어머니가 신경질적이거나 냉담하여서 아이의 요구에 적절한 반응을 보여 주지 않는 경향이 심해지면 불안정한 회피형 애착관계가 형성된다. 아이는 어머니가 떠나도 별다른 동요를 보이지 않지만 들어와도 무시하게 된다. 즉, 어머니의 존재에 관심이 없어지고 반응을 회피하게 된다. 또한 어머니의 태도가 일관성이 없고 아기를 다루는 방법이 어색한 경우에는 불안정한 저항애착이 형성된다. 어머니가 있어도 잘 보채는 편이지만 떠나면 극심한 불안을 보이며, 돌아왔을 때도 분리불안이 지속되어 어머니에게 꼭 붙어 있으려고만 하게 된다(송명자, 1995: 214-215에서 재인용).

이러한 특성은 학령기를 거쳐서 성인기의 대인관계에도 영향을 미치게 된다. 따뜻하고 일관성 있는 보호에 의한 만족스럽고 안정된 애착을 형성하게 되면 아동은 자신이 소중하고 사랑받을 수 있는 인간이라는 자기이미지를 형성하게 되어, 주위 환경에 대해 긍정적이고 합리적인 관점을 갖게 되고 스트레스에 대응하는 능력이 커지게 된다(Ashford et al., 2001: 216).

(2) 신뢰감과 자율성의 형성

이와 같이 아동이 경험하는 부모 등 주 양육자와의 관계는 심리적 발달의 근간을 이루게 된다. 특히 출생 직후부터 생리적 욕구를 충족해 가는 과정은 성격의 가장 기초적 구조를 형성한다. 에릭슨에 따르면 주 양육자인 어머니가 배고플 때 젖을 주고, 기저귀를 갈아 주고, 재워 주고, 안아 주는 적절하고 따뜻한 보호를 통해 아기는 외부세계에 대한 신뢰감을 형성하게 되며, 이러한 욕구가 잘 충족되지 못하면 불신감을 갖게 된다. 프로이트는 이 시기를 리비도가 구강에 존재하는 구순기로 구분하였으며 이 시기에 젖을 충분히 빨지 못하면 후에 거친 표현을 잘 하게 되는 등 입에 고착된 성격적 특성이 나타난다고 하였다(Urdang, 2008: 363-364).

만 1세 반이 되면 영아는 신경계의 발달로 대소변을 가릴 수 있게 된다. 에릭슨에 따르면 대소변훈련은 영아의 자율성 발달과 관련이 있으며, 이 단계를 성공적으로 극복하면 스스로의 행동을 믿는 자기효능감과 자율성이 형성되지만, 대소변 통제가 제대로 되지 않아 실수를 하여 주위 사람으로부터 꾸중이나 비난을 받게 되면 수치심이 형성된다고 하였다. 또한 이 시기는 프로이트의 항문기에 해당한다. 그는 부모가 배변훈련을 너무 일찍 시작하여 엄격하게 다루거나, 아이의 대소변에 지나치게 관심을 나타내면 아이는 항문에 고착된 성격을 형성하게 된다고 하였다. 즉, 고집이 세고, 인색하며, 복종적이고, 지나치게 깔끔한 등의 성격적 특성을 갖거나 아니면 반대로 충동적이거나 적개심이 강해진다는 것이다(Urdang, 2008: 367-369).

4) 사회복지실천에의 적용

사회복지사들은 선천성 질병이나 장애가 있는 영아들이 조기치료와 교육훈련을 받을 수 있는 기관을 연계해 주고, 이러한 영아들을 둔 부모나 가족에게 지지적 서비스를 제공해야 한다. 또한 대개의 저소득층 클라이언트들이 아동에게 섬세한 주의를 기울일 여력이 없는 점을 감안하여 영아가 있는 경우에 사회복지사들은 영아의 운동발달 지체 유무에 관심을 기울여야 한다. 영아가 운동발달장애를 지닌 경우에는 조기개입을 하지 않으면 외부세계에 대한 탐색적 경험이 늦어져서 인지 및 정서발달에도 지장을 겪게 되므로 적절하고 빠른 개입이 필수적이다. 특히 평균 이하의 지능과 적응행동상의 결함을 보이는 정신지체를 보이는 경우 정확한 의료적 진단과 조기치료를 받을 수 있도록 도와주어야 할 것이다. 또한 영아의 애착인물을 파악하고 애착관계 유형에 관심을 가져야 한다. 주 양육자인 클라이언트가 정서심리적인 문제를 겪고 있거나 나이가 어린 미혼모인 경우, 또는 맞벌이를 하거나 영아가 시설에 수용되어 있는 경우 등 아기의 양육과 보호에 일관성이 없을 위험이 있는 경우에는 영아가 부정적인 애착관계를 형성할 수 있으므로 그에 따른 교육과 상담 및 정보를 제공하도록 한다(Ashford et al., 2001: 216-219).

2. 유아기

유아기는 만 3세부터 5~6세까지의 초등학교 입학 전에 해당하는 시기로 학령전기로 불리기도 한다. 이 시기에는 신체발달은 완만해지지만 언어발달과 인지발달이 급속하게 이루어진다. 또한 부모나 가족으로 한정되었던 대인관계가 또래 및 타인과의 관계로 확대되고 사회적 가치관과 규범을 습득하기 시작하는 시기다. 모방성이 강한 동시에 반항과 고집, 자기주장이 나타나면서 개성을 형성해 가는 중요한 때이므로 이 시기에 학습한 것은 개인의 인생에 가장 크게 영향을 미친다고 볼 수 있다.

1) 신체적 발달

만 2세가 지나면 그전까지 급속하게 증가하던 신체적 발달이 그 속도는 감소하지만 꾸준하게 지속된다. 키는 매년 5~7cm씩 자라서 5세 무렵이 되면

출생 시의 2배가 되며, 체중도 매년 2~3kg씩 증가한다. 근육과 골격이 단단
해지며 영아기에 비해 성장의 개인차가 분명하게 드러나게 된다. 팔다리가 길
어지고 몸 전체에 비해 머리의 비율이 작아져서 신체균형이 잡히기 시작한다.
6세 무렵에는 유치가 빠지고 영구치가 나기 시작한다(Ashford et al., 2001).

운동발달 면에서는 영아기에서 유아기로 갈수록 근육과 골격의 움직임이
유연해지고 균형을 잘 잡을 수 있게 되어 행동이 빨라지고 민첩해진다. 운동
량이 많아지며 달리기와 뛰어 오르내리기 또는 자전거 타기 등 다양한 신체동
작을 잘해 낼 수 있게 된다. 즉, 2~3세경에는 달리기를 시작하고, 4세경에는
계단이나 탁자와 난간 등에서 뛰어내리는 것도 가능해진다. 5세경이 되면 직
선을 따라 걷거나 달리면서 방향을 바꿀 수 있고, 6세경이 되면 한 발 뛰기, 뛰
어넘기, 오르기 등을 할 수 있게 된다. 유아기에는 소근육의 발달에 의한 미세
동작도 거의 완전한 수준까지 발달하게 되는데 2세경에는 숟가락을 사용하거
나 컵으로 물을 먹을 수 있게 되고, 3세경에는 서툴지만 엄지와 검지로 수저
를 사용할 수 있게 되며 펜을 잡고 원, 네모, 삼각형 등 간단한 도형을 그릴 수
있게 된다. 또한 4~5세경에는 혼자서 옷을 입고 단추를 벗길 수 있게 되고,
얼굴이나 집, 동물 등 실제의 사물을 닮은 도형을 그릴 수 있게 된다. 5~6세
경에는 신발을 혼자서 신을 수 있으며 끈을 매기도 하고 블록 쌓기도 능숙해
지며 젓가락으로 음식을 먹을 수 있게 된다(강문희 외, 2007: 167-175).

2) 심리적 발달

영아기에 성립된 기본적인 지각능력은 유아기에 현저하게 발달하여 6세가
되면 시각, 청각, 촉각 등 감각적인 변별력은 성인수준에 도달한다. 인지적으
로는 눈앞에 보이지 않는 것을 기억할 수 있게 되고 상징적 사고가 가능해진
다. 그러나 받아들인 정보를 해석하는 지각체계는 여전히 주관적이며 통합적
으로 전체를 이해하는 논리성도 부족하다. 말을 배우는 속도가 빨라져서 4세
경에는 기초적인 언어능력이 확립되므로 대인관계가 활발해진다. 부모와 주

위 사람들의 태도는 아동이 모방하면서 가치관을 형성하는 밑그림이 되므로 어른들의 주의 깊은 태도가 특히 필요한 시기다(Urdang, 2008: 369).

(1) 인지발달

유아기는 피아제의 인지발달 4단계 중에서 두 번째인 전조작기(preoperational thought)에 해당한다. 이 시기의 인지적 특성으로는 자기중심화와 비논리적이고 비가역적인 사고에 의한 직관적 사고, 상징적 사고, 물활론적인 사고 등을 들 수 있다. 전조작기는 다시 4세 이전의 전개념적 사고기와 그 이후의 직관적 사고기로 나누어진다(Ashford et al., 2001: 256-257).

전개념적 사고기에는 조작적 사고, 즉 과거에 일어났던 사건을 내면화시켜서 논리적인 연결을 짓는 인지적 작업이 거의 일어나지 않고 언어가 개념으로서의 기능을 다하지 못한다. 예를 들어, '개'를 지칭할 때 다른 네발 달린 동물과 구분하지 못하는 것이다. 한편 4세 이후의 직관적 사고기에는 조작적 사고가 어느 정도는 가능해지지만 사물에 대한 판단이 어떤 한 가지 지각적 특성에 의존하는 직관적 판단이 이루어진다. 이는 보존개념이 결여되는 점에서 잘 나타난다. 즉, 사물의 외관이 변하면 본질까지 변했다고 믿는 비가역적 사고를 하게 된다.

영아와 유아의 가장 큰 인지적 차이는 상징화에 있다. 5~6세가 되면 현실의 제약을 넘어선 상상도 할 수 있게 된다. 유아기에는 사고와 언어가 통합되기 시작하여 아동은 모든 사물에 이름이 있음을 알게 되고 물건에 생명이 있는 것으로 상상하는 물활론적인 사고를 한다. 인형이나 봉제완구에 애정을 보이고 집착하는 시기이기도 하다. 언어로 자신의 생각을 조리 있게 표현하기에는 아직 미흡한 부분이 있어서 마음속의 강한 느낌을 언어를 통해서 표현하지 못하는 경우가 많다. 그림이나 놀이치료를 통해서 문제아동의 내적 세계를 이해할 수 있다(송명자, 1995: 102-117).

(2) 정서발달

유아기의 정서체계는 외부자극에 대한 반응이 강하게 나타나는 것이 특징이다. 따라서 감정의 지속기간이 짧고, 매우 변하기 쉽고, 강렬하며, 여러 감정의 표출이 번갈아 가면서 나타난다. 이 시기의 일반적인 정서는 주로 분노, 공포, 애정, 기쁨, 질투, 불안인데 불쾌한 경험으로 인한 부정적인 정서는 악몽, 야경증, 야뇨증 등의 정서장애로 나타나기도 한다. 또한 이 시기에는 모든 현상에 호기심이 왕성해지는데, 이러한 호기심을 심하게 제지하면 죄책감이 형성된다. 죄책감은 특정한 대상이나 상황에 대한 불합리한 공포로 발전되는 경우가 많다(강문희 외, 2007: 229-240).

그러나 일반적으로 3~4세가 되면 자신의 감정을 다루고 적절하게 표현하는 방법을 배우게 되고, 5~6세가 되면 자신의 감정을 감추거나 가장하는 방법도 알게 된다. 자의식이 발달함에 따라 자기통제능력이 발달하게 되며 사회적 요구에 순응하여 행동을 조절하거나 지연할 수 있게 된다. 즉, 이 시기가 되면 자신이 지금 원하는 것이 당장 주어지지 않는다 하더라도 조금 기다리면 가능하다는 것도 알게 된다(Ashford et al., 2001: 261-262).

유아의 언어능력과 상상력은 감정을 다루기 위한 중요한 도구가 된다. 즉, 원하는 바를 언어를 통해서 잘 표현할 수 있을 때 욕구충족의 가능성이 커지고 감정 표현도 용이해지므로 감정을 다루기가 보다 쉬워진다. 상상을 통해서 자신을 괴롭히는 문제들을 해결하고 힘든 감정을 다스리기도 한다. 이 시기에 심한 충격을 받은 경우에는 자신의 생각과 감정을 정확하게 표현하기 어렵다(강문희 외, 2007).

(3) 언어발달

영아기의 언어전기와 과도기단계를 거친 후, 유아기의 언어발달은 두 단어 이상으로 의미 있는 문장을 형성하는 언어습득단계에 접어든다. 유아기 초에는 제한된 어휘수와 기억력으로 명사나 동사, 형용사 위주의 주요 단어만 나열하지만 두 단어를 연결시켜 사용하는 법을 알고 난 후에는 '엄마, 밥 줘' 등의 세 단어를 연결시켜 사용할 수 있게 되며, 그 이후부터는 매우 빠른 언어발달을 보이게 된다. 문법적 체계가 나타나면서 접속사와 동사의 시제를 사용할 수 있고, 의문문과 수동문 및 복합문장을 구사할 수 있게 된다. 2세 무렵에 사용할 수 있는 어휘수는 200~300단어이며 4세에는 1,500단어가 된다. 5세경의 사용 어휘수는 2,000~2,500단어로 이 무렵이 가장 많은 어휘를 획득하는 시기에 해당한다. 한편 6세경의 이해어는 5,000~6,000단어로 20세 성인의 1/10 수준까지 어휘수가 늘어난다. 언어발달에 영향을 미치는 요인은 성별, 지적 능력, 심신의 상태, 형제 및 가족수, 사회경제적 수준 등의 가정환경과 교육환경 등을 들 수 있다(강문희 외, 2007: 193-208). 아동의 언어발달은 인지발달 및 사회성발달과 병행하므로 보다 다양한 언어학습의 기회가 유아에게 제공되어야 한다.

3) 사회적 발달

유아기에는 언어능력의 발달과 함께 대인관계가 활발해진다. 이를 통해 자아개념과 성적 정체성이 발달하는 시기다. 이때 부모를 비롯한 주위 사람들과의 관계는 아동의 성격형성의 밑그림이 되므로 어른들의 주의 깊은 태도가 필요하다(Ashford et al., 2001: 268-273).

(1) 자아개념과 주도성

이 시기는 특히 신체적 움직임이 활발해지는 시기이므로 아동들은 어른들로부터 가해지는 행동규제와 제한에 의해 많은 긴장을 경험하게 된다. 예를 들면, 2세가 지난 유아는 달리는 것을 즐

거워하며 어디서나 뛰어다니려 하고 부모는 아이의 성장이 사랑스럽지만 타인에게 방해가 되는 경우에는 통제를 가하게 된다. 이 과정에서 아동은 자기중심적 존재로부터 상호관계적인 존재로 성장해 가며, 사회적 규범을 지켜야하는 사회적 존재로서의 자아개념을 습득할 수 있게 된다. 그러나 지나친 통제와 억압은 낮은 자존감과 자기효능감 등 부정적인 자기상을 형성하게 된다(Ashford et al., 2001: 275). 자아개념 또는 자기상은 신체적 특성과 능력, 가치관, 희망, 지위와 역할 등 개인이 인식하는 자신의 특성이다. 유아기에는 '나는 예쁘다' '나는 나쁘다' 등의 단순한 평가를 통해 자아개념의 기초적인 틀이 형성되기 시작한다(강문희 외, 2007: 251).

유아기 후반이 되면 아동은 자신의 신체적 특성과 고유성을 인식하기 시작하며, '내 마음대로' 하는 것보다는 '내 스스로' 하는 주도적인 행동에 더 관심을 갖게 된다. 에릭슨은 이 시기를 유희기라고 규정하고 놀이를 통해서 주도성을 형성하게 된다고 하였다. 어떤 목표를 달성하기 위해 노력함으로써 주도성이 형성되는데, 지나친 처벌이나 무시는 좌절감과 죄의식을 갖게 한다. 이 단계의 위기를 성공적으로 극복하지 못하는 경우에는 목표를 수립하고 추구하려는 목적의식이나 용기가 없어지게 된다(강문희 외, 2007).

(2) 성역할 인식

이 시기의 아동은 자신의 성기가 이성과 다르다는 것과 부모가 서로 다른 성을 가졌다는 사실을 이해함으로써 자신의 성역할을 깨우치게 된다. 프로이트는 이 시기를 남근기(phallic period)로 분류하고 아동의 리비도가 더욱 강해지며 성기에 집중되는 시기로 보았다. 그는 이 시기에 남아는 남자답게, 여아는 여자답게 행동하려고 애쓰게 되며, 자신을 동성의 부모와 동일시함으로써 자신의 성역할을 인식하는데 이 과정에서 초자아의 분화가 이루어지게 된다고 하였다. 이 시기에 부모로부터 학습된 성역할 기대는 또래관계에서도 그대로 적용하게 된다(Ashford et al., 2001: 278).

(3) 놀이의 발달

유아기에는 또한 후기로 가면서 부모를 벗어나서 또래와의 접촉이 많아지게 되고, 형제나 또래와 놀면서 경쟁하고 협력하는 과정을 통해 사회적 발달이 촉진되게 된다. 이 시기에는 혼자보다는 집단놀이에 더 흥미를 갖게 되면서 우정을 경험하기도 하지만 여전히 자아중심적 성향이 강하다. 또래와의 친밀하고 지속적인 우정은 학령기에 접어드는 아동기에 더욱 본격적으로 발달하게 된다.

4) 사회복지실천에의 적용

왕성한 신체발달과 인지발달을 통해서 영아에서 아동으로 성장하게 되는 유아기에는 영양결핍이나 질병에 관심을 가져야 한다. 유아를 보육하는 기관에서는 적절한 영양급식에 중점을 두어야 하며, 클라이언트가 유아를 양육하고 있는 경우 사회복지사는 유아의 발달 상태를 점검할 필요가 있다. 이 시기에는 운동기능이 활발해지면서 안전사고의 위험이 높아질 수 있으므로 유아 프로그램을 운영하는 경우에는 안전점검을 실시해야 한다. 또한 부모로부터 심한 꾸중이나 비난을 받게 되면 유아의 자율성과 주도성 발달에 장애가 생기므로 사회복지사는 부모로 하여금 유아와 애정어린 신체적 접촉을 유지하고 건전한 훈육방식을 사용하도록 부모교육을 제공한다. 주위 환경에 대한 다양한 탐색의 기회를 통하여 언어발달과 인지발달을 촉진시킬 수 있도록 돕는다. 또한 이 시기는 아동의 신체활동이 활발해지고 고집이 세며 자기주도성이 강해서 부모가 다루기 힘든 시기이므로 아동학대가 발생하기 쉽다. 특히 신체적 학대가 일어날 확률이 크므로 아동학대가 의심되는 경우에는 아동보호전문기관에 의뢰하고, 아동을 위한 심리상담과 부모상담 및 가족치료를 제공하도록 한다(Zastrow & Kirst-Ashman, 2007: 188-200).

- 영아기는 신생아기 이후부터 2세까지며 유전적인 특성과 양육자의 양육방식, 가족의 특성과 같은 주위 환경의 영향에 따른 발달적 특성을 갖는다. 또한 부모와의 지속적인 상호작용을 통해 애착관계를 형성하고 대상영속성이 확립된다. 주 양육자에 의해서 생리적 욕구를 충족해 나가는 과정에서 신뢰감과 불신감이 형성되고, 배변훈련과정에서 자율성과 수치심이 형성된다.
- 유아기는 만 3세부터 6세까지의 시기로 신체발달 및 언어발달과 인지발달이 급속하게 이루어진다.
- 유아기에는 영아기에 비해 팔다리가 길어지고 머리의 비율이 작아져서 신체적 균형이 좋아진다. 달리기와 뛰기 등 운동능력이 발달한다.
- 유아기는 피아제 인지발달단계의 전조작기에 해당한다. 이 시기의 인지적 특성으로는 자아중심성, 비가역적 사고, 비논리적 추론, 직관적 사고, 상징적 사고, 물활론적인 사고 등을 들 수 있다.
- 유아기에는 자아개념이 발달하고 자기통제력과 주도성 또는 죄의식이 발달된다. 또래와의 집단놀이 과정에서 협동과 상호작용의 쾌락을 경험한다. 자아중심성이 완화되면서 우정을 경험하게 되고, 형제나 친척을 모방하려는 경향에 의해 사회성을 발전시키게 된다. 그러나 사회적 관점 수용능력의 미발달로 대인관계상의 갈등을 객관적으로 해결하지는 못한다.
- 영·유아기에는 선천성 질병과 장애, 인지발달장애, 언어발달장애, 부적절한 애착관계 형성, 맞벌이 가족의 육아문제, 아동학대 및 방임 등에 사회복지적 관심을 가져야 한다.

생각해 볼 문제

- 학령전기의 유아들은 외부 세계에 대한 호기심이 매우 강하다. 이러한 호기심이 충족되었을 때와 좌절되었을 때 나타날 수 있는 발달상의 차이를 비교해 보시오.
- 우리나라에서는 영·유아를 대상으로 한 조기교육이 유행이다. 이에 대한 자신의 견해를 정리해 보시오.
- 어머니의 직장생활이 아동과의 애착관계 형성에 미치는 영향에 대해 생각해 보시오.
- 아동학대나 방임이 일어날 수 있는 영·유아기 아동의 특성을 논해 보시오.

제12장　아동기

아동기(childhood)는 초등학교 시절인 만 6∼11, 12세까지를 의미하며, 아동의 생활중심이 가정에서 학교로 옮겨 가는 시기다. 대부분의 시간을 학교에서 보내면서 지식을 습득하고 또래친구와의 관계에 몰두하게 되므로 이 시기를 지나면 아동은 살아가는 데 필요한 기본지식과 사회성을 거의 대부분 습득하게 된다. 그 이전 시기에 비해서 신체발달의 속도는 완만해지지만, 운동능력은 눈부시게 발달하여 아동기 후기가 되면 해가 저물도록 뛰어놀아도 지치지 않게 된다. 이렇게 활발한 놀이와 운동을 통해서 자신의 일을 스스로 처리할 수 있는 자신감과 독립심이 발달하고 상상력과 추리력, 판단력도 증가한다. 자아중심성에서 벗어나 객관적으로 사물을 바라보고 판단할 수 있게 되며, 또래친구뿐만 아니라 부모나 학교선생님 등 어른들로부터 받는 평판에 따라서 더욱 분명하게 자기상을 형성해 간다.

프로이트는 이 시기에는 아동의 관심이 지적 호기심, 친구, 운동 등 외적인 활동에 집중됨으로써 생리적 에너지인 리비도가 성격형성에 특별하게 영향을 미치지 않는다고 보아서 이 시기를 잠복기라고 규정하였다. 에릭슨은 이 시기에 학교생활을 통한 학습과정을 성실하게 수행함으로써 근면성이 발달되며, 그렇지 못한 경우에는 열등감이 형성된다고 하였다. 한편 피아제는 체계적이고 가역적인 사고가 가능해지는 이 시기를 구체적 조작기로 구분하였다(Ashford et al., 2001).

1. 신체적 발달

아동기의 신체적 발달은 점진적이고 지속적이며 완만하게 진행된다. 이전 단계들과 같은 급속한 신체적 성숙은 일어나지는 않지만 꾸준한 성장이 이루어지며, 전체적인 신체발달의 속도가 안정되는 시기다. 아동기에는 유아기에 비해서 팔과 다리의 성장이 빨라서 길어지고 몸체가 날씬해지며 머리 크기 등 신체의 비율이 거의 성인에 가까워진다(강문희 외, 2007: 245). 키는 유아기와 비슷하게 매년 5~7cm씩 자라며 체중은 2.5~4kg씩 증가하여 아동기가 끝날 무렵에는 키 152cm 전후, 몸무게가 44~46kg 정도가 된다. 대개는 키와 몸무게가 균형을 이루면서 성장하지만, 뼈의 성장이 근육의 성장속도보다 빠른 경우에는 성장통을 경험하게 된다(강봉규, 2000: 144). 우리나라 아동의 평균적인 발달은 〈표 12-1〉과 같다. 아동기 초기인 7~10세에는 남아의 평균키가 여아에 비하여 더 큰 편이지만, 11~13세 때는 여아가 더 크고 그 이후부터는 다시 남아가 더 커진다.

또한 이 시기에는 영·유아기에 나왔던 20개의 유치(젖니)가 영구치로 모두 바뀐다. 그 후 12세까지 새로운 영구치가 추가되어 총 24~26개로 되면서 입의 모양이 달라지고 얼굴 하부가 커지는 등 전체적인 얼굴 모습이 변하게 된다. 뇌의 중량도 6세에는 성인의 약 90%였던 것이 12세 무렵에는 95%까지 늘어난다(강봉규, 2000: 145).

아동기에는 새로운 운동능력을 습득하기보다는 유아기까지 획득한 운동기능이 더 정교해진다. 운동의 속도, 정확성과 안정성, 힘과 효율성 등이 더 발

| 표 12-1 | 7~19세 아동의 발육 평균치 |

나이	남자		여자	
	체중(kg)	신장(cm)	체중(kg)	신장(cm)
7~8세	24.84	123.71	23.92	122.39
8~9세	27.81	129.05	26.93	127.76
9~10세	31.32	134.21	30.52	133.49
10~11세	35.50	139.43	34.69	139.90
11~12세	40.30	145.26	39.24	146.71
12~13세	45.48	151.81	43.79	152.67
13~14세	50.66	159.03	47.84	156.60
14~15세	55.42	165.48	50.93	158.52
15~16세	59.40	169.69	52.82	159.42
16~17세	62.41	171.81	53.64	159.98
17~18세	64.46	172.80	53.87	160.42
18~19세	65.76	173.35	54.12	160.74

출처: 대한소아과학회, 2007.

달하게 되는 것이다. 따라서 12세경이 되면 자신의 몸을 통제할 수 있는 능력
이 거의 성인 수준에 도달하게 되어 야구, 축구 등을 비롯한 대부분의 운동을
성인처럼 할 수 있다. 규칙을
준수해야 하는 단체운동을
통해서 타인과 상호 교류하
는 방법을 익히게 되고, 자신
의 신체모습과 운동역량을
다른 아동과 비교하는 것은
자아개념 및 자존감 형성에
영향을 주기도 한다(Ashford
et al., 2001: 317).

2. 심리적 발달

1) 인지발달

아동기에는 구체적이고 실질적인 사물에 대한 정신적인 활동, 즉 사고를 통해 현상을 이해하고 사물을 객관적인 입장으로 볼 수 있게 되는 인지체계의 변화가 뚜렷하게 나타난다. 피아제의 인지발달단계 중 구체적 조작기에 해당하며 주요 특성으로는 탈중심화, 보존개념의 획득, 가역적 사고와 위계적 분류능력의 습득 등이 포함된다(Zastrow & Kirst-Ashman, 2007: 306).

아동기에는 무엇보다도 자기중심적 사고에서 벗어나서 타인의 관점에서 문제를 보고 다양한 요인을 고려하여 상황을 파악할 수 있게 되는 탈중심화가 뚜렷해진다. 또한 어떤 사실의 변화가 일어났을 때 그 사실의 원래 상태로 되돌아가서 현재의 변화를 추리해 낼 수 있는 가역적 사고가 발달한다. 전조작기의 유아들은 컵의 물을 넓적한 그릇에 부었다가 도로 컵에 부을 때 물의 양이 동일하다는 가역적 사고가 불가능하지만 아동기에는 이러한 역조작의 현상을 이해할 수 있게 된다. 따라서 이 시기에는 전조작기 후반에 발달하기 시작한 수보존의 개념이 완성되고, 무게보존과 부피보존의 개념도 차례로 발달하면서 전체적인 보존개념이 완성된다(송명자, 1995: 125-130). 이와 동시에 분류능력 및 조합능력이 발달하여 유목화 또는 서열화가 가능해지는데 이로 인해서 보존개념의 획득은 더욱 용이해지게 된다. 구체적 사고단계에 있는 아동들은 주변 사물들을 종류로 나눌 수 있으며 서로 간에 관계가 있음을 인지할 수 있게 되는 것이다(김경중 외, 1998: 148-157).

이와 같이 구체적 조작적 사고가 발달함에 따라 아동은 더 이상 손가락을 세지 않고 머릿속으로 계산을 할 수 있거나 나타난 현상의 인과관계를 이해할 수 있게 된다. 초등학교 고학년이 되면 학습에 필요한 주의집중력이 한층 높아지는데, 가설을 세우고 주위의 현상을 자신과 관련이 있는지 없는지를 구분하여 받아들일 수 있게 된다. 그러나 이 시기 아동의 사고는 여전히 구체적인 대상을 필요로 하며, 추상적인 추론에는 한계가 있다. 즉, 자신이 이미 알고 있고 직접 경험한 사실이나 보이는 대상에 사고가 머물러 있다. 청소년기가 되어 인지발달의 최종단계인 형식적 조작기로 넘어가면 비로소 보다 수준 높은 사고를 할 수 있게 된다. 에릭슨은 아동기에 학업에 관심과 흥미를 갖게 되고 공부에 집중할 수 있으면 이러한 습관을 통해 근면성이 발달하게 되며 그렇지 못한 경우에는 열등감이 형성될 위험이 있다고 하였다(Zastrow & Kirst-Ashman, 2007: 305-322).

2) 정서발달

아동기의 정서는 유아기에 비해서 비교적 안정되어 있어서 소리를 지르며 울고 때리거나 물건을 던지는 등의 극적인 표현은 줄어든다. 이러한 방법이 효과적이지 않다는 것을 이해하고 감정을 억제할 줄도 알게 된다. 가정에서부터 학교와 또래친구로 대인관계 범위가 넓어지면서 개인적인 욕구실현이나 행동에 제약을 받는 경험을 통해서 자신의 감정을 통제하고 간접적인 방식으로 표현하는 방법을 습득하게 된다. 그러나 친구들로부터 무시와 따돌림을 받거나, 부모나 선생님으로부터 꾸중을 듣고 다른 아이들과 비교당하는 등의 경험을 하게 되면 질투와 분노감을 느끼게 된다.

또한 주로 시각이나 청각 등 감각적인 것으로부터 정서적 자극을 받던 유아기에 비해서 아동기에는 상상력이 더욱 풍부해지면서 가상적, 비현실적이거나 초자연적인 것에 대한 공포도 증가하며 학교 시험점수 등 현실적인 걱정도 하게 된다. 아동기에 경험하는 이러한 질투, 분노, 불안, 공포, 걱정 등의 정서는 자연스러운 현상이지만 그 강도가 심하거나 적절히 해결하지 못하였을 때는 정서장애로 나타나기도 한다(최옥채 외, 2007: 208). 대표적으로 학교공포증 또는 등교거부증을 들 수 있는데 아동이 유치원이나 초등학교에 입학할 때 낯선 학교 환경에 대한 두려움이나 부모와의 분리불안이 심한 경우에 나타난다.

아동기 정서발달의 중요한 요소 중의 하나는 자아상 또는 자아개념(self-concept)의 발달이다. 자아개념은 유아기에 발달하기 시작하는데 아동기에는 자신을 다른 아이와 비교하거나 이상적인 자기와 비교함으로써 보다 객관적이고 분명한 자기상이 정립된다(강문희 외, 2007: 251). 아동이 적절한 자아개념을 발달시키기 위해서는 네 가지 발달과제가 이행되어야 한다. 첫째, 타인에 대하여 잘 공감할 수 있어야 하며, 둘째, 자신이 속해 있는 사회적 관계가 복잡하고 때로는 부조리하다는 사실을 이해해야 한다. 셋째, 자기 행동이 어떠한 결과를 가져올 것인가를 예측할 수 있어야 한다. 즉, 아동은 무엇이 옳고 그른지를 스스로 결정할 수 있어야 한다. 마지막으로 자신의 행동은 자신이 책임져야 한다는 사실을 알 수 있어야 한다(Markus & Nurius, 1986). 자아개념의 형성에는 일차적으로는 부모의 양육태도가 큰 영향을 미치지만 아동기에는 학교 및 또래관계에서의 경험이 많은 영향을 미친다. 따라서 긍정적인 자아상을 형성하기 위해서는 무엇보다 학교에서의 성공적 경험이 필요하다.

자아개념은 자아존중감(sellf-esteem)의 발달과 밀접한 관계가 있다. 자신의 특성에 대한 인식이 자아개념이라면 자아존중감은 자신의 존재적 가치에 대한 긍정적인 느낌으로 정서적인 측면을 의미한다. 자아존중감이 높은 사람은 잘 분화된 자아개념을 지니고 있다. 즉, 어떤 개인이 자기 자신의 능력이나 선호를 잘 안다면 스스로 해야 할 것과 하지 말아야 할 것을 잘 구분할 수 있기 때문에 자신의 일에 높은 성과를 낼 수 있고, 그 결과, 자신에 대한 긍정적인 감정을 형성하게 되므로 자아존중감이 높아진다(최경숙, 2000: 288-290).

아동기 자아존중감의 발달은 에릭슨이 주장한 근면성 및 열등감의 발달과도 연관지을 수 있다. 만약 아동이 배움에 즐거움을 느껴서 학교 공부에 성실하게 임하고 그 과정에서 부모나 교사로부터 칭찬을 비롯한 긍정적인 보상을 자주 받으면 높은 수준의 자아존중감이 형성되며, 반면에 꾸중이나 부정적인 평가를 더 많이 받게 되고, 성공보다는 실패의 경험이 잦으면 열등감과 낮은 수준의 자아존중감이 형성된다(Wormer, 2007: 132-133).

3. 사회적 발달

아동기의 가장 중요한 발달 과제는 부모 및 가족의 영향에서 벗어나서 학교에서 경험하는 교사나 또래와의 관계로 대인관계의 중심축이 이동하는 것이다. 규칙적이고 조직적인 학교생활을 통해서 아동은 사회인으로서 지켜야 할 사회적 규범을 학습하고, 또래친구들

과의 상호작용을 통해서 사회적 유능성을 습득하게 된다. 이 과정에서 아동은 자신의 존재가치에 대해 전반적인 평가를 하게 되는데 이러한 경험은 자아개념 형성에 절대적인 영향을 미치게 된다(Newman & Newman, 2006: 279-280).

1) 또래관계[1]와 사회성의 발달

아동기에는 정규적인 학교생활을 하면서 또래친구와 보내는 시간이 한층 증가하게 된다. 대다수의 아동들은 여러 명의 또래 중에서 마음에 맞는 친구

---

1) 또래친구에 대한 아동의 태도는 연령에 따라서 다르다. 첫 단계는 유아기부터 아동기 초기 사이에 발달하는 보상적 단계인데 이 시기의 아동에게 있어서 좋은 친구는 가까이 살면서 서로 쉽게 만나서 재미있게 같이 놀 수 있는 친구다. 이 시기는 서로를 즐겁게 해 주는 상호 호혜적인 관계로서의 친구관계에 집중하는 시기라고 할 수 있다. 두 번째 단계는 초등학교 중기가 되면서 발달하는 규범적 단계다. 이 시기에는 친구 간의 인정, 칭찬, 성실성 등 성격적인 특성이나 공통적인 관심사를 중요시하고 필요할 때 서로 도와줄 수 있는 존재로서의 친구관계에 의미를 둔다. 세 번째는 청소년기에 시작하는 감정이입적 단계다. 친구들과의 상호이해, 자기노출, 친밀감을 중요하게 생각하며, 친구에 대해 진심 어린 걱정을 하기도 하는 시기다(강문희 외, 2007: 252-253).

를 만드는 일에 깊이 몰두하며 소수의 특별한 또래와 우정을 쌓는다. 이 과정에서 상대방의 태도에 따라서 질투, 분노, 서운함, 외로움, 친밀감, 즐거움 등의 다양한 정서를 경험하게 되며, 친구의 관심을 얻거나 가까워지기 위한 노력을 통해서 대인관계의 기초를 학습하게 된다. 자기중심적 사고에서 벗어나서 자신의 한계를 인정하고, 다양한 삶의 방식을 받아들임으로써 사회적 상호작용에 필요한 기술을 배우게 된다. 이러한 과정을 성공적으로 수행하는 경우에는 성취감을 맛보고 리더십도 기르게 되지만, 또래집단에서 탈락하거나 친구로부터 소외를 당하게 되면 열등감과 좌절감이 커지게 되고 자아존중감이 낮아지게 된다(최경숙, 2000: 284-286).

2) 단체활동과 도덕성의 발달

이 시기의 학령기 아동들은 학교 선생님의 지시에 따르고 질서를 지키는 과정을 통해서 사회적 규범을 지키며 도덕적 성숙을 이루어 나간다. 도덕적 성숙이란 모든 사람들이 공평하고 정당하게 취급받아야 한다는 가치기준, 즉 사회적 정의감을 지니는 것과 사회적 규칙을 존중하는 태도의 발달을 의미한다. 피아제는 게임의 규칙을 대하는 태도의 발달에 준하여 아동 도덕발달의 단계를 세 단계로 정립하였다(최경숙, 2000: 351-355).

전도덕단계　　유아기에는 게임의 규칙을 의식하고 있지 않거나 관심이 없다. 이기는 것이 목적이 아니고 서로 번갈아 가면서 해 보고 재미있게 노는 것에 중점을 둔다.

타율적 도덕단계　　6세부터 10세경까지의 아동들은 규칙은 부모나 성인 등의 권위자에 의한 것이므로 반드시 지켜야 하는 것으로 생각한다. 규칙을 위반하면 어떤 방식으로든지 벌을 받아야 한다고 믿는 절대적 도덕성이 발달한다. 따라서 어떤 문제든지 옳은 쪽과 나쁜 쪽이 있으며 원인이나 동기와는 상관없이 결과에 준하여 판단한다. 예를 들면, 이 시기의 아동들은 어머니의 설거지를 도우려다 다섯 개의 컵을 깨뜨린 행위가 몰래 과자를 꺼내 먹으려다 한 개의 컵을 깬 행위보다 더 나쁘기 때문에 더 무거운 처벌을 받아야 한다고 생각한다.

자율적 도덕단계　10세 정도가 되면 아동들의 자기중심성이 감소하고 자신의 역할을 수행하는 능력이 발달하면서 좀 더 융통성 있는 상대적 도덕성이 발달하기 시작한다. 10~11세 아동들의 대다수는 사회적 규칙은 사람들이 만들었으므로 구성원들의 합의에 의해서 변경할 수도 있다는 것을 알게 된다. 따라서 옳고 그름의 기준도 나타난 행위의 결과보다는 원인이나 동기에 달려 있음을 받아들이게 된다. 벌을 받아야 하는 행위와 받지 않아도 되는 행위를 상황에 따라서 분별할 줄 알게 되는 것이다. 설거지를 도우려다 컵을 깬 행위는 나쁜 짓이 아니므로 처벌을 받지 않아야 하지만 몰래 과자를 꺼내 먹다가 컵을 깬 행위는 처벌을 받아야 한다는 것을 알게 된다.

이러한 도덕성의 발달은 특히 학교생활과 또래관계에서 경험하는 단체활동을 통하여 이루어진다. 이 시기의 아동들은 달리기, 공차기, 고무줄놀이, 자전거 타기 등의 신체운동을 좋아하며, 특히 축구, 야구와 같은 단체운동을 좋아하는 경향이 있다. 이러한 단체운동을 통하여 아동은 규칙의 준수와 협동 및 양보의 필요성을 인지하게 되고 타인의 권리를 존중하는 도덕적 기본가치를 배우게 된다. 집단목표의 중요성, 분업과 경쟁의 원리를 깨우친다. 자신의 역할을 객관적이고 상호관계적인 측면에서 이해함으로써 사회성을 기를 수 있게 되는 것이다(이인정, 최해경, 2007: 96). 이 시기에 부모를 비롯한 성인에 의해서 지나치게 규칙을 준수하도록 강요를 받는 경우에는 자율적 도덕발달단계로 넘어가지 못하는 도덕발달의 지연현상이 나타나게 된다(최경숙, 2000: 353).

4. 사회복지실천에의 적용

아동이나 그 가족을 대상으로 하는 사회복지사들은 아동의 발달과제와 특성에 대해서 잘 알고 있어야 한다. 또한 아동기에 발생할 수 있는 심리정서적인 문제, 가족주기의 변화 및 역동이 아동에게 미치는 영향 또는 아동이 가족에게 미치는 영향에 관해서도 전문적인 지식을 갖고 있어야 한다. 예를 들면, 사회복지사는 3세 된 아동과 9세 된 아동이 밤에 악몽에 시달리는 문제점의 차이를 사정할 수 있어야 한다. 3세 아동이 분리불안의 문제가 있다면 9세 아동은 자다가 깨서 부모가 심하게 싸우는 것을 목격한 후 부모가 이혼을 할 것 같은 두려움에 때문에 악몽을 꾸는 것일 수도 있기 때문이다. 이러한 진단은 기본적으로 사회복지사의 아동발달에 대한 정확한 지식을 필요로 한다 (Webb, 2003: 26).

아동기에 발생할 수 있는 문제는 정서심리적 문제나 아동비만, 그리고 빈곤아동문제를 포함하는 사회경제적 문제로 크게 나눌 수 있다. 아동기의 주된 정서심리적 문제는 초등학교 입학기의 학교공포증으로 나타나는 분리불안장애와 단체생활을 하는 학교생활에의 부적응으로 뚜렷하게 드러나는 주의력결핍 및 과잉행동장애(Attention Deficit and Hyper-active Diorder)를 들 수 있다. 이와 함께 정신지체, 학습장애, 틱장애 등을 비롯한 다양한 정신장애 문제들이 발생할 수 있다(Wicks-Nelson & Israel, 2003). 사회복지사들은 이러한 문제들을 사정하여 적절한 의료기관에 의뢰할 수 있는 기본적인 지식을 갖추어야 한다.

이 시기는 부모들이 아동의 자질과 학업성취도에 대한 기대와 실망을 경험하면서 아동에게 엄격한 태도를 보이거나 매질을 하는 등 아동과의 갈등이 본격적으로 생겨나기 시작하는 시기이기도 하다. 이 시기의 부모는 대개 30대 후반 내지 40대 초반의 결혼 10년 차 전후의 부부권태기에 해당하여 부부갈등이 증가하는 경향이 있는데, 그 과정에서 많은 아동들이 신체적 또는 정신적 아동학대를 당하여 직접적인 가정폭력의 희생자가 되기도 한다. 또한 최근 TV를 비롯한 매스미디어에서의 성적 자극이 증가하는 등 지나치게 개방적인 성문화 현상이 대두됨에 따라서 아동들이 성학대에 노출되는 경우도 증가하고 있다. 이 시기에 아동이 경험하는 아동학대는 그 유형을 불문하고 아동의 자아개념 및 자아존중감 형성에 치명적인 영향을 미치므로 아동학대 예방을 위한 홍보 및 조기개입 등 사회복지적 개입이 보다 활성화될 필요가 있다.

경제발달에 따른 서구적인 식습관으로 인해서 아동들이 섭취하는 음식물의 열량이 크게 늘었으며 이로 인해서 우리나라에서도 비만아동의 수가 급격하게 늘어나고 있다. 아동비만은 성인비만으로 이어지게 될 위험성이 클 뿐만 아니라 부정적인 신체 이미지로 인해서 열등감이 형성될 수 있으므로 조기개입이 반드시 필요하다. 사회복지사는 올바른 식습관을 위한 부모교육을 제공하고 전문가를 통한 비만관리방법을 연계해 주도록 한다(최옥채 외, 2007: 215).

한편 이러한 현상 이면에는 경제발전에도 불구하고 다수의 빈곤층 아동들이 세끼 식사를 제대로 해결하지 못하는 경우도 발생하고 있다. 빈익빈 부익부 현상이 심화되고 있기 때문인데 특히 최근과 같이 경제불황이 지속되어 빈곤층이 늘어나면 결식아동의 숫자가 증가하기 마련이다. 실제로 기초생활보장수급자를 비롯한 빈곤층 가족의 초등학생의 34.8%는 하루 두 끼 이하의 식사를 하는 것으로 나타난 바 있다. 이는 일반 아동에 비해서 두 배나 높은 비율이며, 하루 한 끼 이하를 먹는 빈곤아동의 수는 일반 아동보다 3.6배나 많은 것으로 나타났다(최선희, 김희수, 2004). 이러한 아동들을 위한 급식 지원 프로그램이 보다 체계적이고 지속적으로 운영되도록 관심을 기울여야 한다.

이상과 같은 아동기 문제의 해결을 위한 사회복지 서비스를 종합하면, 바람직한 양육태도 형성을 위한 부모교육 프로그램, 가족갈등 해결을 위한 가족치료, 정서심리적 문제를 지닌 아동의 조기발견과 치료를 위한 아동상담 및 심리치료, 아동학대 예방과 개입, 저소득층 아동을 위한 방과 후 아동지도 사업을 들 수 있다. 또한 결손가정이나 해체가정 아동들을 위하여 입양이나 가정위탁보호, 시설보호 등을 제공하여야 한다.

- 아동기는 공식적인 학교교육을 통하여 사회가 요구하는 기본적인 기술을 습득하는 학령기에 해당하며, 신체적 발달이 활발해져서 성인들이 하는 거의 모든 스포츠를 할 수 있게 된다.
- 프로이트는 이 시기를 오이디푸스 콤플렉스가 해결되고 성적, 공격적 충동이 억제됨으로써 중요한 발달적 사건은 일어나지 않는 '잠복기'라 하였다. 에릭슨은 근면성이 형성되는 시기로 보았고 피아제는 보존, 분류, 조합 등의 인지적 능력이 발달되는 구체적 조작기로 규정하였다. 아동기는 이렇게 지적 기능이 분화됨에 따라 객관적인 지각이 가능해지는 시기다.
- 아동기는 정서적 측면에서 비교적 안정된 시기로 잘 통제되고 분화된 정서표현이 가능해지며, 자아개념과 자아존중감이 형성된다.
- 아동기에는 학교생활과 또래와의 상호작용을 통해 자기중심적 관점이 감소되고, 사회적 규칙을 준수하고 협동, 경쟁, 협상의 원리를 체득하게 되어 사회성과 도덕성이 발달한다. 6~10세 동안에는 행위의 동기나 의도보다는 결과에 중점을 두는 타율적 도덕발달단계를 거친 후, 10세경이 되면 동기를 보다 중요시하는 자율적 도덕발달단계로 넘어가게 된다.
- 정신지체 및 학습장애, 학교공포증, 주의력결핍 및 과잉행동장애와 같은 정서심리적 문제와 아동학대, 빈곤아동문제 등의 해결을 위한 사회복지적 서비스가 활성화되어야 한다.

- 아동의 자아개념 및 자아존중감 형성에 중요한 영향을 미치는 가족 및 또래관계의 기능이 무엇인지 생각해 보시오.
- 아동학대의 유형과 원인을 조사하고, 열쇠아동으로 불리는 맞벌이 부부 가정 아동의

경우를 방임으로 간주할 수 있는지 토론해 보시오.

• 요즈음의 아동들은 단체놀이보다는 TV나 컴퓨터게임과 같은 혼자서 하는 놀이에 몰두하는 경향이 크다. 이러한 대중매체나 정보통신기술이 아동발달에 미치는 영향에 대해 생각해 보고 또래들과 어울릴 수 있는 방법을 지도할 수 있는 구체적인 방법을 제시해 보시오.

• 집단따돌림의 원인과 실태를 분석하고, 가해자와 피해자를 치료하고 지원할 수 있는 방안을 생각해 보시오.

• 최근 증가하고 있는 다문화가정 아동들의 사회경제적 현황과 문제점, 사회복지적 대책에 관해 토론해 보시오.

제13장 청소년기

청소년기(adolescence)는 신체적·지적·심리적 변화가 격동적으로 일어나면서 아동이 성인으로 발달해 가는 전환기다. 체내 성호르몬의 분비가 증가함으로써 1, 2차성장이 뚜렷해지고 임신과 출산이 가능해지는 등 신체적 변화가 급격하게 일어나는 '제2의 신체발육 급증기' 며, 이로 인해서 심리적 갈등과 혼란이 크게 일어나기 시작하는 시기다. 자아정체성을 형성하고, 성인기의 독립적인 삶에 필요한 지식과 능력을 쌓아 가는 시기지만, 아직은 성인의 역할과 책임에서 벗어나 있는 심리사회적 유예기간이기도 하다(Zastrow & Kirst-Ashman, 2001: 242-244).

프로이트는 청소년기를 심리성적 발달단계 중 마지막 단계인 생식기기로 구분하고, 아동기에 잠복되어 있던 성적 에너지가 증가하게 되어 성적 쾌락을 추구하는 원초아와 초자아의 균형을 조절하는 자아의 기능이 불가피하게 변화한다고 하였다. 에릭슨은 이러한 청소년기의 심리적 특성을 '자아정체성' 대 '자아정체성 혼란' 으로 정리하였으며, 이 시기에 합리적인 자아정체성이 확립되어야 타인과의 관계에서도 친밀감을 형성할 수 있다고 하였다. 한편 피아제는 청소년기를 인지발달의 마지막 단계인 형식적 조작기로 규정하여, 구체적 대상이 없이도 형식논리에 의해 사고를 전개할 수 있는 형식화와 가설검증, 추상적 사고, 연역적 추론이 가능한 시기로 보았다(송명자, 1995: 332-335).

연령적으로 볼 때 청소년기는 그 시작과 끝이 아동기 및 성인기와 뚜렷이 구분되지 않는다. 아동기에서 벗어나는 시기와 부모로부터 독립하고 성인의 삶을 꾸려 가기 시작하는 시기에는 개인차가 있기 때문이다. 일반적으로는 초등학교 고학년부터 중·고등학교 시기인 12세 전후부터 18세 전후까지를 주로 의미한다. 대부분의 나라에서는 18세가 넘으면 법적으로는 부모 동의 없이도 결혼을 할 수 있으며, 우리나라 민법에서도 19세 이상을 성인으로 규정하고 있기 때문이다. 그러나 일반적으로 대학 졸업 후 본격적으로 경제 활동을 하기 전에는 독립된 성인으로 볼 수 없으므로 대학 재학 중인 23, 24세까지를 청소년기에 포함하기도 한다. 우리나라 아동이나 청소년 관련법들도 아동은 18세 미만까지(보건복지부, 2013), 청소년은 9세부터 25세 미만까지(여성가족부, 2013)로 규정하고 있다.

이 책에서는 초등학교 시기인 11, 12세까지를 아동기로 구분하였으므로 그 이후인 13세부터 24세까지를 청소년기로 규정하였다. 보다 세분하여 중학교 시기인 13~15세를 청소년전기, 고등학교 시기인 16~18세를 청소년중기, 대학교 시기인 19~24세를 청소년후기로 구분하였다. 청소년기의 발달과제와 사회복지실천에서의 의미는 다음과 같다.

1. 신체적 발달

청소년기의 신체적 발달은 키와 몸무게 등 급속한 외적 성장과 아울러 성호르몬의 분비가 증가하면서 생식능력이 갖추어지는 성적 발달에 주요 특성이 있으며, 청소년후기가 되면 성인과 거의 같은 수준의 신체적인 성숙이 이루어진다. 이 시기는 신체적 건강과 힘이 최고 수준에 있으므로 활기차고 민첩하며 넘치는 에너지를 운동이나 다양한 외부 활동에 사용할 수 있게 된다. 질병 이환율이 가장 낮으며 생식기관, 근육 및 내부기관의 기능이 최고조에 달하게 된다.

1) 신장과 체중의 증가

신체적 성장은 사춘기가 시작되는 청소년전기와 중기에 걸쳐서 가장 급속하게 이루어지는데 키가 자라고 근육이 발달하여 성인의 신체적 형태와 가까워진다. 개인과 성별에 따라서 차이가 있지만 사춘기가 시작되는 청소년전기가 되면 신체적 성장이 그 이전의 아동기보다 2배 정도 빨라진다. 이 시기에 성인의 98%까지 키와 몸무게가 자라게 되는데 키는 평균 5∼13cm가량 자라난다. 일반적으로 여아는 10∼11세경에, 남아는 이보다 늦은 12∼13세경에 시작하여, 성장판이 닫힐 때까지 약 4년 정도 자라지만(송명자, 1995), 개인에 따라서는 남아의 경우 21세까지 자라기도 한다. 초기에는 여아의 키가 빠르게 성장하지만 남아의 키가 가장 급속히 자라는 13∼14세 무렵이 되면 남아의 성장속도가 여아를 추월하며 청소년기가 끝날 무렵에는 남아의 신체적 발달이 여아보다 월등히 우세해지게 된다. 제12장의 〈표 12-1〉에서 보듯이 우리나라 아동의 경우에도 이러한 현상은 뚜렷하다. 한편 청소년기에는 몸무게도 성인수준까지 증가하게 되어, 18∼19세가 되면 평균적으로 여아는 약 161cm, 54kg, 남아는 173cm, 66kg 정도의 키와 몸무게를 각각 지니게 된다(대한소아과학회, 2007). 요즈음은 영양상태가 좋아져서 우리나라 청소년들의 신체적 또는 성적 발달이 가속화되고 있다.

이러한 신체적 성장과 더불어 성적 성숙이 진행되면서 청소년들은 외모의 급격한 변화를 경험한다. 남아들은 신장, 체중의 증가와 함께 어깨가 넓어지기 시작하고, 여아들에 비해서 팔과 다리가 더 길어지고 체지방이 감소하며, 코밑과 턱에 수염이 자라는 등 남성적 외모를 가지게 된다. 여아들은 가슴이 나오고 허리가 가늘어지며 배와 엉덩이 부분에 지방층이 발달하여 부드럽고 완만한 체격을 갖추게 된다.

2) 성적 성숙

청소년전기의 가장 중요한 특성은 성적 성숙의 시작이며, 이로 인해서 사춘기로 특징지어 부르기도 한다. 이 시기에는 신체의 급격한 외적 성장과 더불어 내부기관의 기능도 왕성해지는데 특히 뇌하수체, 생식선, 부신 등 내분비기관이 활성화되면서 성호르몬의 분비가 활발해진다. 남아에게서는 안드로겐, 여아에게서는 에스트로겐과 같은 성호르몬이 각각 더 활발하게 분비됨으로써 1차, 2차성징의 발달이 촉진되어 성별에 따른 신체생리적 구조가 완성된다. 1차성징은 생식과정에 직접적인 역할을 담당하는 기관을 의미하며 여성의 자궁과 질, 난소, 남성의 음경과 전립선 그리고 고환을 포함한다. 2차성징은 생식과는 직접적인 관계가 없는 성적 특성들인데 월경, 몽정, 체모와 유방의 발달, 변성, 피부의 변화 등이 포함된다(Zastrow & Kirst-Ashman, 2001: 244).

이러한 성적 성숙의 속도도 신체적 성숙과 마찬가지로 개인차가 크지만 그 발달의 순서는 비교적 고정적이다. 남아의 경우에는 고환의 발육이 먼저 시작되고, 음모가 자라며, 음경이 커지며, 몽정이 일어나고, 키와 몸무게가 급속하게 증가한 후 변성이 되고 마지막으로 체모가 자라나게 된다. 여아의 경우에는 유방의 발육이 시작되며, 이어서 음모가 자라나고, 키와 체중이 증가한 후 초경이 시작된다. 이러한 사춘기의 성적 성숙은 대개 2년간 지속되며, 정자와 난자를 배출하게 되면서 완성된다(송명자, 1995: 328). 청소년의 성적 성숙의 시기는 개인차가 있으므로 청소년전기, 중기, 후기로 뚜렷하게 그 특징을 구분하기는 어렵다. 또한 일반적으로 청소년후기에 이르러서는 성적 성숙이 거의 완성단계에 도달한다.

3) 운동발달

청소년기에는 전반적으로 근육조직이 발달하면서 근력이 증가한다. 이러한 특성은 남아에게서 더 잘 나타나 청소년중기, 후기가 되면 기민성, 속도, 균형잡기 등 전신운동 능력이 최고점에 이르게 된다. 여아들은 사춘기가 되면 아동기보다 운동력이 오히려 줄어드는 경향이 있다. 이러한 남녀차이는 근육, 심장, 폐 등 내부기관 발달의 차이나 여아의 월경으로 인한 전신적 변화뿐만 아니라, 사회적 관습의 제약, 신체적 미에 대한 관점의 차이, 성격적 특성 등 다양한 요인 때문이다(권중돈, 김동배, 2005: 150).

청소년 초기, 중기에는 이러한 신체적 변화로 인해 자신이 성인과 유사하다는 자기도취적 느낌을 갖게 되며, 자신의 성역할을 더욱 수용하게 되어 성인으로 대접받고 싶어 하게 된다. 이와 동시에 급격한 신체적 변화에 대한 어색함으로 인해서 여전히 어린아이로 남고 싶어 하는 양가감정을 갖는다. 이 시기의 신체적, 성적 발달속도의 개인적 차이는 청소년들의 행동특성에 큰 영향을 미친다. 급격한 변화과정에서 대다수의 청소년들이 일시적인 신체불균형 상태를 경험하기도 하는데, 또래보다 성숙이 늦은 청소년들은 심리적 부담을 갖게 되고 부정적인 자아개념을 갖게 되기도 한다. 반면 신체적 성장이 빠른 청소년들은 또래들 사이에서 지도력을 발휘하고, 긍정적인 교우관계를 형성하여 안정되고 성공적인 학교생활을 하는 경향이 있다(송명자, 1995: 329). 심리사회적으로나 인지적으로 여전히 미숙한 시기이므로 지나치게 신체적 문제나 성적 호기심에 몰두하는 경우에는 낮은 학업성취도나 비행 등 문제행동에 빠질 가능성이 높다.

2. 심리적 발달

이러한 급격한 신체적 변화와 성적 성숙으로 인해서 청소년기에는 심리적으로도 격렬한 변화를 겪게 된다. 성숙 속도에 따라서 심리적 적응상의 문제가 발생하기도 한다. 추상적이고 논리적인 사고가 가능해지고 자아정체성을 구축하게 된다. 사춘기가 시작되는 청소년전기까지 또래친구와의 관계에 집중해 있던 청소년들의 관심은 신체적·성적 성숙이 완성되면서 점차 이성에게로 향하게 된다. 청소년후기가 되면 이성에 대한 본격적인 탐색과 교제가 시작되어, 결혼대상자를 구하여 가족을 형성하게 되는 청년기의 준비단계로 접어들게 된다(Wormer, 2007).

1) 인지발달

피아제는 청소년기 인지발달의 특징을 아동기의 구체적 조작적 사고에서 형식적 조작적 사고로 전환되는 것이라고 하였다. 즉, 청소년기에는 아동기에 비해서 보다 추상적인 사고가 가능하며, 경험해 본 적이 없는 사실에 대해서도 가설을 세우고 체계적이고 종합적인 사고를 통해서 인과관계를 추론할 수 있는 연역적 사고가 가능해진다. 지각과 경험에 의존하기보다는 논리적이고 분석적인 사고를 통해서 어떤 문제를 객관적으로 파악하여 적절한 해결방법을 찾아낼 수 있게 된다(Wormer, 2007: 141).

그러나 이러한 형식적 사고는 지나친 관념주의를 초래하여 많은 청소년들이 이상주의적 현실비판이나 자기세계에 빠져들어 상대적 입장을 이해하지 못하는 독단에 치우치기도 한다. 과장된 자의식으로 인해 자신이 타인으로부터 집중적인 관심의 대상이 되고 있다고 생각하거나 자신의 감정과 사고는 매우 독특한 것이므로 다른 사람들이 이해할 수 없다고 생각하기도 한다. 즉, 모든 사람들이 자신에게 관심을 가지고 있다고 생각하는 '상상적 청중(imaginary audience)'의 상태와 자신만의 논리를 전개하고자 하는 '개인적 우화(personal fable)'가 이 시기 자아중심성의 특징이다. 이러한 특성이 높은 청소년들은 부정적 자아개념을 가지며 자아존중감과 자아정체성의 확립도 낮은 경향을 보이는 것으로 나타났다(송명자, 1995: 337-339).

2) 정서발달

사춘기로 불리는 청소년전기의 감정은 격하고 기복이 심하며 매우 강하다. 이러한 정서적 특성으로 인하여 이 시기를 일반적으로 '질풍노도의 시기'로 부르기도 한다. 낙관적 감정과 비관적 감정이 교차하기도 하고 자부심과 수치심을 강하게 경험하며 성적 호기심이 증가하는 등, 이 시기의 청소년들은 민감하고 예민한 정서적인 특징 등을 보이게 된다. 앞서 설명했듯이 이는 급속한 신체발달과 호르몬의 변화, 사회적 역할의 확대와 그에 따른 복잡한 적응 문제, 가족 혹은 친구들과 공유할 수 없는 감정의 경험 등에 기인한다(Ashford et al., 2001: 364). 다시 말해서 이 시기에는 긍정적 감정보다는 불안, 우울, 질투, 고독, 열등감, 공허함, 수줍음, 죄의식, 수치심 등의 부정적인 감정을 더 많이 경험한다. 특히 청소년전기의 정서는 일관성이 없고 불안정하며, 정서의 기복이 아동기에 비해 비교적 넓고 격렬하다.

청소년중기에 이르면 초기보다 정서가 더욱 강렬해지지만 직접적인 표출을 억제하는 경향이 있는 반면에 우울이나 불안이 고조된다. 대학 재학 시기인 청소년후기가 되면 사회적인 입장이 정리되면서 정서적으로도 비교적 안정되며, 나름대로의 인생관과 세계관을 수립하게 되고, 현실적응을 위해 자신의 감정을 합리적으로 통제하려고 노력하게 된다(장휘숙, 2000).

청소년기의 급격한 정서변화는 우울증이나 거식증, 폭식증과 같은 섭식장애, 또는 비행행동 등의 역기능적인 양상으로 나타나기도 한다. 따라서 이 시기의 중요한 과제는 청소년들이 자신의 감정을 잘 살펴서 스스로에게 보다 관대해지고 마음의 여유를 갖는 것이다. 자신의 감정이 격해지기 쉽고 정서적으로 불안한 단계에 있다는 사실을 인식하고, 이러한 감정 상태에 민감하게 반응하지 않아야 한다(Newman & Newman, 2006: 316-317).

3) 자아정체성의 발달

청소년기는 자아인식이 깊어지고 자신의 존재가치를 발견하기 위해 고민하게 되는 혼란의 시기다. 에릭슨은 이 시기의 발달과제를 자아정체성의 형성으로 보았다. 급격한 신체적 변화와 성적 성숙이 이루어지고, 아동기에서 성인기로 옮아가는 과도기이며, 진학과 전공 선택, 이성문제, 교우관계 등과 관련된 다양한 사회적인 선택과 결정을 내려야 하는 시기이기 때문이다. 자아정체성은 자신의 가치체계와 능력을 객관적으로 인지하는 것을 의미하며, 적절한 자아정체성을 형성하지 못하면 사회적 역할의 수행에 문제가 발생하게 된다(송명자, 1995: 347-350).

마샤(Marcia, 1991)는 직업 활동이나 종교, 정치적 이념 등 자신에게 주어진 일에 전념할 수 있는 능력과 위기해결 능력을 기준으로, 자아정체성의 발달유형을 정체성 유실, 정체성 유예, 정체성 혼란, 그리고 정체성 성취의 네 가지로 구분한 바 있다. 정체성 유실(identity foreclosure)은 특별한 심리적 위기를 경험해 보지 않은 청소년들이 부모나 사회의 가치관을 쉽게 받아들이면서 독립적인 의사결정을 할 능력이 미비한 상태를 의미한다. 정체성 유예(moratorium)는 심리적 위기 상태에 처해 있지만 문제해결에 전념하지 않고 다양한 실험을 시도하는 과정에 있는 것을 의미하는데 청소년후기인 대학시절이 주로 이에 해당하여 이 시기를 '심리사회적 유예기간'이라 부르기도 한다. 정체성 혼란(identity diffusion) 또는 와해는 개인적 가치체계가 형성되어 있지 않음으로 인해서 자신의 역할에 대한 혼란, 의사결정 능력과 문제해결 능력이 결여된 경우를 의미한다. 정체성 성취(identity achievement)는 위기를 성공적으로 극복하여 정치적 또는 개인적 이념체계가 확립되며, 자신의 의사에 따라 자율적 의사결정이 가능하고 직업적 역할 또한 성공적으로 수행할 수 있는 상태를 의미한다. 정체성 성취나 유예는 심리적으로 건강한 상태이지만 정체성 유실이나 혼란은 부적응적인 상태로 간주된다.

정상적이고 건강한 자아정체성을 형성하기 위해서는 신체적 · 성적 성숙이 적기에 적절하게 이루어져야 하며, 주위와의 관계를 통해서 자율성 및 정서적 안정을 확보할 수 있어야 한다. 즉, 자신의 특성과 한계를 인식하고 타인의 삶을 이해하며 다양한 방면의 지식을 습득하여야 한다.

3. 사회적 발달

1) 가족관계

청소년기에는 부모의 보호로부터 벗어나 독립적으로 행동하기를 원하는데 이를 '심리적인 이유(psychological weaning)'라 한다. 이러한 사춘기적 특성을 부모나 가족들이 잘 이해하고 격려해 준다면 큰 갈등 없이 청소년기를 보낼 수 있다. 그러나 부모로부터 독립하고자 하면서도 실제적으로는 여전히 의존하게 되는 청소년과 자녀의 독립을 지원하면서도 동시에 자녀가 의존하기를 바라며 계속 보호하고 싶어 하는 부모 양측이 가진 양가적 기대로 인해서 서로 간에 긴장과 갈등이 초래되기 쉽다. 이때 많은 청소년들이 부모에게 강한 반항적 행동을 보이게 된다. 청소년기, 특히 사춘기를 만 2세 무렵에 자발성이 형성되면서 떼와 고집을 심하게 부리는 유아기의 특성과 견주어 '제2의 반항기'라고 부르기도 한다(권중돈, 김동배, 2005: 157).

청소년후기가 되면 청소년들은 본격적으로 부모로부터 독립하려 한다. 이 시기에 청소년이 독립성과 자율성을 성공적으로 획득하기 위해서는 부모와 가족의 태도가 중요하다. 청소년들이 겪고 있는 생애주기적 변화에 따른 사고체계와 정서적 특성을 부모가 잘 이해하고, 개방적이고 따뜻한 대화를 통해 민주적이고 합리적으로 자녀를 통제하는 경우에 청소년들의 독립성과 자율성이 자연스럽게 획득될 수 있다(이인정, 최해경, 2007: 115-116).

2) 또래집단 및 이성관계

청소년들은 집단에 소속되기를 원하며 이를 통하여 자신의 정체성을 찾으려 한다. 이에 따라 가족보다는 친구들과 보내는 시간이 많아진다. 또래집단과 강한 유대감을 형성하고 집단 내에서의 위치와 역할을 찾고자 하는 과정에서 인생살이에 필요한 사회적 기술을 습득하게 된다. 이 과정에서 또래집단의 특성이 개인의 행동과 가치관 형성에 크게 영향을 미치게 된다. 비행청소년 대부분은 집단으로 몰려다니면서 비행을 저지르고 모범생들은 같은 성향을 가진 또래집단과 어울리는 경향이 있다. 또래관계를 통한 경험은 청소년들의 사회적응 유형과 정신건강의 핵심적인 틀을 형성하게 되는 것이다.

청소년기에는 또한 이성에 대한 관심이 매우 높아진다. 그러나 청소년전기에는 여전히 동성친구와의 관계에 더 많은 관심을 쏟으며 청소년후기에 이르러 성적 성숙이 완성되면 보다 본격적으로 이성관계에 관심을 갖게 된다. 청소년전기에는 이성친구들 사이에서의 인기를 통해 자신을 과시하려는 목적으로 오락적인 이성교제를 하는 경향도 있지만, 신체적으로 성인과 거의 같아지는 청소년후기가 되면 성인에게 주어지는 성역할과 행동을 이해하고 받아들이게 된다(이인정, 최해경, 2007: 116-117). 이성과의 관계를 통해서 이타적인 친밀감 형성을 학습하게 되어, 타인과 사회에 대한 책임감이 생겨나게 된다. 그리고 성인으로서의 독립적인 삶을 이해하고 기대하며 자신의 미래를 위한 진로에 대해 보다 진지한 고민을 시작하게 된다

4. 사회복지실천에의 적용

1) 건강한 신체발달

급격한 신체적 변화로 인해서 대다수 청소년들은 일시적으로 신체 불균형 현상을 경험하게 되며 이로 인해서 부정적인 신체 이미지를 형성할 가능성이 크다. 특히 소녀들은 사회에서 요구하는 아름다움의 기준인 마른 체형을 위해서 무리한 다이어트를 하면서 불규칙적인 식습관을 갖거나 설사약이나 비만 치료제 등을 복용하게 되어 건강한 신체성장이나 생식기능에 장애를 초래할 수 있다. 심한 경우에는 거식증 또는 폭식증 등 심각한 섭식장애가 발생하기도 한다. 사회복지기관에서는 의료기관 등과의 연계를 통하여 청소년기의 신체성장에 대한 이해, 식생활 관리, 교육 프로그램 등을 지원함으로써 건전한 신체발달을 도와야 한다. 더불어 청소년들의 심리적인 문제도 함께 다루어 주어 부정적 신체 이미지로 인한 스트레스와 낮은 자존감, 심리장애 등을 예방, 치료해 주어야 한다(권중돈, 김동배, 2005: 160).

2) 성문제와 교육 및 상담

최근 들어 영양상태의 호전으로 아동들의 성적 성숙이 빨라졌을 뿐만 아니라, 날이 갈수록 과감하고 원색적인 성적 노출이 만연해 가는 매스미디어의 영향으로 우리나라에서도 성폭력을 포함하는 청소년들의 성문제가 심화되고 있다. 성적 성숙이 이루어지는 청소년기의 강한 성적 호기심은 자연스러운 현상이지만 이로 인한 역기능적이고 병리적인 문제의 발생을 예방해 주어야 한다. 성에 대한 올바른 태도가 대인관계, 특히 이성과의 건전한 관계와 인격형성에 중요한 영향을 미치기 때문이다. 이를 위하여 보다 효과적인 성교육 및 상담 프로그램을 실시하며, 교사들의 감독체계를 정비하고 성폭력상담소를 확대 설치하는 등 적극적인 대책이 마련되어야 한다. 또한 성에 대한 올바른 이해와 임신과 피임, 성병이나 임신중절 등 무절제한 성행위의 위험성, 성적 충동의 조절, 자위행위 등에 관한 기초적 성지식을 제공하고 이성관계 등 성적 문제로 인한 심리적 갈등 해결을 도와주어야 한다.

최근 우리나라에서도 10대 임신으로 인한 청소년 한부모의 발생이 빠르게 증가하고 있다. 임신사실을 숨기는 경향 때문에 정확한 통계는 없지만 국내 33개 미혼모시설 입소자 중 16~20세가 30~35%로 나타났다(통계청, 2013). 특히 청소년 미혼모의 경우, 사회적 편견 및 냉대뿐만 아니라 자신을 버린 이성에 대한 원망과 자책감 등의 자존감 저하, 학교 중퇴 등으로 인한 자신감 상실 등 복합적인 사회심리적 어려움을 겪게 된다. 이들이 정규교육을 마치고 취업을 할 수 있도록 지원하고 자녀양육을 위한 프로그램, 입양 상담 등과 더불어 미혼 부모로서의 심리적 적응을 돕고 미래를 위한 삶의 계획을 세울 수 있는 지원책이 확대되어야 할 것이다. 최근 여성가족부(2014)에서는 '청소년 한부모지원사업'을 통해 저소득 청소년 한부모를 대상으로 월15만원의 아동양육비, 검정고시학원비, 고교교육비, 자립지원비 등을 지원하고 있는데 그 대상을 더 확대할 필요가 있다.

3) 자아정체성 및 정서심리적 안정

청소년 시기에 완성해야 하는 중요한 발달과업은 자아정체성의 형성이다. 그러나 지나친 학업성적 위주의 입시교육에 시달리는 우리 청소년들은 자신의 개인적 신념이나 목적을 충분히 고려하지 않은 채 외부에서 자기에게 기대하는 역할을 바로 받아들여 버리는 이른바 '정체성 유실(identity foreclosure)'을 경험하는 경우가 많다. 개개인의 적성과 개성을 중요시하기보다는 학벌 위주의 사회적 기준에 적응하지 못하는 청소년들에게 우리 사회에서는 '일탈자'나 '실패자'와 같이 성급한 낙인을 찍는 경우가 많고, 청소년들 역시 이를 받아들여서 자신의 실패를 합리화하여 부정적인 정체성을 갖거나 자아정체성 혼란을 겪게 되기도 한다. 아동·청소년 관련 사회복지기관에서는 자아발견, 자아성장, 자기주장훈련, 인간관계수련 등의 다양한 정신건강 프로그램을 개발하여 실시함으로써 청소년들이 자아정체성을 확립하고 자기효능감을 향상시키도록 돕고 원만한 대인관계를 형성할 수 있도록 지원하여야 한다(권중돈, 김동배, 2005, 161-162).

심리적 갈등과 혼란이 심한 청소년기에는 다양한 정서심리적 문제에 시달리는 경우가 많으며, 특히 우리나라는 과도한 대학입시 경쟁으로 인해서 대다수의 청소년들이 '고3 증후군'인 시험불안이나 우울증에 시달리고 있다. 용모에 치중하는 최근의 사회풍토로 인해 여학생들이 무리한 다이어트로 인한 거식증, 폭식증 등의 섭식장애를 앓는 경우도 늘고 있다. 특히 최근에는 인터넷을 통한 사이버 사회관계망(Social Network Service)과 스마트폰 등 정보기술의 확대로 새로운 관계 유형이 생겨났는데 이로 인해 청소년들 간에 지나친 간섭이나 비방, 심지어는 집단따돌림과 같은 심리적 폭력문제를 겪는 경우가 증가하고 있다. 인터넷 게임과 같은 사이버 중독으로 인한 학업 집중도의 저하문제도 심각한 실정이다. 청소년 자살률도 해마다 증가하고 있는 추세인데 2012년 현재 청소년 인구 10만 명당 13명으로, 10여 년 전의 6.2명에 비해서 2배 이상 증가하였으며 10대 사망 원인의 1위를 차지하고 있다(통계청, 2012).

따라서 관련 사회복지기관에서는 이러한 청소년들의 정서심리적 건강을 돌보기 위한 상담이나 스트레스 관리법, 가족치료 등도 제공할 수 있어야 한다. 사회복지사들은 청소년들의 심리적 지원을 위한 실천지식과 경험을 쌓아야 한다. 특히 인간관계의 회복을 효과적으로 추구할 수 있는 자신만의 유용한 기법들을 연마하려는 노력이 필요하다. 우리나라의 미래를 책임질 청소년들에게 열정적으로 다가갈 수 있어야 한다.

4) 청소년 비행문제

사회복지실천 면에서 청소년기에 가장 집중해야 할 문제는 청소년 비행이다. 신체적·심리적 혼란시기에 있는 청소년들은 자칫하면 일탈행위에 빠지기 쉽고, 이에 적절하게 대처하지 못하였을 경우, 성인기의 비행과 범죄로 이어지기 쉬우므로 청소년 비행은 민감하게 다루어야 하는 문제다. 청소년 비행은 10세 이상 19세 미만의 청소년[1]에 의한 재산범죄, 성범죄, 폭력 등을 포함하는 범죄행위, 촉법행위 및 우범 상태를 의미하는데, 보다 넓은 의미로는 음주, 흡연, 싸움, 흉기 소지, 부녀자 희롱, 가출과 학교폭력, 집단따돌림 등 미래에 형법을 위반할 가능성이 있는 행위들도 포함된다. 청소년 비행은 아동·청소년에 국한하여 적용되며 기본적으로는 형사상 책임을 전제하지는 않는 개념이다. 그러나 최근 날이 갈수록 청소년들의 비행의 정도가 심각해지고 있다. 특히, 14세이하 청소년들의 범죄건수가 해마다 증가하고 있어서 전체적으로 청소년 비행이 저연령화되어 가고 있다. 대검찰청(2013)에 의하면 2012년 현재 우리나라에서 발생한 청소년 범죄는 총 범죄 대비 5.1% 였다. 이는 성인과 같은 처벌을 받은 14세~18세의 범죄소년 수만 계산한 것으로, 보호관찰을 받게 되는 14세 이하의 촉법소년을 포함하면 그 비율은 크게 늘어날 것이다.

학교폭력이나 집단따돌림, 가출, 성폭력문제 및 자살율 증가로 유추할 수 있는 다수 청소년들의 비행화 현상은 인터넷 등 대중매체에서 폭력성이 증가하고, 아동청소년과 사회의 완충작용을 해주어야 할 가족이나 학교의 역할이 충분하지 못한 등 우리 사회의 전통적 가치관의 혼란양상이 가장 큰 영향을 미친 것으로 볼 수 있다. 청소년 비행은 가정폭력경험 및 가족갈등과 밀접한 관계가 있는데, 우리나라에서의 청소년 비행문제의 해결을 위한 대책은 보호관찰, 교정교육, 갱생보호 등 주로 사후대책에 집중되어 있다. 비행청소년을 위한 가족치료 및 학교사회사업 서비스를 활성화함으로써 가족관계 개선과 심리 문제해결을 보다 근본적으로 도모하여야 한다. 또한 건전한 인터넷 활용

---

1) 우리나라의 현행 소년법(2014)은 만10세부터 14세 미만의 청소년에 적용되고 비행의 종류에 따라 촉법 또는 우범청소년으로 분류하고 있다. 15세부터 19세미만까지는 범죄소년으로 분류되어 형법상 처벌 대상이 된다.

의 필요성에 대한 홍보 및 교육을 강화하고, 음란성이나 폭력성을 띠는 인터넷게임이나 사이트를 차단하기 위한 보다 효과적인 법적 · 제도적 장치를 마련하여야 할 것이다.

요약

- 청소년기에 관한 이론들은 공통적으로 청소년기를 인생의 매우 중요한 시기로 간주한다. 이 시기는 자아정체성을 확립하기 위하여 혼란과 방황을 경험하는 동시에 성적으로 성숙하여 생식기능을 갖추게 된다.
- 이 시기는 제2의 신체발육급증기, 제2의 반항기, 사춘기, 심리적 이유기, 심리사회적 유예기간 등으로 간주되는 시기다.
- 청소년전기의 급속한 신체적 변화는 청소년들로 하여금 자신을 더욱 성인에 가깝게 느끼도록 해 주며 성역할에 대한 동일시가 강화된다. 신체적 · 성적 성숙에 대한 양가감정을 갖는 등 불완전한 심리구조를 갖게 된다.
- 인지적 능력도 확대되어 아동기의 구체적 조작기에서 형식적 조작적 사고기로 전환된다. 자신의 지각과 경험보다 논리적 원리의 지배를 받기 때문에 좀 더 추상적인 사고가 가능하며, 경험하지 못한 사건에 대해 가설을 설정하고 미래를 예측할 수 있게 된다.
- 청소년전기의 청소년들은 또래집단에게서 인정받고자 하는 욕구가 매우 강하고, 집단의 구성원이 되기를 원하는 경향이 있으며, 또래집단의 경험을 통해서 집단의 조직을 평가하고 조직 내에서 자신의 위치를 평가하는 기술을 배우게 된다.
- 청소년전기에는 여전히 동성의 친구관계가 중요하지만, 점차 이성관계가 새로운 관심의 대상이 되기 시작한다. 청소년전기에는 감정이 격하고 기복이 심하며, 그 표현도 격하며, 낙관적 감정과 비관적 감정이 교차하기도 하고 자부심과 수치심을 강하게 경험하기도 한다.
- 청소년후기에는 신체적 성숙이 거의 완성되며, 전생애에 있어서 활기, 힘, 건

강이 최고조의 수준에 달한다. 청소년후기가 되면 사고와 행동이 더 자율적이 되면서 부모에게서 독립하기 시작하며, 성역할에 대한 정체성이 확고해진다.

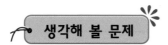

- 사회적 · 경제적 · 문화적 환경의 급변에 따라서 우리나라 청소년들의 주된 관심사도 빠르게 변화하고 있다. 이러한 변화양상에 관해서 토론해 보시오.
- 최근 집단따돌림과 학교폭력을 비롯한 청소년 비행, 특히 성비행이 증가하고 있으며 가해자의 연령이 점차 낮아지고 있다. 그 발생원인과 예방책 및 가해자의 처리방법에 대하여 토론하시오.
- 인터넷의 발달에 따라서 인터넷 중독 청소년이 증가하고 있다. 바람직한 인터넷 사용에 대해 토론하시오.
- 우리나라 입시 위주의 중등교육이 청소년발달에 미치는 긍정적 영향과 부정적 영향을 생각해 보시오.
- 최근 우리나라 청소년들의 우울증 및 자살이 증가하고 있다. 그 원인과 대책에 관해 토론해 보시오.

제14장 성인기

    성인기는 일반적으로 성인초기, 성인중기, 성인후기의 세 단계로 나누며, 각각을 청년기(30대 중반까지), 중년기(40~50대), 노년기(60대 이후)로 구분한다. 그러나 그 정확한 연령구분에 대해서는 일치된 견해가 없으며, 특히 중년기와 노년기의 시작에 관해서는 사회문화적인 배경이나 개인적인 특성에 따라서 다양한 시각이 존재한다. 지식산업의 발달로 교육연한이 길어지고, 의학의 발달로 신체적 젊음을 유지할 수 있는 기간과 평균수명이 길어진 최근에는 중년기와 노년기의 시작을 늦추어야 한다는 주장이 제기되고 있다. 예를 들어, 중년기는 50세부터, 노년기는 적어도 75세가 되어야 시작된다고 보아야 한다는 주장이 미국에서 설득력을 얻고 있다. 이러한 관점은 평균 기대수명이 미국과 별 차이가 없는 우리나라에서도 충분히 검토되어야 할 것이다. 이 책에서는 현재까지 일반적으로 합의된 성인기의 특성과 레빈슨(Levinson, 1986)의 성인발달모델을 참고하여 개략적으로 구분하였다. 즉, 성인초기인 청년기를 25~35세까지, 성인중기인 중년기는 36~64세까지, 그리고 성인후기인 노년기는 65세 이후로 구분하였다.

성인기는 생물학적으로는 신체적 발달과 성적 성숙이 완성되어 생식능력이 갖추어진 시기다. 심리적으로 안정되어 충동조절이 용이하고 사회경제적으로도 합리적이고 책임감 있는 행동을 할 수 있다. 법적으로도 의무와 권리가 부여됨으로써 사회적으로 주어진 역할을 수행해야 하는 시기다(장휘숙, 2000). 80세 정도인 최근의 평균수명에 준한다면 성인기는 무려 60년이라는 인생에서 가장 긴 기간이다.

1. 청년기

성인초기에 해당하는 청년기는 성인기 전체의 기본틀을 형성하는 인생의 전환기다. 청년기 이전의 시기는 성인기를 준비하는 시기라고 볼 수 있는 반면, 청년기부터는 본격적인 경제 행위와 결혼 및 사회생활을 통해 성인으로서의 구체적인 삶을 살기 시작하게 되기 때문이다.

아동기 및 청소년기의 발달과 비교해 볼 때, 청년기 이후 성인기의 발달은 연령에 따른 변화가 크지 않으며, 개인의 사회문화적인 배경 등에 따른 차이가 크게 나타난다. 또한 새롭게 획득되는 기능보다는 단순히 유지되거나 퇴화하는 기능들이 많아진다. 이러한 현상은 특히 성인중기인 중년기 이후에 증가한다. 신체적 기능이 줄어드는 반면 삶의 지혜와 같은 인지적 기능의 일부가 증가하는 것이다. 즉, 성인기에는 여러 특성이 각각 서로 다른 발달과정 및 방향성을 가지므로 일률적으로 설명할 수가 없다. 따라서 성인기의 발달에 관한 논의는 발달의 시기나 규준보다는 특정 발달의 특성이나 변화과정, 즉 발달의 개인 내적인 변화에 중점을 두게 된다(송명자, 1995: 367-368).

1) 신체적 발달

청소년기에 거의 성인수준에 도달한 신체적 발달은 청년기에 완성되며 이 시기의 신체적 에너지는 매우 왕성하다. 특히 청소년후기를 포함하는 20대의 신체적 능력은 최고조에 달한다. 청년기 전반에 걸쳐 매우 건강하고 질병율도 낮아서 만성질환이나 신체적 손상으로 일상생활에 제한을 받는 비율이 낮다. 이러한 최적의 건강 상태는 30대 중후반 중년기에 접어들면서 쇠퇴하기 시작한다(Zastrow & Kirst-Ashman, 2001: 249).

20세 무렵에 최고조에 달하게 되는 감각적 민감성은 청년기 동안에는 표면적으로 거의 변하지 않으며 매우 서서히 변화가 진행된다. 청각은 20세 이후부터 점진적으로 하강하기 시작하며, 시각은 중년기인 40세 이후 까지는 그대로 유지된다. 미각, 후각, 촉각에 대한 민감성도 안정적이어서 성인초기 뿐 아니라 중기인 45~50세까지도 둔화되지 않는다. 청년기는 뇌의 무게도 최대에 도달하게 되어 지적 활동이 매우 활발하게 진행되는 시기이기도 하다(장휘숙, 2000: 316-319).

청년기의 신체적 건강에 악영향을 미치는 요인은 주로 흡연과 음주를 포함한 약물남용, 업무로 인한 과도한 스트레스, 무절제한 성생활, 사고 등인데 나이가 들수록 그 영향이 크다. 성별 및 결혼 여부와 직업종류, 교육 및 소득수준 등의 사회경제적 수준에 따라서도 신체적 상태의 차이가 생긴다. 특히 이 시기에는 자신의 젊음을 믿고 몸을 돌보지 않고 무리를 하는 경우가 많다. 이로 인해 성인기 중반 이후에 건강 악화로 고생을 하거나 심하면 사망에 이르기도 한다. 이 시기의 건강 상태가 전체적인 노화속도 및 삶의 질에 크게 영향을 미치는 것이다. 따라서 이 시기에는 음주, 흡연, 스트레스를 줄이고 규칙적인 운동과 적절한 영양섭취를 통해서 최상의 신체적 건강과 균형을 유지해야 한다.

2) 심리적 발달

(1) 인지발달
피아제는 청소년기인 형식적 조작기 이후의 인지발달단계를 논하지 않았지만, 샤이에 등(Schaie et al, 2004) 성인기 인지발달학자들은 성인기에도 인지발달이 지속적으로 이루어지고 있다고 보았다. 성인기 이전까지는 인지능력의 획득이 활발하지만 성인기에는 획득한 지식의 사용능력이 지속적으로 발달하게 된다는 것이다. 즉, 청소년기의 형식적 조작기에는 추상적 개념을 이해하고 정보를 받아들이는데 집중하지만, 성인기에는 축적된 지식을 바탕으로 다양한 관점에서 문제를 파악하고 해결하는 현실적 능력이 발달하게 된다. 성인초기인 청년기는 학교교육이 모두 끝나고 부모로부터 독립하여 본격적인 사회생활을 시작하면서 다양한 문제에 부딪히기 시작하는 시기다. 이때는 문제해결에 효과적인 지식의 필요성을 인식하며, 그동안 축적해 온 지식의 양을 점검하고 활용가치가 있는 새로운 지식을 추구하기도 한다.

샤이에는 인지발달단계를 전생애에 걸쳐서 5~7단계로 정리하였다. 즉, 첫 단계는 아동기와 청소년기의 '획득단계'로 다양한 정보와 기술의 획득에 집중하는 단계, 두 번째는 청소년기 후반부터 청년기에 걸친 '성취단계'로 목표달성을 위해 지식 적용의 필요성을 인식하고 습득하는 단계, 세 번째는 30대 후반부터 40대 중년기에 축적된 지식을 가정과 직장, 주위를 위해서 적용해가는 '책임단계', 네 번째는 40대 후반부터 60대 초반까지의 '실행단계'로 자신의 인지적 능력을 세계, 사회, 정치 등 더 넓은 관점에서 통합적으로 사용하는 단계, 마지막 단계는 노년기의 '재통합단계' 또는 '재조직화단계' 등으로 삶의 의미를 추구하기 위해 지식을 선택적으로 획득하고 사용하는 단계로 분류하였다(장휘숙, 2000: 324-325).

샤이에는 또한 1956년부터 최근까지 50여 년에 걸쳐서 수행한 성인기 인지체계의 변화에 관한 종단적 조사연구를 통해서 성인기의 인지능력이 결정성지능(언어적 이해력이나 수리력 등 교육이나 경험에 의해 축적되는 지능), 인지적 융통성(동의어나 반대어 등 사고의 전환을 위한 융통성), 시각운동적 융통성(시각과 운동의 통합이 필요한 능력), 시각화(시각적 자료를 이해하고 처리하는 능력) 등에 따라서 연령별로 다양하게 발달한다는 것을 주장하였다. 즉, 시각운동적 융통성은 25세 전후를 정점으로 쇠퇴하였으나, 인지적 융통성에는 변화가 없었으며, 결정성 지능과 시각화 능력은 연령이 증가함에 따라서 오히려 향상된다는 것이다(이인정, 최해경, 2007: 124-125). 이와 관련된 내용은 중년기와 노년기에서도 부연적으로 다루기로 한다.

(2) 정서발달

청년기는 부모의 영향권에서 독립하여 자신만의 삶을 구축해 나가는 시기다. 부모로부터 경제적으로나 사회적으로 분리되는 과정에서 대다수의 청년들은 양가감정을 갖게 된다. 독립에 대한 갈망과 동시에 미래에 대한 불안감을 갖게 되는 것이다. 평소 부모와의 관계에서 적절한 경계선을 형성하지 못하고 마마보이의 예와 같이 지나친 밀착관계가 유지되었거나, 반대로 너무 격리된 관계에 있었던 경우에는 부모와의 정서적 관계를 단절하기도 한다(Nichols & Schwartz, 2004: 124-125).

또한 이 시기에는 청소년기의 이성에 대한 단순한 성적 호기심에서 벗어나 이성과의 본격적인 관계를 추구하게 된다. 에릭슨은 청년기에는 이성과의 관계경험을 통해 사회적 친밀감을 추구하는 것이 그 발달특징이라고 하였다. 그 이전의 발달단계에서 동성 간의 바람직한 우정을 경험한 후에 청년기가 되면 이성과의 친교를 맺거나 타인과의 안정된 관계를 맺는 능력이 발달하게 된다. 즉, 친밀감은 그 전단계인 아동기나 청소년기에 합리적인 자아존중감과 자아정체성이 확립되었을 때만 발달이 가능하다. 자아정체성을 제대로 확립하지 못하면 자아도취적 상황에 빠지거나 친밀한 사회적 관계를 회피하려는 고립상황에 놓이게 되고 사회적 외톨이가 되어 소외감에 빠지게 된다(Wormer, 2007: 162).

청년기에는 이성과의 친밀감 형성을 통해 인생의 동반자를 구하여 자신의 가족을 형성하고자 하는 열망이 생겨난다. 이 과정에서 자아정체성과 같은 내면적 특성이 배우자를 선택하는 데 영향을 미치게 된다. 결혼대상자를 구하는 과정은 상대방에게 자신의 내면을 투사하여 환상시하는 불확실한 과정으로 볼 수 있다. 이러한 측면에서 정신분석가들은 결혼을 환상과 투사의 중복과 얽

힘이라고 표현하기도 한다(Nichols & Schwartz, 2004: 234). 예를 들어, 자신의 부족한 면을 가진 사람에게 자신도 모르게 몰두하게 되는데 이 과정에서 상대 방을 환상시하게 된다는 것이다. 자신의 미해결된 정서적 경험을 상대방으로 부터 충족시키려는 욕구로 인한 결과인 것이다. 내적 정체성이 제대로 정립되어 있지 않은 경우에는 자신의 내면적 혼란이 투사된 배우자를 선택하게 되어 불행한 결혼생활을 하게 된다.

3) 사회적 발달

(1) 직업의 선택과 유지

성인초기는 직업 활동을 통해서 개인의 능력을 발휘하여 사회적인 성공의 기반을 마련하려는 시기다. 이 과정에서 도덕적·사회적·경제적·정치적인 제반 능력을 발달시키게 된다. 따라서 이 시기에는 직업의 선택과 유지가 중요한 발달과업 중 하나다. 직업의 선택에 영향을 미치는 요인은 아동초기의 경험이나 부모의 역할모델 등 가족적 요인, 학벌이나 대중매체 등 사회관습적 요인, 정치경제적 사회변동에 따른 상황적 요인, 성별이나 나이, 종교 등의 개인적 요인, 그리고 개인의 가치관이나 성취욕구, 자기효능감 등의 심리사회적 요인을 포함하여 매우 다양하다.

그러나 요즘과 같이 산업화와 정보화로 인하여 직업의 종류나 기술이 매우 다양해진 시대에는 자신의 적성에 맞는 직업을 찾거나 유지하는 것이 쉬운 문제는 아니다. 특히 여성의 교육수준이 남성과 동등해지고 여성의 사회 활동이 당연해지면서 직업문제는 성인기 남녀 모두의 삶에 지대한 영향을 미치게 되었다. 특히 성인초기는 결혼과 더불어 육아와 직장생활을 병행해야 하는 시기이므로 이로 인한 갈등과 스트레스가 심화되는 시기다.

한편 선택한 직업을 유지해 나가는 것은 직업에 대한 만족도에 따라서 달라질 것인데 일반적으로는 연령별로 직업만족도에서 차이가 있는 것으로 나타났다. 즉, 30세 이상인 사람들이 그보다 어린 사람들에 비해서 자신의 직업에 더 만족하며, 연령이 증가할수록 만족도가 높아지는 것으로 보고된 바 있다. 이는 30세 이후에는 자신에게 적합한 직업을 갖는 경향이 높지만 그 이전에는 자신의 적성을 미처 파악하지 못한 상태에서 직업을 갖거나 급여가 높지 않기 때문인 것으로 볼 수 있다(김태련, 장휘숙, 1996: 340). 직업만족도는 또한 직업으로 인한 스트레스와도 상관관계가 높다. 스트레스 요인은 진급이나 승진기회의 부족, 저임금, 단조롭고 반복적인 작업, 의사결정에서의 배제, 과중한 업무나 초과근무, 불분명한 업무내용, 상사와의 불화, 분노의 표현과 조절문제, 휴식시간의 부족, 성희롱 등이다. 따라서 청년기의 직업의 올바른 선택과 유지를 위해서는 무엇보다도 자신의 내면과 주변 환경을 충분히 파악하고, 합리적인 지원 시스템을 구축하는 것이 필요하다.

(2) 결혼

결혼은 성인초기 남녀의 가장 중요한 과제 중 하나다. 대다수에게 있어서 결혼은 친밀하고 성숙한 사회적 관계를 형성하기 위한 본격적인 과정이다. 즉 부부간의 친밀감을 쌓아 나가는 경험을 통해서 개인의 모든 인간관계가 더욱 성숙해지게 된다. 부부갈등이 심각한 경우에는 결코 사회생활도 원만할 수가 없는 것이다. 그런데 대부분의 결혼생활은 시작과 동시에 부단한 노력이 요구된다. 생활습관의 차이, 자녀의 출산, 부모나 친척의 기대와 간섭 등에 의해서 두 사람의 관계는 지속적으로 방해를 받기 때문이다.

이 과정에서 결혼의 동기나 결혼과정이 영향을 미치게 된다. 결혼의 동기로는 일반적으로 사랑의 실현, 합법적 성생활, 자녀양육의 기회, 경제적 안정, 사회적 기대 부응 등을 들 수 있다. 또한 결혼 상대자를 선택할 때는 상대방의 개인적 특성과 성격 및 가치관, 가문이나 사회적 배경 등을 고려하게 되는데, 자신의 가족관계에서 형성된 내적 경험 및 자기상이 큰 영향을 미치게 된다. 결혼만족도 또는 부부관계의 질을 결정하는 요인은 의사소통, 원가족과의 관계, 심리사회적 성숙도, 사회경제적 수준, 결혼기간, 자녀의 수와 특성 등이 포함된다(정옥분, 2000: 200-216). 원만한 결혼생활을 위해서는 상대방을 이해하고 약점을 수용하려 애쓰고, 상대방의 욕구충족을 돕기 위해 끊임없이 서로 노력을 기울임으로써 부부간의 친밀감을 잘 유지해야 한다.

최근 우리나라에서는 결혼 연령이 점점 늦추어지고 있는 추세다. 2014년 현재, 우리나라 남성들의 평균 초혼 연령은 32.2세, 여성들은 29.6세로, 이는 20여 년 전에 비해서 4~5세 정도 높아진 것이다. 또한 30~34세 남성들 중 50% 이상과 25~29세 여성들의 약 60% 이상이 미혼인 것으로 나타나서(통계청, 2014), 결혼 적령기를 넘긴 미혼 인구가 상당수를 차지하였다. 이렇게 결혼 연령이 높아질 뿐 아니라, 결혼 자체를 거부하고 남녀가 동거의 형태로 살아가거나 독신 스타일을 선호하는 경향도 증가하고 있다. 결혼보다는 직업과 사회 활동을 통한 개인적 삶의 완성을 추구하는 경향이 증가하고 있는 것이다. 한편으로는 아동양육에 소모되는 과도한 정신적 또는 경제적 부담감으로 인해서 출산과 양육으로 이어지는 결혼생활에 대한 부담감이 크게 영향을 미치는 것으로 보인다.

결혼 적령기를 넘긴 미혼 인구의 증가는 현재의 심각한 저출산 문제에도 크게 일조하고 있다. 이는 여성들의 초혼 연령이 증가함에 따라서 산모가 나이가 많아져서 아기를 한 명 이상 낳지 않는 경향이 크기 때문이다. 미혼 인구의 증가는 또한 독신주의를 부추기는 사회분위기를 형성하게 되어, 동거나 이혼을 자연스럽게 생각하는 결혼관이 만연될 수도 있다. 이혼과정은 결혼생활의 갈등을 해결하고 유지하는 것 이상의 심리적 또는 경제적 스트레스를 가져오며, 특히 성장기의 자녀들에게 악영향을 미치게 되므로 신중하게 결정해야 하는 문제다.

따라서 지나치게 물질주의적이고 현실주의적인 가치관을 따름으로써 결혼을 회피하거나 쉽게 포기하여 생애 전반을 아우르는 포괄적 인생 계획을 그르치지 않도록 주의하여야 한다. 결혼과 출산 적령기에 놓여 있는 청년기에는 숨 가쁘게 돌아가는 사회적 분위기에서 벗어나서 주관적이고 장기적인 관점에서 자신의 삶의 가치를 통찰할 수 있는 시각을 갖도록 노력해야 할 것이다. 물론 이혼이나 재혼 등 개인이 자신의 삶을 위해 내리는 결정에 대해서 편견을 갖고 비판을 가하는 보수적인 사회 분위기도 개선되어야 할 것이다.

⑶ 부모역할

인간의 생애주기에서 볼 때, 자녀의 출생과 양육은 가장 충격적인 사건 중의 하나에 해당한다. 자녀양육 과정이 부부의 생활양식에 급격한 변화를 초래하기 때문이다. 부모가 되는 경험은 심리적 성숙을 돕고 부부관계를 더욱 긴밀하게 해 줌으로써, 비로소 독립된 가정을 이루고 성인이 되었다는 느낌을 갖게 해 주기도 하지만, 양육에 따르는 부담감은 부부간의 위기를 초래하기도 한다. 대다수의 부부는 이러한 양육부담감을 어느 정도는 겪게 마련인데 많은 경우에 마음의 준비를 충분히 갖추지 못한 채 부모가 되면서 갑자기 주어진 새로운 역할에 적응는 데 어려움을 겪기 때문이다. 아동양육의 부담감은 특히, 원하지 않는 자녀가 태어났을 경우에는 더욱 커져서 부모의 부적절한 양육태도를 야기한다. 아동은 학대받거나 질병에 걸리기 쉽고, 학업성적이 낮거나 문제행동을 보이는 등 다양한 문제를 겪을 수 있다(Zastrow & Kirst-Ashman, 2007: 295).

한편 조기교육 열풍과 과도한 사교육비의 지출로 드러나는 우리 사회의 경쟁적이고 소모적인 양육환경 또한 자녀양육으로 인한 가족 스트레스를 증대시키고 있다. 이로 인해 최근에는 자녀 갖기를 기피하는 풍조가 확산되고 있는데, 1990년대 미국을 중심으로 생겨나기 시작한 '딩크(Double Income No Kids: DINK)'족으로 불리는 자발적 무자녀가구의 수가 국내에서도 증가하고 있다.[1] 아이를 낳지 않고 부부중심으로 풍족한 삶을 즐기려는 신세대 맞벌이 부부들의 이러한 세태는 자녀양육에 대한 부담감이 심각하게 증가되었다는 사실을 반영하는 것이다. 이에 따라 우리나라의 출산율은 급격하게 낮아졌으며 여성 1인당 1.2명 정도로 세계 최하위권을 기록하고 있다(통계청, 2014). 저출산으로 인한 인구 감소는 노동 인구의 감소로 이어져 경제성장이 둔화되고, 고령 인구를 위한 개인의 부양부담이 증가하게 된다.

4) 사회복지실천에의 적용

청년기에는 신체적 기능 상태가 최고조로 도달해 있기 때문에 건강문제에 특별히 관심을 기울이지 않아도 된다. 그러나 이 시기에도 암이나 고혈압 등의 만성질병에 걸리거나, 바쁘게 생활하는 가운데 불의의 사고가 발생하여 장애를 입기도 한다. 경제위기가 고조되는 경우에는 실직의 위험에 놓이는 경우가 많고 이로 인한 심리적 스트레스가 커지게 된다. 축적한 재산이나 저축이 거의 없는 청년기의 실직은 곧바로 빈곤층으로의 전락으로 이어지기 때문이다. 특히 결혼을 한 경우에는 온 가족의 고통이 시작된다. 의료지원과 재활 프로그램, 취업교육 및 취업상담, 실업급여 등 저소득 소외계층을 위한 프로그램을 확대하여야 한다.

한편 최근과 같이 급격한 경제적 변화로 인한 스트레스가 높은 사회적 환경에서는 결혼초기부터의 갈등이나 이혼이 증가하기 마련이다. 아동양육과 직장생활을 병행하는 맞벌이가족의 경우에는 그 위험성이 더욱 크다. 관련 사회복지기관에서는 부부교실을 운영하여 신혼기의 결혼생활 적응과 가족생활계획 수립을 돕도록 한다. 적절한 부모 역할을 익힐 수 있는 부모교육과 가족치료 및 상담을 통하여 가족관계를 개선할 수 있는 지원 프로그램도 더욱 활성화하여야 한다. 이혼, 별거, 배우자와의 사별 등으로 인한 한부모 가정을 위한 경제적 지원과 양육 지원이 필요하며, 가족상담 등의 심리적 지원도 활성화되

---

1) 국내의 딩크족 가구수에 관한 정확한 통계는 없으나, 통계청(2007) 자료에 따르면 딩크족이 포함될 가능성이 높은, 부부만 사는 가구수의 비율이 크게 증가하고 있다. 즉, 1995년에는 전체 가구수의 10.8%였는데 2000년에는 12.3%, 2010년에는 20.6%로 증가하였다.

어야 하겠다. 또한 최근 국제결혼이나 이주노동자들이 증가함에 따라서 다문화가정이 급격하게 증가하고 있으므로, 이들의 원활한 사회적응을 도울 수 있는 다양한 가족 지원 프로그램의 확대가 필요하다.

- 청년기 이후의 인간발달은 신체적 혹은 인지적 요소가 아닌 사회문화적 요소에 따라 주도되며, 청년기는 지금까지의 삶의 계획을 실현하고 구체화하는 시기이므로 인생의 중요한 전환의 시기다.
- 육체적인 힘은 20대에 최고조에 이르며 그 후에는 점차 쇠퇴한다. 청년기의 인지변화를 정확히 판단하기 위해서는 교육수준, 사회경제적 지위, 건강 상태 등을 고려해야 하지만, 전반적으로는 인지능력에서 새로운 능력의 획득은 나타나지 않으며 지식의 사용능력의 발달 측면에서 어느 정도의 변화가 일어난다.
- 자신의 흥미와 가치관, 능력 및 기술뿐 아니라 부모를 비롯한 주위의 사회적 기대를 고려한 적합한 직업을 찾는 것이 이 시기의 최대 관심사다.
- 청년기에는 자녀출산과 양육이라는 새로운 적응이 필요한 과정을 경험하면서 급격한 심리적 변화를 겪게 된다. 순조로운 적응을 위해서는 부모로서의 역할을 위한 마음의 준비와 육아 지식뿐만 아니라 부부간의 역할과 책임에 대한 재조정과 합의를 도모할 수 있는 역량이 필요하다.
- 새로운 가족을 구축해 가는 과정에서 빚어지는 갈등을 해소하고 보다 기능적인 가족을 수립하기 위해서는 경제적·심리적 문제해결을 위한 위기개입적 상담의 활성화가 필요하다.

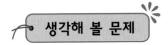

생각해 볼 문제

- 자신이 이성이나 배우자를 선택할 때 가장 고려하고 싶은 점이 무엇인지, 그 이유가 무엇인지 생각해 보시오.
- 맞벌이 가정이 겪는 문제와 그 해결방안에 대해 모색해 보시오.
- 최근 농촌을 중심으로 타국 여성들과의 결혼이 증가하고 있다. 향후 발생할 장단점과 대책에 관해서 토론해 보시오.
- 결혼 적령기가 점점 늦추어지고 있는 현상에 따르는 문제점과 대책에 관해서 토론해 보시오.
- 직업의 선택과 유지를 위해 고려해야 할 점을 토론해 보시오.

2. 중년기

중년기의 연령 구분은 학자에 따라 다르지만, 대체적으로는 30~40세에 시작하여 60~70세 사이로 잡는다. 우리나라에서는 일반적으로 60세가 넘으면 노인으로 간주하는 경향이 있지만, 법적으로는 65세 이상을 노인으로 구분하므로 이 책에서는 청년기 이후인 36~64세까지를 중년기 또는 장년기로 보았다. 그러나 앞에서 이미 서술했듯이, 이러한 연령 기준은 조만간 바뀌어야 할 것이다. 건강수명의 증가로 인해서, 중년기와 노년기의 시작 시기를 10여 년 정도 늦추어야 한다는 관점이 대두되고 있기 때문이다.

중년기는 더 이상 젊지도 않고 그렇다고 완전히 늙지도 않은 애매한 시기다. 인생의 전반기에서 후반기로 넘어가는 중요한 전환기로 내적·외적인 변화를 크게 겪게 된다. 레빈슨(Levinson, 1986)은 특히 40~45세까지의 5년 동안을 이러한 변화가 가장 뚜렷하게 나타나는 '인생 중간의 이행기'로 분류하였다. 중년기의 자세한 특성을 살펴보면 다음과 같다.

1) 신체적 발달

대다수의 중년기 성인들은 양호한 건강을 유지하지만 청년기에 비해서 전반적인 신체적 능력이 감퇴하기 시작한다. 40대 초반이 되면 신진대사가 저하되어 당뇨, 고혈압, 심장병 등의 성인병을 앓기 시작하는 등 건강상의 문제가 나타나기도 한다. 신체구조상으로는 50세가 지나면 척추 디스크의 크기가 축소되고 골밀도가 감소하면서 키가 줄어들기 시작하는데 60세까지는 평균 2cm 정도 신장이 줄어들게 된다. 또한 점진적으로 외모의 변화를 겪게 되는데 머리카락은 희게 변하며 가늘어지고 숱이 줄어들기 시작한다. 피부는 건조해지고 주름이 나타나며 탄력성도 없어지게 된다. 감각기관의 능력도 감소하게 되는데, 시각은 원시가 되고, 청각도 예민성을 상실하기 시작한다. 또한 미각, 촉각, 그리고 후각도 다소 변하게 된다(송명자, 1995: 393-394).

　중년기가 진행되면, 남녀 모두 성적 능력의 저하가 이루어지는 갱년기를 경험하게 된다. 여성은 폐경을 경험하게 되는데 대개 50세 전후에 일어난다. 40~60세 사이에 일어나는 폐경은 정상에 해당하며 약 10%는 40세 이전에 조기폐경을 경험한다(정옥분, 2000: 237). 폐경이 되면 다양한 생리적 변화가 일어나게 되는데 대표적인 증상이 얼굴이 달아오르는 홍조 현상이나 우울증이다. 에스트로겐의 생산이 줄어들어서 전체 성호르몬의 균형이 깨지기 때문이다. 남성들에게도 이와 유사한 갱년기 현상이 일어나는데 머리숱이 적어지며 하얘지고 피부의 주름이 늘어나고 허리둘레에 군살이 붙기 쉽다. 여성과 같이 홍조가 생기기도 하고, 기력이 떨어지면서 소심해지거나 우울해지기도 한다. 심장이 약해지기도 하고 전립선에 문제가 생기는 등 전체적인 건강상태가 침체된다(송명자, 1995: 395).

　그러나 이러한 신체적 변화는 사회경제적 수준, 삶의 경험, 유전적 요인 등에 의한 개인차가 매우 크다. 최근 우리나라에서도 경제발달에 따른 섭생의 개선, 의학의 발달 등으로 중년기 이후에도 신체적 젊음을 잃지 않는 인구가 증가하고 있다.

2) 심리적 발달

(1) 인지적 발달

　중·장년기의 인지변화에 대해서는 다양한 견해가 존재하지만, 최근에 와서는 속도를 필요로 하는 능력을 제외한 일반적인 인지능력의 감소는 그다지 크지 않은 것으로 알려졌다. 즉, 단기적 기억능력은 중년기가 되면서 약화되는 것처럼 보이지만 실제로는 미미한 수준이며, 장기적 기억능력 역시 큰 변화가 없다는 것이다. 청각적 기억은 40세 이후에도 일정하게 지속되며, 시각적 기억도 60세까지는 줄지 않는 것으로 알려졌다. 제시된 자극에 의해 관련 정보를 기억해 내는 재인기억도 성인중기에는 감퇴하지 않는다. 그런데도 중·장년기에 기억능력이 감퇴하는 것처럼 느껴지는 이유는 정보처리시간이 길어지는 데 기인한 것으로 본다(송명자, 1995: 399). 이러한 사실은 뇌의학의 발달에 따라 뇌의 구조와 기능이 밝혀짐으로써 더욱 분명해지고 있다. 성인중기 이후의 기억력의 감퇴는 실질적인 뇌세포의 감소나 퇴화 때문이 아니라 나이가 들면서 새로운 사실에 대한 호기심이 줄어듦에 따라서 기억 재생을 위한 연습이 부족하기 때문이라는 것이다. 즉, 기억 재생 시 활성화되는 뇌신경세포 간의 연결작업이 빠르게 일어나게끔 훈련되는 기회가 적기 때문이라는 것이다(Doidge, 2007). 따라서 다방면에 관심을 가지고 활발하게 생활하면 기억력의 감퇴를 막을 수 있다.

(2) 정서적 발달

에릭슨은 중·장년기에 직면하게 되는 심리사회적 위기를 생산성 대 침체성이라고 하였다. 이 시기에는 자신보다는 타인, 현재보다는 미래를 위한 과업을 수행함으로써 주변과 사회에 도움이 되는 과정을 거치게 된다. 성공적인 부모 역할과 직업적인 성취, 사회봉사의 참여를 통해 이 시기의 과업을 완성하게 되지만, 이러한 역할들을 제대로 수행하지 못하였을 때는 침체적인 인생을 맞게 된다. 침체는 심리적 성장의 결핍, 자신의 에너지와 기술을 오로지 이기적인 활동과 자신만의 만족을 위해 사용하는 것을 의미한다.

중년기 여성들은 종종 폐경기 현상에 대해 불안감이나 우울, 자신감 저하 및 성취감의 상실과 같은 정서적인 반응을 보이게 된다. 또한 자신의 과거를 재평가하면서 과거가 자신이 원하는 대로 되지 않았고, 앞으로도 희망이 없다고 느끼게 되면 우울증에 빠지기 쉽다. 이 시기에는 자녀가 모두 집을 떠나고 부부만 남게 되는데, 이로 인해 인생의 무의미함을 느끼고, 자신이 더 이상 쓸모없다는 느낌을 갖는 빈둥지(empty nest) 증후군에 시달리기도 한다. 남성의 경우에도 이와 유사한 갱년기 증세를 경험하면서 초조감, 기억과 집중력의 감퇴, 성욕감퇴, 수면곤란, 신경과민, 관심이나 자신감 결여, 우유부단, 우울증 등을 겪게 된다.

중년기의 남녀는 대개 자신의 삶을 돌아보고 자신이 누구이며, 인생에서 진정 원하는 것이 무엇인가에 대한 회의와 반성을 하게 된다. 체력이 쇠퇴하고 사회적 역할이 변하면서 자신이 지금껏 열정을 바쳐 온 삶의 방향과 위치에 대한 심리적 불안과 정체성의 혼돈을 느끼는, 소위 '중년기 위기(midlife crisis)'를 겪게 되는 것이다.[2]

미국 등 서구에서는 은퇴 후의 여생에 대한 불안감과 호르몬 변화에 의한 생리적 변화로 인해 심리적 위기를 겪는 갱년기를 사춘기와 비교하여 제2의 사춘기로 부르기도 한다(Trafford, 2004). 생리적 · 심리적 · 사회적 변화를 크게 겪는 혼란의 시기이지만 동시에 새로운 미래를 계획하는 시기라는 것이다. 즉, 인생의 제2막을 펼치기 위한 또 한 번의 탐색기로 보는 것이다.

3) 사회적 발달

중년기는 사회경제적 활동능력이 최고조에 달하여 사회발전의 중심축이 되는 시기이자 사회활동이 인생에서 가장 활발하여 높은 성취감을 맛보게 되는 시기다. 그러나 또한 자녀를 교육시키고 부모를 부양하며 직장의 리더가 되는 등 가정적, 사회적 책임감과 부담감이 큰 시기이기도 하다. 따라서 가족 갈등이나 직장동료와의 문제를 비롯한 각종 대인관계 문제에 봉착하기도 한다. 중년기의 사회적 발달과제는 다음과 같다.

---

2) 그러나 최근에는 중년기에 대한 이러한 통념을 뒤집는 연구결과(Brim et al., 2004)가 미국에서 발표되었다. 10여 년에 걸친 다각적인 조사 결과, 중년기에 겪는 심리적 스트레스는 다른 연령대보다 평균적으로 더 적으며, '중년기 위기'를 겪는 경우는 전체의 10% 이하로 대다수는 중년의 변화에 성공적으로 적응을 하는 것으로 나타났다. 중년기를 오히려 자신의 인생에서 직업적으로나 개인적으로 가장 안정되고 만족스러운 시기로 여긴다는 것이다.

(1) 부부관계의 유지

중년기에는 자녀를 잘 키우고 경제적으로 안정을 얻기 위한 부부의 노력이 쌓이면서 결혼생활이 안정기에 접어들고, 동반자 의식이 강해지게 된다. 만족스러운 결혼관계는 성인후기의 행복과 삶의 만족에 영향을 미치는 중요한 요인이다. 그러나 원만하고 신뢰성 있는 부부관계를 유지하는 것은 끊임없는 노력을 요하는 과정이다. 질병, 사업, 자녀나 원가족 문제를 비롯한 스트레스 요인이 증가하면 부부간의 갈등이 생겨나게 마련이지만 문제해결이 어렵거나 갈등을 잘 처리하지 못하면 부부관계가 위협을 받기 때문이다. 그러한 과정에는 개인의 성장배경에 따른 성격과 가치관, 가족 내적·외적 문제들이

복합적으로 영향을 미치며, 심한 경우에는 알코올이나 도박, 외도 등의 일탈행위가 관련되기도 한다.

건강한 결혼관계를 유지하기 위해서는, 각자의 개인적 성장뿐만 아니라 부부 공동의 성장을 위해서 서로 헌신해야 하며, 효과적인 의사소통방식을 개발해야 하고, 역경과 갈등을 창의적으로 활용해야 한다(Newman & Newman, 2006: 442-444).

(2) 안정된 가족환경

산업화와 도시화로 인하여 우리 사회의 주된 가족구조는 확대가족에서 부모와 자녀만이 동거하는 핵가족으로 변화되었다. 핵가족관계에서는 부모가 자녀들의 직접적인 역할모델이 되기 때문에 가정환경이 개인의 삶에 미치는 영향은 매우 크다. 아동기에 겪는 부모와의 경험을 완충시켜 줄 다른 사람이 가족 내에 없기 때문이다. 따라서 개인의 성장과 정신건강을 조성하는 장으로

서의 건강한 가정환경을 창출하는 것은 중년기의 가장 중요한 과제다. 이를 효과적으로 해결하기 위해서는 다음과 같은 기술이 필요하다(이인정, 최해경, 2007: 145-146).

- 가족구성원들의 욕구와 능력을 세심하게 평가한다.
- 어떤 결정을 내려야 할 때는 융통성을 발휘한다.
- 집안일을 가족들이 공평하게 부담한다.
- 가족의 미래를 위한 목표를 세우고 이를 실천하기 위해 노력한다.
- 종교, 교육, 직업 등을 통한 외부체계와의 관계를 잘 유지한다.

한편, 이러한 핵가족화에도 불구하고, 현재 우리나라 중년층 대다수는 심리적으로는 여전히 전통적인 대가족제도 안에 머무르고 있는 것으로 보인다.[3] 중년층들은 날이 갈수록 격심해지는 경쟁사회 구도에서 자녀들이 적응할 수 있도록 지원해 주어야 하는 양육 및 교육의 부담과 동시에 부모의 노후를 위한 부양부담을 크게 짊어지고 있다. 최근 평균수명이 증가하면서, 40~50대 중년층의 부모세대인 70~80대 노년층들이 생존하고 있는 경우가 대부분이므로 이들에 대한 중년층의 부양부담이 만만치 않은 것이다. 현재의 노년층은 한국사회의 경제발전이 이루어지기 직전 세대로 윗세대를 봉양하고 자녀교육에 전력을 다하느라 노후준비를 제대로 하지 않은 경우가 대부분이기 때문이다.

이러한 문제의 해결을 위해서는 개인의 부양부담을 줄일 수 있는 보다 효율적인 노인복지제도가 마련되어야 한다. 그러나 또한 우리나라의 전통적인 가족관계를 유지함으로써 부모부양 의무를 긍정적이고 바람직한 것으로 여길

---

3) 2007년 서울대학교 사회발전연구소의 조사 결과에 의하면, 2006년 현재 부모부양에 대한 책임이 가족에 있다고 보는 경우가 63.4%, 국가에 있다고 보는 경우가 26.4%로, 1998년의 각각 89.9%, 2%에 비교해 볼 때 많이 변화하였으나, 여전히 자녀의 책임으로 보는 경우가 주된 경향으로 나타났다.

수 있는 의식의 재정립도 필요하다. 우리나라의 자녀에 의한 부모부양 의무는 미국을 비롯한 서구국가가 부러워하는 바람직한 전통이다.

(3) 자녀양육

중년기의 가족발달주기는 자녀로 볼 때는 아동기에서부터 청소년기까지 걸쳐 있다. 이 시기에 부모는 아동의 발달과제에 맞는 적절한 자녀교육 및 훈육방식을 선택적으로 활용할 수 있는 능력을 지니고 있어야 한다. 아동기 자녀들을 위해서 부모는 규칙을 설정하고 자녀들이 이에 순응할 수 있도록 훈육하고 자녀들의 역할수행을 위한 원조자, 교육자, 비서로서의 역할을 수행해야 한다. 자녀가 청소년기가 되면 부모는 자녀의 건강한 자율성 및 독립성을 성장시키기 위하여 부모-자녀 관계를 재조정해야 한다. 자주 대화의 시간을 가짐으로써 자녀의 생각과 견해를 수용하고, 지나친 간섭이나 통제보다는 스스로 판단할 수 있도록 지원하는 한편, 부모의 권위를 유지할 수 있어야 한다.

자녀들이 학업이나 취업, 또는 결혼으로 독립한 뒤 부부만 남는 빈둥지 시기에는 부모로서의 역할이 줄어들면서 자녀와의 관계가 변하게 된다. 자녀를 성인으로 인정해 주며, 그들의 의사를 존중함으로써 부모 스스로도 자녀로부터 정서적인 독립을 하여야 한다. 자녀를 위해서는 독립 후에도 지속적으로 관심을 기울이고 지원해 주어야 하며, 사위나 며느리, 손자녀 등을 위한 정신적 공간을 마련하는 등 전체적인 가족관계를 재조정하는 과업을 수행해야 한다.

(4) 직업적 성취와 직업 전환

중년기에는 직업적 성취가 매우 중요한 의미를 지닌다. 개인적 성취감, 삶의 만족도와 높은 상관관계가 있으며 사회경제적 위치를 잡아 주는 핵심적인 기능을 하기 때문이다. 직업적 성취를 위해서는 직업적 능력 및 기술을 갖추어야 하는데 높은 수준의 생산성과 직무수행 능력을 유지하기 위해서는 오랜 경험을 통하여 축적된 지식과 기술이 필요하다. 직업적 노하우가 쌓인 중년기에는 체력은 비록 성인초기에 비해 감소하지만 직업적 성취도가 최고조에 이를 수 있다. 반면, 중년기에 감원이나 징계 등으로 인해 실직이나 조기퇴직을 하는 등 직업 전환의 위기에 놓이는 경우도 있다. 자녀의 학업과 생계를 여전히 책임져야 하는 경우에는 가족 전체가 큰 시련을 겪는다. 심한 경우 이혼, 별거 등의 가족해체를 겪기도 한다. 특히 평균수명이 길어져서 은퇴 후 30년 이상의 긴 시간을 보내야 하는 현 우리나라 중년세대들은 준비되지 않은 노후 생활에 대한 심한 부담감으로 인해 새로운 직업을 찾으려는 노력을 부단히 해야 하는 실정이다.

4) 사회복지실천에의 적용

중년기는 기본적인 발달 과업을 거의 완수하고 사회적 책임자의 위치에 처해 있는 원숙한 시기다. 성공적으로 과업을 완수한 경우에는 사회경제적으로 충만한 위치에 있겠지만 평생과업에 실패하고, 절망과 두려움에 빠져 있는 경우도 많다. 한 가족의 가장이 실직, 이혼, 빈곤, 건강문제 등의 어려움을 겪는 경우에는 모든 가족구성원이 다 같이 나락에 떨어지며, 특히 청소년이 있는 경우에는 일탈행위에 빠질 위험이 높아진다.

사회복지사는 이혼, 별거 등으로 가족해체의 위험이 있는 저소득 가정을 위해서 가족상담을 제공하고, 이미 가족해체가 발생한 경우에는 한부모 세대의 경제적 생활안정을 위한 사회복지 급여를 포함한 제반 서비스를 받을 수 있도록 연계해 준다. 또한 실직가장을 위해서는 고용보험 등 실직자 재취업 관련 프로그램과 정보를 제공하여야 하며 구직과 창업노력을 포함한 직업재활에 참가할 수 있도록 유도한다. 중년기는 아직 젊음의 열정이 여전히 남아 있는 시기다. 수명이 길어지고 있는 현재에는 정신적 · 신체적 건강관리를 통해서 새로운 삶, 인생 제2막을 구현할 수 있음을 강조함으로써 인생의 허무감으로 좌절해 버린 클라이언트들을 지원해 주도록 한다.

요약

• 중년기에는 신진대사가 둔화되어 신체적으로 활기를 잃고, 육체적 힘이 약화되며, 질병에 대한 저항력이 약해진다. 남녀 모두 갱년기 증세가 나타나며, 우울 등 정신심리적 문제를 겪을 수 있다.

• 기억력은 약간 감퇴현상을 보이나 문제해결을 위한 지혜가 높아지며 전체적인 인지능력의 문제는 없다.

• 직업적 성취를 위한 직무수행 능력이 높은 시기인데, 사회경제적 안정을 획득하지 못한 경우 정서적 갈등이나 실망감을 경험하며 남성의 경우 외도, 술 등으로 이를 해소하려 하며, 여성은 빈둥지 증후군을 앓는 경우가 많다.

• 부모 역할과 자녀 역할을 동시에 수행해야 하는 샌드위치 세대이며, 가족구성원의 지위에 따라 책임과 권리를 공평하게 배분하고 가족생활과 관련된 합리적 의사결정을 할 수 있는 능력을 지니고 있어야 한다.

• 직업생활의 실패, 부부갈등과 이혼 등의 중년의 위기를 위한 가족치료 및 노숙자, 부랑인을 위한 시설보호사업 등을 실시하여 재고용, 재취업, 경제적 지원과 함께 자아존중감을 유지할 수 있는 기회를 제공할 필요가 있다.

생각해 볼 문제

• 부모님이 현재 갖고 있는 갱년기 증상에는 어떤 것이 있는지, 어떻게 해결하도록 도와드릴 수 있는지 논의해 보시오.

• 빈둥지 증후군과 샌드위치 세대에 대해 설명해 보시오.

• 중년기 부부가 처할 수 있는 위험요소들을 나열하고 그 대책을 논해 보시오.

• 건강한 중년기를 맞이하기 위해서 각자가 지금부터 계획하고 준비해야 할 일에 대하여 생각해 보시오.

3. 노년기

노년기는 생애주기의 마지막 단계로, 하강적 발달 또는 퇴행적 발달을 특징적으로 드러내는 단계다. 성인중기에 해당하는 중년기와 그 이후의 노년기는 사회경제적인 특성에 따라서 개인차가 크기 때문에 그 구분의 기준을 적용하는 것이 어렵다. 노년기는 일반적으로 은퇴 연령과 같은 사회적 기준으로 구분되어 왔으며 현재 대다수의 나라에서 65세[4]를 기준으로 하고 있다.

그러나 20세기 말 이후 의학기술이 눈부시게 발달함에 따라서 평균수명이 길어지고 있고, 건강과 웰빙(well-being)에 대한 관심이 높아지면서 신체적·심리적 노년기의 시작은 점점 늦추어지고 있다. 노년기가 언제부터 시작하는지에 대해 답을 내리는 것은 점차 매우 어려워지고 있는 것이다. 실제로 요즘 미국에서는 70세 노인들도 자신이 늙었다고 생각하지 않는 사람들이 많으며, 85세 이상의 인구가 전 연령대에서 가장 빨리 늘어나고 있다. 또한 65세 이상의 미국 노인들 중에서 5%만 양로원에 가며, 치매에 걸리는 노인도 10%에 불

과하다는 통계도 있다(Trafford, 2004). 즉, 건강수명이 점점 길어지고 있는 것이다. 우리나라에서도 2013년 현재 전 인구의 12.2%가 65세 이상에 해당하여 고령사회로 진입하고 있으며, 2027년이 되면 20.4%가 되어 초고령사회를 맞게 된다. 인간의 수명이 이렇게 연장됨

---

4) 65세라는 기준은 특별한 과학적인 의미가 있는 것이 아니라, 1883년 독일에서 세계 최초로 사회보장제도를 마련할 때 적용한 연령이다. 그 후 미국에서 1935년 사회보장법을 마련하였을 때 이를 따라 65세를 은퇴연금의 수령시기로 삼았으며, 현재 우리나라의 노인복지법도 같은 기준을 적용하고 있다.

에 따라 많은 사람들이 전 생애의 1/3을 노년기에 보내게 되며, 향후에는 반 이상까지도 노년기에 보내게 될 것으로 추측된다(이효선, 2008).

이렇게 노년기가 길어지고 있음에 따라서 기존의 이론들이 재정비되어야 하는데, 특히 생애주기에서 가장 긴 기간인 노년기의 단계를 세분화할 필요가 있다. 에릭슨이 심리사회적 발달의 여덟 단계 중에서 노년기를 마지막 한 단 계로 묶은 것은 너무 긴 기간을 한 단계로 축약했다는 비판이 이미 오래전부 터 있었다. 앞의 여섯 단계에 출생 이후 34년을 포함시켰고 마지막 두 단계인 중년기과 노년기에 그 이후부터 죽을 때까지의 긴 기간을 포함시켰기 때문이 다. 이에 반하여 Hartfold(1985)는 65~74세까지는 연소노인(young-old), 75~ 84세는 중고령노인(middle-age), 그리고 85세 이상을 고령노인(old-old)으로 노년기를 세분화하기도 하였다. 이미 언급했듯이 선진국을 중심으로 노년기 의 시작을 늦추어야 한다는 논의도 매우 활발해지고 있다.

노년기는 이렇게 긴 기간이므로 개인에 따라서 그 특성이 다양하게 나타나 게 된다. 한 인간이 살면서 경험해 온 삶의 모습이 종합적으로 드러나는 시기 인 것이다. 보편적으로 나타나는 노년기의 특성은 다음과 같다.

1) 신체적 발달

노년기에 일어나는 신체적 발달은 생물학적인 노화다. 노화는 나이가 들어 감에 따라 세포의 구조와 활성의 변화로 발생하며, 이로 인해서 신체의 조직 전반에 걸쳐 활력을 잃고 기능이 퇴화되어가는 쇠퇴적 발달현상을 의미한다 (정옥분, 2000). 노화는 유전적 형질과 환경적 특성에 따라서 개인차가 크며, 나이와 신체적 기능 퇴화의 관계는 아직도 분명하게 밝혀지지 않았다. 그러나 연로해짐에 따라서 어느 정도 심신이 쇠약해지는 것은 필연적이다. 예를 들 면, 65세 이상 인구 10명 중에서 9명은 비만, 고혈압, 당뇨, 이상지혈증, 암, 허혈성심장질환, 뇌졸중, 관절염, 골다공증 등의 만성질환 중에서 적어도 한 가지 이상의 질환을 갖고 있는 것으로 조사되었다(보건복지부, 2005). 이러한 노년기의 신체적인 변화를 눈에 띄는 외형적인 변화와 눈에 드러나지 않는 신체내적인 변화, 감각기능의 변화로 나누어 보았다.

(1) 외적 변화

노화는 피부, 모발, 치아와 체형의 변화에서 가장 뚜렷하게 나타난다. 중년기부터 시작되는 피부의 주름은 특정한 얼굴표정의 반복, 피하지방의 감소, 콜라겐 조직의 변화 등으로 인해 생겨난다. 피부는 수분을 유지하는 능력이 감퇴되어 건조하고 탄력이 없어지며 멜라닌 색소의 불규칙한 감소로 갈색 반점이 생겨나거나 창백해진다. 세포와 혈관의 회복 속도가 떨어지기 때문에 상처의 회복도 느려진다. 또한 체모가 줄어들고 머리카락은 가늘어지고 윤기를 잃게 되며, 멜라닌 색소의 감소로 흰 머리카락이 늘어나게 된다. 여성의 경우에는 여성호르몬의 저하로 입술 윗부분과 턱 주위에 털이 생겨나기도 한다. 치아의 색이 탁해지고, 잇몸이 수축되며 골밀도의 감소로 치아를 잃게 되어 틀니를 필요로 하는 경우도 많아진다. 치아상실은 많은 경우, 노화보다는 영양 및 부적절한 관리와도 밀접한 관련이 있다(Zastrow & Kirst-Ashman, 2001: 558-559).

(2) 내적 변화

노년기가 되면 눈에 보이지 않는 내적인 노화현상이 일어난다. 뇌와 신경계, 심장혈관, 호흡기, 위장, 근골격과 면역계 등의 기능이 쇠퇴한다. 성인기가 진행됨에 따라서 뇌신경세포(Neuron)의 수상돌기의 밀도가 감소하게 된다. 이에 따라 뇌수의 회백질이 감소하고 뇌의 무게가 감소하는 등 뇌의 세포 생물학적인 구조가 변화하며, 이런 구조적인 변화는 신경세포의 자극전달속도를 느리게 하여 일상생활에서의 반응이 느려지게 만든다. 기억력 유지와 관련된 아세틸콜린이나 고도의 정신기능이나 미세한 운동기능과 관련된 도파민 등의 뇌신경전달물질이 크게 감소하는 경우에는 알츠하이머병과 같은 치매나 파킨슨병에 걸리기도 한다(정옥분, 2000). 전체 치매환자의 50% 정도는 뇌신경세포의 소실로 인해 뇌가 서서히 위축되는 알츠하이머성 치매이며, 20~30%는 뇌혈관이 막히는 혈관성 치매이고, 10% 정도는 파킨슨병 등, 알츠하이머 이외의 퇴행성 뇌질환으로 인한 것이며, 나머지 10~15%는 갑상선 기능저하, 뇌염, 뇌종양, 알코올중독 등의 기타 원인으로 발병한다(서울시광역치매센터, 2008).

노년기에는 심장의 근육조직이 위축되고 대동맥이 탄력을 잃으면서 심박력이 줄어들게 되는데, 75세의 심박력은 30세 청년의 70% 정도다. 폐조직과 혈관벽의 위축으로 폐활량도 줄어들며 위장계통의 조직에서도 노화가 일어나서 소화기능이 약해진다. 또한 근골격의 기능이 저하하여, 체형의 변화가 일어난다. 근육의 최고 능력시기인 25세가 지나면 근육수축의 속도와 힘이 감소하여 근육의 지탱력이 감소하게 되는데 보통 60~70대에는 10~20%, 70대 이후에는 20~40%의 근육 저하현상이 일어난다. 뼈 속의 칼슘분이 고갈되어 골밀도가 낮아짐으로써 골다공증과 골절의 위험이 높아지게 되며, 대다수는 키가 줄어들고 몸무게가 감소한다(강봉규, 2000: 257-258). 여성의 경우에는 신진대사가 활발하지 않아서 체지방이 늘어나고 비만해지기도 한다. 특히 폐경 이후의 여성들은 여성호르몬 분비가 감소함에 따라 뼈세포의 활성화가 줄어들어서 골밀도의 손실이 더욱 증가한다.

또한 신장, 방광, 요관으로 구성되어 있는 비뇨기계의 효율성이 떨어지게 되어 체내로부터의 독소와 찌꺼기의 배설작용이 원활하지 못하게 된다. 방광의 탄력성도 줄어드는데, 노인의 방광 용량은 젊은 성인의 반도 채 안 되게 되어 여성은 요실금, 남성은 전립선의 확대로 인한 배뇨문제로 고통을 겪는 노인들이 많다. 전반적으로 면역체계가 약해져서 독감과 같은 전염성 질환에 취약하여 폐렴에 잘 걸리기도 하고 암이나 결핵의 발병률도 높아지게 된다(정옥분, 2000).

그러나 의학이 발달함에 따라서 노인성 질환에 대한 관점도 변하고 있다. 특히 불치병으로 여겨졌던 치매도 그 원인이 밝혀지고 치료 약물이 개발됨에 따라서 적어도 10~15%는 완치가 가능하며, 나머지도 상태가 악화되지 않도록 증상을 조절할 수 있게 되었다. 특히 노인성 우울증에 의한 기억력 저하 등으로 가성치매로 간주되는 치매 유사 증상은 80% 이상 완치가 이루어지고 있다(서울시광역치매센터, 2008).

(3) 감각기능의 변화

노년기에는 일반적으로 외부로부터 정보를 수집하여 뇌에 전달하는 감각기관의 기능이 저하된다. 특히 시각과 청각의 감퇴가 두드러지는데 시력은 40대 이후부터 약화되기 시작하여 70세 이후에는 교정시력으로도 정상시력을 유지하기가 어려워진다. 수정체가 혼탁해지는 백내장이 생겨나는데 우리나라 노인들은 70세가 되면 약 70%가 백내장에 걸리는 것으로 나타났다. 백내장은 비교적 간단한 수술로 치유될 수가 있다. 안압이 높아져서 발생하는 녹내장 역시 60~85세 사이의 노인들에게서 급격히 증가하며, 시신경의 손상으로 시력을 상실할 수도 있으므로 50세가 넘으면 정기적인 검사를 받아야 한다. 또한 청력의 감소는 노년기의 매우 보편적인 현상이다. 대개 55세 이후부터는 청각에 변화가 생겨서 음의 고저에 대한 변별력이 감소한다. 75세에서 79세 사이의 노인 중 약 반수 정도가 청력저하를 겪는다.

노년기에는 미각과 후각도 쇠퇴하는데 특히 혀의 맛봉오리의 수가 줄어들기 때문에 입맛이 없어서 식욕이 저하되게 되고 이로 인해 건강에 좋지 않은 영향을 미치게 된다. 나이가 늘면 뉴런의 감소와 함께 후각구가 위축이 되어 후각기능이 떨어지는 경우도 있으나 개인차가 크며, 예외적으로 통각은 크게 달라지지 않는다. 또한 지각 반응속도가 20~50% 저하되므로 안전사고를 일으킬 가능성이 높아진다. 또한 수면시간의 감소 등 수면장애를 경험하는 경우가 많으며 성기능, 생식기능에 있어서도 저하현상이 나타난다(정옥분, 2000: 344-350).

노년기에 일어나는 이러한 신체적 변화에도 불구하고 우리 신체가 갖고 있는 적응능력과 기능의 상호보완능력으로 인해서 대다수는 노인이 되어도 일상생활을 잘 유지할 수 있으며 개인차가 크다. 펙(Peck, 1968)은 노인들이 신체적 변화에 성공적으로 적응하거나 잘 극복하게 되면 생활만족도가 높아지지만, 신체적 노화의 부정적인 면에 지나치게 몰두하게 되면 생활만족도가 낮아지고 심리사회적 기능에 손상이 일어난다고 하였다.

2) 심리적 발달

노년기는 청년기, 중 · 장년기 동안 무겁게 짊어지고 있었던 사회적 · 경제적 책임에서 벗어나서 은퇴를 하여 인생을 정리하고 마감할 준비를 하는 단계이며 축적한 삶의 경험이 통합되어 나타나는 시기다. 정서심리적으로는 자신의 삶에 대한 만족과 불만, 자부심과 후회감 등 다양한 양가감정을 느끼면서 혼란을 겪게 된다. 이러한 변화는 중년기 후기에 시작되는데 뇌를 포함한 신체의 생화학적인 변화로 인해 인지기능에도 변화가 일어나기 때문이다.

(1) 인지발달

노년기에는 일반적으로 지적 능력이 쇠퇴한다고 보는 경향이 있다. 그러나 연령에 따른 지능의 변화에 대해서는 다양한 이론들이 제기되었는데, 이를 종합하면 다음과 같다.

첫째, 지능에는 여러 종류가 있는데 이러한 지능들의 연령에 따르는 변화에 일정한 패턴은 없다는 것이다. 즉, 새로운 문제와 상황에 대처하는 능력인 유동성 지능은 연령에 따라서 감소하지만 정보의 저장, 기술, 책략 등의 결정성 지능은 안정적이거나 증가하기도 한다(Schaie et al., 2004).

둘째, 지능의 변화는 개인차이가 크다. 어떤 사람은 30세부터 지능이 쇠퇴하기 시작하지만, 70세가 되어도 지능이 쇠퇴하지 않는 경우가 많아서, 70대의 1/3은 성년기 성인의 평균점수보다 높은 지능을 갖는다고 한다. 이러한 차이는 교육수준과 직업, 생활양식, 동년배집단, 신체적 또는 정서적 건강 상태 등의 영향을 많이 받는다. 교육수준이 높고, 중산층 이상이며, 지적인 배우자와 함께 살고, 신체적, 정신적으로 활동적인 생활양식을 가진 사람들은 지적 능력을 유지하거나 심지어 증가하며, 그 반대의 경우, 특히 사회적 지위가 낮은 독거노인들은 지적 능력이 크게 감소하는 것으로 나타났다(정옥분, 2000: 362-363).

셋째, 지적 능력의 변화는 사회문화적 환경에 의한 영향을 많이 받는데, 정보통신기술의 발달로 지적 자극이 활발하게 주어지는 요즘 시대 노년기의 지적 능력의 변화 양상은 과거와는 다를 수밖에 없다. 특히 최근에는 평생교육제도가 발달함에 따라서 나이가 들어도 지적 욕구가 줄어들지 않으며, 이를 감당할 능력 또한 감퇴되지 않는다는 사실이 잘 입증되고 있다(Wormer, 2007).

(2) 정서적 발달

정신과 육체의 밀접한 관계로 인해 노년기의 신체적 · 생물학적인 노화는 정서심리적인 면에서도 크게 영향을 미치게 된다. 노년기의 심리적인 변화는 성격적 변화 또는 주변에서 발생하는 정보를 처리하는 방법의 변화를 의미한다. 건강문제, 할 일이 없음, 변하는 시대를 따라가지 못함, 수입의 감소 등으로 나타나는 사회적인 변화들은 정서심리적인 변화를 일으키는 원인이다(Wormer, 2007).

이와 관련하여 에릭슨은 노년기를 'old age'로 구분짓고, 그 발달과제를 '자아통합성'과 '절망감'으로 정리하였다. 인생후기에 사람들은 자신의 삶 전체와 성취한 것을 되돌아보게 된다. 만약 자신의 삶에서 많은 것을 이루었고 노력에 대한 보상을 받았다고 생각되어서 자신의 삶이 가치가 있다고 여겨지면 인생 전체를 통합적으로 바라보며 의미와 가치를 부여하게 되고 자신의 삶도 편안한 마음으로 정리를 할 수 있게 된다. 그러나 위기를 잘 해결하지 못하여 많은 기회를 놓쳤다는 생각이 들어 자신의 삶을 후회하게 되면 자포자기하게 되어 절망감에 빠지게 된다는 것이다.

이러한 태도는 죽음을 맞이하는 태도와도 관련이 깊다. 노년이 되면 남은 생에 대한 생각을 자주 하게 되고 죽음을 가까이 느끼게 된다. 자아통합을 이루게 되면 자신이 살아 온 인생을 수용하고 두려움 없이 죽음에 직면할 수 있는 능력이 높지만 절망감에 빠진 경우에는 늙음과 죽음을 수용하기 힘들어하고 타인과 세상을 원망하거나 우울증에 빠지고 심하면 자살로 이어지기도 한다. 이러한 현상은 급속한 핵가족화와 더불어 노인소외와 노인학대가 증가함에 따라 심화되어 노인 자살률이 급격하게 증가하고 있는 것이다. 예를 들어, 2013년 현재, 65대 이상 노인 인구 10만 명당 자살률은 80.3명으로 OECD 국가 중 1위를 차지하고 있으며, 특히 80대 이상 노인의 자살률은 112명으로 20대에 비해 5배 이상 높게 나타났다(통계청, 2013).

노년기에는 자신의 감정을 잘 표현하지 않는 경향이 있는데 이는 노인들은 감정을 억제해야 점잖고 존경할 만한 노인이라는 사회적인 압력에 순응한 결과라고 본다. 특히, 유교문화의 배경이 강한 우리나라에서 이러한 현상이 심하다. 그러나 노년기에도 희로애락을 느끼는 감정의 폭은 청년기나 중·장년기와 별 차이가 없다. 고령화 사회에 접어들어 노인인구가 급격하게 증가하고 있으며 수명이 늘어나고 있는 현 시점에서 노인들의 인생 제2막의 높은 가치에 대한 재조명이 필요하다.

3) 사회적 발달

(1) 은퇴

은퇴는 사회적 지위에서 물러나면서 역할 수행이 중단되는 현상으로, 은퇴를 하게 되면 수입이 급격히 줄거나 없어지므로 경제적 어려움을 경험하는 경우가 많다. 또한 노년기에는 은퇴로 인해 그동안 지켜온 지위와 역할을 상실하게 되므로 삶의 만족도가 낮아질 수 있다. 따라서 노년기에는 새로운 생활여건에 맞게 개인의 가치, 자아개념, 존중감을 재평가 또는 재조정함으로써 매사에 긍정적인 시각을 지니도록 해야 한다.

트래포드(Trafford, 2004)는 최근 인간의 장수가 가져다준 변화 중 가장 큰 화두가 은퇴라고 하였다. 100여 년 전에는 기대수명이 50세 정도였으나 최근에는 80세에 도달했고 앞으로 점점 더 늘어날 전망이므로, 은퇴 시점 역시 고려되어야 한다는 것이다. 예전에는 은퇴 후 살 수 있는 기간이 그리 길지 않았지만, 이제는 은퇴 후에도 30~40년은 족히 살 수 있게 되고, 건강수명도 길어지고 있으므로 노년기에도 직업과 경제력이 필요해진 것이다. 따라서 은퇴 시기가 점점 늦추어지고 있으며, 미국에서는 퇴직정년의 적용을 법으로 금지하고 있다.

(2) 사별

노년기에는 배우자나 가까운 친척, 친구의 사망으로 인해 상실감을 경험하며, 죽음에 대한 두려움이나 불안을 느끼게 된다. 특히 배우자 사망은 깊은 상실감을 주어 사회 활동에 대한 관심 저하, 슬픔, 불면증, 식욕상실, 체중 감소, 우울, 불안, 죄의식과 같은 감정이나 행동을 나타낸다. 친구관계는 가족관계 못지않게 노후적응에 중요하며 자아의 중요한 지지기반이 된다. 가까운 친구가 없거나 사망한 경우에는 가족이 관계의 중심이 되어 사회적인 고립감을 경험하게 된다.

(3) 성공적 노화

인간의 사회화과정은 일생 동안 지속되며, 연령에 적합하지 못한 행동을 하게 되면 사회구성원들로부터 인정을 받지 못하게 된다. 특히 노년기에는 이러한 경향이 크게 나타나서 주위의 사람들이 기대하는 안정된 어른의 모습을 보여 주지 못할 때는 비난을 받거나 소외를 당하게 된다. 펙(1968)은 에릭슨의 8단계를 더욱 세분화하여 건강한 노년기를 보내기 위해서 극복해야 하는 세 가지의 위기를 제시하였다(정옥분, 2000: 403-404에서 재인용).

자아분화 대 직업 역할 몰두   은퇴 무렵이 되면 사람들은 직업인으로의 역할 인식에서 벗어나서 인간으로서의 자신을 돌아볼 필요가 있다. 자랑할 만한 자신의 특성을 찾을 수 있는 사람은 활력과 자신감을 유지할 수 있다.

자아를 지키는 일이 직업에서의 역할 수행보다 더 중요함을 인식하여야 한다는 것이다.

신체초월 대 신체몰두　　노화에 의해서 생겨나는 신체 상태에 대한 걱정을 극복하고, 자연스럽게 몰두할 수 있는 활동을 강조하는 사람이 건강한 노년을 보낸다는 것이다.

자아초월 대 자아몰두　　예상되는 죽음에 잘 적응하고 긍정적이 될 수 있는 경우에 노년기의 가장 중요한 성취를 이루게 된다는 것이다.

4) 사회복지실천에의 적용

현행 노인복지서비스의 문제점을 보완하여 보다 양질의 서비스를 제공하고, 노인의 네 가지 고통인 빈곤, 질병, 고독과 소외, 무위문제의 해결을 위해 적절한 대책을 수립해 나가야 한다. 노화로 인한 기능 손상과 만성질환으로 인한 신체적 약화 등으로 고통받는 노인을 돕기 위하여 일상생활을 위한 보호와 수발, 의료비 부담 및 간병, 의료시설 활용 등의 서비스가 마련되어야 한다. 노인요양보장제도와 의료비 지원 사업, 가정 봉사원 파견, 상담, 노인일자리 창출, 치매예방, 노인학대 방지 등의 보다 다양한 노인복지서비스가 활성화되어야 한다.

은퇴 후 사회적 역할 축소에 대하여 심리적으로 대비하는 한편, 자존감과 자신감을 고취하고, 배우자와 친구 등의 죽음으로 상실감과 고독, 소외감을 느끼지 않도록 효과적인 상담 프로그램이나 여가 활동 프로그램을 개발하여 지원하도록 한다. 또한 영성개발 및 종교 활동을 통해 정신적 안정을 유지하도록 권장하도록 한다. 질병이나 치매 등의 예방이나, 조기치료법 등을 알려주는 등 적절한 의학적 정보를 제공하고 은퇴 준비교육을 실시하여 은퇴를 새로운 시작으로 받아들일 수 있게 돕는다. 특히 노인들이 정서적 차별을 가장 많이 느끼는 것으로 나타난 점을 고려하여 노인의 정서적 욕구를 충족시켜 줄 수 있는 방안을 확충하여야 한다.

- 현재까지는 일반적으로 65세 이상이 노년기의 기준으로 간주되고 있다.
- 의학의 발달로 노년기의 젊음과 건강이 유지됨과 동시에 수명이 계속적으로 연장되고 있어서 은퇴 후 생존기간이 30~40년으로 길어졌다. 새로운 삶을 시작할 수 있는 인생주기로 부각되고 있는 노년기의 질적 제고를 위한 인식의 변화가 필요하다.
- 신체적 · 정신적인 노화의 특성은 흰머리, 주름 등 외모의 변화, 민첩성이 떨어짐, 시각 · 청각 등 감각의 둔화, 성적인 관심과 성행위의 감소 등으로 나타난다. 기억력은 감퇴하지만 지적 능력은 유지된다.
- 노년기에는 통합성 대 절망이라는 심리적 위기에 직면하게 된다.
- 노년기의 발달과업은 신체적 노화를 수용하고, 은퇴나 사별 등의 정서심리적 위기를 극복하여 건강한 자아개념을 재정립함으로써 성공적 노화를 이루는 것이다.
- 노인의 낮은 지위와 노인차별주의의 문제를 해소할 방안을 모색하고 정서심리적 문제의 해소와 경제적 지원 및 여가 활동을 위한 프로그램을 활성화시켜야 한다.

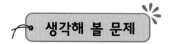

생각해 볼 문제

- 성공한 노년기는 어떤 것이며, 평균수명이 길어지는 향후에는 어떻게 달라져야 할 것인지 논하시오.
- 우리나라 노인들 위상의 시대적 변화 추이를 사회복지실천 면에서 분석해 보시오.
- 노년기에 접어들면 여러 가지 신체기능들은 퇴화하지만 지적 능력은 병리적 현상이 아니라면 유지된다고 한다. 그러나 우리 사회에서는 노년기가 되면 지적 능력도 떨어진다고 보며, 노인 스스로도 이를 받아들이는 경향이 강하여 은퇴 후 더 이상의 사회활동을 하지 못하는 노인들이 많다. 이런 현상에 대한 적절한 대책을 생각해 보시오.
- 자신이 노년기까지 사회복지사로 일을 한다면 어떤 일을 할 수 있을지 상상해 보고 구체적인 일들을 제시해 보시오.

제4부

인간과 환경

사회복지 분야에서는 인간과 그를 둘러싼 환경과의 상호작용을 중요시하는 환경 속의 인간(person in environment)이라는 관점을 전통적으로 유지해 오고 있다. 이러한 관점은 개인과 환경을 통합적으로 살펴보고 개인과 환경을 모두 변화시킬 수 있다고 보는 생태체계 관점으로 가장 잘 설명될 수 있다. 생태체계 관점은 인간의 행동을 단선적이고 인과론적 시각으로 이해하던 것에서 벗어나 환경을 고려하면서 인간과 환경 간의 순환적인 관계에 초점을 두고 이해할 수 있게 해 주었다.

제15장 생태체계 관점

이 장에서는 15세의 중학교 소년인 승호의 사례를 적용해서 생태체계 관점의 개념과 특징을 살펴보고자 한다. 다음의 승호 사례는 여러 가지 많은 요인들이 사람의 삶에 영향을 주고 있다는 것을 보여 준다. 예를 들면, 승호의 현재 생활은 청소년기의 남학생이 갖는 발달욕구, 부모, 어린 동생, 친구, 선생님 등 사람들과의 상호작용 및 부모의 이혼 등의 영향을 받는다. 또한 가족의 경제적 상황, 지역의 가족 지원 서비스, 한부모가족에 대한 사회의 시각 등에 의해서도 승호의 생활은 달라진다. 이와 같이 인간에게 영향을 주는 다양한 요인들과 이러한 요인들 간의 상호작용을 이해하고 인간이 갖게 되는 문제를 파악해서 개입하는 데 유용하게 사용되는 것이 바로 생태체계 관점이다.

사례

승호는 15세 된 중학교 2학년 남학생으로 서울시 구로구에 살고 있다. 최근 승호는 학교 밖에서 인근 고등학교 불량 학생들과 어울려 다니며 수업에 빠지거나 숙제를 해 오지 않는 경우가 많았으며 지난주에는 같은 학교 학생들과 싸움을 하면서 칼을 뽑아들고 협박하기도 하였다. 또한 담배를 피우다 적발되어 선생님들이 승호의 불성실한 태도를 지적하자 선생님들에게 반항을 하였다. 담임선생님은 승호가 지속적으로 학교를 다니고 공부할 수 있기를 바라며 학교사회복지사인 김 선생님에게 이 사례를 의뢰했다.

사회복지사는 승호와 그의 어머니와 만나서 이야기를 나누었다. 승호의 부모님은 6개월 전에 이혼한 상태로 현재 승호는 어머니와 5세 된 여동생과 함께 살고 있다. 베트남 출신의 어머니는 승호에 대해 걱정을 많이 하고 있었지만 한편으로는 자신도 살아가기 힘든 상황에서 승호가 자신을 이해해 주지 못하고 더욱 힘들게 한다고 하소연했다.

승호의 아버지는 술을 많이 먹었으며 이로 인해 직장을 그만 두는 경우가 많아서 수입이 일정하지 못했다. 이로 인해 부부간의 싸움이 잦았으며 결국 이혼을 하게 되었고 현재 아버지는 충남 공주에 살고 있다. 승호는 부모들이 자주 싸우기는 했지만 그것 때문에 이혼할 것이라고는 생각지 못했다. 그리고 아버지와 사이가 좋았기 때문에 부모의 이혼으로 인한 충격이 컸다. 독실한 기독교 신자인 친정 식구들과 친구들은 이혼에 대해서 반대했고 이혼에 대해 부정적이었다. 이혼 후 아버지로부터 생활비 지원을 받지 못했기 때문에 경제적으로 어려워져서 집값이 더 싼 지역의 작은 집으로 옮기고 어머니는 생활비를 벌기 위해 더욱 많이 일하게 되었다.

승호는 부모의 이혼 전에는 성적도 좋은 모범생이었고, 이혼 직후에 어머니를 도와 집안일을 하고 동생도 돌봐 주었다. 어머니는 일하지 않을 때는 집에서 울거나 잠을 자면서 보냈다. 어머니는 승호가 한 집안일이 마음에 들지 않았을 때나 동생을 잘 돌봐 주지 못할 때는 승호에게 소리를 질러 댔고 최근에는 때리기도 했다. 어머니는 자신도 어렸을 때 어머니에게서 잦은 구타를 당했고 승호에게 화를 낼 때 죄의식을 느끼기도 하지만 장남인 승호가 왜 자신을 더 많이 도와줄 수 없는지 이해가 안 간다고 했다.

승호는 부모님의 이혼을 이해할 수 없었고 이혼 후 혼자 버려졌다는 느낌을 받았다. 아버지와는 연락이 안 되고 어머니는 항상 자신에게 화를 내고 있으며 전학을 와서 예전에 가장 가까웠던 친구들과도 관계가 소원해졌다. 새로 친구를 사귀려고 해도 자신은 동생을 돌봐야하기 때문에 시간이 없거나 용돈이 없어서 어울리기 힘들었다.

승호는 전학 온 새 학교에 좀처럼 적응하지 못했다. 수업에 대한 흥미가 없어졌으며 학교의 어떤 선생님과도 친하게 지내지 못했다. 승호가 전학 와서 새로 사귄 친구들은 자신보다 나이 많은 형들이었고 승호는 이들이 자기를 중요하게 여긴다는 느낌을 받았다. 그런데 이들과 어울리려면 학교를 빠져야 했다. 이 형들은 같이 지역의 폭력 서클에 들어가자고 권했고 승호도 여기에 흥미를 느꼈다. 승호는 학교가 지겹게 생각되면 그 날에는 학교에 가지 않고 형들과 어울렸으며 오후에는 집에 가서 동생을 돌보았다. 승호는 지금 심각하게 가출을 고려중이다. 한 친구가 자기 집에서 자신의 형과 살자고 권유했기 때문이다. 그 형은 최근 교도소에서 출소했으며 불법 CD를 팔면 돈을 많이 벌 수 있다고 약속하며 승호에게 같이 이 일을 하자고 권했다.

1. 개 요

생태체계 관점은 다양한 사회복지실천 현장과 이론적 접근들을 하나의 틀 속에 용해시켜 일목요연하게 배열하는 독특한 특성을 지니고 있다. 또한 개인, 가족, 환경을 비롯한 다양한 체계가 운영되고 서로 상호작용하는 방식에 대한 원리를 제시해 준다는 장점을 지닌다. 생태체계 관점은 인간행동에 관한 여러 이론들 중에서 체계이론과 생태학의 개념들을 통합한 것이다.

이론(theory)보다 관점(framework)이라는 용어를 선택한 이유는 관점이라는 용어가 사회복지 개입 시 이론보다는 좀 더 광범위하고 유연하게 접근할 수 있게 해 주기 때문이다. 즉, 사회복지 문제와 상황을 이해하고 개입에 적합한 특정 이론을 결정하는 데 유용하게 사용될 수 있기 때문이다. 또한 다양한 체계적 접근과 생태학적 접근들이 문헌에서 매우 많이 설명되고 있는 반면에 생태체계 관점은 이론으로 고려될 만큼 충분하게 검증되거나 묘사되지 않았기 때문에 이론으로 불리기에는 적합하지 않다(Ambrosino et al., 2005). 따라서 이 장에서는 이론보다는 생태체계 관점이라는 용어를 사용할 것이며 이 관점은 다른 이론들을 통합적으로 사용할 수 있는 기초를 제공해 준다.

생태체계 관점은 체계이론(system theory)과 생태학(ecology)이 결합되어 만들어졌다. 체계이론에서는 모든 유기체는 체계이며 하위체계로 구성되어 있는 동시에 상위체계의 부분이라고 보는 관점으로, 생물학적 이론에서 비롯되었으나 생물체계뿐 아니라 집단 · 가족 · 사회 등과 같은 사회체계에도 적용된다(Payne, 2005). 체계이론은 다른 이론들이 인간이나 사회 행동의 부분들만을 다루었던 것과는 달리 '전체(wholes)'를 다룬다는 점에서 그 가치가 있다. 체계이론은 의학 · 생물학 · 심리학 · 경제학 · 사회학 · 교육학 등 많은 학문에서 논의되어 왔으며, 사회복지 분야에서도 초기부터 체계이론의 원칙을 사용해 왔다(Ambrosino et al., 2005). 체계이론은 구조에 초점을 두는데, 즉 복잡한 환경 속에서 체계들이 어떻게 변화하고 어떤 방식으로 서로 관련되어 있는지, 그리고 체계들이 어떤 순서를 이루는지에 대해 관심을 둔다. 반면에 생태학은 인간과 환경 사이의 관계(relationship)에 초점을 두는 경향이 있다. 그리고 구조보다는 상호작용과 교류(transaction)에 큰 강조점을 둔다(Meyer, 1983). 생태학은 생물과 환경 간의 상호작용에 대한 이론으로, 이러한 상호작용은 지속적으로 일어나는 상호호혜적인 교환(exchange)의 특징을 지닌다(Germain, 1991: 15-16). 그래서 인간이 성장하고, 능력을 성취하고, 다른 사람에게 공헌하는 활동 등도 환경과 인간이 적응(adaptation)하는 과정으로 이해하며, 인간이 환경의 요구에 적응해야 하지만 때로는 환경을 인간 자신의 요구에 맞게 수정 또는 변화시킬 수 있다고 본다(Urdang, 2008: 31).

많은 사회복지사들은 생태체계 관점을 통해 인간과 인간을 둘러싸고 있는 물리적·사회적 환경 간의 교환을 개념화함으로써 유용한 방법들을 설명할 수 있게 되었다(Germain, 1983; Germain & Gitterman, 1987). 특히 이 관점은 의료모델에 따른 이전의 단선적이고 인과론적 시각이 통합적이고 전체적이며 순환적인 인간–환경 관계에 대한 시각으로 전환되는 계기가 되었다(Rodway, 1986). 즉, 생태체계 관점에서 문제는 병리적 상태로서의 반영이 아니라 주위 사람, 사물, 장소, 조직 등을 포함하는 생태체계의 여러 요인들 간의 상호작용의 결과로 생기는 생활상의 문제로 정의된다(강흥구, 2004: 24-25).

　　예를 들면 승호의 사례는 간단히 원인과 결과의 단선적인 관점으로는 설명될 수 없다. 승호가 현재 상황에서 겪는 일들의 원인은 청소년의 발달상의 욕구, 부모의 이혼, 어렸을 때 자신도 학대받은 경험이 있는 어머니의 학대, 가정경제의 어려움, 다문화가족에 대한 차별, 한부모가족에 대한 지원서비스의 부족, 학교부적응 등 다양하다. 다양한 원인들은 여러 가지 방식으로 서로 상호작용하면서 승호에게 영향을 주고 있다. 이렇게 상황적 맥락에서 클라이언트에게 영향을 주는 요인들과 그들의 상호작용을 이해하고 클라이언트의 행동을 이해하는 데 생태체계 관점은 매우 유용하다.

　　따라서 다음에서는 생태체계 관점을 사용하는 데 필요한 주요 개념들을 살펴보고, 승호의 사례를 통해 이를 사회복지실천에 어떻게 적용시킬 수 있는지 알아보고자 한다.

2. 주요 개념

　　이 장에서는 생태체계 관점의 기본개념인 환경 속의 인간, 교류, 내적 경험과 맥락적 영향력, 현재 행동, 스트레스와 대처, 역기능에 대한 관점을 살펴보고 체계의 특징과 환경의 단계를 알아봄으로써 생태체계 관점에 대한 기본적인 이해를 주고자 한다.

1) 기본 개념

(1) 환경 속의 인간

생태체계 관점에서 인간은 매우 복잡한 존재로 묘사된다. 즉, 인간은 사고와 감정을 지니며 관찰 가능한 행동을 하는 생물학적이고, 심리적이며, 영적이고, 사회적이며, 문화적인 존재다. 인간은 환경으로부터 문화 및 민족 유산 등을 물려받고 이에 대한 응답을 할 뿐만 아니라 다시 환경 내에서 우리 자신의 전통과 유산을 창조한다(Miley et al., 2004: 35-37). 이는 인간이 의식적·의도적으로 반응할 뿐만 아니라 무의식적으로, 자동적으로 반응한다는 것을 인정하고 있다는 뜻이다. 그렇기 때문에 인간은 변화하는 환경에 적극적으로 적응하고 있으며, 환경이 인간을 형성하는 것과 동시에 인간도 환경을 형성한다(Brower, 1988: 413). 이러한 관점으로 보면 인간은 완전하게 유능하거나 무능한 것이 아니라 자신의 삶을 형성하는 사건을 만들어 내는 데 있어서 적극적인 역할을 수행하며, 이러한 역할은 환경적인 영향력과 조건에 의해 조절된다는 것을 알 수 있다.

(2) 교류

인간과 그를 둘러싼 환경은 서로에 대해 지속적으로 수용적인 반응을 하면서 진화한다. 이 과정에서 서로 영향을 주고받는 역동적인 관계를 상호작용(interaction)이라고 하고 상호작용하는 환경과 인간과의 관계를 교류(transaction)라고 한다(Miley et al., 2004: 36). 교류는 호혜적인 상호작용으로 다음 [그림 15-1]과 같이 사람들이 지속적으로 자신의 환경을 형성하는 과정이며 다시 시간의 흐름에 따라 환경에 의해 사람이 영향을 받는 과정이다(Germain, 1983: 115). 그 과정에서 인간은 환경의 요구(demands)에 맞추기 위해 자신이 가진 자원들을 활용하며 적응하고 동시에 인간의 요구에 맞춰 환경을 변화시키기 위해 자원을 활용한다.

교류와 상호작용의 개념은 서로 구분된다. 교류에서는 개인과 환경이 상호

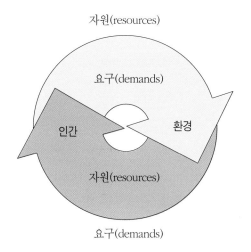

자원(resources)

요구(demands)

인간   환경

자원(resources)

요구(demands)

[그림 15-1] 인간과 환경의 교류

영향을 미치며 하나의 단위, 관계 그리고 체계로 융합되는 반면에, 상호작용
에서는 개인과 환경이 서로 영향을 미치면서도 독립적인 정체성을 유지한다
(Lazarus, 1980; 김동배, 권중돈, 2005: 569-579에서 재인용). 생태체계 관점에서는
인간이 자신의 사회적 · 물리적 환경과 교류하는 데 있어서 역동적인 상호연
관성을 강조한다(Germain & Gitterman, 1987).

인간은 매일 다양하고 수많은 교류에 참여하고 있다. 예를 들면, 우리가 친
구들과 이야기할 때, 가족들과 식사를 할 때, 상점에서 물건을 구입할 때 주변
에 있는 사람들과 교류를 한다. 그뿐만 아니라 어떤 사회복지기관에서 자원봉
사자를 교육하고, 직원이 지역사회복지협의체 회의에 참여하고, 기관이 지역
의 자원봉사협의체에 참여하는 것과 같은 활동 등을 통해 큰 체계의 한 부분
으로서 교류에 참여하기도 한다. 그러므로 교류는 인간과 체계가 그들의 환경
과 자원들을 교환하는 수단이 된다. 이렇듯 교류는 체계의 기능을 유지시키고
변화를 자극하는 에너지의 원천으로서의 역할을 하기에, 불완전하고 비생산
적인 교류는 성장을 방해하고 심지어 기본적인 생계를 위협하기도 한다.

다양한 체계들 간의 교류는 [그림 15-2]와 같이 나타낼 수 있는데, 이때 상

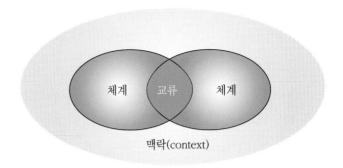

[그림 15-2] 체계들 간의 교류

호관계적인 차원을 강조하기 때문에 체계들이 기능하는 맥락 속에서 교류를 이해해야 한다. 인간은 환경의 요구에 반응할 뿐만 아니라, 환경 역시 인간의 요구에 적응한다. 따라서 우리가 관찰한 인간의 어떤 행동은 환경과의 연속적인 상호작용뿐만 아니라 개인의 내면생활에서 진행되고 있는 상호작용과 결합되어 발생된다는 것(Miley et al., 2004: 35-37)을 잊지 말고 교류를 이해해야 한다.

(3) 내적 경험과 맥락적 영향력

인간은 신체적으로, 정서적으로 그리고 지적으로 성장하기 때문에, 그들의 행동은 이러한 내적 변화를 나타내고 이에 반응한다. 한편 이러한 내적 경험은 스스로 맥락적 사건에 영향을 미치고 이에 반응한다. 따라서 외적 세계나 내적 세계 그 어느 것도 어떤 특정한 인간행동을 초래하는 것이 아니라, 내적 경험 및 외적 경험 모두 서로에게 영향을 미치며 상호작용한다(Miley et al., 2004: 36-40).

내적 경험이 맥락적 사건에 영향을 미치고 반응하는 예는 처음 집단에 참여하는 자세를 통해 이야기할 수 있다. 이미 경험으로 친밀하고 우호적인 집단에 참여하게 되면 환영받을 것을 알기 때문에 인간은 편안함을 느끼고 집단에 처음 참여해도 웃으면서 친절하게 행동하게 된다. 이는 또다시 집단 구성원들로부터 호의적인 반응을 이끌어 낸다. 반면에 사회적으로 불편한 상황이고 적대적인 집단에 참석하게 된다면 경험적으로 환영받지 못할 것을 알기 때문에 스스로 적극적으로 상호작용하려고 하지 않을 것이다. 이는 다시 집단 구성원들도 그 사람에게 관심을 기울이지 않는 상황을 만들어 낸다(김규수 외 역, 2002).

앞서 살펴본 승호의 경우는 부모가 이혼한 데다 경제적으로도 어려운 상태로 전학을 왔고 이미 다문화가정에 대해 편견을 가진 친구와 선생님을 경험했었기 때문에 새 학교에 적극적으로 적응하려고 하지 않았다. 이것이 또한 학교에서 선생님과 친구들이 승호에게 관심을 가지려고 하지 않는 상황을 만들어 냈다. 여기에서도 볼 수 있듯이 인종, 민족성, 문화, 사회경제적 상황들로 인한 외적 경험들도 특별히 인간의 성장과 발달을 설명하는데 중요하다. 예를 들면, 소수집단에 대해 억압하고 차별하는 사회적 상황을 배경으로 가진 다문화가정의 아동은 성장하면서 많은 장애물을 만날 것이다.

(4) 현재 행동

현재의 행동은 나와 내 주변의 사람들 및 맥락들과 상호 이득을 위해 편안한 균형을 찾고 이를 유지하기 위한 것이다. 다시 말하면, 모든 개인 및 사회체계는 그들이 필요로 하는 것과 그들이 자신들의 세계에 제공해야 하는 자원과 요구를 조화시키려고 노력한다. 브로워(Brower, 1988)는 인간의 특정 행동은 그 자신이 직면한 상황에 대해 충분히 반응하는 시도라고 하면서, 그렇기 때문에 인간은 자신에 대해 알고 있는 것, 그리고 상황에서 요구되는 것에 대해 가능한 한 최선을 다한다고 하였다. 즉, 인간이 특정 시간에 행동하는 방법은 인간 내부의 세상에서 일어나는 것, 인간 주변 세상에서 일어나는 것, 그리고 인간이 이러한 사건들을 어떻게 해석하는 가에서부터 비롯된다고 할 수 있다.

다양한 이론들은 이러한 상호교류의 특성을 인간과 환경 사이의 균형이라고 특징짓는다. 저메인(Germain, 1979)은 '적합성(goodness-of-fit)'을 가지고 이를 설명하였는데 적합성이란 인간이 그들의 환경과 적응할 수 있는 균형을 이루고자 하는 적극적인 노력이다. 이러한 적합성은 전생애에 걸쳐 성취되며 인간과 환경 사이의 상호교류에서 서로 유익한 효과가 있을 때는 적응적이 되지만 한쪽이 일방적으로 희생해서 다른 부분의 생존과 발달이 보장될 때에는 양자 간의 갈등과 힘의 불균형이 야기되는 부적응이 나타날 수 있다(김동배, 권중돈, 2005; 최옥채 외, 2007).

또한 적합성이라는 개념은 특별한 요구를 지닌 사람들을 적절한 사람들과 장소에 결합시키는 것을 설명해 준다. 예를 들면, 취업의 욕구를 지닌 사람을 고용서비스에 연결시켜 주는 것을 들 수 있다. 창의적인 능력을 지닌 사람이 기계적인 기술을 요구하는 직업을 갖고 있다면 그는 직업에 흥미를 잃을 것이며 능률적으로 일하지 못해 돈을 많이 벌지 못할 수 있다. 그러나 만약 그를 창의적인 능력을 사용할 수 있는 직업으로 전환시켜 준다면 그는 능률적으로 일할 것이며, 부유해질 수 있다(Urdang, 2008: 38).

(5) 스트레스와 대처

사람이 환경과 상호교류하는 가운데 스트레스가 유발될 수 있다. 스트레스(stress)는 개인이 지각한 요구와 이러한 요구를 충족시킬 수 있는 자원을 활용할 수 있는 능력 사이의 불균형이 생기면서 나타난다(Germain & Gitterman, 1987). 다시 말해 스트레스는 개인과 환경 사이의 상호교류에서 나타나는 불균형에 의해 야기되는 생리·심리·사회적 현상이라고 할 수 있는데, 이것은 항상 문제가 되는 것은 아니고 때로는 개인의 성장과 발전을 돕는 동기가 될 수 있다(엄신자, 2008: 446). 사회복지실천에서는 과도한 스트레스로 인해 적응적 균형이 혼란에 빠져 생활문제가 발생했을 경우에 관심을 둔다. 그리고 사람들이 스트레스를 경험할 때 이를 해결하고 극복하기 위해 적응적 방법을 사용하는 데 이것을 대처라고 한다. 이러한 대처기술은 내적자원(자존감, 문제해결기술 등)과 외적자원(가족, 사회적 관계망, 조직의 지원 등)을 활용한다(김동배, 권중돈, 2005: 572).

(6) 역기능에 대한 관점

생태체계 관점에서는 '부적응의(maladaptive)' 그리고 '역기능의 (dysfunctional)' 등과 같은 용어는 실제로 사용하지 않으며 모든 행동은 맥락 속에서 이해된다. 전통적으로, 클라이언트의 행동을 역기능적 또는 부적응적 이라고 설명하는 것은 클라이언트가 '정상이 아니고, 정서적으로 장애가 있 거나, 행동적으로 어려움을 가지고 있는 사람'이라고 낙인을 찍는 것이다 (Pardeck, 1988: 95). 이러한 개인주의적 관점은 클라이언트에게 책임을 지우 고, 환경이 차지하는 인간행동에 대한 상호간의 책임은 무시한다. 하지만 생 태체계 관점은 물리적 및 사회적 환경과의 클라이언트의 관계 맥락에서 상호 적으로 연관 있는 행동이라고 설명함으로써 클라이언트에 대한 비난을 제거 한다(Miley et al., 2004: 37-40).

[그림 15-3]은 승호가 가진 문제들의 설명을 위해 살펴볼 수 있는 다양한 체 계들과 그 상호작용의 모습을 보여 준다. 즉, 승호의 문제는 승호를 둘러싸고 있는 다양한 체계들의 상호작용으로 인해 발생한 것이므로, 이를 해결하기 위 해서 사회복지실천은 다각적인 접근을 해야 한다. 다시 말하면 승호의 청소년

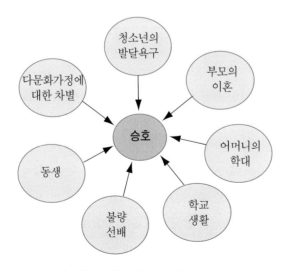

[그림 15-3] 다각적 접근

으로서의 발달욕구, 부모의 이혼, 어머니의 학대, 학교생활, 불량 선배와의 관계, 동생을 돌보는 부담감, 다문화가정에 대한 차별 등 다양한 체계들에 대한 접근이 필요하다.

2) 체계의 특징

(1) 체계

체계(system)란 독특한 방식으로 또는 구별되는 방식으로 상호작용하고 지속적으로 또는 일정 시간 동안 존재하는 구성요소들을 포함하는 조직화된 전체다(권중돈·김동배, 2005: 417). 체계는 체계의 한 부분이 변화하면 그 변화한 부분은 다른 부분들과 상호작용함으로써 다른 부분들도 변화시킨다는 특성을 지니는데 이것을 상호교환이라고 한다. 또한 각 체계는 전체인 동시에 부분이 된다. 이는 각 체계는 하위체계 중의 하나이면서 동시에 상위체계의 일부분이라는 것을 의미하며(Anderson & Carter, 1990), 사회체계는 인간과 상호작용하고 인간에게 상호의존하는 구조를 지니고 있다(Greene & Ephross, 1991). 예를 들면, 가족은 가족이 거주하는 지역사회의 일부분인 사회체계다. 가족 내에서 자녀와 부모 역시 더 큰 가족체계 속에서 각각 체계가 된다. 또한 자녀, 부모, 가족 그리고 이웃사회와 같은 이러한 모든 체계들은 체계적 특성을 공유하는 부분적 전체다.

인간 역시 하나의 체계로서 바라보는데, 내부의 심리적인 요인들과 외부의 제도적인 구조들로 특징지워지는 인간체계는 개인, 가족, 사회집단들과 같은 다양한 실재들을 포함한다. 인간의 외부환경으로는 가족, 이웃, 학교, 직장, 지역사회와 같은 다양한 사회환경이 있다. 이러한 체계로서의 인간에 대한 관점을 가족 내의 개인을 중심으로 나타내 보면 [그림 15-4]와 같다.

하위체계(subsystem)는 특정 체계 속의 작은 체계라고 할 수 있으며 다른 하위체계들과 상호작용을 한다. 예를 들면, 자녀 및 부모는 더 큰 규모의 가족체계의 하위체계가 된다. 이와 유사하게, 가족 내에서 각 개인도 실제로 하위체

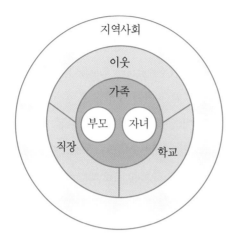

[그림 15-4] 하위체계와 환경

출처: Miley et al., 2004: 46.

계다. 이와 반대로, 사회적 체계를 포함하는 더 큰 규모의 체계는 가족체계의 환경이다. 환경은 그 안에서 기능하는 체계에 대한 상황에 영향을 미친다. 이웃사회는 가족체계에 있어서 하나의 사회적 환경이고 지역사회는 이웃사회 및 가족에 대한 사회적 환경이다. 따라서 모든 체계는 하위체계와 환경을 가지며 이를 바꾸어 말하면 모든 체계 역시 하위체계이면서 동시에 환경이 된다 (Miley et al., 2004). [그림 15-4]를 두고 이야기해 보면, 사회복지사가 초점체계 (focal system)를 어떤 체계로 정의하느냐에 따라 하위체계와 환경은 달라진다.

(2) 경계

체계는 항상 경계를 지니는데, 경계는 체계가 시작하거나 끝나는 지점을 말한다. 체계의 환경은 경계를 넘어선 모든 것이다. 예를 들면, 인간의 몸은 경계로서 피부를 가지고 있고 보다 작은 구성요소들인 하위체계들로 구성된 하나의 큰 체계다. 다른 관점으로 보면, 인간의 마음도 프로이트의 원초아, 자아, 초자아의 세 가지 구성요소들이 서로 상호작용하고 있는 하나의 체계로 볼 수 있다(Ambrosino et al., 2005). 집의 안과 밖을 구분하는 문은 눈에 보이는 경계이지만 인간체계와 같이 추상적인 의미의 경계는 이와는 달리 눈에 보이지는 않는다. 이러한 경계는 체계가 어떻게 작동하는지를 관찰함으로써 경계선의 위치와 특징을 추론한다(Anderson & Carter, 1990).

생태체계 관점을 사용할 때 우리가 정의내린 체계와 이러한 체계의 경계들은 개념적이라는 것을 기억하는 것이 중요하다. 즉, 사회복지 전체로 체계와 경계를 넓게 살펴볼 수도 있고 개별 인간의 문제로 아주 좁게 살펴볼 수도 있다. 예를 들면, 승호의 가족을 사회체계로 개념화했다면, 그 경계 안에 어머니, 여동생, 승호를 포함시킬 수 있다. 아버지가 집에 같이 살지 않더라도 여전히 승호의 삶의 일부이고 승호의 감정에 많은 영향을 준다면, 아버지를 가족체계의 일부분으로 포함시킬 수 있다. 만일 승호의 조부모나 다른 어머니의

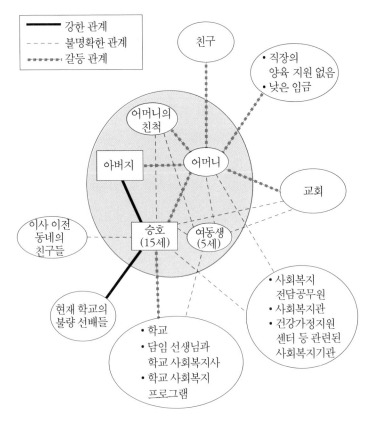

[그림 15-5] 승호가족의 생태도

친척들이 현재는 심리적으로나 정서적인 지지자로서 활발하게 연관되지 않더라도 과거에 그들이 승호의 가족에게 크게 관여했었다면 잠재적 지지의 자원이기 때문에 그들을 가족체계에 포함시킬 수 있다. 다음의 [그림 15-5]는 생태도를 사용하여 승호 가족의 상황을 나타낸 것으로 경계와 체계에 대한 이해를 도울 수 있을 것이다. 생태체계 관점은 현재 상황에 대한 이해를 도울 수 있는 정보를 모으고 조직화하는 데 유용한 방법이고, 이것의 유연성으로 인해 우리는 많은 방식으로 체계와 경계를 정의할 수 있다.

(3) 개방체계와 폐쇄체계

사회복지실천에서 투과성의 경계를 가지고 있고 체계 내외부로부터 성장과 발달에 필요한 정보나 에너지를 자유롭게 교환하고 받아들이는 체계를 개방체계(open system)라고 하는데, 개방체계는 이렇게 함으로써 체계 자체의 기능을 유지·발전시킬 수 있다. 반면에 다른 체계와 상호작용이 없이 고립되어 있어 교환이 이루어지지 않는 체계를 폐쇄체계(closed system)라고 한다. 폐쇄체계는 시간이 지날수록 조직 및 효과적인 기능의 상실이 초래된다. 가족체계를 예를 들면, 문제가 있는 가족(알코올가족, 빈곤가족, 근친상간가족 등)은 폐쇄적인 경우가 많다.

명확한 경계를 지닌 건강한 개방체계는 시너지를 얻는 경향이 있다. 왜냐하면 가족구성원들이 외부의 더 넓은 환경과의 상호작용으로부터 새로운 에너지를 얻으려는 의지가 있기 때문이다. 시너지(synergy)란 체계 내·외부와의 상호작용이 증가함에 따라서 체계 내의 에너지의 양이 증가하는 현상을 의미한다.

승호의 경우를 예로 들어 보자. 승호의 아버지가 매일 술을 많이 마시기 시작하기 전에, 그의 가족은 꽤 개방적인 체계였다. 가족이 함께하는 활동들이 많았으며, 또한 친구 및 친척들과도 같이 어울릴 때가 많았다. 승호의 친구들은 자주 승호 집에 놀러 왔으며 종종 저녁식사를 같이 하거나 가족들과 함께 놀러 가기도 했었다. 그러나 아버지가 술을 많이 마시게 되었을 때, 승호의 가족은 폐쇄적으로 되어 갔다. 어머니는 가족의 사회적 활동을 제한함으로써 아버지의 음주량을 줄이려고 했다. 친척들이 아버지의 음주에 더욱 비판적이 되었을 때 승호의 가족은 그 문제에 직면하는 것을 피하기 위해 사회 활동을 멈췄다. 아버지가 술을 마시면 쉽게 감정을 자제할 수 없게 되었기 때문에, 승호는 친구들을 집에 데려와 노는 것을 그만두었다. 가족은 더욱 고립되어 갔고, 아버지가 이혼하고 떠나게 되었을 때 가족체계는 폐쇄적인 채로 남아 있게 되었다.

조직 역시 개방체계이거나 폐쇄체계다. 일부 조직들은 새 구성원들을 환영하고 새로운 이익을 만날 수 있도록 그들의 활동을 쉽게 확장시킨다. 반면에 어떤 조직들은 극단적으로 폐쇄적이고 새 아이디어나 새 구성원들을 격려하지 않는다. 지역사회나 다른 사회적 구조들도 또한 개방적이거나 폐쇄적으로 보일 수 있다. 예를 들면, 승호의 학교는 다소 폐쇄적인 체계다. 왜냐하면 친구를 만들고 학교에 적응하는 것이 그에게는 다소 어렵기 때문이다.

(4) 엔트로피와 넥엔트로피

체계가 폐쇄적일수록 다른 체계들로부터 긍정적인 에너지를 유인하기 어렵다. 시간이 지날수록, 폐쇄체계는 자신만의 에너지를 사용하고 엔트로피를 발전시키는 경향이 있다. 엔트로피(entrophy)는 체계의 구성요소들 간의 상호작용이 감소함에 따라 자신을 유지하기 위해 자신의 에너지를 소모하게 됨으로써 유용한 에너지가 감소하고 비조직화되어 가는 상태를 말한다. 체계가 폐쇄적이면 시간이 지나가면서 모든 요소가 비슷해지기 시작하고 결과적으로 조직과 효과적인 기능의 상실이 초래되는 엔트로피 속성이 나타난다. 넥엔트로피(negentrophy)는 엔트로피의 반대 현상으로 체계 내의 질서, 형태, 분화가 있는 상태를 말한다. 일종의 안정 상태로서 체계 외부로부터 에너지를 유입함으로써 에너지를 보존하고 축적해 가는 과정을 통해 체계 내부의 유용하지 않은 에너지가 감소되는 것이다. 넥엔트로피가 증가하면 체계 내에 질서와 법칙이 유지되고 다양한 자원과 정보의 필요성이 높아진다(이효선 · Garz, 2006;

309-310).

　폐쇄체계인 승호의 가족은 다른 체계로부터 긍정적인 에너지를 유인하기 어렵기 때문에 시간이 지날수록 자신만의 에너지를 사용하고 엔트로피를 발전시키게 될 것이다. 엔트로피는 기능하는 능력을 잃어버리고 결국 정체되어 소멸(죽음)되는 경향이 있다. 따라서 승호의 가족이 점점 고립되어 갈수록, 환경으로부터 가져오는 에너지는 더욱 적어지고, 가족구성원들을 위한 가족체계 내부의 에너지도 줄어들게 되며, 가족으로 기능할 수 있는 능력도 약해지게 된다. 그러면 가족체계는 점점 더 기면 상태가 되고, 결국 변하거나 죽게 될 것이다. 즉, 가족이 분열되거나 다른 가족체계의 구성원이 되어 버릴 것이다. 예를 들면, 승호의 어머니가 아동을 극단적으로 학대하게 되거나, 승호가 폭력 서클에 들어가 범죄 활동에 가담하게 되면, 여동생은 위탁가정이나 시설에서 양육되고 승호는 소년원에 들어가게 될 것이다.

(5) 투입, 전환, 산출, 환류

　투입(input)은 체계가 환경으로부터 에너지, 정보 등을 받아들이는 것을 말하며, 전환(conversion)은 투입을 산출로 변환시키기 위해 체계가 가지고 있는 구조적 배열을 말한다. 그리고 산출(output)은 체계 내에서 과정을 거쳐 변형되어 방출되는 것을 말한다. 예를 들면, 종합사회복지관에서 시·도로부터 운영보조금을 받는 것은 투입이고 복지관에서 보조금을 가지고 독거노인목욕봉사사업을 계획하며 행정적인 준비 등을 하는 것이 전환과정이며 이 사업을 실행하는 것이 산출이다. 또 다른 예를 살펴보면, 결혼이민자가족을 부부상담 프로그램에 참여시키는 것이 투입이고 프로그램에 참여하며 상호작용하는 것이 전환이고 참여한 결혼이민자 부부의 의사소통 방법의 변화가 산출이다.

　환류(feedback)는 체계가 수행했던 정보를 다시 그 체계가 받는 것으로 투입의 특수한 형태라고 할 수 있으며, 정적 환류와 부적 환류가 있다.

　정적 환류(positive feedback)는 현재의 상황이 지속되도록 하는 것이고 부적 환류(negative feedback)는 지금까지의 행동을 중단하도록 하는 환류다(엄명용 외, 2005a: 327-330). 다시 말하면 부적 환류는 체계가 목표를 성취하기 어려운 방식으로 행동하고 있다는 정보를 주어서 목표와 조화를 이루도록 행동을 수정하게 한다. 반면에 정적 환류는 체계가 목표와 관련하여 적절하게 행동하고 있으며 그런 행동을 계속하기를 바라는 의미를 전달하는 것이다. 예를 들어, 가정에서 일어나는 일탈행동이나 위기상황에 적용해 보면, 정적 환류는 최초의 일탈이나 위기상황을 증폭시키는 작용을 하고 부적 환류는 일탈이나 위기상황이 더 이상 진전되는 것을 멈추고 원래의 상태로 되돌아가게 하는 작용을 한다.

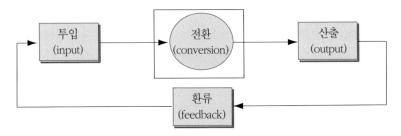

[그림 15-6] 체계의 에너지 전환과정

(6) 항상성

환경과 지속적으로 상호작용하면서 역동적 균형을 이루는 상태인 항상성 (homeostasis)은 체계가 비교적 지속적이고 안정적인 균형을 유지하는 것으로, 체계가 위협받았을 때 이를 회복하려는 경향을 말한다. 항상성은 체계의 구조를 유지한 상태에서 체계의 일관성을 유지하기 위해 일정한 범위 내에서만 변화를 모색한다. 그래서 일시적으로 체계의 균형을 깨뜨리는 사건이 일어나면 체계는 무질서한 그 상황을 벗어나 이전 패턴을 되찾으려고 하거나 새로운 균형 상태를 빠르게 구축하게 된다(Miley et al., 2004: 57-58).

예를 들면, 어떤 한 사회복지기관에 후원자로부터의 자금지원이 축소되었다고 하자. 이때 기관이 취하는 첫 번째 행동은 새로운 자금을 확보함으로써 현상유지를 하고자 시도하는 것이다. 이것이 가능하지 않다면, 기관은 내부적으로 직원의 수를 줄이고, 남아 있는 직원들에게 업무량을 재분배함으로써 생존하려고 할 것이다. 다른 방법으로는 기관이 지역사회에 제공하는 서비스를 감소시킴으로써, 남아 있는 직원들에게 너무 많은 부담을 주지 않으면서 새로운 균형을 맞출 수도 있을 것이다. 기관이 균형 상태를 회복하기 위해 하는 것이 무엇이든, 한 가지는 명확하다. 자금, 직원 또는 프로그램에 있어서의 변화가 체계의 내부 기능뿐만 아니라 클라이언트를 대상으로 일하는 능력까지도 변화시킨다는 것이다.

(7) 안정 상태와 평형 상태

안정 상태(steady state)는 체계가 고정되어 있는 것이 아니라 지속적으로 움직이고 있는 상태를 말한다. 다시 말해 환경과의 교류뿐만 아니라 환경에 적응하기 위해 체계의 구조를 변화시키는 상태로 개방체계에 존재한다(최옥채 외, 2011: 156). 건강한 체계는 대변혁이 아니라 부동성(stability)과 성장을 동시에 성취하기 위해 왔다 갔다 하는 것처럼 보인다. 항상성이 체계의 일관성을 유지하기 위해 일정한 범위 내에서만 변화하려고 하는 것에 비해 안정 상태는 체계 자체를 변화시키려는 노력을 통해 외부자극을 받아들인다(엄신자, 2008: 438).

한편 평형(균형) 상태(equilibrium)는 체계가 고정된 구조를 가지고 외부와의 교류나 체계의 구조 변화가 거의 없는 고정된 상태를 말한다. 이것은 외부환경으로부터 새로운 에너지 투입 없이 현상을 유지하려는 것으로 거의 교류를 하지 않고 주로 폐쇄체계에서 나타난다(엄신자, 2008: 437). 예를 들면, 시소와 같이 일정한 범위 내에서 움직이지만 구조적인 변화는 가져오지 않는다.

(8) 호혜성

호혜성(reciprocity)은 한 체계의 모든 부분이 다른 부분과 서로 연관되어 있어서 한 부분에 있어서의 변화가 다른 부분의 변화를 야기하게 된다는 개념이다(Miley et al., 2004: 60). 예를 들면, 어느 한 사회복지관의 자금지원이 축소된다고 가정해 보자. 이 경우에 있어, 자금지원의 축소라는 환경의 변화는 전체기관체계를 통하여 여러 가지 변화를 가져오며, 그 결과 중 하나가 클라이언트에게 제공되는 서비스의 축소가 될 것이다. 다른 한 예는, 배우자의 사망으로 인해 고립된 여성을 위한 개입이다. 이 여성을 비롯해 배우자가 사망한 사람들을 모아 사회복지사는 애도지지집단이라는 자조집단을 만들 수 있다. 이 집단에서 모인 강점과 지지로 인해 집단 구성원들은 서로 우울한 감정을 떨쳐 내도록 돕고 수용 및 희망의 감정을 가지도록 바꾸면서 그들의 환경을 고통을 받는 환경에서 서로를 돌보는 환경으로 바꾸어 나갈 수 있다. 이렇게 강화된 집단 구성원들은 다른 상황에서도 긍정적인 변화를 계속할 수 있다.

이러한 호혜성의 원리를 통해 어떤 문제나 현상에 대해 한 가지 원인에 따라 결과가 분명한 단선적 인과성(linear casuality)이 아닌 관련된 부분요소들 간의 쌍방적 교류과정에서 원인과 결과를 해석하려는 순환인과성(circular casuality)을 적용할 수 있다(최옥채 외, 2007: 165).

(9) 동등종결성과 다중종결성

호혜성에 따르면 체계의 어떤 한 지점에서 개입을 하면 그 개입은 전체 체계의 변화를 가져올 수 있다. 따라서 체계 단위별로 또는 동일한 체계일 지라도 변화를 초래할 수 있는 사회복지사의 개입방법은 다양할 수 있다. 이와 관련된 개념이 동등종결성과 다중종결성이다.

이 두 가지 개념은 주변의 체계들과 상호작용하는 체계들이기 때문에 나타나는 특성이다. 동등종결성(equifinality)이란 각 체계들의 초기상황이 서로 다르지만 그 체계들이 개방되어 있어 주변의 체계들과 목적지향적 교류를 하면 종국에는 동일한 상태를 이끌어 낼 수 있다는 것이다. 다시 말하면 체계들이 개방되어 있을 경우 서로 다른 조건일지라도 동일한 결과에 도달할 수 있다는 의미다. 반면에 다중종결성(multifinality)이란 유사한 조건일지라도 다른 체계와의 상호작용 양상과 특성에 따라 상이한 결과가 초래될 수 있다는 것이다(엄명용 외, 2005a: 174-175).

동등종결성의 예를 들면, 약물중독 청소년에 경우 약물중독이라는 결과는 같지만 집안불화, 학대경험, 성적저하, 학교부적응 등 약물을 하게 된 원인이나 배경은 다양할 것이다. 다중종결성의 예로는, 자활사업에 참여한 대상자를 들 수 있다. 같은 자활사업에 참여한 사람들 중에서도 어떤 사람은 자신의 의지와 가족의 도움, 적절한 사업 아이템 발굴 등으로 자활에 성공할 수 있지만 다른 사람의 경우는 건강의 문제, 가족의 불화 등으로 자활에 실패할 수도 있다. 따라서 사회복지사는 유사한 문제를 지닌 대상에 대한 개입에 있어서 다양한 방법을 고려해야 하며 이러한 방법들이 다양한 결과를 가져올 수 있다는 점을 기억해야만 한다.

3) 환경의 단계

브론펜브레너(Bronfenbrenner, 1979)와 가바리노(Garbarino, 1992)는 위기와 기회를 환경의 모든 단계(level)에서 발견할 수 있다고 주장하였다. 개인을 둘러싼 환경은 크게 네 가지 수준의 체계들, 즉 미시체계, 중간체계, 외체계, 거시체계로 나뉘며 각 체계들 간에는 위계를 지닌다. 이와 같은 환경체계에 대한 개념과 특징을 살펴보면 다음과 같다(Ambrosino et al., 2005).

(1) 미시체계

미시체계(micro system)는 개개인이 매일의 일상생활에서 접하는 환경인 개인, 모든 사람들, 집단을 포함한다. 이 수준에서 초점은 직접적인 환경 내에서 이루어지는 개인의 기능, 지적인 능력과 감정적 능력, 동기, 일상생활의 영향력 등을 다른 이들 간의 상호작용과 연계하여 통합하는 것이다.

또한 이 수준에서는 관계가 긍정적인지 부정적인지의 여부, 개인을 위한 메시지와 관심이 개인과 집단 간에 지속적으로 이루어지는지의 여부, 개인이 가치 있고 존중되는지의 여부에 초점을 둔다. 승호의 미시체계는 생물학적 외모, 지능, 문화, 성별뿐만 아니라 어머니, 여동생, 아버지, 선생님, 친구들과의 상호작용이나 관계 등과 같은 개인적인 특성들을 포함한다. 사회복지사뿐만 아니라 어머니, 오랜 친구들은 승호를 위한 기회를 제공해 줄 수 있다. 반면에 그의 새 친구들은 또래지지를 통해 기회를 제공할 수도 있고 흡연이나 결석 등의 일탈행동을 부추길 수도 있다.

(2) 중간체계

중간체계(meso system)는 상호작용(interaction)이 일어나고 있는 두 개 이상의 미시체계로 구성된다. 아동을 중심으로 보면, 부모와 교사와의 관계, 형제 관계, 교사와 또래친구들과의 관계 등을 말하며 중간체계는 개인이 새로운 환경으로 이동할 때마다 형성되거나 확대된다.

예를 들면, 승호는 가족과 학교의 일부분이기 때문에 그는 두 가지 미시체계 간의 연결성을 만든다. 하나의 미시체계 내에서의 상호작용은 다른 미시체계들의 상호작용에 영향을 준다. 학교와 가족 및 승호의 친구들이 승호에게 보낸 상반된 메시지는 승호에게 큰 영향을 주고 이것은 환경적인 위기처럼 보일 수 있다. 어머니와 학교 선생님이 결석과 흡연에 대해 걱정하고 충고했을지라도, 그의 새 친구들이 이러한 행동에 긍정적이고 지속하도록 격려할 수 있다. 어쨌든 사회복지사와 함께 어머니가 이 일에 관여하는 것은 승호에게 있어 중간체계에서의 기회가 될 수 있다.

(3) 외체계

외체계(exo system)는 개인이 직접 참여하고 있지는 않으나 개인의 발달에 영향을 주는 사건들이 일어나는 두 가지 이상의 환경을 말한다. 이것은 지역사회 수준의 요인들을 포함하며, 이러한 요인들은 직접적으로 개인과 관련된 것이 아니라 개인이 기능하는 방식에 영향을 준다. 이것은 부모 직장의 정책(예를 들면 아이가 아파도 직장 휴가를 낼 수 없는 정책은 아이에게 영향을 준다.), 학교위원회와 지역사회의 정책, 지역사회 태도와 가치, 이웃과 지역사회에 존재하는 경제적·사회적 요인과 같은 것들을 포함한다.

승호 가족의 경우, 외체계의 위기적 요인들은 어머니와 같이 기술이 부족한 사람들을 위한 안정된 일자리의 부족, 어린 여동생을 위한 어린이집의 이용 불가능, 이혼한 다문화·한부모가족에 대한 지역사회의 편견 등을 포함한다. 한편 10대의 청소년 자녀가 있는 가족을 위한 상담센터는 승호에게 외체계의 기회를 제공해 준다.

(4) 거시체계

거시체계(macro system)는 말 그대로 큰 체계로서 문제의 원인이 되거나 삶에 여러 가지 기회를 제공하는 제반조건에 영향을 주는 문화, 사회, 정치, 역사, 경제, 환경 등을 말한다. 개인의 삶에 직접적인 영향을 주지는 않지만 거시체계는 신념, 태도, 전통을 통해 인간에게 영향을 주며 다른 체계보다는 더

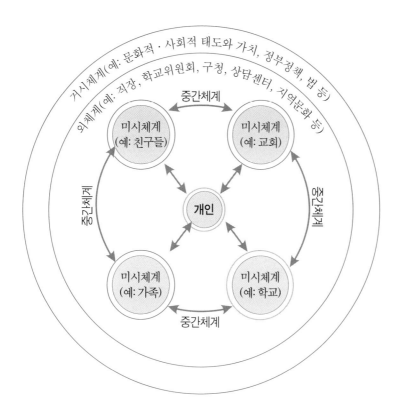

[그림 15-7] 생태체계 관점에서 환경의 수준

안정적이고 강력한 영향력을 행사한다.

이 수준은 사회의 문화적 태도와 가치들(예: 여성, 다문화가족, 가난한 사람, 폭력에 대한 태도), 사회적 문제를 제기하고 촉진시키는 미디어의 역할(예: 미디어는 폭력과 10대 임신을 촉진하기도 한다.), 개인에게 영향을 주는 정부의 입법과 사회적 정책들과 같은 사회적 요인들을 포함한다. 한부모와 잠재적 학업중단에 대한 정부 프로그램의 부족, 이혼과 한부모에 대한 사회적 편견, 다문화가족에 대한 차별, 청소년 폭력 서클과 폭력에 대한 미디어의 신비화는 모두 승호의 현재 생활상황에 영향을 주고 있으며, 이것은 환경적인 위험으로 보인다. 그러나 이러한 위험들에도 불구하고, 국가 차원의 다문화가족 지원 정책의 확대, 10대 폭력 예방 캠페인 실시, 일하는 여성에 대한 보육서비스 지원 강화 등은 승호에게 기회들로서 존재한다.

이렇게 사회환경을 미시체계부터 거시체계의 수준으로 나누어 살펴보면 체계들 간의 상호작용을 잘 볼 수 있는 장점이 있다. 또한 각각의 체계 수준에서 개인의 욕구와 사회적 문제들이 제기되는 것을 살펴봄으로써 각 수준에서 중심으로 잡아야 하는 개입목표를 설정하는 데 도움을 준다.

예를 들면, 미시체계 수준에서는 승호에게 개별상담 및 가족상담을 제공할 수 있고, 친구들과의 새로운 관계를 만들 수 있는 네트워크를 개발하도록 돕는 것이 개입목표가 될 수 있다. 중간체계 수준에서는 승호를 둘러싼 사람들, 즉 어머니, 선생님, 친구들이 승호에게 주는 메시지를 좀 더 일치시키는 것이 목표가 될 수 있다. 외체계 수준에서 목표는 가족문제를 가지고 있는 10대 청소년들을 지원하는 지역사회 프로그램을 만들고, 일하는 부모의 자녀양육을 돕기 위해 저비용으로 어린이집을 이용할 수 있도록 지방자치단체의 조례를 제정하는 것이 될 수 있다. 마지막으로 거시체계 수준에서는 10대 청소년의 폭력, 알코올중독, 근로빈곤층에 대한 정확한 지식과 도움을 주기 위해 일반 대중을 교육시키고 홍보하도록 정부의 미디어 프로그램 개발과 입법 활동을 위한 로비를 할 수도 있다.

3. 사회복지실천에의 적용: 사례분석

생태체계 관점은 사회복지실천에 있어 문제를 사정하는 데 유용성을 발휘
하였다. 다시 말하면, 이전에 개인의 정보에만 의지하던 것에서 벗어나 개인
을 둘러싼 다양한 환경들로부터 정보를 얻어 낼 수 있었다. 또한 이러한 다양
한 정보를 기반으로 하여 개입을 위한 계획과 전략을 각 체계별로 적용할 수
있게 해 주었다.

생태체계 관점을 적용해서 앞서 제시했던 승호의 사례에 개입한 예를 각 단
계별로 제시해 보면 다음과 같다.

(1) 초기단계

계약 또는 초기 접촉단계 동안 학교사회복지사인 김 선생님은 생태체계 관
점을 가지고 관련된 기초지식들을 모두 활용했다. 다시 말해 승호와 그의 어
머니와 초기 관계를 발전시키는 동안, 15세 소년을 비롯한 초기 청소년기의
소년들이 갖는 발달단계상의 욕구, 한부모가정 여성들이 갖고 있는 특별한 욕
구, 베트남 출신 다문화가정의 문화 등에 대한 기초지식들을 사용했다. 김 선
생님은 승호와 어머니의 현실을 알아 가고 그들의 삶을 실감함에 따라 그들의
감정에 공감해 갔다. 지속적으로 승호와 만나 이야기하고 알아 가면서 승호는
김 선생님에게 자신에 대해 이야기하기 시작했고 그 과정에서 승호는 자신이
가진 욕구를 털어놓았다. 김 선생님은 승호가 가지고 있는 강점들을 발견했고
승호 스스로 자신이 많은 것을 가지고 있다는 것을 인식하고 그것을 이끌어
낼 수 있다는 것을 깨닫도록 도왔다.

(2) 계약단계

승호가 김 선생님과의 계약 단계에 접어들기 시작했을 때 김 선생님은 승호
에게 도움을 줄 수 있는 그의 환경 내의 모든 사람들, 즉 어머니, 학교 선생님,

친구들, 그 밖의 다른 사람들로부터 승호에 대한 정보를 얻었다. 이때 김 선생님은 승호와 함께 어머니, 학교 선생님, 친구들의 특성뿐만 아니라 승호와 사람들 간의 상호작용도 살펴보았다. 특히 그 사람들이 가지고 있는 욕구와 강점에 초점을 두고 살펴보았다. 거기에서 승호와 어머니가 변화를 위한 동기화가 되어 있었고 승호의 담임선생님이 그를 돕는 데 헌신적이라는 것을 깨달았다.

김 선생님은 알코올중독이 문제가 되고 있는 가족의 역동성, 장기간 동안 부모가 아동을 제대로 양육하지 않는 경우 아동이 받게 되는 영향, 청소년이 외로움과 소외감을 느낄 때 폭력 서클과 또래 간의 상호관계, 교회가 승호 가족을 바라보는 시각, 승호 어머니의 직업 및 가족에 대한 지역사회의 태도 등에 대해서 김 선생님이 가지고 있는 지식과 승호 가족에 대해 얻은 지식을 통합하였다.

김 선생님은 승호의 상황에 대해 더 많은 것을 알게 되었을 때, 승호와 함께 승호의 욕구충족을 돕기 위해 활용할 수 있는 가능한 자원들을 탐색하기 시작했다. 김 선생님은 그들이 함께 모은 정보에 기반하여 욕구를 분명하게 하고 주요 목표들을 세우기 위하여 승호와 어머니와 함께 모임을 가졌고, 주요 목표들 중 세 가지에 동의하였다. 그것들은 집에서 승호의 책임을 경감하기, 승호의 감정(아버지가 떠난 것에 대한 승호의 상실감, 자신이 남겨진 것에 대한 화) 다루기, 승호의 긍정적인 또래 지지집단을 만들기이다. 그들은 비록 초기 담임선생님의 의뢰가 학교 행동 등에 관련된 것이었을지라도, 이러한 근본적 욕구들이 좀 더 심각하고 이것들이 해결되면 승호의 학교행동은 대부분 증진될 것이라는 데 동의했다.

이러한 세 가지 목적들을 규정한 후에, 승호와 김 선생님은 상담을 시작했고 때때로 어머니와 함께 상담을 하였다. 그들은 이러한 목표들을 성취할 수 있도록 도움이 될 수 있는 가능한 잠재적 자원들을 목록화하면서 모든 가능한 선택사항들을 고려했다. 이 중에서 아버지로부터의 더 많은 재정적 도움을 받는 것, 어머니가 직장을 그만두고 국민기초생활보장의 생계급여 대상이 되는 것을 비롯한 일부의 방법들은 비현실적인 이유들 때문에 제외되었다. 결국,

그들은 승호의 욕구 해결 가능성을 최우선으로 하여 계약을 발전시켰다.

(3) 발달단계

발달단계 동안 김 선생님은 사회복지전담공무원과 상의하여 승호의 가족이 한부모가족지원법에 따른 복지급여를 받을 수 있도록 했다. 한부모가족지원 대상이 됨으로써 승호의 여동생은 어린이집에 우선 입소할 자격을 얻게 되어 낮 시간 동안 지역의 구립어린이집에서 보호를 받게 되었다. 또한 어머니를 여성인력개발센터에 의뢰해 필요한 직업훈련 프로그램에 참여할 수 있게 하였다. 필요한 경우에는 건강가정지원센터에서 실시하는 아이돌보미 지원 사업을 통해 승호의 여동생을 돌보게 함으로써 승호가 동생을 돌보는 부담을 줄이도록 했다. 김 선생님의 도움으로 승호와 어머니는 승호가 집에서 해야 할 가사일들에 대해 협상을 했고 그 결과 매일 방과 후 승호는 친구들과 두 시간을 같이 지낼 수 있게 되었다. 친구들과 시간을 보낼 때는 시간과 장소를 어머니에게 알려야 하며 폭력 서클 친구들과는 어울리지 않는 등의 규칙들을 정했다. 만일 승호가 규칙들을 따르고 가사일을 다 하면 예전 동네에 있는 친구들과 주말에 시간을 보낼 수 있다는 내용도 어머니와 합의했다. 또한 승호는 지역 복지관의 이혼가정 학생들을 위한 지지집단에 참여하기로 하였다. 지지집단 중에는 같은 학교 학생들도 있었기 때문에 김 선생님은 지지집단의 참여가 이혼에 대한 그의 감정들을 다루는 데 도움을 줄 뿐만 아니라 학교에서 그를 지지하는 또래들의 새로운 집단을 발전시킬 수 있을 것이라고 생각했다.

승호와 어머니는 지역 복지관에서 가족상담도 시작했다. 가끔은 여동생도 가족상담에 같이 참여했다. 복지관의 사회복지사와 김 선생님은 정기적으로 복지관에서 승호의 발전에 대해서 논의했다. 또한 김 선생님은 승호의 가족에 대한 비밀들을 유지하면서 승호의 담임 선생님과 승호의 일을 논의했고 그들은 승호가 정서적으로 자신의 새 학교를 잘 받아들일 수 있도록 돕고 다른 친구들에 대해 알 수 있는 기회를 그에게 주는 데 합의했다.

3개월 후, 승호의 선생님은 그가 학교에 잘 오고 있으며, 학급 토론에 참여하고, 숙제를 제출하고 더 이상 문제행동을 보이지 않고 있다고 보고했다. 그의 학교 성적도 또한 현저하게 상승했다. 승호는 자신이 좀 더 임파워되었다고 느끼기 시작했고, 폭력 서클의 친구들을 멀리하기 시작했으며, 친한 관계를 형성하게 된 반 친구들이 생기기 시작했다. 이러한 친구들 중 1명은 지지집단의 아이였다. 비록 8주 후 이 집단은 종결되었지만, 김 선생님은 승호가 잘하고 있는지를 확인하기 위하여 여전히 승호를 2주마다 만났다. 집단이 유지되는 동안 승호는 이혼과 아버지에 대한 감정을 이야기하면서 집단에서 매우 많은 시간을 보냈다. 그동안 그는 아버지를 2번 방문했고 방학 동안 아버지와 함께 보낼 것을 기대하고 있었다. 어머니는 어린이집의 부모모임을 통해서 다른 한부모들을 만났고 새 친구들과 지지체계를 형성하였다. 어머니는 컴퓨터 프로그래밍 과정에도 새로 등록했고 이것을 통해 자신의 기술이 향상될 것이라고 기대하고 있다.

한 체계에서 긍정적인 변화가 일어남에 따라, 그들은 다른 체계에서 역시 긍정적인 영향을 얻게 되었다. 예를 들면, 어머니가 한부모가족 지원 대상자가 됨에 따라 어린이집에 여동생을 맡기고 아동돌보미 지원 사업도 받게 되었다는 사실은 그녀의 스트레스를 낮추었고, 그녀가 승호와 보다 긍정적으로 상호작용할 수 있도록 도왔다. 한편, 학교 선생님들과 대화를 통해 그들이 새 학교에 적응하지 못했던 승호의 욕구를 이해하도록 도운 김 선생님으로 인해 학교 선생님들은 승호를 좀 더 긍정적으로 바라볼 수 있게 되었다. 이것은 다시 승호가 받고 있었던 압력의 일부를 줄였고, 자존심을 증가시켰으며, 새 친구를 구하고 좀 더 긍정적인 학교적응방법들을 찾는 데 필요한 신뢰를 그에게 주었다. 승호는 학교 리더십 프로그램에 참여하기 시작했고 새로 전학 온 친구들을 위한 프로그램을 개발하는 데 자원해서 도움을 주었다.

김 선생님은 승호를 비롯한 이혼한 가정의 학생들이 많아지고 있다는 것을 느꼈다. 지금 김 선생님의 책상 위에는 유사한 상황에 있는 12명 이상의 학생들에 대한 의뢰서가 놓여 있다. 김 선생님은 각각의 개별 사례별로 학생들을 다루는 것보다는 환경의 다양한 수준에 있는 추가적인 자원을 개발하는 것이 필요하고 그것이 결국 좀 더 생산적으로 자신의 시간을 사용하는 것이라고 생각했다. 김 선생님은 지역사회복지관 관장, 다문화가족지원센터장, 동의 자치 위원, 사회복지전담공무원, 학교 선생님, 교육위원을 비롯한 지역의 관련 있는 여러 사람들을 만나 이 문제에 대해서 상의했고 '10대 청소년을 지원하는 지역모임'을 만들었다. 이 모임에서는 승호를 포함한 10대 청소년 대표자들과 만나서 10대와 그들의 부모를 돕는 포괄적인 프로그램에 대한 계획을 세우기 시작했다. 그 계획에 따라서 복지관의 사회복지사들이 매주 학교에 와서 이혼한 가정의 청소년은 물론 도움이 필요한 청소년들을 위한 추가적인 지지 집단을 구성하여 이끌게 되었다. 그리고 성인 지지를 필요로 하는 청소년들을 위해서 1대1로 성인 멘토들과 연결해 주는 지역 프로그램을 만들게 되었다. 더불어 이 모임은 방과 후, 저녁, 주말 여가 프로그램을 사회복지관 및 건강가정지원센터에서 실시할 수 있도록 요청했다. 또한 이 모임에서는 청소년을 위한 서비스와 한부모가족에 대한 추가적인 지원이 필요하다고 보고 이를 옹호하는 구의 조례를 만들기 위하여 이에 찬성하는 구의원 및 시민단체들과 함께 일할 것을 결심했다.

요약

- 생태체계 관점은 인간과 환경의 상호작용을 설명하며 환경과 인간을 하나의 총체로 간주한다. 생태체계 관점을 통해 인간과 인간을 둘러싸고 있는 물리적 · 사회적 환경 간의 교환을 개념화했고 유용한 방법들을 설명할 수 있게 되었다.
- 체계란 독특한 방식으로 또는 구별되는 방식으로 상호작용하면서 지속적으로 또는 일정 시간 동안 존재하는 구성요소들을 포함하는 조직화된 전체다. 체계

는 체계의 한 부분이 변화하면 그 변화한 부분은 다른 부분들과 상호작용함으로써 다른 부분들도 변화시킨다는 특성을 지닌다.

• 체계와 환경은 상호작용하며 서로 영향을 주는 역동적인 관계로서, 환경에 의해 체계의 변화가 오기도 하지만 체계가 외부환경의 변화를 가져오기도 한다.

• 개인이 갖는 문제는 병리적 상태로서의 반영이 아니라 주위 사람, 사물, 장소, 조직 등을 포함하는 생태체계의 여러 요인들 간의 상호작용의 결과로 생기는 생활상의 문제로 정의된다. 따라서 치료 단위도 개인뿐만 아니라 개인이 관계를 맺고 있는 모든 체계를 포함한다.

• 생태체계 관점은 개인, 집단, 지역사회에 대한 접근을 포함하는 통합적이며 총제적인 접근을 하기 때문에 개입 시 어떤 하나의 특정한 개입방법만을 강조하지는 않는다. 이와 같이 개인과 환경에 대한 개입에 있어 다양한 기술과 기법을 사용하기 때문에 생태체계 관점은 사회복지가 통합적 접근을 하는 데 매우 유용하다.

생각해 볼 문제

• 물리적·사회적 환경으로서 당신이 수업을 받고 있는 강의실에 대해서 생각해 보시오. 본인의 어떤 내면적인 요인이 당신의 행동에 영향을 미치고 있는가? 본인의 행동은 어떻게 다른 사람들에게 영향을 미치는가? 다른 사람들의 행동은 어떻게 본인에게 영향을 미치는가?

• 본인이 구성원으로서 속해 있는 체계, 예를 들면, 가족, 학교, 동호회, 지역사회 등을 확인하고 목록화해 보시오. 이러한 체계는 어떻게 상호연관되어 있는가? 당신 스스로를 가운데 두고 당신의 사회적 체계망을 그림으로 나타내 보시오.

• 가족을 예를 들어 체계를 생각해 보시오. 환경과 관련하여 비교적 개방된 체계를 가졌는가? 아니면 폐쇄된 체계를 가졌는가? 어떠한 이유로 그렇게 생각하는가?

• 두 명씩 짝을 지어 서로 유사한 방식, 차이 나는 방식들에 관해 논의해 보고 세 가지 유사성의 목록과 세 가지 차이점의 목록을 만들어 보시오. 개인적 특성, 양육환경 등과 같은 요인들이 이러한 유사성과 차이점에 어떻게 영향을 줄 수 있는지 이야기해

보시오.

• 어제 하루를 돌아보면서, 자신이 환경과 상호작용하면서 어떻게 항상성을 유지하려
  고 노력하였는지 사건들과 연결시켜 이야기해 보시오.

제16장 사회환경체계

인간과 인간을 둘러싼 환경은 서로 상호작용을 한다. 즉, 인간은 환경으로부터 영향을 받으며 환경 또한 인간의 행동에 의해 영향을 받는다. 그러므로 사회복지사가 다양한 문제와 상황에 처해 있는 클라이언트를 돕기 위해서는 인간의 발달과 행동에 영향을 주는 사회환경체계들에 대한 충분한 이해를 가지고 있어야 한다. 이 장에서는 제15장에서 살펴본 생태체계 관점을 바탕으로 주요한 사회환경체계인 가족, 집단, 조직, 지역사회, 문화에 대해서 주요 개념과 체계로서의 특징, 인간행동과의 관련성, 사회복지실천에의 적용을 중심으로 살펴보고자 한다.

1. 가족

가족은 개인의 행동과 발달에 많은 영향을 끼치며 개인과 사회를 연결시키는 가교 역할을 해 왔다. 사회복지실천 시 가족을 하나의 체계로 보게 되면 가족구성원들의 상호작용은 물론 가족을 둘러싼 환경과의 상호작용까지 관찰하여 개입에 적용할 수 있어서 유용하다. 따라서 생태체계 관점으로 가족에 접근할 때에는 개별 가족구성원들의 특징은 물론 가족 전체의 특징과 가족 간의 상호작용, 외부환경과 같은 더 큰 사회체계와의 관계와 상호작용에 관심을 두어야 한다.

이 장에서는 가족의 개념과 특성, 가족의 구조와 역할, 가족과 인간행동 그리고 사회복지실천의 관계에 대해서 간략하게 살펴보고자 한다.

1) 가족의 개념

(1) 개념

전통적으로 가족은 혈통으로 연결된 사람들이 함께 살고 있는 집단이라고 규정되어 왔으나 현대사회는 가족의 유형과 기능, 형태가 다양해지고 있다. 예컨대, 최근에는 아이들의 유학으로 인해 기러기아빠라는 말이 생기고, 맞벌이 부부의 증가로 주말부부나 자녀 없이 사는 부부도 늘어나고 있다. 또한 동거하는 남녀들도 많아지고 동성애가족도 출현하면서 가족의 개념이 변하고 있다.

가족에 대한 학자들의 일반적인 정의를 살펴보면 다음과 같다. 기존 정의들은 혈연과 혼인, 자녀양육이라는 측면에서 전개되는데, 바커(Barker, 1994)는 혈연, 결혼, 입양 등으로 관련된 둘 이상의 사람들로 구성되어 있으며, 동일한 가구에서 함께 거주하는 사람들의 집단으로 규정하고 있다. 머독(Murdock, 1949)도 성관계가 허용되는 성인 남녀, 그리고 그들이 출산하거나 입양한 자녀로 구성되어 있으며, 같이 살면서 경제적인 협력을 하는 사회집단으로 규정한다.

미국사회복지사협회(NASW, 1987)는 가족을 그들 스스로 가족이라고 생각하고 건강한 가족생활에 필수적인 의무, 기능, 책임을 수행하는 두 명 이상의 사람들로서 정의하고 있으며, 국제연합(UN)의 '가족에 관한 일반적 정의'

(1994)는 형태와 다양성에 상관없이 가족은 여전히 사회의 기본적인 단위이며 사회화의 주도적인 역할뿐만 아니라, 배우자 간의 파트너십은 물론, 세대 간, 가족 내 구성원 간의 결속을 도모하는 주요한 역할을 수행하고, 부모는 기본적으로 민주주의사회의 기본가치에 따라 아동을 양육하는 주체라고 강조한다.

이와 같은 정의들을 살펴보면 이제 가족의 정의는 기존의 혈연관계라는 획일적인 기준에서 벗어나 가족의 다양성을 인정하고 다양한 형태의 가족을 모두 포함하는 의미로 변화하고 있음을 알 수 있다. 따라서 가족형성의 기본요건이 결혼, 혈연, 입양 등에 의해야 하는 것인지, 2인 이상이어야 하는 것인지에 대한 논의가 최근에 많이 이루어지고 있다. 어쨌든 급속하게 진전된 사회변동으로 가족의 존속 여부에 대한 논의가 있음에도 불구하고, 현대사회에서 가족은 가족구성원 간의 정서적인 유대를 기반으로 한 사회의 기초제도로서 질서유지의 기능과 문화전달 매체로서의 기능이 강조되고 있으며, 아울러 건전한 소비주체로서의 가족 역할이 여전히 강조되고 있다.

(2) 기능

가족의 기능은 가족의 성장, 연속, 생존유지에 필요한 활동으로 가족구성원을 상호작용적 역동관계에 있게 하며 가족구성원 간에 일어나는 교류의 양과 내용으로 이루어진다(권복순, 2000: 8). 가족의 기능에 대해서 학자들의 의견은 다양하지만 대체적으로 애정과 보호의 기능, 자녀출산과 양육의 기능, 사회화기능, 경제적 협조기능 등으로 이야기할 수 있으며 이를 살펴보면 다음과 같다.

첫째, 가족은 가족구성원들에게 애정과 보호를 주는 근원이 되어 왔다. 이러한 기능은 사회가 복잡해질수록 그 중요성이 커지고 있다. 왜냐하면 많은 사람들이 외부에서는 역할로서 인식되기 때문에 친밀감을 공유하고 애정을 나누는 일이 쉽지 않기 때문이다. 한편, 전통적으로 보호가 필요한 아동, 노인 등 노약자의 보호를 가족이 담당해 왔으나 핵가족화 등으로 가족의 보호기능이 약화되면서 이러한 기능을 사회가 담당하게 되는데 이것을 '부양의 사회화'라고 한다.

둘째, 출산과 양육의 기능은 전통적으로 가족의 고유기능으로 인식되어 왔다(성정현 외, 2004; 김동배, 권중돈, 2005). 이는 자녀를 출산하고 양육하여 사회가 유지될 수 있도록 하는 것으로 아동이 성인으로 성장하기 위해서는 오랜 시간의 양육이 필요한데 이를 가족이 담당해 온 것이다. 그러나 이러한 기능 역시 사회의 변화에 따라 보육기관과 교육기관으로 이관되어 가족이 담당하는 부분은 축소되고 있는 실정이다.

셋째, 가족은 1차적 사회교육의 장이며 가족 속에서 사회적 역할을 할당받고 학습하게 된다. 예컨대, 결혼을 통해서 남편과 아내 또는 며느리, 사위의 새로운 역할이 부여되고 출산을 통해서 아버지와 어머니의 새로운 역할이 부여된다. 이렇게 개인은 습득된 가족 내에서의 다양한 역할을 수행함으로써 가족뿐만 아니라 가족이 속한 사회의 문화 및 정체성을 형성하게 된다.

넷째, 전통적으로 가족은 공동생산과 분배, 소비를 담당하는 경제적 협조의 기능을 수행해 왔다. 그러므로 가족은 재산을 공동으로 소유하고 있으며 중요한 생산의 단위이자 소비의 단위인 것이다. 그러나 사회에서 가족 내에서의 역할 수행은 생산의 기능으로 잘 인정되고 있지 않아 가족의 소비기능이 중시되고 있다. 만약 가족 중 1~2명의 구성원에게 생산기능이 집중되고 있으면, 이들의 실직, 사업실패, 사고, 장애나 만성질환 등이 발생할 경우 가족해체의 위험성이 높아진다(김동배, 권중돈, 2005: 83).

2) 가족의 유형

가족의 유형은 동거하는 가족구성원들의 관계를 중심으로 논의하는 것이 일반적이다(김동배, 권중돈, 2005: 82). 그러나 현대사회의 많은 변화로 인해 전통사회에서는 볼 수 없었던 다양한 유형의 가족들이 등장하고 있다. 전통적으로 일컫는 가족의 유형과 변화된 가족의 유형을 살펴보면 다음과 같다.

(1) 전통적인 가족의 유형

전통적으로 가족유형을 구분할 때 자녀를 중심으로 혈연 간의 동거 여부에 관심을 둔다. 그래서 이렇게 유형을 구분하면 부부와 미혼자녀가 동거하는 핵가족, 자녀가 결혼한 후에도 부모와 동거하는 확대가족으로 구분할 수 있다. 확대가족은 다시 부부와 기혼의 장남과 장손이 함께 동거하는 직계가족, 부부와 기혼의 딸 또는 손자녀가 동거하는 방계가족, 부부와 기혼 아들과 기혼 딸이 동거하는 복합가족으로 구분할 수 있다.

우리나라의 2010년 인구주택총조사의 통계자료를 살펴보면 1세대 가구는 2005년 16.2%에서 2010년 17.5%로 1.3% 늘어난 반면, 주된 유형인 2세대 가구는 55.4%에서 51.3%로 4.1% 감소하는 등 가구분화가 계속 진행되고 있다 (통계청, 2011).

(2) 노인가족

노인이 포함된 가족인 노인가족은 크게 노인 혼자 사는 독거노인가족, 노부부만 생활하는 유형 그리고 손자녀를 양육하는 조손가족의 유형으로 나눌 수 있다. 또한 최근에는 본인도 부양받아야 하는 상황인 노인들이 자녀들의 이혼, 사망, 가출 및 실종 등의 이유로 인하여 손자녀들을 돌봐야 하는 조손가족의 유형이 늘고 있다. 조손가족은 1995년에는 35,194가구였으나 2000년 45,225가구, 2005년에는 58,101가구로 점점 늘어 가고 있는 추세다(보건복지가족부, 2008). 이러한 조손가족은 경제적인 문제와 더불어 손자녀의 발달에 따른 욕구를 조부모가 충족시키기 힘들다는 문제, 부모의 부재로 인한 자녀들의 심리적인 문제 등도 더해지면서 복합적인 문제를 가질 수 있다.

(3) 한부모가족

한부모가족은 배우자의 사망, 이혼 등으로 배우자 중 한 명이 부재한 경우, 또는 법적으로 부모의 역할을 다하지 못하는 경우를 말한다(이효선, Garz, 2006: 321).

현황을 살펴보면 한부모가구의 수는 〈표 16-1〉과 같이 1995년 960,000 가구, 2000년 1,124,000 가구 2013년에는 1,714,000 가구로 점차 증가하고 있으며 그중 모자가구의 비율은 줄어들고 있는 반면에 부자가구의 비율이 늘어나고 있다.

한부모가족의 경우에 부재한 다른 한쪽 부모의 역할을 한 명이 모두 감당해야 한다는 역할 부담으로 인한 심리적 문제, 자녀양육에 따른 경제적인 문제, 향후 결혼이나 재혼 등의 의사결정으로 인한 어려움이 발생할 수 있다(임은희, 2005; 이효선, Garz, 2006).

표 16-1 한부모가구 현황(전체가구 대비 한부모가구 비율임)

(단위: 1,000가구, %)

연도	총가구 수	한부모가구		
		계	모자가구	부자가구
1995	12,958	960(7.4)	788(82.)	172(18)
2000	14,312	1,124(7.9)	904(80)	220(20)
2005	15,887	1,370(8.6)	1,083(79)	287(21)
2010	17,339	1,594(9.2)	1,247(78)	347(22)
2011	17,687	1,639(9.3)	1,278(78)	361(22)
2012	17,951	1,677(9.3)	1,304(77.8)	373(22.2)
2013	18,206	1,714(9.4)	1,329(77.5)	385(22.5)

출처: 2014년 한부모가족지원사업 안내.

(4) 재혼가족

재혼은 결혼한 경험이 있는 배우자가 다시 결혼을 하는 것을 의미한다. 이때 재혼 시 자녀가 없는 사람들이 결혼을 하는 경우는 구조적으로 일반적인 핵가족과 다르지 않기 때문에(임은희, 2005: 314), 재혼가족이라고 하면 재혼 시 배우자 또는 자신에게 자녀가 있고 그 자녀와 같이 사는 가족의 유형을 의미한다. 이 때문에 재혼가족은 가족구조 중 가장 복잡한 형태를 나타낸다.

재혼가족의 경우 한 사람에게 애정을 갖고 있으면서 또 다른 사람에게도 애정을 가질 때 겪게 되는 심리적 갈등인 충성심 갈등 및 가족의 시간, 금전, 애정, 에너지 등의 자원배분이 요구되는 자원분배의 갈등 등을 겪게 되며, 계부모에 대한 부정적 인식과 의붓자녀에 대해 불쌍히 여기는 편견 등으로 인한 문제를 갖는다. 그리고 무엇보다도 원가족과 재혼가족 간의 경계의 모호성과 역할 혼란으로 인해 자녀뿐만 아니라 가족 전체가 스트레스를 경험하기도 한다. 따라서 자녀가 현재 양육부모뿐만 아니라 비양육 친부모와 계속 접촉하면서 성장할 수 있는 경계 설정을 해야 한다(성정현 외, 2004).

(5) 기타가족

기타가족은 무자녀가족, 동거가족, 독신가족, 동성애가족 등이 있다. 생활양식의 다양화에 대한 요구가 강한 만큼 다양하고 새로운 가족의 유형이 계속 증가할 것으로 보인다.

무자녀가족은 결혼한 부부가 자녀 없이 지내는 가족을 말한다. 과거에는 불임이나 사고로 인한 경우가 많았지만 최근에는 피임법의 보급과 더불어 자발적으로 자녀가 없는 것을 선택하는 가족이 늘고 있다. 특히 복지국가 발전에서 남성 고용률이 정점을 이미 지났음을 고려하면, 사회의 주요 대상인 여성의 노동시장 참여는 필수적이다. 그럼에도 불구하고 정책적으로 돌봄 노동이 사회화되지 못한 상황은 여성의 출산 포기를 가져올 수밖에 없고 이는 무자녀가족의 증가로 이어질 것이다.

동거가족은 혼인신고를 하지 않은 상태로 같이 사는 형태의 가족이다. 한국사회에서는 보편적으로 인정되지 않는 상태이나 법적으로 보호를 받을 수 있는 근거가 마련되어 있는 나라들도 있다.

독신가족은 결혼에 대한 가치관의 변화로 인해 결혼을 하지 않고 자신의 자유로운 생활을 유지하고자 하는 욕구의 증가로 나타나는 가족유형이다(이효선, Garz, 2006).

동성애가족 역시 우리나라에서는 인정되거나 보편화되어 있지 않은 가족유형으로, 동성애자들이 그들의 자녀(혈연 또는 입양)와 함께 가족을 이루며 사는 경우를 말한다. 이러한 가족에 대해서는 자녀들의 성정체성의 문제, 동성애자를 배타적으로 대하는 사회 분위기로 인해 가족 전체가 고립되면서 자녀들이 경험하는 소외의 문제 등이 있을 수 있다.

3) 체계로서의 특징

(1) 개방형 가족과 폐쇄형 가족

사티어(Satir, 1988)는 환경과 상호작용하는 가족체계를 개방체계의 가족과 폐쇄체계의 가족으로 유형화하였다. 개방체계는 체계 내 여러 요소들과 환경 간의 상호작용이 활발하게 이루어지고 이를 통해 변화를 지향하는 경우가 많다. 폐쇄체계는 상호작용이 잘 이루어지지 않아 에너지의 혼란 상태에 이르게 되는 것을 의미한다(성정현 외, 2004).

개방체계의 가족은 가족구성원 간에 상호작용이 원만하고 서로의 성장을 가져다주며 가족 응집력이 높다. 이러한 가족은 그 영역이 지역사회의 공간으로 확대되는 동시에 외부문화도 가족공간으로 유입된다. 또한 다른 식구들에게 악영향을 주지 않고 규범을 위반하지 않는 범위 내에서 외부와의 왕래를 통제할 수 있다. 예컨대, 손님이 많은 집, 친구의 활발한 방문, 외부활동 참여, 대중매체에 대한 최소한의 검열, 정보교환의 자유로움 등의 특징을 보인다.

폐쇄체계의 가족은 의사소통이 부족하거나 외부의 환경과 상호교류가 부족하다. 따라서 이웃과 지역사회 같은 상위의 체계들과는 분리된 가족공간을 만들게 되며 외부와의 상호작용과 사람, 물건, 정보, 생각의 출입을 엄격히 제한한다. 이것은 대인관계에서의 소외, 사회적 관계망의 결여 등의 문제를 일으킬 수 있다. 이러한 가족은 자녀들의 친구관계 및 여행 감시와 같이 자녀들의 활동에 대하여 부모의 통제가 매우 강하며, 전화번호를 이웃에 알려 주지 않고, 집을 공개하지 않거나 가족행사 등을 비밀로 하는 모습을 보인다.

(2) 가족의 하위체계

하나의 체계로서 가족은 환경은 물론 가족 내의 하위체계들과 활발하게 상호작용을 한다. 따라서 가족복지실천을 위해서는 가족구성원, 가족 그리고 환경의 상호작용과 가족에게 영향을 주는 환경에 대해 파악하고 이해하는 것이 필요하다.

가족체계의 주요한 하위체계로는 부부 하위체계, 부모 하위체계, 형제 하위체계, 부모-자녀 하위체계 등이 있으며, 최상의 가족기능을 위해서는 체계 간의 경계선이 명확하게 규정되어야 한다. 하지만 경계는 가족의 가치체계와 양식을 반영하면서 역사적 · 전통적인 특성을 반영하기 때문에 경계 자체의 속성만으로 가족이 기능적이 되거나 역기능적이 되는 것은 아니다. 가족의 충성심이나 친밀성, 가족의 전통에 따라 경계는 달라질 수 있다(성정현 외, 2004). 그리고 하위체계들은 모든 가족마다 동일하기보다는 관련된 가족규범에 따라 상대적으로 정해진다고 할 수 있다. 그런 의미에서 문화적인 맥락도 하위체계를 규정하는 요소가 된다. 가족의 각 구성원들은 여러 개의 하위체계에 동시에 속해 있으면서 같은 하위체계들에 공통적으로 속하는 다른 구성원들과도 개별적인 관계를 맺고 있다.

부부 하위체계(spouse subsystem)는 가족의 가장 기본적인 하위체계로서 결혼유지의 기능을 담당하는데, 각 배우자는 상대방이 효과적으로 기능하는 데 도움이 될 수 있는 행동유형을 발전시켜야 한다. 그러나 각자가 자신의 개별성을 유지하고 독립적으로 행동할 수 있는 능력도 동시에 필요하다. 즉, 내부적으로 부부 사이에도 어느 정도 경계가 확립되어야 하고, 외부적으로는 경계를 적절하게 설정하여 각 배우자의 출생가족과 적절히 독립하고 분화될 수 있어야 한다. 이때 원가족으로부터 일일이 간섭받거나 전적으로 의존적이어서는 안 된다.

부모 하위체계(parental subsystem)는 아이가 출생하면서 형성되는데 이는 자녀들이 부부 하위체계로 들어오기 시작하는 것을 보여 준다. 자녀들이 성장하고 개별성의 욕구가 증가하면서 부모의 역할은 힘들어진다. 이때 부모는 아이들의 자율성을 지원하면서도 필요한 통제를 행사하는 역할(통제와 허용)을 잘 수행해야 한다.

형제 하위체계(sibling subsystem)에서 아이들은 자신들끼리 상호작용을 통해 협의와 타협 그리고 상호보완하는 대인관계를 배우게 된다. 부모는 이들의 경계를 인정해 줄 필요가 있으며 가족 외부와의 상호작용도 도와주어야 한다.

부모-자녀 하위체계(parent-child subsystem)는 부모와 자녀가 하나의 기능적 단위로서 상호작용하는 이색적인 하위체계로서 어머니와 자녀 또는 아버지와 자녀가 하나의 단위로 상호작용하는 경우다. 이 체계는 다른 세대가 체계의 구성원이 된다는 점에서 가족의 다른 하위체계와 다른 모습을 보인다. 이 체계에서 경계가 너무 경직되어 다른 구성원의 개입을 허용하지 않거나 너무 허술하여 역할 혼란이 발생된다면 병리적이 될 가능성이 높다.

(3) 가족생활주기

가족은 하나의 생태체계로서 변화하고 적응하는 모습을 보이는데 이를 이해하기 위해 가족생활주기에 대해 알아야 한다. 가족생활주기(famuly life cycle)란 이러한 가족 내의 발달과정을 시기에 따라 설명하기 위해 사용되는 일반적인 용어다. 가족생활주기는 결혼을 중심으로 결혼 전과 결혼한 이후의 확장단계까지 진행되는 과정, 그리고 다시 자녀를 독립시키고 축소되는 과정으로 진행된다. 각 주기마다 특징이 있고 과업이 있기에 생활주기가 전환될 때마다 가족은 변화에 적응하기 위해 문제를 일으킬 수도 있다. 가족생활주기는 특정 단계에서 일어날 수 있는 문제들을 확인해 주기 때문에 가족기능을 평가하고 개입을 계획하기 위한 효과적인 틀을 제공해 준다(성정현 외, 2004: 203).

가족생활주기의 단계는 학자들마다 나누는 기준이 다양한데, 일반적으로는 카터와 맥골드릭(Carter & McGoldrick, 1980)의 가족생활주기를 많이 따른다. 이들은 가족생활주기를 여섯 단계로 구분했는데 1단계는 결혼전기로서 본인의 출생에서부터 결혼 전까지의 시기다. 이 시기에는 원가족으로부터 분화하기 시작하고 일과 재정적 측면에서 독립적이 되는 것이 중요하다. 2단계는 결혼하여 첫 자녀 출생 전까지의 결혼적응기로 부부체계가 형성되고 배우자가 포함되도록 확대가족의 관계 재정비가 요구된다. 3단계는 자녀아동기로 자녀들의 평균연령이 아동기에 속하는 시기다. 이때는 자녀양육과 가사 등에 부부가 공동으로 참여하는 것이 요구되며 부모와 조부모의 역할이 포함되도록 관계를 재정비해야 한다. 4단계는 자녀청소년기로 자녀가 청소년에 돌입하면서부터 아직 결혼하지 않은 시기까지다. 이 시기에는 청소년 자녀가 가족체계에서 출입이 자유롭도록 부모와 자녀 사이의 관계 변화가 필요하며 한편으로는 노인세대를 돌보기 위한 준비가 시작되는 시기다. 5단계는 자녀독립기로 자녀들이 결혼해서 독립해 나가는 시기이며 다시 가족체계가 부부중심의 부부체계로 정비된다. 6단계는 노년기로 신체적 쇠퇴에 직면하게 되고 배우자 및 친구들의 죽음에 대처하면서 자신의 삶을 통합하게 된다.

4) 가족과 인간행동

가장 기본적인 사회단위로서 가족은 개인이 성인으로 성장하는 데 필요한 기본적인 수단을 제공하며 개인의 성격형성과 행동에 많은 영향을 준다. 가족체계는 가족구성원의 사회화와 사회통제를 이행하는 과정에서 개인의 성격형성과 발달에 어떤 다른 사회적 환경보다 강한 영향을 미친다(김동배, 권중돈, 2005: 86). 이 장에서는 가족의 영향을 부모의 양육태도, 가족 내의 역할, 의사소통으로 나누어 살펴보도록 하겠다.

부모의 양육태도는 가정의 분위기, 가정의 사회적 수준, 부모나 자녀의 개인적 요소 등 여러 환경적 요인 등이 복합적으로 작용하여 구성된다(권재환, 이은희, 2006). 이러한 양육태도는 부모-자녀 간의 정서적 유대관계 차원과 자녀에 대한 부모의 감독 차원으로 분류되는데(Jang & Smith, 1997) 특히 청소년기에 상당한 영향을 미치는 것으로 나타나고 있다.

부모-자녀 간의 정서적 유대는 부모와 자녀 간에 긍정적이고 애정적인 감정의 상호교류를 의미하는데, 정서적 유대감이 약한 청소년일수록 심리적인 문제를 많이 가지고 있다. 부모와 자녀 간의 정서적 유대를 통해 자녀들은 건강한 정서적·심리적 발달을 위해 요구되는 자기수용(self-acceptance)이나 자기효율성(self-efficacy)을 향상시킬 수 있게 된다(Stice et al., 1993). 부모의 감독은 부모가 자녀의 행동에 대한 명확한 규칙을 세우고 자녀가 규칙에 순응하는지 감독하며, 문제행동을 일으킬 경우 이에 대해 일관성 있는 훈육을 적용하는 등의 가족관리 기술을 이용하여 자녀의 행동에 주의를 기울이고 문제가 되는 자녀의 행동을 수정하는 것을 말한다(Bahr et al., 1998; 김용석, 방명숙, 2000: 89에서 재인용). 강압적인 부모의 밑에서 자라는 경우 학대가 발생할 환경이 쉽게 조성되고, 자녀들이 누적된 불만요소들로 인해 학교에서 공격적 행동을 나타낼 가능성이 많으나(손병덕 외, 2008: 278), 엄격하고 애정적인 부모의 양육태도가 자녀의 문제행동을 감소시키기 때문에(하영희, 2003; 권재환, 이은희, 2006) 자녀에 대한 적절한 부모의 감독이 필요하다.

일반적으로 가족은 자녀를 양육하는 중요한 기능을 담당하며, 이 기능을 수행하기 위해 기본적인 욕구를 충족시키고 가족구성원을 돌보며 자녀를 사회화시키고 지도력을 발휘하며, 의사결정을 하고 가계를 유지하는 책임을 진다. 이 책임을 다하기 위해 가족구성원들은 역할을 공유하거나 분담하여 이에 대한 역할기대를 갖는다. 역할은 어느 한 사람이 수행할 수 있는 행동에 대한 일련의 기대로서 중요한 환경적 체계에 의해 규정되고 승인된다(성정현 외, 2004). 개인은 가족 내부에서 각각의 역할을 맡고 있는데 역할에 대한 기대나 수행이 적합하지 않을 때 스트레스를 경험하게 된다. 특히 자녀들의 경우 성인이 된 후에도 모호한 역할 인식이 영향을 미칠 수 있다. 예를 들면, 일반적으로 부모에게 자녀를 양육하고 보호하는 역할이 기대되는 경향이 있는데 어떤 가정의 경우는 부모가 경제적으로는 양육을 하지만 정서적으로는 반대로 자녀들이 부모를 보호하는 역할을 하기도 한다.

의사소통은 건강한 부부관계를 유지하고 부부의 대처능력 및 적응능력을 향상시키는 중요한 변인이며(이선미, 전귀연, 2001; 권복순, 차보현, 2006), 동시에 원만한 부모-자녀 관계를 위한 요소 중의 하나다. 억압받지 않고 자유롭게 감정을 표현하는 등 개방적 의사소통을 하는 부부는 그렇지 않은 부부보다 결혼만족도가 높으며, 부모-자녀 간의 개방적인 의사소통은 청소년의 문제행동에도 영향을 준다.

5) 사회복지실천에의 적용

가족체계 내에서 모든 구성원은 서로 영향을 미치고 있으며, 동시에 구성원 각자와 전체로서의 가족은 다른 환경체계의 영향을 받는다. 따라서 가족구성원, 가족, 더 큰 사회체계의 욕구와 상호작용을 고려하여 사회복지실천이 이루어져야 한다. 이러한 사회복지실천은 가족을 직접적인 대상으로 하는 미시적인 접근과 제도 및 정책을 대상으로 하는 거시적인 접근으로 나누어 볼 수 있다.

미시적인 접근방법은 특별한 욕구를 가진 가족구성원들의 부부문제, 자녀문제, 폭력 등 가족구조와 가족기능, 생활주기 등에서 기인하는 문제를 다루며 이를 통해 가족의 변화와 성장을 모색한다(김동배, 권중돈, 2005). 이러한 방법은 흔히 가족복지서비스라고 불리며, 가족상담, 가족치료, 가족보존 및 지원 서비스, 가족옹호 등이 있다. 가족상담은 부부간의 문제, 부모와 자녀 간의 관계문제와 관련하여 단기 또는 장기로 진행되며 개인 또는 가족 전체를 대상으로 전문가가 개입하여 실시한다. 가족치료는 전체 가족의 역기능적인 상호작용에 의해 문제가 발생한다고 보고 가족이 가지고 있는 장애요소를 완화시켜 부적응을 줄이고자 한다. 가족보존 및 지원 서비스는 일부 손상되어 지원이 필요한 가족의 기능을 보충해 주는 방법으로 가족복지기관들은 다양한 가족의 욕구충족과 가족보존을 위하여 여러 가지 가족보존과 가정기반 서비스를 개발하고 있다. 주간보호, 입양, 형제자매결연(big brother-big sister), 공동생활가정(group home), 재가복지서비스, 가정위탁보호, 미혼모 프로그램 등이 이에 해당한다. 가족옹호는 빈곤, 불의, 기회의 불평등으로 인해 심각한 영향을 받고 있는 가족에 대해 이들의 권리를 대신해 주장하고 자신들의 권리를 회복시키고자 하는 방법이다.

거시적인 접근방법은 가족에게 영향을 미치는 환경에 대한 접근으로서 관련된 환경을 개선하고자 하는 것으로 가족복지정책이 중심이 되어 법과 제도의 변화를 모색하는 것이 중심이 된다. 이러한 접근은 크게 경제적인 부분의 소득보장정책으로 국민연금, 산업재해보상보험, 고용보험, 노인장기요양보험 등의 사회보험 및 공공 부조인 국민기초생활보장제도, 조세정책 등에 대한 접근이 있으며, 국민건강보험, 의료급여 등의 의료보장정책, 가족수당, 아동수당, 가정폭력방지정책, 양육 및 부양정책, 주거보장정책, 저출산·고령화정책, 기타 인구정책, 가정생활문화 관련 정책, 교육정책 등에 대한 접근이 있다.

요약

- 가족체계로서의 가족구성원 각자는 다른 가족구성원들의 영향을 받는다. 또한 전체로서의 가족은 가족을 둘러싼 다른 환경체계의 영향을 받는다.
- 가족은 애정과 보호의 기능, 자녀의 출산과 양육, 사회화, 경제적 협조 등의 기능을 하며 현대사회의 변화로 인해 다양한 형태의 가족들이 등장하고 있다.
- 가족은 개인이 성인으로 성장하는 데 필요한 기본적인 수단을 제공하며, 개인의 성격형성과 행동에 많은 영향을 준다.
- 개방체계의 가족은 가족구성원 간의 응집력이 높으며 가족규범을 위반하지 않는 범위 내에서 외부와의 왕래를 통제할 수 있다. 반면에 폐쇄체계의 가족은 가족 간의 의사소통이 부족하고 외부환경과의 상호교류가 부족하다. 따라서 외부에서의 사람, 물건, 정보, 생각의 출입을 엄격히 제한한다.
- 가족에 대한 사회복지의 실천은 가족을 대상으로 하는 미시적인 접근과 가족을 둘러싼 환경, 즉 제도 및 정책을 대상으로 하는 거시적인 접근으로 나누어 볼 수 있다.

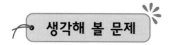

생각해 볼 문제

- 본인이 보았던 TV드라마, 영화, 또는 책 중에 등장한 가족들을 생각해 보시오. 그중 한 가족을 정해서 그 가족이 개방체계 또는 폐쇄체계를 가졌는지, 그리고 그 이유를 함께 이야기해 보시오.
- 지금 내 가족의 가족생활주기는 어디에 와 있으며, 문제점은 무엇인지, 그리고 필요한 사회복지적 접근은 무엇인지 생각해 보시오.
- 가족이 가지고 있는 애정, 자녀의 출산과 양육, 사회화, 경제적 협조기능이 앞으로 어떻게 변화할 것인지 전망해 보시오. 그리고 그렇게 변화할 경우 개인의 행동과 생활에는 어떤 변화가 있을지 이야기해 보시오.
- 현재 나의 가족을 분석해 보시오(예: 가족 안에서의 나의 역할, 가장 친밀한 가족구성원은? 가장 어려운 관계는? 가족 중 자신에게 가장 많은 영향을 준 사람은 누구인가?).
- 저출산 · 고령화 문제와 관련하여 꼭 필요하다고 생각하는 정책은 무엇인지 생각해 보시오.

2. 집단

사회환경과 상호작용하는 인간은 집단에 소속되고자 하는 욕구를 가지고 있으며 전생애 동안 많은 집단에 소속되며 살아가게 된다. 따라서 집단 내에서 경험하는 위치와 역할, 집단 구성원들과의 상호작용 등이 인간의 발달에 영향을 미친다. 이 장에서는 집단의 개념과 특성을 살펴보고 집단이 인간행동에 미치는 영향과 사회복지실천에서의 의미를 찾아보고자 한다.

1) 집단의 개념

집단의 개념에 대해서도 학자들마다 다양한 견해가 있다. 왜냐하면 집단이라는 용어는 다양한 집합체에 통용되기 때문이다. 사회체계로서 집단은 하위체계이며 부분인 인간으로 구성된 사회적 실체로 이해된다(손병덕 외, 2008: 303).

브라운(Brown, 1991: 3)은 어떤 목적을 성취하기 위해 상호작용하는 소규모 사람들의 대면적 모임을 집단이라고 하였으며, 존슨과 존슨(Johnson & Johnson, 1997: 12)은 대면접촉을 하는 둘 이상의 사람들이 상호작용하며 집단에 소속한 것을 알고 긍정적인 상호의존성을 인식하며 공동의 목적성취를 위해 노력하는 조직이라고 하였다. 김동배와 권중돈(2005: 213)은 '서로가 동일한 집단에 소속하고 있다는 집단의식이 있고 공동의 목적이나 관심사가 있으며 이들 목적을 성취함에 있어서 상호의존적이며, 의사소통, 인지 그리고 정서적 반응을 통해 상호작용하며, 단일한 행동을 할 수 있는 능력이 있는 2인 이상의 사회적 집합체'라고 정의했다. 한편 최옥채 등(2007: 301)은 '서로 관련되어 있는 사람들의 집합으로서 개인들의 단순한 집합이 아니라 그 안에 있는 사람들의 관계가 구형화되어 있는 조직된 체계'라고 규정하였다.

이상의 정의를 종합하여 보면 집단이란 '2명 이상으로 구성되어 서로 상호작용을 하는 대면적 집합체로서 구성원들이 서로 결속력이 있고 공동의 목적을 가지고 공동활동을 하는 사회체계'라고 정의할 수 있다.

2) 집단의 유형

집단을 분류하는 방법은 집단의 크기, 집단 구성 목적, 구성방법 등에 따라 다양하다.

집단 분류에 많이 사용되는 방법은 사람들 간의 관계 형성유형에 따른 '1차집단(primary group)과 2차집단(secondary group)'으로의 분류다(Cooley,

1909). 1차집단은 비공식적이고 개인적이며 스스로를 위해 자연발생적으로 이루어지는 관계로서 가족, 친구, 이웃 등이 이에 속한다. 1차집단은 인간의 성격이 형성되고 지지받는 수단을 제공한다. 2차집단은 공식적이며 계약적이고 어떤 목적을 이루기 위해 형성되는 집단으로 전문단체, 군대 등이 이에 속한다.

또 다른 분류방법은 집단 구성 동기에 따른 '자연집단(natural group)과 형성집단(formed group)'으로의 분류다(Pillari & Newsome, 1998: 89~90). 자연집단은 자연적으로 발생하는 사건이나 대인관계상의 매력 또는 상호 인지된 욕구에 기반을 둔 자연발생적인 집단이다. 이 집단은 가족, 동료, 친구 등으로 오랜 시간을 두고 형성되며 외부인에 의해 계획적으로 만들어지는 것이 아니다. 또한 자연집단은 쿨리(C. Cooley)의 1차집단으로서의 특징을 지닌다(김동배, 권중돈, 2005: 90). 반면에 형성집단은 외부의 영향이나 개입을 통해 모인 집단으로 전형적으로 특정 목적을 가지고 만들어진다. 치료집단, 각종 위원회, 동아리, 산악팀, 클럽 등이 이에 속하며 공통의 공식적 규범을 가지며 수행해야 할 일련의 과업을 가진다. 형성집단은 다시 교육, 구성원의 성장, 행동변화, 사회화에 대한 구성원들의 욕구충족을 추구하는 '치료집단(treatment group)'과 특정 과업을 완성하거나 명령을 수행하기 위한 목적을 지닌 '과업집단(task group)'으로 나눌 수 있다. 치료집단은 개방된 의사소통이 요구되며 개인의 치료목적에 대한 성취를 중요시하는 반면, 과업집단은 특정 과제에서만 의사소통을 하며 집단과업의 완성 여부와 집단결과물의 생산 여부에 초점을 둔다는 차이가 있다.

3) 체계로서의 특성

사회체계로서의 집단은 환경과 투입과 산출을 통한 상호작용을 한다. 투입은 집단으로 하여금 기능을 수행하게 하며 올바른 궤도에서 움직이게 하는 에너지이고, 산출은 체계나 집단이 그 환경에 보내는 산물, 정보, 혹은 서비스다. 집단은 위계, 상호작용, 자기규제와 통제, 균형, 동등종결성, 규범, 의사소통, 역동성과 관련된 특징을 가지고 있다(이화여자대학교 사회사업학과, 1993: 122-125).

(1) 위계와 상호작용

체계로서 집단은 전체로서 서로 통합된 부분이나 요소로 구성되어 있으며 서로 영향을 미친다. 그러므로 체계의 한 부분이 변하면 다른 부분도 변하게 된다. 집단에 있어서도 마찬가지이며 집단 구성원 중 한 구성원의 행동은 전체 집단에 영향을 준다. 또한 체계에는 하위체계가 존재하는데 이러한 하위체계들은 역할과 권력, 통제의 양에 따라서 등급이 정해지고 이러한 등급의 형태를 위계질서라고 한다. 이와 관련해서 집단에서의 역할은 집단의 적응과 통합적인 기능에 따라 순위가 정해지며, 이와 같은 순위에 대해 구성원들 간에 합의가 이루어지면 그 집단은 계층화되었다고 말할 수 있다.

집단 내에서 주로 이루어지는 상호작용의 유형으로는 배제, 복종, 타협, 동맹, 통합이 있다(최순남, 2001: 519-520). 배제는 서로 싸우며 필요에 따라 반대파 또는 개인을 집단 내에서 축출하려는 시도이며, 복종은 어떤 힘이나 압력 때문에 상대방이 원하는 방향으로 자신을 맡기는 것이다. 타협은 집단 내의 구성원들 또는 하위집단의 노력이나 힘이 비슷할 때 집단의 존속 혹은 집단행동을 위해 나타나며, 하위집단이나 구성원들이 독립성을 유지하면서 목적을 위해 협력할 때는 동맹이 이루어진다. 반면에 통합은 집단 내에서 구성원들이 경쟁, 배제 등의 관계를 넘어서 집단 전체의 목적을 위하여 노력할 때 나타나는 바람직한 관계를 의미한다.

(2) 통제

체계가 환류에 기초하여 환경에 적응하는 특성은 체계의 통제에 있어 중요하다. 집단도 구성원들의 행동을 제재하는데 이것을 사회통제라고 한다. 사회통제는 전체 집단에 의해서 여러 가지 수단을 통해 행사되는데 통제의 주요수단은 한 구성원에게 에너지를 주거나 혹은 주는 것을 보류하는 것이다.

집단에서 사회통제의 중요한 부분은 갈등과 이러한 갈등의 관리다. 조직화를 위해 집단은 한 부분을 다른 부분과 서로 조정해야만 하며 이 과정에서 일부 구성원들의 자유를 제한할 수도 있다. 더욱이 일부 구성원들을 다른 구성원들보다 더 수용하고 보상해야만 하는 경우도 있으며 이러한 불공평은 또 다른 갈등을 만들어 내기도 한다. 끊임없이 발생하는 변화의 방향과 성질은 갈등이 해결되는 방법에 의해 결정된다. 갈등에 대한 반응은 체계의 새로운 상태를 결정한다.

(3) 균형

균형이란 집단이 변화하지 않음을 의미하는 것이 아니라 체계로서의 집단이 외부환경으로부터의 투입에 적응함에 따라 지속적인 변화 상태에 있음을 의미한다. 기능적인 집단은 균형이 유지될 때에만 계속 존재할 수 있으며 투입을 계속해서 받아들인다. 투입이 없는 집단은 더 이상 집단으로서 기능을 발휘할 수 없다.

(4) 동등종결성

체계로서의 집단은 성취하고자 노력하는 목표나 목적을 지니는데 상이한 출발과 방법을 사용했음에도 불구하고 최종 상태나 목표가 같은 경우를 동등종결성이라고 한다. 집단 내에서 특정 구성원들이 자신들의 계획이나 전략이 가장 좋다고 확신할 때 다른 대안이나 방법에 반대하기 쉽다. 그러나 동등종결성을 고려하는 것이 다른 집단 구성원들의 합의와 응집력을 강화시키는 데 도움을 준다.

(5) 규범

규범이란 구성원들이 집단에서 적절한 행동방식으로 믿고 있는 신념이나 기대를 의미한다. 즉, 행동방식의 규칙을 말하며 이러한 규칙은 공식적이거나 비공식적일 수 있으며 명시적이거나 묵시적일 수 있다(이화여자대학교 사회사업학과, 1993: 274-275). 규범은 구성원들의 상호작용을 통해 발전하고 구성원들이 함께 인정하는 기대와 신념이기 때문에 한 구성원에 의한 과도한 권력의 남용을 막을 수 있고 집단 외부에서 부과되는 과도한 압력을 피할 수 있게 해준다. 또한 구성원들은 집단에서 규범에 따르도록 기대되고 있기 때문에 규범은 집단 내에서 구성원의 행동을 평가하는 준거틀을 제공한다(손병덕 외, 2008: 306). 예를 들면, 규범을 통해 집단 내에서 받아들여지는 행동과 받아들여지지 않는 행동이 명확해지기 때문에 행동에 대한 보상이나 벌을 받는 근거가 된다.

(6) 의사소통

베일스(Bales)는 집단의 목적 성취 등의 문제들을 다루기 위해 집단 구성원들이 서로 의견, 정보, 제안을 주고받는 것을 발견했다. 동시에 사회정서적인 문제들을 다루기 위해 집단 구성원들은 동의와 반대의견을 표현하고, 긴장을 표현하거나 해소하고, 또 공동체 의식 혹은 적개심을 보이고 있음을 발견하였다. 이와 같이 상대방에게 의미를 전달하기 위해 상징을 사용하는 과정을 의사소통이라고 한다(김동배, 권중돈, 2005: 397에서 재인용). 집단 구성원들은 의사소통을 통해 자신들의 문제 및 집단문제에 대해 의견을 표출하고 해결해 나갈 수 있는 체계를 마련한다.

(7) 역동성

집단의 역동성은 집단과정에서 나타나는 독특한 힘으로서 개별 구성원과 전체로서의 집단에 영향을 준다. 집단 역동성은 내적 역동성과 외적 역동성으로 구분할 수 있다(최순남, 2001: 521-541).

집단 구성원들의 상호작용의 결과로 나타나는 힘의 총화 또는 조화를 '내적 역동성'이라고 하는데 집단의 분위기, 의사소통, 집단의 참여 정도, 집단기준, 보상과 처벌 같은 사회통제, 동일시, 동질성과 이질성, 구성원의 역할, 인간관계 기술, 집단 크기 등이 영향을 준다.

'외적 역동성'은 지역사회의 가치관, 지역사회의 기대, 집단 간의 경쟁, 명예와 지위 같이 집단활동에 영향을 주는 힘들을 말한다. 이러한 외적 역동성은 특정 집단에 참여하는 구성원의 참여 동기, 목적, 수단, 진행되는 활동에 영향을 준다.

4) 집단과 인간행동

인간은 성장해 가는 동안 다양한 집단을 경험하며 집단은 인간의 성격형성과 발달에 다음과 같은 많은 영향을 준다(김동배, 권중돈, 2005: 91-92). 유아기에는 또래와의 연합놀이와 협동놀이를 통해 사회생활에 필요한 기초적인 도덕성이나 사회적 역할분담을 학습하며 의미 있는 지도력을 경험한다. 아동기에는 학급집단이나 또래집단의 구성원으로서 여러 가지 집단활동을 경험하는데 이를 통해 규범준수, 상호협력, 자기 욕구의 통제와 관련된 기술을 습득하며, 근면성과 열등감이라는 성격적 특성이 형성된다. 청소년기는 특히 긍정적인 또래관계 경험과 성인과의 긍정적인 관계경험을 통해 자신에 대한 관점을 발전시킴으로써 자아정체성 형성의 기반을 마련할 수 있다. 성인기 이후에 의미 있는 집단경험이 없으면 고독, 소외감, 우울증 등과 같은 다양한 정신장애를 보일 가능성이 높아진다.

또한 집단의 영향은 개인의 태도와 행위의 변화를 가져온다. 일반적으로 개인들이 개별적으로 변화되기보다는 집단의 변화를 통한 변화가 더 쉽다고 한다. 특히 집단 속의 개인이 집단변화를 위한 결정과정에 참여했을 때 변화를 더욱 잘 받아들인다(이화여자대학교 사회사업학과, 1993: 106). 그리고 집단 내에서 발생한 심리사회적 문제를 다루기 위해서 자신의 입장을 표현하고, 긴장과 갈등을 처리하며, 분노감과 같은 감정을 표현하고, 타인과 우호적인 정서적 교류를 경험함으로써 정서 상태의 변화가 초래된다(김동배, 권중돈, 2005: 92).

집단에 참여하는 개인은 타인과 상호작용하고 의사소통하는 집단과정을 거치면서 사회화가 이루어진다. 개개인이 사회화하는 유형은 다음의 세 가지가 있다(임은희, 2005: 330). 첫째는 자신이 추종하는 유형을 무조건 따르는 것이고, 둘째는 동일시하는 유형으로 집단을 자기정체성의 일부로 만들어 집단의 견해를 채택한다. 마지막은 내면화하는 유형인데 이 유형은 집단이 자신의 문제를 해결해 주기 때문에 집단의 견해를 채택한다.

5) 사회복지실천에의 적용

(1) 집단 활용의 역사

집단을 활용한 사회복지실천은 1890년대부터 시작되었는데 인보관운동, 성인교육, YMCA 등과 같은 기관 내에서 드러난다. 역사적으로 집단을 서비스의 단위로 재인식한 대부분의 기관들은 사회적 변화를 위해 노력한 기관들이다. 즉, 이 기관들은 빈민들의 사회적 조건을 변화시키고 서비스 제공을 통해 사람들의 민주사회적 및 도덕적 특성을 발달시킬 수 있도록 환경과 사회의 영향 있는 변인들을 확인하는 데 목표를 두었다(이화여자대학교 사회사업학과, 1993: 18). 빈곤지역에 위치한 인보관과 청소년기관에서 시민들의 교육, 사회화, 지역사회에 대한 적응을 도모하고, 상호지지의 관계를 형성하며, 사회변화를 위한 힘의 결집이 필요하였기에 주로 집단을 중심으로 한 사회복지실천이 전개되었고 이 때문에 집단사회복지실천이 발달되었다(김동배, 권중돈, 2005: 92). 미국에서 최초의 사회행동 전략들은 인보관의 집단사회복지사(group worker)들이 사용했고(Radian, 2000), 이러한 진보적인 성향으로 인해 1935년까지 집단사회복지실천(group work)은 미국사회사업협회에서 공식적인 실천 분야로 인정받지 못하였다(Shapiro, 1991).

(2) 집단의 발달단계와 사회복지사의 역할

집단의 발달단계는 학자들에 따라 다양하게 구분하고 있지만 대체로 전단계(계획단계)-초기단계-중기단계-종결단계의 네 가지 과정으로 나누어진다. 이에 따라 각 단계별 특징과 사회복지사의 역할을 알아보기로 하겠다(김성이 외, 2004: 197-200).

전단계는 집단 프로그램 시작 전에 준비하는 단계다. 그래서 예상되는 집단 구성원을 잠정적으로 선별하여 구성해 보고, 회합시간, 장소, 횟수, 기간, 규칙 등과 같은 집단의 구조를 계획하는 것이 중요하다. 이때 집단의 내용과 목적 및 구성원들의 개별 목표를 파악하고 개별 구성원들을 사전 접촉함으로써 개인의 욕구를 파악하는 것도 필요하다. 또한 집단에 영향을 줄 수 있는 기관의 정책을 이해하고 공동진행자나 보조진행자의 활용방안을 모색하는 것도 이 단계에 포함된다.

초기단계에서는 집단 구성원들이 낯선 사람들과 만나는 두려움, 불안감, 초조감이 나타남과 동시에 집단을 통해 자신의 문제를 해결할 수 있다는 기대를 갖게 되기도 한다. 이 단계에서는 주로 사회복지사에게 많은 것을 의존하게 되므로 사회복지사의 적극적인 개입이 필요하다. 사회복지사가 수행해야 할 과제는 집단활동에 대해서 오리엔테이션을 시켜 주는 것이며 이 과정에서 집단의 목적과 규칙이 공유되고 구성원 간의 공통점을 모색하게 된다. 이러한 활동들은 집단의 응집력을 형성하는 데 영향을 준다. 또한 사회복지사는 개개인의 목표와 집단의 목표를 잘 연계시켜 주어야 하며, 집단 구성원들이 가질 수 있는 불안감과 두려움을 감소시키기 위해 노력해야 한다.

중기단계는 집단이 분화하는 단계로 집단의 문화, 행동, 규범, 갈등들이 발생하고 집단 구성원들 간에도 지위, 위계질서가 생기며 리더가 나타나고 하위집단들이 구성된다. 이러한 하위집단은 집단의 성장을 촉진하기도 하지만 하위집단 간의 알력이 심해지면 집단이 와해될 수 있다. 이 단계에서는 집단 구성원들이 갖고 있는 개별 문제와 공통된 문제들이 해결되는 단계로 상호 간의 협력과 이해, 수용, 정서적 유대감을 바탕으로 집단의 응집력이 강해진다. 이때 사회복지사는 협력관계, 하위집단, 구성원 간의 갈등 등 집단의 현 상황을 파악할 뿐 아니라 집단의 개별 구성원들이 집단에서 차지하는 지위와 역할을 평가한다. 이 단계에서는 집단 구성원들의 참여가 활발하며, 집단 구성원들이 사회복지사를 실험하기도 한다.

마지막으로 종결단계에 관해 살펴보겠다. 종결단계를 결정짓는 것은 쉽지 않지만 집단에서 집단 구성원들이 긍정적인 경험을 공유하게 되면 종결이 가까워짐을 알 수 있다. 종결의 준거틀로는 집단에서 배운 새로운 대처기술이나 생각을 통해 집단 구성원들이 자신의 문제를 해결하고 목표를 성취하게 되며, 새로운 기술이나 생각을 외부집단에 시도해 보는 것 등이 있다. 이때 구성원들이 집단 외부 활동에 더 관심을 갖게 되면서 집단 참여가 줄어들기도 하고 종결이 싫어서 퇴행적인 모습을 보이기도 한다. 이 단계에서는 집단 및 사회복지사와의 이별을 준비하고 집단에서 성취한 과업들을 현실세계에서 유지 · 향상시킬 수 있는 방안들을 논의해야 한다. 사회복지사는 자신이 가지고 있는 집단에 대한 감정을 정리해야 하며 집단을 포함한 개별 구성원들의 목표 성취 정도를 파악하고 평가하며 개별 구성원들의 반응을 검토해야 한다.

요약

- 공동의 목적이나 관심사를 가지고 형성된 집단은 목적을 성취함에 있어 상호의존적으로 의사소통을 하며 단일한 행동을 한다.
- 집단은 매우 역동적인 사회체계로서 집단에 참여하는 사람들은 집단과정을 통해 지지받고 성장할 수 있다.
- 개인은 성장하는 동안 다양한 집단을 경험하며 집단은 개인의 성격 형성과 발달에 많은 영향을 준다. 집단의 영향으로 개인의 태도와 행동의 변화가 일어나며 집단에 참여하면서 타인과 상호작용하고 의사소통하는 집단과정을 통해 개인의 사회화가 이루어진다.
- 사회복지사는 집단의 상호작용, 위계, 통제, 균형, 동등종결성, 규범, 의사소통, 역동성과 같은 체계로서의 특성을 잘 이해해야 하며, 집단의 발달단계별 사회복지사의 역할을 잘 숙지하고 있어야 한다.

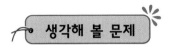

- 본인이 참여했던 집단 중에서 자신에게 긍정적인 성장을 가져왔던 집단과 부정적인 영향을 주었던 집단에 대해서 알아보고 그 이유를 설명해 보시오.
- 현재 참여하고 있는 집단에서 본인은 어떤 역할을 맡고 있는지 이야기해 보시오. 혹시 구성원의 기대에 못 미치는 경우는 없는지, 혹은 역할 갈등을 경험하고 있지는 않은지 이야기해 보시오.
- 크게 원을 그려 현재 자신이 속한 집단들을 원 속에서 나누어 보시오. 이때 자신에게 비중이 큰 순서에 따라 집단을 배열해 보고 그 이유를 말해 보시오.
- 집단의 역동적인 균형을 위해서 본인은 맡고 있는 역할은 무엇인지 생각해 보시오.
- 사회복지실천 시 어떤 경우에 집단을 활용하면 효과적일지 생각해 보시오.

3. 조직

사람은 태어나서 죽을 때까지 많은 조직에 소속되어 살아간다. 가정에서 태어나서 성장하면서 유치원과 학교를 다니게 되고 종교조직에 소속되며 성인이 되어서는 직업을 가지고 사회생활도 하게 된다. 그뿐만 아니라 그러한 가운데 동호회, 동창회, 동아리, 친목회 등 개인만의 독특한 각종 모임들에도 참여한다. 이런 여러 단위의 작고 큰 조직들을 통해 사람들은 인간관계를 형성하고, 그 조직의 구성원으로서 해야 할 책임, 의무, 규칙, 역할 등을 습득하게 되고 훈련받는다. 이 장에서는 일반적인 조직의 개념과 특징 등에 대해 살펴보고 이에 덧붙여 사회복지조직이 가지는 특성을 알아보고자 한다. 그리고 조직이 체계로서 갖는 특징, 인간행동에 미치는 영향, 사회복지실천에서의 의미를 살펴보고자 한다.

1) 조직의 개념

조직이란 하나의 사회체계로서 다른 사회체계들과 마찬가지로, 정의하기 쉽지 않다. 조직의 정의는 연구자의 연구나 관점에 따라 달라지기도 하고 집단과 구분하기도 쉽지 않지만 일반적으로 학자들이 이야기하는 정의는 다음과 같다.

파슨스(Parsons, 1960: 17)는 조직을 특정 목적을 추구하기 위해 의도적으로 구성된 사회 단위로 보았다. 이와 유사하게 에치오니(Etzioni, 1961: 12)는 조직을 특정한 목적을 추구하기 위한 사회적 단위 또는 집단이라고 정의하고 있다. 최창현(1995: 67)은 인간에게 중요한 영향을 미치는 거시체계 중 하나로 일정한 목표를 합리적으로 달성하기 위해 형성된 분업과 통합의 활동체계를 갖춘 사회적 단위의 협동체계라고 하였다. 김동배와 권중돈(2005: 94)은 특정한 목적 달성을 위해 의도적으로 구성된 사회 단위를 조직이라고 하면서 공식화된 분화와 통합의 구조, 과정 그리고 규범을 내포한 사회체계라고 하였다. 이와 같은 정의들을 통합하여 보면 조직이란 특정한 목적이나 임무를 성취하기 위해 의도적으로 구성되며 분업과 통합 등의 상호의존적인 활동을 하는 사회체계라고 할 수 있다.

조직과 비슷한 개념을 지닌 것으로는 기관(institute)과 집단이 있다. 사회복지에서는 특히 사회복지조직과 사회복지기관을 혼용해서 사용하기도 한다. 그러나 조직이 기관을 포함하고 있는 개념이며 기관은 조직의 일부분을 의미할 때 더 많이 사용된다. 집단과 조직은 특정한 목표, 고유한 문화, 구성원 간의 결속력, 책임의식, 의사소통 등의 특성을 지닌 사회체계라는 면에서 공통점을 지닌다. 하지만 조직이 집단에 비해서 전체로서의 조직의 목적을 더욱 중요시하며 구조적이며 공식적인 지위와 역할, 노동 배분, 위계적 구조 등과 같은 특성이 더욱 강하다는 점에서 차이가 있다(최옥채 외, 2007).

조직 중에서 사회복지조직은 클라이언트에게 사회복지서비스를 직접 제공하는 기능 혹은 사회복지서비스를 제공함으로써 개인적·사회적 문제를 완화시키고 해결하는 기능을 수행하는 인간서비스조직이라고 정의된다(Barker, 1994). 여기에는 사회복지기관 및 시설, 사회복지단체의 협의회, 사회복지서비스와 관련된 교육조직, 의료조직, 법률조직 등이 포함된다. 남기민(1989)은 사회복지조직은 사회복지서비스를 클라이언트에게 직접 제공하거나 계획함으로써 인간 또는 사회문제를 해결 내지 완화시키는 기능을 수행하며, 사회복지기관, 시설, 단체, 기타 사회복지서비스와 밀접히 관련된 특정 분야의 조직 등이 사회복지조직에 포함되는 것으로 간주하였다.

여러 다른 조직과 사회복지조직은, 첫째, 변화 또는 발전을 필요로 하는 속성을 지닌 클라이언트와 직접 접촉하면서 작업을 한다는 점, 둘째, 서비스를 제공받는 클라이언트의 복지를 보호하고 증진하도록 사회로부터 위임을 받았기 때문에 조직의 존재가 정당화된다는 점에서 명백하게 구별된다(Hasenfeld, 1983; 성규탁 역, 1985).

2) 조직의 유형

에치오니(Etzioni, 1961: 12-67)는 하급자에게 행사하는 여러 가지 권력(power)과 그 결과에 의해 하급자가 조직에 참여(involvement)하는 관계를 복종이라고 정의하고, 이를 중심으로 세 가지로 조직의 유형을 분류하였다. 이를 살펴보면 다음과 같다.

첫 번째는 강제적 조직(coercive organizations)으로 하급자의 활동을 통제하기 위해 무력이나 강압적 방법이 주 수단으로 사용되는 조직이다. 교도소, 정신병원 등이 이에 속하며, 무력이 통제의 주요 수단이기 때문에 소외와 굴종은 복역자와 정신질환자에게 일반화되어 있다. 두 번째는 공리적 조직(utilitarian organization)인데 봉급이나 보너스, 수당 등이 하급자의 활동 통제의 주 수단으로 사용된다. 대표적인 예는, 육체노동직이며 정신노동직의 상당수도 이 부류에 속하는데 예를 들면, 기업체, 기업체의 노동조합 등이 이에 속한다. 이러한 조직들은 타산적이고 실리추구적이다. 세 번째는 규범적 조직

(normative organization)으로 하급자의 활동을 통제하기 위해 도덕적이고 규범적인 수단이 사용된다. 대표적으로 종교단체, 병원, 학교, 대학, 전문가 단체 등이 이에 속한다. 이 중 종교단체가 가장 순수한 규범적 조직에 속하며 봉사는 신념과 사랑에 의해 이루어진다.

사회복지조직이 다른 조직과 구별되는 중요한 요소는 조직의 의도적인 결과 또는 산출물의 성격이다. 다시 말하면 사회복지조직은 개인 또는 서비스를 받는 수혜자 집단의 변화를 통해서 인간 또는 사회문제를 완화시킨다. 사회복지조직은 실제로 서비스를 특정한 대상에게 직접 전달하는 전달조직(delivery organization)과 특정 범위 내에서 서비스를 계획하고 관리하며, 자금을 조달·조정하는 기능을 하는 계획조직(planning organization)으로 구분된다(Miringoff, 1980: 4-6).

3) 체계로서의 특징

체계로서의 조직은 환경으로부터 에너지를 받아들여 전환과정을 거쳐 산출물을 외부로 내보내며, 이러한 과정은 환류되어 계속된다. 그래서 조직은 단기적인 과점에서는 수익을 극대화하려 하고 장기적 관점에서는 존속을 중요하게 여긴다. 이 양자가 균형을 이룰 때 효과적인 조직이라고 할 수 있다. 다시 말하면 단기적 관점에서 조직은 모든 에너지의 투입이 산출로 전환되며 조직 구성원 및 외부집단과의 상호작용에 의해 조직에 되돌아오는 수익을 극대화하려 한다. 그리고 장기적인 관점에서는 조직의 존속을 위해 기술 향상과 성장에 필요한 에너지를 보유하며, 외부환경과 내적 성장의 조정을 통해 환경에 대한 적응력을 강화시키려고 한다(Katz & Kahn, 1978: 237-255).

사회복지조직은 사회의 다양한 체계들과 상호작용을 하면서 조직에게 필요한 에너지(자원)를 확보하고 내적 및 외적 체계로 생산물을 상호 이전시킴으로써 조직을 유지하고 발전시켜 나아갈 수 있다. 그러므로 사회복지조직은 생존하기 위해서는 물론 발전하기 위해서도 개방체계가 되어야 하고 외적인 환경과 상호작용을 가져야만 한다.

예를 들면, 사회복지관의 경우 인력, 기술, 자원 등의 요소를 투입하여 프로그램 활동을 하고 이를 통해서 지역주민의 복지증진이라는 산출을 얻는다. 그렇기 때문에 지속적으로 사회복지관이 생존하고 발전하기 위해서는 지역사회의 욕구에 맞는 프로그램을 개발해야 하며 필요한 인력, 기술, 자원 등의 요소를 지역사회를 포함한 외부체계들로부터 지원받아야만 한다. 따라서 사회복지관은 내부 하위체계들과의 상호작용뿐만 아니라 외부환경과 지속적인 상호작용을 해야만 한다.

4) 조직과 인간행동

조직을 통해 인간은 자신의 욕구를 성취하기도 하지만 한편으로는 조직의 욕구와 개인의 욕구가 다를 때에는 조직과 갈등을 겪기도 한다. 그래서 조직과 개인의 욕구가 불일치할 경우 조직의 목적을 위해서 개인이 무시되기도 하며 한편으로는 개인의 목적 달성을 위해 조직에 반항하기도 한다. 어떤 경우에는 조직의 목적에 순응하여 행동하더라도 개인적 욕구를 포기하지 않음으로 인한 문제가 발생하기도 한다.

조직과 상호작용을 하는 과정에서 인간은 조직에 대한 반응으로 스트레스를 경험하게 된다. 다시 말하면 조직 내·외부환경과의 상호작용 속에서 조직 내에 있는 인간은 스트레스를 경험한다. 그래서 맥그라스(Mcgrath, 1987: 1351-1395)는 환경적 요구와 유기체의 반응능력 간의 불균형, 다시 말하면 환경의 요구가 지나쳐서 조직 구성원의 능력 한계를 벗어날 때 스트레스가 발생한다고 보았다.

이러한 스트레스의 부정적인 영향은 크게 건강을 포함해 개인에게 나타나는 영향, 조직에 나타나는 영향 등 두 가지로 나누어 살펴볼 수 있다(김정연, 2001: 182-183; 안율종, 1996: 81-84).

먼저 개인에게 나타는 영향을 신체적·정신적 건강, 행동상의 결과로 나누어 살펴볼 수 있는데 이는 다음과 같다. 신체적인 건강상의 문제로는 단기적이고 약한 부분으로 만성적인 두통, 호흡곤란이 일어날 수 있고, 장기적으로 심한 경우에는 위궤양, 심장병, 당뇨병, 요통과 관절염 등이 나타날 수 있다. 심리적인 건강상의 문제로는 우울증, 불면증, 불안심리증 등이 야기될 수 있다. 행동상의 결과로는 수면장애, 섭취장애, 흡연량과 음주량의 증가, 약물남용, 폭력, 재해 등의 급증이 일어날 수 있다. 더 나아가 개인 주변, 즉 가정이나 친구, 친척, 동료들과 관계에도 영향을 주어 자신이 부담스러운 존재로 인식될 수 있다. 조직에서 나타나는 부정적인 영향은 결근율과 이직률 상승, 낮은 직무몰입, 책임감의 상실, 노사관계의 악화, 동료에 대한 관심 결여 등이며 이는 결국 조직의 성과를 저하시키는 원인이 되기도 한다.

조직 스트레스의 원인이 되는 요인들은 크게 조직 내부적인 요인과, 조직 외부적인 요인이 있다(안율종, 1996: 84-87). 내부적인 요인은 소음, 조명 등과 같은 물리적인 환경, 상사, 동료, 조직 풍토 등과 같은 내부적인 인간관계, 그리고 역할 갈등, 역할 과다, 역할 모호성 등과 같은 업무차원의 갈등이 있다. 조직 외부적으로는 사회경제적 환경의 변화, 생활사건 등이 있다. 이러한 유발원인들이 각 개인이 가지고 있는 탄력성, 스트레스 대처 행동, 통제력과 같은 개인적인 특성과 사회적 지지체계 등과 맞물리면서 각 개인에 따라 스트레스 형태와 정도가 다르게 나타나게 된다.

한편, 조직 내의 구성원들이 모두 똑같은 정도로 조직에 참여하는 것은 아니다. 다시 말해 조직에서 나타나는 문제들에 대한 구성원들의 태도나 기대 등은 이질적으로 나타난다. 프레스더스(Presthus, 1978: 143-183)는 대규모의 조직을 관료제적 조직으로 보고, 이런 조직 속에서 구성원이 조직에 적응하는 유형을 상승형(upward-mobiles), 무관심형(indifferences), 애매형(ambivalents) 등의 세 가지로 분류하였다.

상승형은 조직구조상 중요한 위치를 차지하고 있어 다른 구성원들보다 더 많은 영향력을 행사할 수 있고 권력이나 수입 등의 보상도 많다. 이들은 권위를 존중하고 조직의 존재가치의 정당성이나 운영의 합리성을 신봉하기 때문에 조직과의 일체감이 높으며 권력욕도 강해 타인들과의 관계나 자기의 주변 환경을 주도하려고 한다. 비교적 대인관계도 원만하며 개인의 이익과 조직의 이익이 충돌할 때에는 개인의 이익을 포기하는 경향이 있다.

무관심형은 조직의 대부분을 차지하고 있는 하위조직 구성원들에게서 많이 보이는데 이들은 조직에 대해 소외감을 느끼고 심리적으로 조직을 벗어나고자 하기 때문에 조직과의 일체감이 약하다. 조직에도 충성하지 않고 승진의 어려움을 경험적으로 터득했기 때문에 권력과 성공에 대한 의욕을 포기하는 경우가 많다. 또한 자기의 성공을 위해 타인을 조작하지도 않는다.

애매형은 조직 내에서 그 수가 많지 않으나 흔히 연구직이나 참모 등 전문가 집단에서 나타난다. 이들은 조직이 내세우는 성공이나 권력에 관한 보장을 거절하지 못하지만 또한 이것을 위해 경쟁하려 들지도 않는다. 한편 조직에 성공적으로 적응하지는 못하지만 조직 내에서 새로운 아이디어를 제공하는 등의 변화의 필요성을 인식하기 때문에 조직의 일방적인 조정과 통제에 반항하는 일이 많다. 내향적인 성격을 지닌 경우가 많고 대인관계의 폭이 좁으며 조직이 중시하는 지위나 권위 등을 경시하는 경향이 있다.

5) 사회복지실천에의 적용

사회복지실천과 관련해서 조직은 크게 두 가지 부분으로 나누어서 살펴볼 수 있다. 하나는 클라이언트의 환경으로서 그가 속해 있는 조직과 관련된 것이고, 다른 하나는 사회복지사로서 속해 있는 조직, 즉 클라이언트에게 서비스를 제공해 주는 사회복지조직이다.

전자의 경우는 병원, 어린이집, 학교, 직장, 교회, 회사 등과 같이 인간이 태어나면서부터 거치게 되는 조직들이고 이곳을 통해서 인간은 교육을 받고, 사회화되고 또한 조직 속에서 갈등을 겪으면서 살아간다. 따라서 인간을 둘러싸고 있는 조직의 속성과 영향력을 정확히 파악하고 이에 따라 필요한 사회복지적 접근을 해야 한다. 기업체를 기반으로 이루어지는 산업복지가 이러한 접근의 한 유형이며, 조직 내에서 경험하는 소진 및 스트레스 등의 문제에 접근하여 이를 완화시키기 위한 방법들도 이에 속한다.

한편 대부분의 사회복지사들은 어떤 특정한 조직 속의 한 일원으로서 원조가 필요한 개인들에게 개입하게 된다. 예컨대, 사회복지관, 병원시설, 시민단체, 학교, 종교기관 등에 소속되어 일하게 되는 사회복지사들은 소속된 조직의 영향을 많이 받게 되며 또한 이것이 클라이언트에게 서비스를 제공할 때 영향을 준다. 사회복지실천 시 사회복지사는 클라이언트를 둘러싸고 있는 조직의 영향력에 대해서 정확히 이해하고 변화를 도모할 수 있는 방안을 모색해야 하는 동시에 사회복지사가 속한 사회복지조직의 영향력과 한계 등에 대해서도 정확하게 인식하고 행동해야만 한다.

또한 조직의 구성원으로서 사회복지사도 조직에서 소진이나 스트레스 등을 경험할 수 있다. 사회복지의 가치를 실천해 나가는 데 있어서 중요한 목표들 중의 하나는 클라이언트의 임파워먼트 형성이고, 사회복지사들은 이러한 클라이언트의 임파워먼트 형성에 중추적인 역할을 담당하고 있다. 사회복지조직의 핵심적인 활동은 클라이언트와 직접 접촉하여 활동하고 있는 사회복지사와의 관계에 있다는 하젠펠트(Hasenfeld, 1983)의 주장에서도 볼 수 있듯이, 사회복지사의 임파워먼트도 사회복지실천에 있어 매우 중요한 부분이다. 사회복지실천은 조직 속에서 이루어지고 있으며, 조직의 구성원은 조직의 문화에 따라 업무에 대한 태도 및 인식이 형성되거나 변화될 수 있으므로 사회복지조직에 있는 사회복지사들이 임파워먼트를 향상시킬 수 있는 올바른 문화를 형성하는 것이 또한 급증하는 우리나라 사회복지조직들에게 부여되는 중요한 과제 중의 하나라고 할 수 있다.

요약

- 조직은 특정한 목적이나 임무를 성취하기 위해 의도적으로 구성되며, 분업과 통합 등의 상호의존적인 활동을 하는 사회체계다.
- 인간은 어떤 형태로든 조직에 속해 있게 된다. 조직을 통해 인간은 욕구를 성취하기도 하지만 조직의 욕구와 개인의 욕구가 다를 때에는 조직과 갈등을 겪기도 한다. 그래서 조직과 상호작용을 하는 과정에서 인간은 스트레스를 경험하게 된다.
- 인간은 다양한 조직에 속하게 되며 조직을 통해 인간관계를 형성하고, 조직의 구성원으로서의 책임, 의무, 규칙, 역할 등을 습득하게 되고 훈련받는다.
- 사회복지조직은 변화 및 발전을 필요로 하는 클라이언트들과 직접 접촉하면서 일한다는 점과 서비스를 제공받는 클라이언트들의 복지를 보호하고 증진하도록 사회로부터 위임받기 때문에 조직의 존재가 정당화된다는 점에서 다른 조직들과 구별된다.
- 사회복지실천에서 조직은 클라이언트의 환경으로서의 조직과 사회복지사가 속해 있는 조직(클라이언트에게 서비스를 제공해 주는 조직)으로 나누어서 접근해야 한다.
- 사회복지실천 시 사회복지사는 환경으로서의 조직을 이해해야 하고 동시에 사회복지사가 속해 있는 조직의 영향력과 한계를 정확하게 인식하는 것이 필요하다.

생각해 볼 문제

- 조직의 욕구와 본인의 욕구가 달라서 갈등을 겪는 경험이 있는가? 그때 경험했던 스트레스는 어떤 것이었고 어떻게 극복이 가능했는가?
- 일반 조직과 사회복지조직은 어떤 점이 다른지 생각해 보시오. 구체적인 예를 들어

이야기해 보시오.

- 현재 자신이 속해 있는 조직 중 하나를 생각해 보시오. 그 조직에서 자신은 프레스더스가 이야기한 조직에 적응하는 유형 중 어느 유형과 비슷한지 생각해 보시오.
- 사회복지조직들이 사회복지서비스를 제공하는 등의 사회복지실천을 할 때 어떠한 한계들에 부딪치게 되는지 생각해 보시오.
- 사회복지사가 사회복지조직에서 경험하는 소진이나 스트레스 등을 줄이기 위해 무엇이 필요한지 생각해 보시오.

4. 지역사회

지역사회는 환경의 하위체계이면서 동시에 다른 하위체계들을 포함하는 상위체계가 되기도 한다. 즉, 지역사회는 정치적 · 사회적 · 경제적 체계에 의한 변화에 영향을 받으면서 다른 하위체계에 영향을 미치기도 한다. 그러므로 지역사회의 하위체계인 주민들에게 사회복지서비스를 전달하는 기관, 가게, 학교 및 주민센터 등의 공공기관, 병원 등의 조직들이 원활하게 기능해야 지역사회의 능력이 커진다.

1) 지역사회의 개념

전통적으로 지역사회는 거주자들에게 생활수단의 원천이자, 사회적 상호작용 및 집합적인 정체성을 부여하는 지역성에 토대를 두고 있는 지리적인 단체로 간주되어 왔다(Fellin, 1995). 로스(Ross, 1967)는 지역사회를 다른 지역과는 다른 특수성과 분리성 및 지리적 경계를 가진 지리적 지역사회와 복지, 농업, 교육, 종교 등에 있어 공동의 관심과 기능을 함께하는 사람들의 집단인 기능적 지역사회로 구분하여 정의하였다. 웨렌(Warren, 1978)은 지역사회가 지리적 측면과 심리적 측면을 동시에 지니고 있으며, 심리적 측면의 지역사회는 사람들이 공동의 감정과 이익을 추구하는 생활양식을 의미하고, 지리적 측면의 지역사회는 사람들이 함께 모여 사는 특정 지역을 의미하며, 사회적으로는 이 두 가지 의미가 다 결합된 것으로 보고 있다.

이와 같이 지역사회는 지리적이고 영역적인 개념을 두고 있었으나 공통적인 물리적 공간을 차지하지 않을 수도 있다(Anderson et al., 1999: 96)는 주장이 나오면서 지역사회에 대한 개념이 혼동되고 있기도 하다. 즉, 지역성뿐 아니라 기능성과 목적성을 갖는 공동체의 의미를 띠기 때문에 사이버상의 활동, 시민운동단체 등의 활동도 지역사회로 인정해야 한다는 의견이 존재하고 있다.

그러나 최옥채 등(2007: 65-66)은 혼란스러운 지역사회의 정의에서 지역사회와 조직을 구분해야 한다고 하였다. 즉, 전통적인 지역사회의 정의에 근거하여 지역사회는 일정한 지리적 공간을 가지고 있는 순수한 지역공동체에 중점을 두어야 한다고 하였다. 이에 따르면 시민공동체나 사이버공동체는 지역사회가 아닌 조직에 해당된다.

이상의 정의들을 종합하여 이 장에서는 지역사회를 일정한 지리적인 경계를 가진 지역에 거주하는 사람들이 상호작용을 하며 공동이익을 추구하고 전통, 관습, 문화 등을 공유하는 공동체라고 본다.

2) 지역사회의 유형

퇴니스(F. Tönnis)는 지역사회 구성원들의 유대관계를 기준으로 지역사회를 공동사회(gemeinscharft)와 이익사회(gesellschaft)로 구분하였다. 공동사회는 구성원들이 문화적 전통과 사회적 기대의 유사성에 기초한 공통적 가치와 신념, 상호의존, 존경 등의 유대관계를 맺고 있는 특징을 나타낸다. 반면에 이익사회는 공식적이고 전문적인 유대관계를 가지는데 이러한 관계는 전문직업, 시민조직과 같은 지역사회의 제도적 틀 내에서 계약에 의해 이루어진다. 우리나라에서 공동사회의 특성은 농촌지역사회에서 잘 나타나고 이익사회의 특성은 도시지역사회에서 잘 나타난다(김동배, 권중돈, 2005).

한편 최옥채 외(2011)는 지역사회복지실천을 위해 알아야 할 지역사회 유형을 우리나라에 맞는 5가지, 즉 농촌지역사회, 영구임대아파트단지, 유흥가, 신시가지, 산업단지로 나누어 제시하고 있다. 이에 대해 자세히 살펴보면 다음과 같다(최옥채, 2005; 최옥채 외, 2011: 337-342).

농촌지역사회는 대부분의 주민이 농업을 비롯하여 어업, 축산업, 임업 따위를 주업으로 하는 마을이다. 성인기 인구의 감소와 노년기 인구의 증가로 도시의 지역사회와는 다른 특성을 지니고 있으며 농촌지역사회의 발전을 위해서 정부의 차별된 지원이 필요하다. 영구임대아파트단지는 1988년부터 정부가 「주택건설촉진법」(현 「주택법」)을 제정하여 저소득 주민을 위한 영구임대아파트를 건설할 때는 의무적으로 사회복지관을 건립하게 되면서 도시지역에서 중요한 사회복지실천현장이 되었다. 이 지역은 경제적으로 가난하며 가족구성원간 기능이 약한 것이 특징으로 영구임대아파트 단지의 독특한 문화를 만들고 있다. 유흥가는 일탈행위가 일어나는 현장이기에 이를 예방해야 하지만 동시에 유흥업소들이 가지는 자원을 적극 개발하면 유흥가의 변화와 열악한 다른 지역사회의 변화를 일으킬 수 있는 가능성을 가지고 있다. 신시가지는 도시발전계획에 의해 새로 형성된 지역 내에 사회복지사가 관여할 수 있는 범주의 적당한 지역사회를 말한다. 도시 외곽지역이나 산동네와 같은 빈곤지역사회가 개발된 곳, 대도시 인근 새로 개발된 신도시의 일부분으로 교통, 편의시설, 범죄, 유흥업소의 침투와 같은 문제가 예상될 수 있다. 산업단지는 산업환경을 향상시키고 기업집단을 위한 입지요건과 공공시설을 제공함으로써 경제적 이익을 효율적으로 도모하기 위해 정부와 정부관계 기관이 포괄적 계획을 세워 개발한 지역이다. 따라서 이곳에서 일하는 근로자의 권익과 근로환경 및 산업단지 주변의 환경을 주의 깊게 다루어야 한다.

3) 체계로서의 특징

체계로서의 지역사회는 체계를 구분짓는 경계가 존재하는데 이러한 경계는 의사소통과 환류에 개방되어 있기도 하고 폐쇄되어 있기도 하다. 이는 지역이 역동성을 가지고 있음을 의미하며, 생존하고 발달하기 위해 지역은 변화에 순응해야 한다는 것을 뜻한다. 체계이론에 따르면 지역의 1차적인 목적은 개개인을 더 큰 사회(the lager society)에 연결시켜 주고 안정적인 상태를 유지시키는 것이다(지은구, 2003: 102).

지역사회는 환경의 요구에 대한 순응, 통합, 형태유지, 목적 성취를 증진시킨다(Chess & Norlin, 1988). 순응이란 기능하는 데 필요한 자원을 획득하기 위한 경제적 하위체계로서의 지역의 능력을 의미하고, 통합은 개개인들이 사회나 조직 등의 가치와 행동을 받아들이는 과정을 의미하는데 이 과정은 사회통제를 위해 사용되기도 한다. 형태유지는 사회화라는 의미를 포함하며 지역을 통해서 공통된 가치나 행동을 형성하는 과정이다. 목적 성취는 목적을 성취하기 위해 자원을 사용할 수 있는 능력이다. 모든 지역 하위체계들은 반드시 적절한 수준에서 기능해야 하며 그렇게 된다면 지역자원들이 목적을 성취하기 위해 사용될 수 있다는 점이 강조된다. 파슨스(Parsons, 1971)는 정부가 목적 성취를 위한 가장 중요한 원천이며 지역시설들, 기업체, 공식적 조직들, 지역주민들을 위한 비공식적 조직들이 결과를 만들어 내기 위하여 조직될 수 있다고 하였다(Hardina, 2002; 지은구, 2003: 102에서 재인용).

지역사회, 거주 주민, 지역에서 제공되는 서비스 및 지역의 외부환경들 간의 상호작용은 중요하다. 또한 우리의 지역사회와 다른 지역사회, 그리고 더 큰 사회와의 상호작용에도 역시 주의를 기울여야 한다. 환경에 적응하고 필요에 따르기 때문에 지역사회 내에서는 주거지역과 사업지역이 분리되고, 공원 등의 위치가 다르게 결정된다. 또한 주민들의 이동, 타 지역으로부터의 이주, 지역사회의 분리(예: 1개의 구가 인구의 증가로 2개의 구로 분리)와 같은 지역사회의 변화가 일어나는 것이다. 역량 있는 지역사회는 순차적으로 다시 말하면 비파괴적인 방법으로 지역사회의 변화를 허락하고, 주민들을 위해 그들이 일상을 유지하는 데 필수적인 요구들을 제공하면서, 지역사회와 환경 간의 균형을 생산한다(Fellin, 1995).

웨렌(Warren, 1978)은 지역사회의 다섯 가지 하위체계들이 각자의 기능을 수행한다고 보았는데 이는 다음과 같다.

첫째, 생산·분배·소비의 기능이다. 이것은 상품과 서비스를 생산하고 소비하는 과정에 참여하는 것이다. 이것은 주로 회사, 학교, 종교집단, 사회기관과 주택체계 등에 의해 수행된다. 둘째, 사회화기능이다. 이것은 가족, 학교, 동료집단과 같은 지역사회 단위가 구성원들에게 지식, 사회가치, 행동패턴 등을 전수하는 과정이다. 셋째, 사회통제의 기능이다. 이것은 사회적 압력이 필요한 경우에 처벌로 구성원들에게 사회의 규칙이나 행동규범을 강제하는 것을 의미한다. 이러한 기능은 일차적으로는 가족에 의해 수행되고, 경찰, 법원, 학교, 종교기관, 사회기관, 기업에 의해 수행된다. 넷째, 사회참여의 기능이다. 이것은 가족, 종교기관과 많은 종류의 비공식적, 공식적 집단에 의해 제공된다. 다섯째, 상부상조의 기능으로 이것은 의료조직, 사회복지조직과 같은 공식적인 체계뿐만 아니라 가족, 친구, 이웃과 같은 집단에 의해서 제공된다.

4) 지역사회와 인간행동

지역사회와 인간행동에 대해서 다음의 두 가지를 기억해야 한다.

첫째, 지역사회도 하나의 체계로서 상호 교류한다는 점이다. 상위체계의 변화는 지역생활(community life)의 어떤 측면에서의 반응(reaction)을 만들거나 이끌어 낸다. 또한 가족, 집단, 조직을 포함하는 지역 하위체계의 행동은 전체 지역뿐만 아니라 그 체계의 구성원들에게도 영향을 준다(지은구, 2003: 103). 따라서 모든 것이 서로 연관되어 있고 영향력을 주고받는다는 점을 기억해야 한다.

둘째, 환경에 의해 사람이 영향을 받지만 동시에 사람이 환경을 바꿀 수도 있다. 따라서 지역사회복지실천을 통해 개인들의 잠재력을 찾아내고 그것을 발휘할 수 있는 환경을 만들어야 한다.

인간생태학자들은 환경을 둘러싼 인간의 사회과정을 경쟁(competition), 분리(segregation), 통합(integration)으로 보았다(Fellin, 1995: 115). 경쟁은 토지사용을 둘러싸고 지역사회 구성원 사이에서 일어나는 현상인데, 그 본질은 장소의 이점(advantage of place)을 획득하기 위한 싸움으로 볼 수 있다. 공간과 자원이 제한되어 있기 때문에 이러한 경쟁은 어느 지역사회에서나 일어나는 보편적 현상으로 이 같은 경쟁에서 승리하는 것은 권력과 자원을 지닌 사람이다. 이렇게 경쟁을 통해 어떤 한 집단이나 사회기관들은 지역사회의 다른 집단을 지배하게 된다. 따라서 지배는 종종 최상의 직업, 학교, 병원, 경찰, 소방서와 같은 다른 자원에 대한 보다 많은 접근성을 의미한다(홍현미라 외, 2010: 48-49).

분리는 일정한 공통점을 지닌 특정 집단이 사회적 압력이나 법 또는 개인적 선택을 통해 지리적으로 이탈하거나 고립되는 현상을 가리킨다. 미국 사회에서 흔히 볼 수 있는 인종 간의 거주지 분리 현상을 대표적인 예로 들 수 있고 빈민들이 몰려 사는 우리나라의 속칭 달동네와 같은 지역도 이러한 분리 사례의 하나다(김종일, 2006: 90).

통합은 분리의 반대 현상으로 다양한 집단이 하나의 통일된 기능체로 혼합되는 과정을 말한다. 경쟁이나 분리와 달리 통합은 지역사회 전체의 의도적인 노력을 필요로 한다. 예를 들면, 이주노동자들이 많이 거주하게 된 지역이 있을 때 만일 지역주민들이 이들에 대한 이해가 부족하다면 이주노동자들과 주민들의 갈등이 생길 수 있다. 이러한 갈등이 지속되어 깊어지면 심각한 지역의 문제가 될 수 있다. 따라서 이런 것을 예방하기 위해 지역의 주민들과 이주노동자 그리고 지방자치정부 등이 함께 노력해야 한다.

5) 사회복지실천에의 적용

지역사회는 사회복지실천에 있어 개별 클라이언트의 환경으로서 중요하며 동시에 지역사회 자체가 하나의 대상이 된다. 지역사회는 이 두 가지 모두의 수준에서 서비스를 필요로 하는 개인, 가족 그리고 다른 집단들을 대신하여 비공식적 자원 및 공식적 자원을 동원하고자 시도하기 때문에 미시적 실천과 거시적 실천 모두와 관련된다고 볼 수 있다. 그러므로 효과적인 사회복지실천을 위해서는 복합적인 지역사회에서 지역사회의 한 구성원으로서 클라이언트의 특성을 확인해야 함과 동시에 지역사회를 하나의 대상으로 보고 지역사회적 또는 행정적인 수준에서 접근해야 한다.

전자의 경우 지역사회는 클라이언트의 문제를 해결하는 데 필요한 자원을 제공하는 중요한 환경이 된다. 즉, 지역사회를 통해 특정 프로그램을 제공할 수 있고 옹호를 할 수 있다. 이럴 때 중요한 것이 지역사회 내에 존재하는 사회적 연계망을 연결하고 자원들을 발굴하여 활용하는 것이다. 개인은 자신의 특정 욕구가 충족되지 않을 때 가족을 비롯한 이웃, 친척 등 비공식적 관계망에 원조를 요청하고 이렇게 해서도 해결되지 않을 때 사회복지기관 등에 요청하게 된다. 이때 사회복지사는 개입에 효과적인 지원을 위해서 원조기관뿐만이 아니라 지역사회 내에 존재하는 클라이언트의 관계망을 연계하고 조직하며 필요한 자원들을 발굴, 연결해야만 한다. 이렇듯이 지역사회는 클라이언트의 문제해결에 필요한 중요한 자원과 지지를 제공하는 기능을 수행한다(김동배, 권중돈, 2005: 104-105). 이러한 과정에서 지역사회의 역량이 또한 개발되고 발달될 수 있다.

한편 지역사회가 그들의 구성원들을 위하여 제대로 기능하는 정도는 지역사회 역량(community competence)을 통해 알아볼 수 있다(Fellin, 1995: 264-267). 이것은 지역사회의 문제, 욕구, 관심사를 확인하는 일, 임파워먼트를 강화하기 위하여 노력하는 일, 그리고 긍정적인 사회환경으로 변화시키는 일과 관련된다. 또한, 소수민족, 여성 그리고 위기에 처한 다양한 집단을 위해 지역사회는 현존하는 자원들을 이용하고 개인 및 집단 실현을 위한 기회를 만들어 내는 역량을 키워야 한다. 사회복지사들은 사회에 대한 전문직의 책임에 따라 지역사회 역량을 저해하는 장벽들을 감소시키기 위해 지속적으로 노력해 왔다. 특히 역사적으로 탄압과 차별을 당해 왔던 특정 집단을 위하여 원조하고, 사회환경을 개선시키고, 사회정의를 증진시키기 위해 힘써 왔다.

지역사회 역량은 전체 체계로서뿐만 아니라 하위체계의 행동을 통해서도 검토될 수 있다. 그러므로 역량의 또 다른 차원은 스스로의 개선을 위하여 지역사회의 자원을 활용하고 자원을 사용하는 개인 및 집단의 활동과 관련된다. 사회복지사들은 개인 및 집단이 지역사회 자원에 접근하여 사용하는 것을 도울 뿐만 아니라, 하위체계로서의 지역사회의 기능을 향상시키는 활동에 참여하도록 도와야 한다.

요약

- 지역사회는 일정한 지리적인 경계를 지닌 지역에 거주하는 사람들이 상호작용을 하며 공동이익을 추구하고 전통, 관습, 문화 등을 공유하는 공동체다.
- 지역사회의 다섯 가지 하위체계들이 수행하는 기능은, 첫째, 생산·분배·소비의 기능, 둘째, 사회화기능, 셋째, 사회통제의 기능, 넷째, 사회참여의 기능, 다섯째, 상부상조의 기능이다.
- 지역사회는 개별 클라이언트의 환경으로서 중요하며 동시에 지역사회 자체가 하나의 대상이 된다. 따라서 효과적인 사회복지실천을 위해서는 지역사회의 구성원으로서 클라이언트의 특성을 확인해야 하며, 지역사회 수준에서의 행정적, 정책적 접근도 필요하다.
- 지역사회가 구성원들의 다양한 욕구에 대응하고 문제를 해결하기 위해 자원을 활용하고 대안을 만들어 낼 수 있는 능력을 지역사회 역량(community competence)이라고 한다. 사회복지사는 대상으로의 지역사회가 이러한 역량을 키울 수 있도록 노력해야 한다.
- 상위체계인 지역사회의 변화는 하위체계인 가족, 집단, 조직들에게 영향을 주며 그 체계의 구성원에게도 영향을 준다. 뿐만 아니라 하위체계들의 변화가 지역사회의 변화를 가져올 수 있다. 따라서 지역사회복지실천을 통해 개인들의 잠재력을 찾아내고 그것을 발휘될 수 있는 환경을 만들어야 하며, 하위체계들은 지역사회 변화를 이끄는 활동에 참여해야만 한다.

생각해 볼 문제

- 본인이 살고 있는 지역사회(시, 군, 구)에 대해서 생각해 보시오. 지역사회의 특징(사회복지 관련 사항을 중심으로)은 무엇이고 문제점과 강점은 무엇인지 알아보시오.
- 지역사회의 변화가 자신 또는 지역주민의 삶이나 행동에 영향을 준 것이 있는가? 예를 들어 설명해 보고 지역사회의 변화가 인간의 행동에 주는 영향을 대해 생각해 보시오.
- 본인이 살고 있는 지역사회의 발전(또는 역량강화)을 위해 본인이 참여했던 일이 있는지 이야기해 보시오.
- 지역사회의 역량을 강화하기 위해 실시되고 있는 지역사회복지 사업은 무엇이 있는지 알아보시오.
- 지역사회 내에서 재개발, 사회복지시설 건립 등과 관련해서 분쟁이 일어났을 경우 해결할 수 있는 방법들은 무엇이 있는지 생각해 보시오.

5. 문화

인간은 문화를 지니고 있는 사회적 존재이며 문화는 사회 안에서의 예절, 도덕, 종교, 법률 등을 포함한다고 할 수 있다. 그동안 단일민족으로 형성된 단일문화라는 입장에서 우리나라는 문화에 대한 영향력을 크게 다루지 않았었다. 그러나 최근에 우리나라에서는 이주노동자, 결혼이주여성 등의 증가와 더불어 다문화에 대한 관심이 높아지고 있다. 문화가 사회통합의 길을 열어 주기도 하지만 문화적 이질성으로 인한 대인관계의 긴장이나 갈등을 일으킬 수 있고 특정 소수계층에게 억압이나 소외를 불러일으킬 수도 있다는 점에서 문화에 대한 이해는 중요하다. 더불어 새로운 실천 분야로서 문화복지에 대한 욕구가 높아지고 있고 법이나 제도의 개선 운동에서도 대중의 일반적인 지지를 얻기 위해서는 문화적 배경에 대한 이해가 필요하다는 점에서도 문화가 사회복지실천에 미치는 영향에 대해서 지속적으로 논의할 필요성이 있다.

　다음 내용에서 문화의 개념과 특징을 알아보고 문화가 인간행동에 미치는 영향, 그리고 사회복지실천에서의 중요성을 알아보고자 한다.

1) 문화의 개념

　문화에 대한 정의를 하는 데 있어서 정답은 없다. 즉, 문화에 대한 정의는 시대에 따라 변하며 철학, 역사, 사회, 인류학에서 저마다 이루어져 왔기 때문에 개념 정의를 하는 것은 쉽지 않다.

　전통적으로 사회학에서, 문화는 일반적으로 널리 공유되고 사람들 사이에 깊숙이 수용하고 있는 '규범 및 가치'로서 개념화하고 있으며, 교육학이나 심리학에서는 문화를 학습된 행동으로 보고 있다. 웹스터 사전은 문화를 '사상, 언행, 인위적인 결과를 포함하고 있으며 인간의 학습능력과 다음 세대로 지식을 전달하는 능력에 따라 결정되는 통합된 인간행위의 양식'으로 정의하고 있다(Neufeldt, 1988: 1480). 최근 들어서는 일반적으로 문화가 인간의 삶의 모습 또는 생활양식 그 자체를 뜻하는 것으로 보고 있다(김동배, 권중돈, 2005: 105).

　정리하면 문화는 주어진 자연환경에서 적절한 생존방식을 발전시켜 가는 과정에서 지역에 사는 사람들이 갖추게 되는 공통적인 행위이며, 사고의 양상이라고 할 수 있다. 그리고 문화는 이러한 행위의 산물이며 동시에 행위를 구속하는 요소가 되기도 한다(한규석, 2002: 514-515).

　최근 이주자들에 대한 사회복지적 접근이 많이 증가하면서 이주자 적응과 관련해서 문화적응이라는 용어가 많이 사용되고 있다. 문화적응이란 개념은 이전부터 있었지만 최근에 파견근무, 여행, 다민족 국가의 형성, 결혼, 이민 등 다문화 간 상호교류가 증가하면서 더욱 큰 관심의 대상이 되고 있다. 문화적응이란 기존의 문화 속에서 살다가 다른 문화 속에 들어가 살게 되면서 나타나는 현상으로 '이주자들의 문화적인 패턴에서의 변화로 인해 소수인 개인의 행동과 신념체계가 새로운 문화인 다수집단의 그것과 비슷해지는 것이며, 문화의 형태, 언어, 관습 및 생활방식에 대한 적응'이라고 할 수 있다. 문화적응과 관련된 연구는 난민을 대상으로 한 베리(Berry, 1976, 1980, 1991, 1997)의 연구를 통해 체계화되었다(권복순, 차보현, 2006: 114에서 재인용).

서얼과 워드(Searle & Ward, 1990)는 문화적응을 심리적 적응과 사회적 적응으로 구분하여 이야기하고 있다. 심리적 적응은 내적 심리적인 결과로서 개인적·문화적 정체성, 좋은 정신건강, 새로운 문화환경에서 개인적인 만족감 등의 성취를 말한다. 사회문화적 적응은 개인이 새로운 환경과 연관된 외적 심리적인 결과로서 가족생활과 직장, 학교에서 매일의 문제를 처리할 수 있는 능력을 말한다. 따라서 이주자의 적응은 새로운 문화에서 원만한 상호작용을 통해 심리적·물리적으로 안정되게 지내는 것으로 크게 심리적인 적응과 사회문화적인 적응으로 양분된다(구차순, 2007: 322).

2) 문화적 역량

한국사회에서는 매우 짧은 기간 동안 다문화가 확산되고 있으며, 그 주요한 원인은 범세계적인 노동력 이동, 급증하는 국제결혼, 1990년대 후반 이후 증가하고 있는 북한이탈주민(새터민) 유입 등이다. 이렇게 한국에 새로이 유입되는 다문화집단—새터민, 국제결혼 가정, 이주노동자 등—중 다수가 한국사회 적응에 많은 어려움을 경험하는 사회경제적 취약계층임이 인식되면서 최근 정부나 민간단체들이 이들을 위한 서비스 마련에 다각적인 노력을 하고 있다(김연희, 2007: 117-119). 실천 현장에서는 전문인력의 부족, 관련 교육의 부재, 예산 부족, 가족에 대한 접근의 어려움, 의사소통 문제, 가족들의 이해 부족 등의 실천상의 어려움을 겪고 있으며, 클라이언트와 사회복지사 간의 문화적 차이로 인한 오해와 편견, 갈등 발생가능성이 커지면서 효과적 서비스를 제공하는 데 장벽이 발생하고 있다(김범수 외, 2007). 따라서 사회복지에서도 다양한 문화적 배경의 클라이언트와의 효과적인 사회복지실천을 위해 '문화적 역량(cultural competence)'을 갖춘 전문인력 양성이 요구되고 있다.

문화적 역량은 문화적 민감성(cultural sensitivity), 문화적 인식(cultural awareness) 등과 혼용되어 사용되지만 차이가 있다. '문화적 민감성'은 집단 간에 존재하는 문화적 다양성과 유사성은 인지하지만 다양성에 대해 어떤 선호나 옳고 그름의 가치를 부여하지 않는다. '문화적 인식'은 타 문화집단에 대한 이해를 갖게 될 뿐만 아니라 그 결과로 태도나 가치와 같은 내적 변화를 경험하고 타문화 집단에 대한 개방적 태도와 유연한 사고를 갖게 되는 상태를 의미한다(Lum, 2005; 김연희, 2007: 122에서 재인용). 반면에 '문화적 역량'은 문화적 다양성에 대해 민감하고, 전문지식과 기술을 갖춤으로써 다문화사회복지를 효과적으로 제공할 수 있는 능력을 말한다(Diller, 2007).

문화적 역량의 주요 요소들에 대해서 여러 학자들은 〈표 16-2〉와 같이 이야기하고 있다.

이러한 요소들을 고려하여 학자들은 문화적 역량을 높이기 위해서 노력해야 한다고 하고 있다(김범수 외, 2007: 238-245). 먼저 호(Ho, 1987)는 소수자 집단과의 실천에서 고려해야 할 요소로, 첫째, 서비스 이용의 어려움과 빈곤, 둘째, 문화갈등, 문화충돌 경험 등 외부체계, 셋째, 지배문화에 대한 이중성과 이중문화주의, 넷째, 소수민족의 신분에 대한 인종차별, 다섯째, 언어장벽으로 인한 오해와 오진의 위험, 여섯째, 사회적 계층형성과 권력의 불균형을 제시하였다. 한편, 딜러(Diller, 2007)는 세 가지 차원으로 나누어 제시하였다. 먼저 신념과 태도 차원에서 자신의 문화적 유산 및 한계와 클라이언트의 세계관을 인식하고 이문화를 존중 및 수용할 수 있어야 하며, 지식 차원에서는 자신과 클라이언트의 문화양식에 대한 지식을 습득하여 사정과 개입에 자원으로 활용할 수 있어야 하고, 기술 차원에서는 문화와 관련된 구체적인 기술을 훈련하고 활용하며 개입효과성 측정기술을 개발함으로써 문화적 역량을 높일 수 있다고 하였다.

한편, 한국 사회복지에서 문화적 역량을 개발하는 방안에 대해 김연희(2007: 134-140)는 개인적 실천가, 전문가, 기관조직, 서비스체계의 4차원에서

표 16-2 문화적 역량의 주요 요소

저자	연도	문화적 역량의 주요 요소
Cross 등	1989	• 문화적 차이의 인식과 수용 • 자기인식 • 문화적 차이의 역동성 이해 • 개인문화의 이해 • 변화하는 문화적 욕구에 기술을 적용하는 능력
Arredondo 등	1996	• 실천가 자신의 문화적 가치와 편견에 대한 인식 • 클라이언트의 세계관에 대한 인식 • 문화적으로 적합한 개입전략
McPhatter	1997	• 계몽된 의식 • 확립된 지식기반 • 축적된 기술적 능력
Diller	2007	• 클라이언트와 실천가 자신의 신념과 태도 • 클라이언트와 실천에 관한 지식 • 클라이언트와의 실천개입 기술
김연희	2007	• 문화적 인식: 실천가 자신 및 타 집단의 문화적 다양성에 대한 인식 • 다양한 문화와 문화집단에 관한 지식 • 문화적으로 적절한 개입 기술

출처: 김범수 외, 2007: 237에서 재인용 및 추가.

인식, 지식, 기술이라는 문화적 역량 등의 구성요소를 제시하였다. 이 중 개인 실천가 차원을 살펴보면, 문화적 역량을 개발하기 위해 자신의 전통적 사고의 영향을 받고 있다는 인식과 문화집단 간에 있는 권력 차이와 역동에 관한 인식을 가져야 하며 이주자의 문화적응 과정에 관한 이론적 지식을 익혀야 한다. 또한 관계를 형성하는 기술은 다문화 집단과 일할 때 가장 필요한 기술이며 기존 실천모델과 이론 적용 시 장점과 한계를 인식해서 접근할 필요가 있다.

3) 문화와 인간행동

　인간은 자신이 속한 사회의 문화적 영향을 많이 받으면서 사회화된다. 그렇기 때문에 문화에 따라 인간관과 사회화 방식에 차이가 난다. 예를 들면, 유럽-북미 문화권과 동아시아 문화권의 차이점은 다음과 같다(한규석, 2002: 514-523). 유럽-북미 문화권에서 생활 단위는 개인이며, 개인의 권리, 사회적으로 수용할 수 있는 규범 등에 관심을 둔다. 그래서 아동의 사회화과정에서 독립심, 일관성, 자율, 의사표현을 강조하고 독립적 자아의 형성과 유지를 중요시한다. 이는 개인과 사회와의 관계를 개별자와 개별자들이 합체된 합체물로 간주하기 때문이다. 반면에 동아시아 문화권은 개인과 사회의 관계를 부분과 그 부분들이 모여진 하나의 전체로 본다. 따라서 생활 단위는 집단이 되며 그러한 집단의 기능을 잘 유지하기 위한 부분으로서 개인의 의무와 역할을 강조한다. 아동의 사회화과정에서는 타인과 공감하는 능력, 자기반성, 주위 사람들의 견해 등을 중시하게 된다.

　문화가 인간행동에 주는 영향과 관련해서 깊이 생각해 볼 부분이 언어다. 언어는 문화체계의 성분들 사이에, 그리고 하나의 문화체계와 다른 문화체계들 사이의 의미를 전달하는 수단이 된다. 또한 언어는 체계의 에너지를 조직화하는 주요한 수단이며 문화적 경계를 정해 주고 유지하는 수단도 된다.

　언어의 미숙함으로 인한 의사소통의 문제로 인해 가정과 사회생활에서 소외되는 경우도 생긴다. 특히 의사소통 능력을 바탕으로 한국의 문화와 규범을 습득할 수 있기 때문에 이주노동자라든지, 새터민, 다문화가족의 결혼이주여성의 경우 의사소통능력은 중요하다. 더욱이 의사소통은 건강한 부부관계 유지의 핵심적 요소이며, 부부의 대처능력 및 적응능력 향상을 위한 중요한 변인이므로(권복순, 차보현, 2006), 다른 문화권 간의 적응에 있어서 의사소통 능력은 부부생활의 갈등 및 만족에 중요한 영향을 미친다(Nah, 1993; 권복순, 차보현, 2006에서 재인용).

　이주노동자 자녀의 양육과 학교생활에 있어서도 의사소통은 중요하다. 이주노동자 자녀들이 한국에서 교육을 받으면서 경험하는 문제 중의 많은 부분이 의사소통과 관련된다(배은주, 2006). 자녀들은 익숙하지 못한 한국어로 인하여 소극적이며 교우관계가 원만하지 못하거나 심지어 따돌림을 당하기도 한다. 한편으로는 의사소통 시 원만하지 못한 한국어 때문에 '툭툭' 치는 신체적 표현을 많이 해서 오해를 산다든지 폭력적인 성향을 드러내는 경우도 있다.

문화적 정체성도 중요한 개념이다. 사회화과정에서 특정 사회의 문화를 공유한 사람들은 개인적 차이는 있지만 공통적 문화의 영향으로 인해 유사한 성격을 지니게 된다(김동배, 권중돈, 2005: 108-109). 즉, 특정 사회에서 출생한 개인은 그가 속한 사회의 문화에 내재된 가치, 규범, 신념체계 등을 내재화하는 사회화의 과정을 통해 사회체계에 통합되어 가는데 그러한 과정에서 성격 또한 형성되기 때문이다. 문화적 정체성은 사회화과정을 통해서 형성되는데 다른 문화에 살게 되면 새로운 문화적 정체성을 찾아야 하는 과제가 생긴다. 이러한 문화적 정체성은 개인이 가진 사회인구학적 특성과 모국 및 이주국가의 사회경제적 상황, 정치적 상황, 모국과 이주국 간의 상호작용으로 서로 영향을 주고받으면서 역동적으로 일어나게 된다. 그러므로 이주자는 자신의 고유 문화에 따른 특성을 유지하면서도 새로운 사회의 특성을 배워 나가게 되는 것이다(권복순, 차보현, 2006: 115-116). 베리(Berry, 1997)는 비주류집단인 이주자의 문화적응 전략을 '통합(integration)' '동화(assimilation)' '분리(separation)' '주변화(marginalization)'의 네 가지 유형으로 구분하였는데, 이 중 모국 문화의 정체성을 유지하면서도 다른 문화와 상호작용을 잘 하는 통합이 가장 적응이 잘된 상태라고 하였다.

4) 사회복지실천에의 적용

사회복지실천은 일상을 벗어날 수 없기 때문에 문화가 우리의 삶에서 어떤 의미를 품고 어떻게 작용하는지, 사회복지에서 어떻게 받아들여 적용해야 하는지 규명할 필요가 있다(최옥채 외, 2007: 88).

　　사회복지실천에서 문화는 인간의 환경으로서 중요한 의미를 지닌다. 아울러 문화는 인간에게 중요한 환경으로 작용하면서 인간에게 그의 고유한 특성으로서 또 다른 문화를 형성한다. 예컨대, 자신이 관계하는 지역의 풍속을 따르는 것은 그 지역이 지니는 독특한 문화를 이해하여 풍요로운 생활을 꾀하기 위함(최옥채, 2006: 11)이라는 맥락에서 문화가 환경으로서 중요함을 이해할 수 있다. 문화는 인간의 의식과 삶 속에 내재함으로써 개인의 행동을 결정하는 중요한 요인임이 밝혀졌듯이(김윤식, 오인석, 1996: 19), 사회복지사는 클라이언트는 물론 사회복지실천에 참여하는 자원봉사자, 후원자, 동료 사회복지사와 같은 개인을 비롯하여 가족, 집단, 조직, 지역사회와 관련하는 문화를 이해할 필요가 있다(최옥채 외, 2007: 358).

　　문화를 사회복지실천과 연계할 경우 크게 세 가지 부분으로 나누어 생각해 볼 수 있다.

　　첫째, 일반적으로 사회복지실천에서 이야기되는 문화로서 클라이언트와 사회복지사를 둘러싼 문화에 대한 이해를 바탕으로 한다. 즉, 사회복지사가 접촉하게 되는 개인, 가족, 집단, 지역사회 등은 다양한 문화를 지니고 있고 그 문화는 사회복지사의 문화와 다를 수 있다. 그러므로 사회복지사는 자신이 경험하고 자신에게 내재되어 있는 문화에 대한 정확한 이해를 바탕으로 다른 문화에 대해서도 수용적인 태도를 취할 수 있어야 한다(김동배, 권중돈, 2005: 110). 더불어 클라이언트가 자라 왔던 문화 및 현재 그가 속해 있는 문화를 이해할 필요가 있으며 기존의 이론으로 문제해결을 하기 위해 접근할 때 주의를 기울여야 한다. 복잡한 갈등이나 문제를 가지고 있는 각 문화권의 사람을 돕기 위해서는 기존의 이론들이 문화적으로 보편화될 수 있는 부분은 어느 정도이고 문화적인 특수성은 어느 정도인지, 그리고 공통적으로 적용되는 이론 부분과 특수성이 발휘되어야 하는 부분들에 대한 인식을 가져야만 한다. 특히 이 부분은 최근 새터민, 이주노동자, 다문화가정 등에 대한 실천에 있어서 매우 중요하다. 그러므로 사회복지사는 문화적 역량을 갖추기 위한 노력을 기울여야 한다.

둘째, 사회복지실천의 한 분야로서의 문화복지다(최옥채, 2007). 문화복지는 사회복지실천의 지식과 기술을 바탕으로 의미 있는 일상거리를 통해 우리의 전통에 스며 있는 정신을 지향하고 가꾸면서 개인의 보람된 삶을 꾸려가게 하는 프로그램을 의미한다. 대상도 기존의 사회복지서비스 대상에 한정하는 것이 아니라 이들을 포함한 새로운 일반 대상자를 아우르는 특성을 지닌다. 따라서 사회복지 분야에서 한 영역으로 보는 것이 바람직하다. 즉, 청소년복지, 장애인복지, 노인복지에서 각각 청소년, 장애인, 노인을 위한 문화복지실천이 이루어져야 한다. 사회복지실천에서 문화복지 프로그램은 일상에서 경험할 수 있는 활동거리를 비롯하여 예술행사, 문화재 등의 소재를 통해 다양한 층의 문화 관련 욕구를 해결함과 동시에 이를 통해 궁극적으로 우리의 전통을 더욱 다져갈 수 있도록 기획되어야 한다.

셋째, 사회변화를 위한 집합적 행동들이 성공적으로 이루어지기 위한 환경으로서의 문화다. 사회복지제도의 변화 및 정책변화를 위한 활동인 사회행동(김수정, 2007)을 포함한 사회운동은 대중적인 지지를 얻고 집합적 행동을 해야만 성공할 수 있다. 이렇게 대중적인 지지를 얻고 집합적 행동을 하는 데 있어서는 '경계성(boundary)과 공명성(반향성, resonance)'의 두 가지 요인이 문화적 배경에서 고려되어야 한다(Williams, 2003).

경계성은 문화적으로 중심집단과 중심이 아닌 집단 양쪽 모두에게 사회변화 추구의 과정이 공공연하게 표현될 수 있는지의 여부를 결정하는 것과 관련된다. 이러한 경계성의 두 가지 구성요소가 명료성(intelligibility)과 합법성(legitimacy)이다. 명료성이란 우리 집단의 구성원이 아닌 사람들도 집합적 행동의 목적과 행동방식을 이해하는가와 관련된 것이고, 합법성은 집합적 행동이 도덕적·관념적인 권위를 가지고 있어서 다른 사람들에게도 설득력 혹은 구속력이 있는가와 관련된다. 한편 공명성은 사회행동의 이슈와 내용이 사회의 구성원과 외부 대중들에게 반향을 불러일으킬 수 있는지의 여부와 관련된다. 이러한 공명성은 진실성(credibility)과 관련되며 사회행동의 대중적 요구사항이 태도, 신념, 또는 이슈의 측면에서 동참하지 않는 사람들에게도 효력이 있어야 한다는 것을 의미한다.

- 문화는 주어진 자연환경에서 적절한 생존방식을 발전시켜 가는 과정에서 사람들이 갖추게 되는 공통적인 행위이며, 사고의 양상이라고 할 수 있다. 문화는 이러한 행위의 산물이며 동시에 행위를 구속하는 요소가 되기도 한다.
- 문화는 인간에게 영향을 주는 주요한 사회환경 중의 하나다. 최근 한국에서도 다양한 문화적 배경의 클라이언트와의 효과적인 사회복지실천을 위해 사회복지사들에게 문화적 역량(cultural competence)이 요구되고 있다.
- 문화에 따라 인간관과 사회화 방식이 차이가 나며, 언어는 하나의 문화와 다른 문화들 사이의 의미를 전달하는 중요한 수단이 되기 때문에 의사소통 능력은 다른 문화권 간의 적응에 있어 중요한 역할을 한다. 따라서 결혼이주 여성들의 결혼생활이나 이주노동자 자녀의 학교생활에 있어 의사소통 능력은 매우 중요하다.
- 사회화과정에서 형성되는 문화적 정체성은 다른 문화에 살게 되면 새로운 문화적 정체성을 찾아야 하는 과제가 생긴다. 이때 고유의 문화적 정체성을 잘 유지하면서 다른 문화와 상호작용을 잘 하는 것이 필요하다.
- 사회복지사는 사회복지실천 시 클라이언트와 사회복지사의 환경으로의 문화를 이해해야 하며, 사회복지실천의 한 분야로서 문화복지를 바라보아야 한다. 또한 사회변화를 위한 집합적 행동이 성공적으로 이루어지기 위한 환경으로서의 문화를 이해할 필요가 있다.

생각해 볼 문제

- 문화와의 상호작용 속에서 자신에게 영향을 준 문화적 요소가 있다면 무엇인지 생각해 보시오.
- 본인이 경험했던 문화적 다양성과 차이에 대해서 이야기해 보시오. 이로 인해 당황했거나 놀란 적은 없었는가?
- 어머니가 결혼이주여성인 다문화가정을 생각해 보시오. 어머니가 경험할 수 있는 문화적 다양성으로 인한 어려움은 어떤 것들이 있을까? 이러한 가정과 같이 일할 때 사회복지사로서 본인이 가져야 할 문화적 역량은 어떤 것이 있을지 이야기해 보시오.

참고문헌

강문희, 김매희, 유정은(2007). 아동발달론. 경기: 공동체.

강봉규(2000). 인간발달. 서울: 동문사.

강철희, 정무성(2006). 지역사회복지실천론. 경기: 나남출판.

강홍구(2004). 의료사회복지론. 경기: 학현사.

곽형식, 박영애, 박인전, 양점도, 윤종희, 이소희, 이항재, 최영희(2000). 인간행동 과 사회환경. 서울: 형설출판사.

구차순(2007). 결혼이주여성의 다문화가족 적용에 관한 연구. 한국가족복지학, 20, 319-360.

국가청소년위원회(2007). 청소년백서. 서울: 국가청소년위원회 청소년정책단.

국제연합(1994). 세계가정의 해 공동선언문.

권복순(2000). 모자가족의 어머니와 자녀가 지각한 가족기능의 특성. 한국사회복지 학, 40, 5-37.

권복순, 차보현(2006). 농촌지역 코시안가정주부의 의사소통능력, 문화적 정체성 이 결혼만족도에 미치는 영향. 한국사회복지학, 58(3), 109-134.

권석만(2014) 현대 심리치료와 상담이론: 마음의 치유와 성장으로 가는 길. 서울: 학지사.

권재환, 이은희(2006). 남녀 청소년의 충동성, 부모의 양육태도, 개인의 통제력, 부모-자녀 의사소통이 문제행동에 미치는 영향, 한국청소년연구, 17(1), 325-351.

권중돈, 김동배(2005). 인간행동과 사회환경. 서울: 학지사.

김경중, 류왕효, 류인숙, 박은준, 신화식, 유구종, 정갑순, 조경미, 조희숙, 주리분, 최인숙, 최재숙(1998). 아동발달심리(개정판). 서울: 학지사.

김교헌, 심미영, 원두리 역(2005). 성격심리학: 성격에 대한 관점들(원저: C. Carver & M. Scheier). 서울: 학지사.

김규수, 김인숙, 박미은, 박정위, 설진화, 우국희, 홍선미 역(2002). 인간행동과 사회환경(원저: C. Zastrow & K. Kirst-Ashman). 서울: 나눔의 집.

김기태, 김수환, 김영호, 박시영(2006). 사회복지실천론. 경기: 양서원.

김동배, 권중돈(2000). 인간행동이론과 사회복지실천. 서울: 학지사.

김동배, 권중돈(2005). 인간행동이론과 사회복지실천(증보판). 서울: 학지사.

김범수, 서은주, 손병돈, 정재훈, 조석연, 최현미, 신승연, 최승희(2007). 다문화사회복지론. 경기: 양서원.

김상균, 최일섭, 최성재, 조흥식, 김혜란(2001). 사회복지개론. 서울: 나남출판.

김성이, 조학래, 노충래(2004). 청소년복지학. 파주: 집문당

김성태 역(1989). 정신분석입문(원저: S. Freud). 서울: 삼성출판사.

김수정(2007). 사회복지사의 사회행동(social action) 실천 과정에 관한 연구. 이화여자대학교 사회복지학과 박사학위논문. 미간행

김연희(2007). 한국사회의 다문화화와 사회복지분야의 문화적 역량. 사회복지연구, 35, 117-144.

김용석, 방명숙(2000). 청소년 문제행동의 공통요인으로서 부모의 양육태도에 관한 연구: 청소년 음주와 비행을 중심으로. 한국사회복지학, 42, 83-106.

김윤식, 오인석 역(1995). 국화와 칼(원저: R. Benedict). 서울: 을유문화사.

김정민 역(2006). 피아제의 인지발달이론(원저: H. Ginsburg & S. Opper). 서울: 학지사.

김정연(2001). 조직스트레스 관리를 위한 사회적 지지체계 활용연구: 생태체계적 모델을 중심으로. 복지행정논총, 11(1), 175-194.

김종일(2006). 지역사회복지론. 서울: 청목출판사.

김춘경 역(2004). 상담과 심리치료: Adler 개인심리학의 통합적 접근(원저: D. Dinkmeyer & L. Sperry). 서울: 시그마프레스.

김춘경, 이수연, 최웅용, 홍종관 역(2004). 상담 및 심리치료의 이해(원저: S. Palmer). 서울: 학지사.

김태련, 장휘숙(1996). 발달심리학. 서울: 양서원.

김형섭 역(1998). 한 권으로 읽는 융(원저: E. A. Bennet). 서울: 도서출판 푸른숲.

김혜란, 홍선미, 공계순(2008). 사회복지실천기술론. 경기: 나남출판.

남기민(1989). 사회복지조직에서의 리더십에 관한 연구: 중간관리층의 리더십
　　　행·상황 및 리더십 효과성간의 관계를 중심으로. 서울대학교박사학위 논
　　　문. 미간행.

노안영, 강영신(2003). 성격심리학. 서울: 학지사.

대검찰청(2013). 범죄분석

대한소아과학회(2007). 한국 소아발육표준치.

대한신경정신의학회(2009). 신경정신의학회보, 49(2).

대한신경정신의학회 편(1998). 신경정신과학. 서울: 하나의학사.

류경희(2003). 인도신화의 계보. 경기: 살림.

박경애(1997). 인지·정서·행동치료. 서울: 학지사.

박미정, 이인숙, 신은경, 정효지, 조성일(2006). 한국 청소년의 성성숙 시기 및 장
　　　기간의 초경연령 추세분석. *Korean Journal of Pediatrics, 49*(6), 610-
　　　616.

박아청(2006). 성격발달심리의 이해. 경기: 교육과학사.

배은주(2006). 한국 내 이주노동자 자녀들의 학교 생활에서의 갈등 해결 방안: 초
　　　등학생을 중심으로. 교육인류학연구, 9(2), 25-55.

보건교육포럼(2010). 전국 초·중·고 여학생 초경 현황 연구결과 보도자료.

보건복지부(2005). 국민건강영양조사보고서.

보건복지가족부(2008). 가족정책관련 통계자료. www.mf.go.kr(2008. 3. 3)

서봉연, 이순형(1996). 발달심리학: 아동발달. 서울: 중앙적성출판사.

서수균, 김윤희 역(2007). 합리적 정서행동치료(원저: A. Ellis & C. MacLaren). 서
　　　울: 학지사.

서울대학교 사회발전연구소(2007). IMF 10주년 조사연구.

서울시광역시치매센터(2008). 치매개괄. http://www.seouldementia.or.kr/

성규탁 역(1985). 사회복지행정조직론(원저: Y. Hasenfeld). 서울: 박영사.

성정현, 여지영, 우국희, 최승희(2004). 가족복지론. 경기: 양서원.

손광훈(2008). 인간행동과 사회환경. 경기: 공동체.

손병덕, 강란혜, 백은령, 서화자, 양숙미, 황혜원(2008). 인간행동과 사회환경(제2판).
　　　서울: 학지사.

손정락 역(2006). 성격심리학: 통합을 향하여(원저: W. Mischel, Y. Shoda, & R.
　　　Smith). 서울: 시그마프레스.

송명자(1995/2008). 발달심리학. 서울: 학지사.

송용대, 김현록 역(1991). 정신분석의 새로운 이해(원저: K. Horney). 서울: 중앙적

성출판사.

신명희, 서은희, 송수지, 김은경, 원영실, 노원경, 김정민, 강소연, 임호용(2013). 발달심리학, 서울: 학지사.

안율종(1996). 조직스트레스와 그 관리기법에 관한 연구. 한국상업교육학회지, 67-90.

양옥경, 김정진, 서미경, 김미옥, 김소희(2009). 사회복지실천론. 서울: 학지사.

양옥경(2006). 정신보건과 사회복지. 경기: 나남출판.

엄명용, 김성천, 오혜경, 윤혜미(2005a). 사회복지실천의 이해(개정판). 서울: 학지사.

엄명용, 노충래, 김용석(2005b). 사회복지실천기술의 이해. 서울: 학지사.

엄신자(2007). 인간행동과 사회환경. 서울: 인간과복지.

여성가족부(2014). 청소년한부모지원사업.

여성가족부(2014). 한부모가족지원사업안내.

오세진, 김용희, 김청송, 김형일, 신맹식, 양계민, 양돈규, 이요행, 이장한, 이재일, 정태연, 현주석(2010). 인간행동과 심리학, 3판. 서울: 학지사.

오창순, 윤경아, 김근식 역(2001). 사회복지실천론: 통합적 관점(원저: M. O. McMahon). 서울: 아시아미디어리서치.

이근후, 박영숙 역(1985). 정신분석학(원저: C. Brenner). 서울: 현대의학서적사.

이민희, 정태연 역(2005). 발달심리학 거장들의 핵심이론 연구(원저: R. Parke, P. Ornstein, J. Rieser, & C. Zahn-Waxler). 서울: 학지사.

이부영(1998). 분석심리학: C. G. Jung, 인간심성론. 서울: 일조각.

이부영(2005). 분석심리학. 서울: 일조각.

이상노, 이관용 역(1995). 성격의 이론(원저: C. S. Hall & G. Lindzey). 서울: 중앙적성출판사.

이선미, 전귀연(2001). 결혼초기 남편과 아내의 부부갈등과 갈등대처방식이 결혼만족도에 미치는 영향. 한국가정관리학회지, 53, 203-220.

이선혜, 정슬기, 서진환 역(2005). 사회복지실천을 위한 통합적 단기개입(원저: E. Goldstein, & M. Noonan). 서울: 학지사.

이영희, 박외숙, 고향자 역(2007). 인간중심치료의 창시자, 칼 로저스(원저: B. Thorne). 서울: 학지사.

이윤로(2007). 사회복지실천기술론(제2판). 서울: 학지사.

이인정, 최해경(2007). 인간행동과 사회환경(개정 2판). 서울: 나남출판.

이장호(1997). 상담이론. 서울: 박영사.

이정균(1988). 정신의학. 서울: 일조각.

이태동 역(1978). 칼 융의 심리학(원저: J. Jacobi). 서울: 성문각.

이현림(2008). 상담이론과 실제. 경기: 양서원.

이화여자대학교 사회복지연구회 역(2007). 가족복지실천론(원저: D. Collins, C. Jordan, & H. Coleman). 서울: 나눔의 집.

이화여자대학교 사회사업학과 편(1993). 집단사회사업 실천방법론. 서울: 동인.

이효선(2008). 노인상담과 연구. 서울: 신정.

이효선, Garz, D. (2006). 사회복지실천을 위한 인간행동과 사회환경의 이해. 경기: 공동체.

임은희(2005). 인간행동과 사회환경. 경기: 양서원.

장병림(1981). 정신분석(증보판). 경기: 법문사.

장휘숙(2000). 전생애 발달심리학: 인간발달. 서울: 박영사.

전병재(1993). 사회심리학. 서울: 경문사.

전용호(2008). 사회복지실천기술 습득을 위한 인간행동과 사회환경. 서울: 학지사.

정명숙 역(2007). 사회복지와 심리학(원저: C. Sutton). 서울: 시그마프레스.

정명숙, 손영숙, 정현희 역(2005). 아동기행동장애. 서울: 학지사.

정옥분(2000). 성인발달의 이해. 서울: 학지사.

정옥분(2002). 아동발달의 이해. 서울: 학지사.

정옥분(2004a). 발달심리학: 전생애 인간발달. 서울: 학지사.

정옥분(2004b). 영유아발달의 이해. 서울: 학지사.

정옥분(2007). 전생애 인간발달의 이론. 서울: 학지사.

정옥분(2009). 아동발달의 이해, 서울: 학지사

조현춘, 송영혜, 조현재 역(2005). 아동이상심리학(원저: E. Mash & D. Wolfe). 서울: 시그마프레스.

지은구(2003). 지역사회복지론. 서울: 청목출판사.

최경숙(2000). 발달심리학. 서울: 교문사.

최선희, 김희수(2004). 빈곤아동·청소년 실태 파악 및 정책방안 연구보고서. 대통령자문 빈부격차·차별시정위원회.

최성재, 남기민(1993). 사회복지행정론. 서울: 나남출판.

최순남(1997). 인간행동과 사회환경. 경기: 한신대학교 출판부.

최순남(2001). 인간행동과 사회환경. 경기: 한신대학교 출판부.

최순남(2002). 인간행동과 사회환경. 서울: 법문사.

최옥채(2005). 사회복지사를 위한 조직화 기술. 경기: 학현사.

최옥채(2006). 사회복지실천론(개정판). 경기: 양서원.

최옥채(2007). 사회복지실천에서 문화복지의 개념화: 문화의 용례에 따른 해석학적 접근. 한국사회복지질적연구, 1(1), 87-106.

최옥채, 박미은, 서미경, 전석균(2005). 인간행동과 사회환경. 경기: 양서원.

최옥채, 박미은, 서미경, 전석균(2007). 인간행동과 사회환경(제3판). 경기: 양서원.

최창현(1995). 조직사회학. 서울: 학문사.

최창호(1996). 나는 얼마나 자유로운가. 서울: 동녘.

최창호(1997). 한 권으로 읽는 프로이트. 서울: 도서출판 푸른숲.

최현 역(1996). 융 심리학 입문(원저: C. S. Hall & V. J. Nordby). 서울: 범우사.

통계청(2011). 2010 인구주택총조사.

통계청(2012). 청소년통계.

하영희(2003). 개인변인과 환경변인이 아동의 문제행동에 미치는 영향. 아동학회지, 24(4), 29-40.

한국사회복지교육협의회(2006). 사회복지학교과목지침서. 서울: 동인.

한국행동요법학회(2003). 행동요법. 경기: 양서원.

한규석(2002). 사회심리학의 이해(개정판). 서울: 학지사.

현성용, 김교현, 김미리혜, 김아영, 김현택, 박동건, 성한기, 유태용, 윤병수, 이봉건, 이순묵, 이영호, 이재호, 이주일, 진영선, 채규만, 한광희, 황상민(2009). 현대심리학의 이해, 2판. 서울: 학지사.

현정환(2007). 상담이론, 실제, 연습의 상담심리학. 경기: 양서원.

홍현미라, 김가율, 민소영, 이은정, 심선경, 이민영, 윤민화(2010). 지역사회복지론. 서울: 학지사.

조선일보(2008. 5. 17).

Ainsworth, M. (1979). Infant-mother attachment. *American psychologist, 34*, 932-937.

Ainsworth, M., & Bowlby, J. (1991). An Ethological Approach to Personality Development. *American Psychologist, 46*, 333-341.

Allen, B. (2003). *Personality Theories: Development, Growth and Diversity* (4th ed.). Boston: Allyn and Bacon.

Ambrosino, R., Heffernan, W. J., Shuttlesworth, A., & Ambrosino. R. (2005). *Social Work and Social Welfare: An Introduction* (5th ed.). Belmont, CA: Thomson/Brooks/Cole.

American Psychiatric Association. (1994). *DSM-IV: Diagnostic and Statistical*

Manual of Mental Disoders (4th ed.). Washington, DC: American Psychiatric Association.

American Psychiatric Association. (2000). *Desk Reference to the Diagnostic Criteria From DSM-IV-TR*. Washington, DC: American Psychiatric Association.

American Psychiatric Association. (2013), *DSM-5: Diagnostic and Statistical Manuel of Mental Disorders 5th ed.*, Washington, DC: American Psychiatric Association.

Anderson, R. E., & Carter, I. (1990). *Human Behavior in Social Environment: A Social Systems Approach* (4th ed.). New York: Aldine de Gruyter.

Anderson, E., Carter, E., & Lowe, R. (1999). *Human Behavior in the Social Environment: A Social Systems Approach* (5th ed.). New York: Aldine De Gruyter.

Ashford, J., Lecroy, C., & Lortie, K. (2001). *Human Behavior in the Social Environment: A Multidimensional Perspective* (2nd ed.). Belmont, CA: Thomson Learning Inc.

Bahr, S., Maughan, S., Marcos, A., & Li, B. (1998). Family Religiosity, and the Risk of Adolescent Drug use. *Journal of the Family, 60*(4), 979-992.

Bandura, A. (1977). *Social Learning Theory*. Engelwood Cliffs, NJ: Prentice-Hall.

Bandura, A. (1993). Perceived Self-efficacy in Cognitive Development and functioning. *Educational Psychologist, 28*, 117-148.

Bandura, A. (1997). *Self-efficacy: The Exercise of Control*. New York: Freeman.

Bandura, A. (2001). Social Cognitive Theory: an Agentic Perspective. *Annual Review of Psychology, 52*, 1-26.

Barker, R. (1994). *The Social Work Dictionary*. Washington, DC: National Association of Social Workers.

Benedict, R. (1989). *The Chrysanthemum and the Sword: Patterns of Japanese Culture*. Boston: Mariner Books.

Bennet, E. (1995). *What Jung Really Said*. London: Little, Brown and Co.

Berk, L. E. (2005). *Child Development* (7th ed.). Boston: Allyn & Bacon.

Berry, J. (1997). Immigration, Acculturation and Adaptation, Applied

Psychology. *An International Review, 46,* 5–34.

Bowlby, J. (1977). The Making and Breaking of Affectional bonds. *British Journal of Psychiatry, 130,* 201–210, 421–431.

Bowlby, J. (1988). *A Secure Base: Parent-child Attachment and Healthy Human Development.* New York: Basic Books.

Brenner, C. (1973). *An Elementary Textbook of Psychoanalysis* (2nd ed.). New York: Anchor Press.

Brim, O., Ryff, C., & Kessler, R. (2004). *How Healthy Are We? A National Study of Well-Being at Midlife.* Chicago, IL: University of Chicago Press.

Bronfenbrenner, U. (1979). *The Ecology of Human Development.* Cambridge, MA: Harvard University Press.

Brower, A. (1988). Can the Ecological Systems Model Guide Social Work practice? *Social Service Review, 62,* 411–429.

Brown. L. (1991). *Groups for Growth and Change.* New York: Longman.

Carter. E., & McGoldric, M. (1980). *The Family Life Cycle: A Framework for Family Therapy.* New York: Gardner Press.

Carver C., & Scheier, M. (2004). *Perspectives on Personality.* Boston: Allyn & Bacon.

Chess, W., & Norlin, J. (1988). *Human Behavior and the Social Environment.* Boston: Allyn and Bacon.

Clark, D. S. (1965). *What Freud Realley Said.* London: Purunsoop Publishing Co.

Cohen, L., & Slade, A. (2000). The Psychology and Psychopathology of Pregnancy: Reorganization and Transformation. In C. H. Zeanah Jr. (Ed.), *Handbook of Infant Mental Health* (pp. 20–36). New York: Guilford Press.

Collins, D., Jordan, C., & Coleman, H. (1999). *An Introduction to Family Social Work.* Itasca, IL: F. E. Peacock Publishers, Inc.

Compton B., & Galaway, B. (1989). *Social Work Process* (4th ed.). Belmont, CA: Wadsworth Publishing Co.

Cooley, C. (1909). *Social Organization.* New York: Charles Scribner's Sons.

Cooper, M. & Lesser, J. (2008). *Clinical Social Work Practice: An Integral Approach* (3rd ed.). Boston: Pearson Education.

Corey, G. (2000). *Theory and Practice of Counseling and Psychotherapy* (6th ed.). Belmont, CA: Wadsworth Publishing Co.

Dale, O., Smith, R., Norlin, J., & Chess, W. (2003). *Human Behavior and the Social Environment: Social Systems Theory* (5th ed.). London: Pearson Education, Inc.

Diller, J. (2007). *Cultural Diversity: A Primer for the Human Services.* Belmont, CA: Thomson Brooks.

Dinitt. D., & McNeece, C. (1997). *Social Work: Issues and Opportunities in a Challenging Profession* (2nd ed.). Boston: Allyn & Bacon.

Dinkmeyer, D., & Sherman, R. (1989). Brief Adlerian Family Therapy. *Individual Psychology, 45,* 148-158.

Dinkmeyer, D., & Sperry, L. (1999). *Counseling and Psychotherapy: An Integrated Individual Psychology Approach* (3rd ed.). Englewood Cliffs, NJ: Prentice-Hall.

Doidge, N. (2007). *The Brain that Changes Itself.* London: Penguin Books Ltd.

Ebner, N., Freund, A., & Baltes, P. (2006). Developmental Changes in Personal Goal Orientation from Young to Late Adulthood: From Striving for Gains to Maintenance and Prevention of Losses. *Psychology and Aging, 21*(4), 664-678.

Ellis, A. & Dryden, W. (1997). *The practice of Rational Emotive Therapy*, 2nd. ed. NY: Springer.

Ellis, A., & MacLaren, C. (2005). *Rational Emotive Behavior Therapy: a Therapist's Guide* (2nd ed.). Atascadero, CA: Impact Publishers.

Engler, B. (2006). *Personality Theory: An Introduction* (7th ed.). Boston: Houghton Mifflin.

Ernst, C., & Angst, J. (1983). *Birth Order: Its Influence on Personality.* Berlin: Springer-verlag.

Etzioni, A. (1961). *A Comparative Analysis of Complex Organizations: On Power, Involvement, and Their Correlates.* New York: Free Press of Glencoe.

Evans, R. (1964). *Conversations with Carl Jung and Relations from Ernest Jones.* New York: E. P. Dutton.

Feist, J., & Feist, G. (2006). *Theories of Personality* (6th ed.). New York: McGraw-Hill.

Fellin, P. (1995). *The Community and the Social Worker* (2nd ed.). Itasca, IL: Peacock.

Fellin, P. (2001). *The Community and the Social Worker* (3rd ed.). Itasca, IL: Peacock.

Forte, J. (2007). *Human Behavior and the Social Environment: Models, Metaphors, and Maps for Applying Theoretical Perspectives to Practice*. Belmont, CA: Thomson Brooks/cole.

Franken, R. (1994). *Human Motivation* (3rd ed.). Pacific Grove, CA: Brooks/Cole Publishing Co.

Freud, S. (1923/1961). *The Ego and the Id*. London: The Hogarth Press.

Freud, S. (1935). *A General Introduction to Psychoanalysis* By Prof. Sigmund Freud, M, D., LL. D., Vienna Authorized English Translation of the Revised Edition by Joan Riviere. New York: Garden city Publishing company, Inc.

Freud, S. (1962). *A Reply to Criticisms of My Paper on Anxiety Neurosis*. London: The Hogarth Press.

Freud, S. (1965a). *New Introductory on Psychoananysis*. J. Strachey (Ed. & Trans.). New York: W.W. Norton & Company. Inc.

Freud, S. (1965b). *The Interpretation of Dreams*. J. Strachey (Ed.). New York: Avon Books.

Friedlander, W., & Rovert, Z. (1980). *Indorduction to Social Welfare* (5th ed.). Englewood Cliffs, NJ: Prentice-Hall.

Garbarino, J. (1992). *Children and Families in the Social Environment*. New York: Aldine de Gruyter.

Germain, C. (1979). Ecology and Social Work. In C. B. Germain (Ed.), *Social Work Practice: People and Enviornments* (pp. 1-22). New York: Columbia University Press.

Germain, C. (1983). Using Social and Physical Environments. In A. Rosenblatt & D. Waldfogel (Eds.), *Handbook of Clinical Social Work* (pp. 110-133). San Francisco: Jossey-Bass Publishers.

Germain, C. (1991). *Human Behavior in the Social Environment*. New

York: Columbia University Press.

Germain, C., & Gitterman, A. (1979). The Life model of Practice. In F. J. Turner (ED.), *Social Work Treatment: Interlocking Theoretical Approaches* (2nd ed.). New York: The Free Press.

Germain, C., & Gitterman, A. (1980). *The Life Model of Social Work Practice.* New York: Columbia University Press.

Germain, C., & Gitterman, A. (1987). An Ecological Perspective. In A. Minahan (Ed.), *Encyclopedia of Social Work.* Silver Springs, MB: National Association of Social Workers.

Ginsburg, H., & Opper, S. (1988). *Piaget's Theory of Intellectual Deveoplment* (3rd ed.). Englewood Cliffs, NJ: Prentice-Hall.

Gordenberg, H., & Gordenberg, I. (1998). *Counseling Today's Families* (3rd ed.). Pacific Grove, CA: Brooks/Cole Publishing Co.

Green, J. (1995). *Cultural Awareness in the Human Services: A Multiethnic Approach* (2nd ed.). Boston: Ally & Bacon.

Greene, R., & Ephross, H. (1991). *Human Behavior Theory and Social Work Practice.* New York: Aldine de Gruyter.

Grief, G. (1986). The Ecosystems Perspective "Meets the Press". *Social Work, 31,* 225-226.

Hall, C., & Lindzey, G. (1970). *Theories of Personality.* New York: John Willy & Sons.

Hall, C., & Lindzey, G. (1978). *Theories of Personality* (3rd ed.). New York: John Willy & Sons.

Hall, C., & Nordby, V. (1973). *A Primer of Jungian Psychology.* New York: Aldine De Gruyter.

Hanson, B. (1995). *General systems theory: Beginning with Wholes.* Washington, DC: Taylor & Taylor.

Harford, M. (1985). Understanding Normative Growth and Development in aging: Working with Strengths. *Journal of Gerontological Social Work, 8,* 37-54.

Hasenfeld, Y. (1983). *Human Service Organization.* Englewood Cliffs, NJ: Prentice-Hall.

Havighurst, R. (1972). *Developmented Takes and Education.* New York:

David Mckey.

Ho, M. (1987). *Family Therapy with Ethnic Minorities*. Newbury Park, CA: Sage Publications.

Hollis, F. (1972). *Casework A Psychosocial Therapy* (rev. ed.). New York: Random House.

Jacobi, J. (1973). *The Psychology of C. G. Jung: An Introduction with Illustration*. Yale Uviv. Press.

Jang, S., & Smith, C. (1997). A Test of Reciprocal Causal Relationships among Parental Supervision, Affective Ties, and Delinquency. *Journal of Research in Crime and Delinquency, 34*(3), 307–336.

Johnson, D., & Johnson, R. (1997). *Joining together* (6th ed.). Englewood Cliffs, NJ: Prentice-Hall.

Jung, C. (1959). The Concept of the Collective Unconscious. *The Collected works of C. G. Jung, Vol. 9, Part I*. London: Routledge & Kegan Paul.

Jung, C. (1961). *Memories, Dreams, Reflection*. New York: Pantheon.

Jung, C. (1968). *Analytical Psychology-Its Theory and Practice*. London: Routledge & Kegan Paul.

Kanter, R. (1977). Some Effect of Proportion on Group Life: Skewed Sex Ratios and Responses to Token Women. *American Journal of Sociology, 82,* 965–990.

Katz, D., & Kahn, R. (1978). *Social Psychology of Organization* (rev. ed.). New York: John Wiely & Sons.

Kazdin, A. (1977). *The Token Economy: A Review and Evaluation*. New York: Plenum.

Lazarus, R., & Folkman, S. (1984). *Stress, Appraisal, and Coping*. New York: Springer.

Levinson, D. (1986). A Conception of Adult Development. *American Psychologist, 41*(1), 3–13.

Lix, A., & Strachey, J. (1959a). Sigmund Freud. *Collected Papers, vol. 3*. New York: Basic Books.

Longers, J. (1990). *Human Behavior in the Social Environment*. Itasca, IL: Peacock Publishers.

Lowenstein, S. (1985). Freud's Metapsychology Revisited. *Social Casework,*

6(3), 139-151.

Marcia, J. (1991). Identity and Self-development. In R. M. Lerner, A. C. Peterson, & J. Brroks-Gunn (Eds.), *Encyclopedia of Adolesence, Vol. 1*. New York: Garland Press.

Markus, H., & Nurius, P. (1986). Possible Selves. *American Psychologist, 41*, 954-969.

Mash, E., & Wolfe, D. (1999). *Abnormal Child Psychology*. Belmont, CA: Thomson Learning Inc.

Maslow, A. (1970). *Motivation and Personality* (2nd ed.). New York: Harpner and Row.

Mcgrath, J. (1987). Stress and Behavior in Organizations. In M. D. Dunnette (Ed.), *Handbook of Industrial and Organizational Psychology*. Chicago: Raud McNally.

McMahon, M. O. (1996). *The General Method of Social Work Practice, A Generalist Perspective* (3rd ed.). Boston: Allyn and Bacon.

Meador, B., & Rogers, C. (1984). Person-centered Therapy. In R. Corsini & D. Wedding (Eds.), *Current Psychotherapies* (4th ed.) (pp. 155-194). Itasca, IL: F.E. Peacock Publishers Inc.

Meyer, C. (1983). *Clinical Social Work in the Eco-systems Perspective*. New York: Columbia University Press.

Miley, K., O' Melia, M., & DuBois, B. (2004). *Generalist Social Work Practice: An Empowering Approach* (4th ed.). Boston: Allyn and Bacon.

Miringoff, M. L. (1980). *Management in Human Service Organizations*. New York: Macmillan Publishing Co.

Mischel, W., Shoda, Y., & Smith, R. (2004). *Introduction to Personality: Toward an Integration* (7th ed.). Hoboken, NJ: John Wiley & Sons.

Moss, G. E. (1973). *Illness, Immunity, and Social Interaction*. New York: John Wiley and Sons.

Murdock, G. (1949). *Social Structure*. New York: Macmillan.

NASW. (1987). *Encyclopedia of Social Work* (18th ed.). Silver Spring: National Association of social Workers.

Neufeldt, V. (1988). *Webster's New World Dictionary of American English*. New York: Webster's New World, p. 1480.

Newman, B., & Newman, P. (1987). *Developmental Through Life: A Psychosocial Approach.* IL: Dorsey Press.

Newman, B., & Newman, P. (2006). *Development Through Life: A Psychosocial Approach* (9th ed.). Belmont, CA: Wadsworth Publishing Co.

Nichols, M., & Schwartz, R. (2004). *Family Therapy: Concepts and Methods* (6th ed). London: Pearson Education, Inc.

Nye, R. D. (1975). *Three Views of Man: Perspectives from Freud, Skinner and Rogers.* Monterey CA: Brooks/Cole.

Palmer, S. (2000). *Introduction to Counseling and Psychotherapy: the Essential guide.* London: Sage Pub.

Papalia, D., Olds, S., & Feldman, R. (1998). *Human Development* (7th ed.). New York: McGraw-Hill.

Parke, R., Ornstein, P., Rieser, J., & Zahn-Waxler, C. (1995). *A Century of Developmental Psychology.* Washington, DC: American Psychology Association.

Parsons, T. (1960). *Structures and Process in Modern Societies.* Glencoe, IL: Free Press.

Pardeck, T. (1988). Social Treatment through an Ecological Approach. *Clinical Social Work Journal, 16,* 92-104.

Pasons, T. (1960). *Structure and Process in Modern Society.* Glenco, IL: The Free Press.

Paulhus, D., Trapnell, P., & Chen, D. (1999). Birth order Effects on Personality and Achievement within Families. *Psychological Science, 10,* 482-488.

Pavlov, I. (1927). *Conditioned Reflexes: An Investigation of the Psysiological activity of the Cerebral Cortex.* London: Oxford University Press.

Payne, M. (2005). *Modern Social Work Theory* (3rd ed.). Chicago: Lyceum.

Peck., R. (1968). Psychological Development in the Second Half of Life. In B. Neugarten (Ed.), *Middle Age and Aging.* Chicago: University of Chicago Press.

Pervin, L., Cervone, D., & John, O. (2005). *Personality: Theory and Research.* Hoboken, NJ: John Wiley & Sons.

Piaget, J., & Inhelder, B. (1969). *The Psychology of the Child*. New York: Basic Book.

Pillari, V., & Newsome, M. (1998). *Human Behavior in the Social Environment* (Families, Groups, Organizations, and Communities). Pacific Grove, Calif.: Brooks/Cole Pub. Co.

Presthus, R. (1978). *The Organizational Society* (rev. ed.). New York: St. Martin's Press.

Radian, E. (2000). Social Action and Social Work Education. Ph. D. Faculty of Social Work, University of Calgary, Canada.

Raskin, N., & Rogers, C. (1995). Person-centered Therapy. In R. Corsini & D. Wedding (Eds.), *Current Psychotherapies* (5th ed.). Itasca, IL: Peacock.

Roberts, C. (1989). Research Methods Taught and Utilized in Social Work. *Journal of Social Service Research, 13*(1), 65-86.

Rodway, M. (1986). Systems Theory. In F. J. Turner (Ed.), *Social Work Treatment: Interlocking Theoretical Approaches* (3rd ed). (pp. 514-540). New York: The Free Press.

Rogers, C. (1951). *Client-centered Therapy: Its Current Practice, Implications, and Theory*. Boston: Houghton Mifflin.

Rogers, C. (1959). A Theory of Therapy, Personality, and Interpersonal Relationships as Developed in the Client-centered Framework. In S. Koch (Ed.), *Psychology: a study of science, vol. III. Formulations of the Person and the social context* (pp. 184-256). New York: McGraw-Hill.

Rogers, C. (1961). *On Becoming a Person: A Therapist's view of Psychotherapy*. Boston: Houghton Mifflin.

Rogoff, B. (1991). *Apprenticeship in Thinking: Cognitive Development in Social Context*. London: Oxford University Press.

Ross, M. (1967). *Community organization: Theory, Principles and Practice* (2nd ed.). New York: Harper & Row.

Rothman, J. (1995). Introduction. In J. Rothman, J. L. Erlich, & J. E. Trompman (Eds.), *Strategies of Community Intervention* (pp. 327-340). Illinois: F. E. Peacock Publishers, Inc.

Rubin, H., & Rubin, I. (2001). *Community Organizing and Development* (3rd ed.). Boston: Allyn and Bacon.

Rutter, M. (1987). Psychosocial Resilience and Protective Mechanism. *American Journal of Orthopsychiatry, 57,* 316–331.

Ryckman, R. (2004). *Theories of Personality* (8th ed.). Belmont, CA: Thomson Learning Inc.

Sadock, B., & Sadock, V. (2003). *Kaplan & Sadocks's Synopsis of Psychiatry-Behavioral Sciences/Clinical Psychiatry* (9th ed.). New York: Lippincott Williams & Wilkins.

Schaie, K., Willis, S., & Caskie, G. (2004). The Seattle Longitudinal Study: Relationship Between Personality and Cognition. *Neuropsychology, Development, and Cognition. Section B, Aging, Neuropsychology, and Cognition, 11*(2–3), 304–324.

Schuh, A. (1966). A Synthesis of Personality Theories by Cluster Analysis. *Journal of Psychology, 64*(1), 69–71.

Searle, W., & Ward, C., (1990). The Prediction of Psychological and Sociocultural Adjustment during Cross-cultural Transitions. *International Journal of Intercultural Reactions, 14,* 449–464.

Shapiro, B. (1991). Social Action, the Group and Society. *Social Work with Groups, 14*(2), 7–21.

Shapiro, J., & Applegate, J. (2000). Cognitive Neuroscience, Neurobiology and Affect Regulation: Implications for Clinical Social Work. *Clinical Social Work Journal, 28,* 9–21.

Skinner, B. (1953). *Science and Human Behavior.* New York: Macmillan.

Skinner, B. (1971). *Beyond Freedom and Dignity.* New York: Alfred A Knopf.

Skinner, B. (1974). *About Behaviorism.* New York: Alfred A Knopf.

Stice, E., Barrer, M., & Chassin, L. (1993). Relation of Parental Support and Control to Adolescents' Externalizing Symptomatology and Substance Use: A Longitudinal Examination of Cuvilinear Effects. *Journal of Abnormal Child Psychology, 21*(6), 609–629.

Strachey, J. (1959a). Sigmund Freud. *Collected Papers, vol. 5.* New York: Basic Books.

Strean, H. (1975). *Personality Theory and Socail Work Practice.* Metuchen, NJ: The Scarecrow Press, Inc.

Sulloway, F. (1996). *Born to Rebel: Birth order, family dynamics, and Creative lives.* New York: Pantheon.

Sutton, C. (1994). *Social Work, Community Work and Psychology.* MA: Wiley-Blackwell.

Szasz, T. S. (1974). *The Myth of Mental Illness.* New York: Harper and Row.

Thoits, P. A. (1999). Sociological Approach to Mental Illness. In A. V. Horwitz & T. L. Scheid (Eds.), *A Handbook for the Study of Mental Health: Social Contexts, Theories, and Systems.* Cambridge University Press.

Thorne, B. (2003). *Carl Rogers* (2nd ed.). London: Sage Pub.

Trafford, A. (2004). *My Time: Making the Most of the Rest of Your Life.* New York: Basic Books.

Turner, F. J. (1989). *Child Psychopathology: A Social Work Perspective.* New York: The Free Press.

Turner, J. (1996). *Social Work Treatment.* New York: The Free Press.

Urdang, E. (2008). *Human Behavior in the Social Environment* (2nd ed.). New York: Routledge.

Vaillant, G. (1993). *The Wisdom of the Ego.* Cambridge: Harvard University Press.

von Bertalanffy, L. (1968). *General System Theory.* New York: Braziller.

Warren, R. (1978). *The Community in America.* (3rd ed.). Chicago: Rand McNally & Co.

Webb, N. (2003). *Social Work Practice with Children* (2nd ed.). New York: The Guilford Press.

Wicks-Nelson, R., & Israel, A. (2003). *Behavior Disorders of Childhood* (5th ed.). London: Pearson Education Inc.

Williams, R. (2003). The Cultural Contexts of Collective Action: Constraints, Opportunities, and the Symbolic Life of Social Movements In D. A. Snow, S. A. Soule, & H. Kriesi (Eds.), *The Blackwell Companion to Social Movements* (pp. 91-115). Malden, MA: Blackwell Pub.

Woods, K. (1971). The Contribution to Psychoanalysis and Ego Psychology. In H. S. Strean (Ed.), *Social Casework Theory in Action* (pp. 45-117).

Metuchen, NJ: Scarecrow Press, Inc.

Woods, M., & Hollis, F. (1990). *Casework: a Psychological Process* (2nd ed.). New York: Random House.

Wormer, K. (2007). *Human Behavior and the Social Environment: Micro Level Individuals and Families*. London: Oxford University Press.

Yuen, F. (2005). *Social Work Practice with Children and Families: A Family Health Approach*. New York: The Haworth Social Work Practice Press.

Zastrow, C., & Kirst-Ashman, K. (2001). *Understanding Human Behavior and the Social Environment* (5th ed.). Belmont, CA: Thomson Brooks.

Zastrow, C., & Kirst-Ashman, K. (2007). *Understanding Human Behavior and the Social Environment* (7th ed.). Belmont, CA: Thomson Brooks.

New York Times(2007. 10. 9).

찾아보기

《내 용》

저자 소개

• **오창순(Oh Changsoon)**
　이화여자대학교 대학원 사회복지학과 석사
　이화여자대학교 대학원 사회복지학과 박사
　현 한남대학교 사회복지학과 교수

• **신선인(Shin Sunin)**
　미국 아이오와 대학교 대학원 사회사업학과 석사
　미국 캔자스 대학교 대학원 사회복지학과 박사
　현 대구대학교 사회복지학과 교수

• **장수미(Jang Soomi)**
　이화여자대학교 대학원 사회복지학과 석사
　이화여자대학교 대학원 사회복지학과 박사
　현 청주대학교 사회복지학과 교수

• **김수정(Kim Soojung)**
　이화여자대학교 대학원 사회복지학과 석사
　이화여자대학교 대학원 사회복지학과 박사
　현 국제사이버대학교 사회복지학과 교수

[3판]
인간행동과 사회환경
Human Behavior and the Social Environment

2009년 3월 2일 1판 1쇄 발행
2010년 3월 5일 2판 1쇄 발행
2015년 1월 20일 2판 7쇄 발행
2015년 3월 20일 3판 1쇄 발행
2020년 9월 25일 3판 6쇄 발행

지은이 • 오창순 · 신선인 · 장수미 · 김수정
펴낸이 • 김 진 환
펴낸곳 • **(주) 학지사**

04031 서울특별시 마포구 양화로 15길 20 마인드월드빌딩 5층

대표전화 • 02) 330-5114   팩스 • 02) 324-2345

등록번호 • 제313-2006-000265호

홈페이지 • http://www.hakjisa.co.kr
페이스북 • https://www.facebook.com/hakjisabook

ISBN 978-89-997-0642-4 93330

정가 19,000원

저자와의 협약으로 인지는 생략합니다.
파본은 구입처에서 교환하여 드립니다.

이 책을 무단으로 전재하거나 복제할 경우 저작권법에 따라 처벌을 받게 됩니다.

이 도서의 국립중앙도서관 출판시도서목록(CIP)은 서지정보유통지원시스템
홈페이지(http://seoji.nl.go.kr)와 국가자료공동목록시스템(http://www.nl.go.kr/kolisnet)
에서 이용하실 수 있습니다.
(CIP제어번호: CIP2015005458)

출판 · 교육 · 미디어기업 **학지사**

간호보건의학출판 **학지사메디컬** www.hakjisamd.co.kr
심리검사연구소 **인싸이트** www.inpsyt.co.kr
학술논문서비스 **뉴논문** www.newnonmun.com
원격교육연수원 **카운피아** www.counpia.com